金岳霖全集

第六卷

人民出版社

目　录

道、自然与人

T.H.格林的政治学说

文　章

金岳霖全集

道、自然与人

本文是作者 1943—1944 年访问美国期间撰写的。胡军译。

——编者注

序

 在 1943—1944 那一学年,我接受美国国务院的邀请,访问了美国。这对我来说是一件很好的事,它使我认识了许多朋友,否则我是不可能认识他们的;它也使我可以很自由地感受到美国公众舆论的走向。但是,当意识到作为回报我必须要做的事情时,我就有一种内疚感,因为对于要做的工作我没有充分的准备。虽然教授只是做教授,而不必比新教徒(protestants)的抗议(protest)做得更多些,但是他必须提供一个主题作为一种文化交流的内容。我在中国多年以来是教逻辑和认识论的,但是如果在美国来教这样的课程就无异于往纽卡斯尔运输煤炭。我本人不是一位汉学家,因此以西方思想系统的术语来处理中国历史的问题完全是我力所不能及的。我倒有兴趣在美国介绍中国的思想,然而我也不是做这一工作的合适人选。胡适很多年来做的就是这样的工作,他也许是更合适的。我对中国思想有某些看法,我愿意在任何地方来谈论我的看法。公平的原则要求我把这样的看法视为我自己的,而不是历史上的思想家们的,以免把这些可能是站不住脚的思想归罪于这些思想家们。在下面的篇幅中,我用英语节录了几年前出版的一本书①的部分。在中国目前的条件下，不要说在图书馆里找不到这一本书，就是我本人手头上也无此书。下面的篇章是我在坎布里奇洛威尔大厦和芝加哥东方研究院的和平宁静的环境中完成的。我增加了"论自然和人"的一章。这一章在原来的书中是没有的，增加它的目的是使本书的思想多少易为人接受。不管这本书是不是值得写或出版，但是它却给了我一个机会向哈佛大学、芝加哥大学，尤其是向美国国务院，表示我由衷的谢意。

---

① 即指《论道》，商务印书馆 1940 年 9 月版。

质　料*

一

我们以通常所谓的特殊事物或客体为例,如北京颐和园湖边那棵玉兰树,我们在此已经向你描述了这一特殊的客体及其位置,它在远近闻名的北京城里同样闻名的颐和园之内,而且它被划归为木兰科。曾经看到这棵树的人当然会回忆起它的"形状"和"特性"及它所在的位置。对于他们没有必要做什么进一步的介绍。如果他们的记忆是生动的话,他们就会在自己的心灵中看见那棵树。但对那些记忆不好或以前从未看见过这棵树的人来说,在他们的直接经验的范围内就没有这样的印象。

假如他们中的某些人不知道什么是玉兰树或不知道它长得是什么样的,那么我们就得说上好多属于木兰科的树的知识。尽管所有这些陈述对于那棵玉兰树而言都是正确的,但它们并不仅仅对于那棵玉兰树才是正确的。这些陈述对于许多木兰科的树都同样是正确的,如它们也同样适用于国会图

---

　　* 英文原稿中缺第一章的标题及第一节的标号。英文原稿的整理者王路补加标题"stuff",中译文首次出版时并未采用,本次出版采用该标题,译为"质料"。——编者注

书馆前的那两棵玉兰树。可见,这些陈述虽然告诉了我们玉兰树是什么样的,但它们并未确切地指示那棵特定的玉兰树的形状、树龄或大小,或它有多少树枝或它的树枝是否是直的,等等。因此要确切地知道那棵特殊的玉兰树,我们还需知道关于它的其他一些事情。如果说我们是科学家或饱学之士,那么我们就会更加详尽地描绘那棵树,而不仅仅回答那些已经提出的问题,同样也应该回答那些可能提出的其他种种问题。如果拙于言辞,我们可以尝试着去画画。如果画画还是不能达意,我们可以照相。但我们又何以能确信这样的相片是在北京照的,而不是在好莱坞照的? 显然,不管我们怎么努力,我们在显示那棵玉兰树的"那个"的特殊性时注定是要失败的。当我们确信,事实上并没有其他的树和这一描述或画或照片完全一样的时候,我们至少同样确信存在着这样的可能性,即存在着不可否认的这样一种东西。在相关的事实结合之前,关于这一可能性的问题不是偶然的。任何事物只要不是自相矛盾的就是可能的。对 X 的最细致的描述对于 Y 也可能同样是充分的;X 是 ϕ,ψ,θ,……而且 y 也是 ϕ,ψ,θ,……这并不矛盾。习惯于大生产的美国人比起中国人来,应该说更容易理解这一点。

我们现在谈到的是关于玉兰树的描述的问题。描述就得运用抽象的意念。抽象意念是一种工具,把一共相或一类共相同其他的共相或其他一类共相区别开来。说一个苹果是红的可能是完全正确的,如果这是正确的,那么它就排除了如它是绿的这样的可能性。它使你忽略其他的可能性,如这一苹果可能比别的苹果更大一些,或它比别的苹果更圆一些,等等。它是红的这一命题也没有揭示出这一苹果的大小或形状，它的功能只是彰显某一共相，而不涉及其他的共相，排除掉其他的可能性。不应看轻抽象意念的作用，它们是经验具有可传授性的基础。特殊的经验没有可传授性。比如我不能仅仅告诉你我的朋友的名字，让你去火车站接我认识了多年而你却不认识的一个朋友。我必须用抽象的术语来描绘他，比如说他个子高，有不少白发，或他有点驼背并有点瘸，等等，而且要依赖于这样的可能性即在同一列火车上再没有和这样的描绘相像的其他人。描述是非常有用的，但它们并不总能使你与你关于被描述的客体的经验协调一致。说某一棵树是高大壮观的玉兰树并不会使你不感到意外，当你遇到那棵树，看到"那"高的，"那"壮观的时候。

一特殊的事物或客体从来就不仅仅是一共相或一类共相。温斯顿·丘吉尔在他那个时代是最有个性的人物之一。你可以尽可能多地对他进行描述，而且不管你对他描述是多么的充分和完满，然而你所能得到的也只不过是一堆共相，一类所谓的丘吉尔性的东西，它们可能为另外一个英国人或美国人所具有。亚里士多德也不是亚里士多德性的东西的总和。有这样一个玩笑，说所有亚里士多德的著作都是由另外的一个同样姓名的人所写的。对这一玩笑的通常的反应是，不管亚里士多德的著作是谁写的都没有什么本质上的区别。这是因为我们都只不过是他的读者，而不是他的妻子。如果我们是他的妻子，那么我们当然会比别人对这样的事实给予更多的关怀。虽然我们不可能想象有两个完全相同的亚里士多德，但这样的可能性的确不是不可能的，即所谓的亚里士多德的性质可以为许多人所共享,而其中的每一个人都是特殊的个体。由于其中的每一个人都是享有一类共同共相的特殊客体,因此就特殊性这一点而言,没有一个特殊客体就仅仅是一堆共相。可见,以抽象意念为术语的描述不可能揭示一特殊客体的特殊性。

在描述之外,我们还运用其他的工具来达到特殊客体。我们开始我们讨论的第一句话就利用了专名。为了在我们的心中达到特殊的玉兰树我们就不得不利用专名。我们依靠命名或手指或以有固定结构的参照系来指示。把事物指示出来可能是最简单的、最方便的一件事,因为对于大多数的事物我们不必麻烦给它们起名。但是用手指是一个行动,它需要共同的时间和空间方面的经验。正如你不能用手指示一棵未命名的树并且让你的远在其他城市的朋友来欣赏它的形状和颜色一样,你也同样不可能用手指示出过去。命名有它的长处。名称忠实地指示着被命名的事物。约翰·杜过去很瘦,现在却很胖,但不管他是瘦还是胖,约翰·杜还是约翰·杜。当一个特殊事物不能被用手指出来或不能被命名时,那么经常的做法就是以有固定结构的参照系来指示。最常被运用的参照系就是时间和空间。在如此如此时间和如此如此地点的一个事物使已被提及的事物特殊化了。在特殊的环境中,有时只运用一种工具也就够了。但是更多的时候则必须要运用很多的工具来进行描述。这正如我们在讨论玉兰树的第一句话时所做的那样。

但特殊化的工具只能运用于殊相或适用于殊相的名称,严格说来,它们并不能运用于特殊事物或客体。一殊相不同于共相仅仅是因为它的特殊性,而不是因为它是一客体。即便是殊相的样型也只是外在的样型。作为外在的样型,殊相不具有特殊事物或客体的实质性、现实性和可能性。一套共相并不能组成一客体,也不能形成一套殊相,因为这两者都没有我们通常所说的所谓"实体"。如果我们求助于时间的话,那么我们就可能更容易地看到,一殊相是不同于一特殊的事物或客体的。殊相是一去不复返的,一旦它们消逝,也就永远消逝了。然而在特殊的事物或客体中却有着某种具有永久性的东西。可见,特殊化的工具只能使我们达到殊相,严格说来是不能达到特殊事物或客体的。让我们在此还是回到开头谈到的那棵玉兰树。它总处在变化之中。然而考虑到目前它在特殊的时间所呈现出来的特殊的形状和特性而言,它们是不能变化的,因为它们并不会持续。确实,不同的殊相会连续不断地出现。而且这些连续不断出现的殊相可能会成为我们观察变化的标准,但是这些殊相中的任何一个都不可能转换成另一殊相。当然在这中间确实有某种东西在变化,就目前而言这某种东西是令人不可捉摸,使人疑惑不解的。

当我们描述时,我们把不同的共相区别开来。而当我们用手指或用命名或运用参考系的时候,我们是在指示殊相。正如我们已经指出的那样,在玉兰树中有某种东西,它既不是一共相或一套共相,也不是一殊相或殊相的名称。如果我们把描述或指示叫作表现,那么有这样的所谓"那个性"使表现变得迷惑难解。在每一个特殊的事物或客体中都有这样一种东西,它就是"这个性"或"那个性"或 x,它是不能被表达的。在某种相对的意义上说,珠穆朗玛峰是一恒常的存在,但即使它也经常不断地经历着一系列的变化。用另一种不同的方式说,在"它"之中或周围总有连续不断的不同的殊相或连续不断的不同的共相的实现。我现在正在抽烟,我手中的这支烟着实使人感到困惑不解。它的纸的部分来自于造纸的工厂,作为植物它需要从阳光、水和土壤中吸取营养。它的烟草的部分也可以同样的方式追溯其来源。然而毫无疑问,水或阳光或土壤并没有转化成为香烟:有某种东西却经历了不同的转化过程,正如同我把制服换成了工作服一样。就我所知,香烟逐渐地消失了,它的某些部分变成了烟,不久就消散在空气中;它的其他部分变成了烟灰;而剩余的部分由我把它们弹入烟灰缸内。这支烟的"同一性"似乎消失了。然而如果情况果真像这样简单的话,那么我们便会发现说"这"烟灰是"那"香烟的一部分是毫无任何意义的一件事。在这中间必定有某种东西从香烟变成了烟灰,这正如一大学生从二年级升入三年级一样。

你们可能会以现代物理学的术语来考虑这样的问题,把这不可表达的 x 解释为是电子。你们可能会说,组成这或那的特殊客体的是特殊的电子束,所以它们是不可表达的。显然,这样的解释是不正确的。因为特殊电子的特殊组合事实上是可以表达的;只要它是殊相,它就能够被表达出来。而且只要它实现了一共相,它当然也能被表达。但在这特殊的电子及其组合背后的支撑物是不可表达的 x。在推进上述的讨论过程中,你们把从可表达的到不可表达的可分析过程误解为是从宏观到微观的科学过程。在物理学中,有从大到小的归约过程,或从复杂到简单的归约过程。这是企图以微观的术语来解释宏观的东西。科学所要解决的问题不是一星球是如何的大或一电子是如何的小。在这两者的背后存在着一不可表达的 X。显然，电子是可以表达的，而且在将来如果它能以它百万分之一的实体来描述，它依然是可以表达的。但是，在这二者背后仍有不可表达的 X。

你们可能会建议，这里所谓不可表达的 x 可能就是一形态、一样型、一唯一的形式或偶然性质的一种畸形结构。一特殊的事物或客体就是这样的东西。但如果它仅仅是这样的东西，那么它也就没有什么不可表达的东西了。不管一结构是如何的畸形，或将来是如何的畸形，它总是可以运用共相来描述，而且可以被命名或用手指指示或运用参照系来指定。于是，实际的困难就这样产生了，我们可能没有那么多的意念或术语来描述这样的结构。或者我们不知道足够的东西来确切地表达它。显然我们因此而显得笨拙，最终以至失败。但是，从理论上讲，它仍然是可表达的。如果它是可表达的，那么描述之于它，在某种意义上，正如亚里士多德的性质之于亚里士多德。如果我们准备要去指出这一结构，那么我们可能要比指出亚里士多德与亚里士多德的性质的关系来得更为困难。如果我们把亚里士多德性或罗斯福性称为综合的可能性（所谓的综合可能性是指这样的一种可能性，即这种可能性是组合在一起的，而不是从相互之间的关系推论出来的），那么它们仅仅是班级，而我们目前对之所知的充其量只是其中的一个成员。但是知道了班级中的一个成员是一个实际的问题，而不是一个理论的问题。这样的说法也同样适用于所谓的畸形的结构。不管一结构是多么的畸形或唯一的，在理论上讲，它并不是不可表达的。

二

　　我们所熟悉的常识世界,包括它的历史和科学,都属于可
表达的领域,虽然我们经常遭遇到那种使我们无法表达的窘
境。从语言的观点看,用来表达的工具是符号、词语和句子。
我打算把那些关于语言的困难问题抛开,而直接从用语言来
表达的所谓意义开始。在此很有必要把意义的内容和被表达
的客体这两者区别开来。作出这样区别的一个最简单的方式
就是以下面的简单句子作为典范:"这张桌子很矮。"一方面
你理解说出这句话的人所表达的意义;另一方面你也处在一
种语境之中,和说出这一句子的人处在同样的语境中。前者
就是所说的内容,而后者就是客体。当这两者都借助于句子
得到表达的时候,它们也就不再是句子了。在这里,我们无须
考虑感叹句或问题句表达什么这样的问题。为了某种目的我
们现在只需考虑陈述句所能够表达的东西。陈述句通常是由
名词、代词、专名、形容词、指示词和动词或其他的修饰词、量
词组成的。从表达内容的角度说,这些词中有的是表达意念,
有的如代词和名称则指示感觉材料或意象。我们感兴趣的是
句子的特殊内容,这就是所谓的命题。命题不同于表达它的
句子,也不同于由命题表达的事实或客体。命题的构成材料
是意念、意象或感觉材料。

　　在明显的综合思想的过程中,意象和感觉材料是类似于
具体的或类似于特殊的实体。在思想的分析结构中,它们并

不存在。它们虽然是思想的或感觉的,但是它们不是意念。在某种意义上,它们是私人的,因此除非借助于意念,它们是不能传达的。它们向我们提供了有关感觉的和精神的丰富性和多样性。在某种意义上,尽管它们是私人的,但是它们却不是没有客观性,因为它们是经验能够传达的基础,虽然它们本身不是传达的工具。我们从表达它们的词语中可以清楚地看到这一点。一串没有经验内容的专名或代词或指示词如果它们不与名词、形容词和动词结合在一起,就不能表达任何东西。那棵玉兰树的位置不仅仅是以专名的形式表现出来的,而且也是以描述的形式表现出来的。如果没有描述,我们显然是不能够进行交流的。同样,没有意念,我们也不能交流,尽管我们有意象和感觉材料。

抽象意念是我们进行交流的工具。作为内容的抽象意念是以共相为其客体的。不管被给定的一共相是什么样的,它至少是可辨认的,是可以与其他的共相区别开来的。每一共相就是其自身,它包括属于自身的一切,而排除了一切不属于自身的其他东西。你能从下述的例子中很容易地看到这一点。比如壁炉架的红色花岗岩既不仅仅是红色的,也不仅仅是花岗岩,也不是这两者。这一意念尽管很简单,然而要表达它却也不是很容易的一件事。可能正是它的简单才使我们不能清晰地表达它。我们在这里所强调的是共相的可分离性,从意念的角度讲,正是这种可分离性才是使每一共相从综合具体的整体中抽象出来的基础。说这一苹果是红的,并不仅仅是说到红色,而不考虑到它的圆或甜、酸等等,在具体的存在中,这些属性是不可分割的。一意念只反映某一方面,而不

13

反映整体;它只是抽象的,而不是具体的。不管名词与形容词之间在语法上有什么样的区别,它们表现的是同一方面的属性。由它们表达的意念仅仅表达的是部分,而不是整体。当我们说这一椅子或那一书桌时,我们习惯于把这样的表述看作是指示一完整的具体的客体。在我们早期的生活中,情形似乎是这样的。但是如果你对之进行分析,那么你就会发现是特殊的环境向你提供了这样的整体感或具体感。你也会进一步发现,离开了环境,"这"和"那"就变得不确定了,而且由它们提供的信息也仅仅是它们所指示的东西是可以运用椅子或桌子这样的术语来表达,而无须考虑到它们是红的或绿的,或是由铁或木头做的。

我们关于意念所说的一切也同样适用于命题。命题也同样仅仅是表达我们经验的某一方面。只有通过把大多数尚未说及的东西撇在一旁的办法,我们才能确切地说到其他的东西。我们可能只有通过依次说及事物(当然也是依次撇开事物)的办法才有可能达到某种程度的确切性,而得出关于客体的几乎是完全描述的结论。但没有一命题自身能够达到完整性。如果我们企图说及一切事物,那么就等于我们什么也没有说。如"在所有的 F.D.R.之后是 F.D.R."这样的陈述的目标是要达到完整性和确定性。虽然它可能经验某种确定性,但它实际上并没有真正陈述任何东西。罗斯福不可能是任何别的人或别的东西。这一姓名是一专名,除非作出法律上的改变,它只能适用于某一以这一专名命名的个人,不管他是谁,他就是他本人。如果他出现了一会儿趋于极右、一会儿又趋于极左这样的情形,有人就会这样说,他"不忠实于自己,他出卖了自己的事业",那么他所说到的不是从出生到死亡这一时期中具体的罗斯福这一人,而是以政治意念和信念来描述的那个人的罗斯福性质,而现在他不能再这样来描述了。如果这一陈述是正确的,那么罗斯福仍旧是罗斯福,虽然在政治上,从某种角度讲,他已不再具有罗斯福所具有的性质了。这一陈述确实说了些东西,因为它没有说及某些东西。

　　命题具有这样的分离性。这种仅仅表达某一方面的性质,使被表达的这一方面能够与其他的方面抽象出来,分离出来。这一看法没有考虑到特殊的命题、普通的命题或普遍的命题,它们是否是真的还是假的。我们所具有的知识的总和就是我们所拥有的并能够断定的全部真命题。如果我们知道很多历史事实,那么我们就能够断定相当广泛的特殊命题和普通命题。如果我们知道许多自然科学的命题,那么我们也同样能够断定相当广泛的普遍命题。具有常识就具有了断定命题的能力。一些命题是真的,而另一部分的命题则是许多人信以为真的命题。知识在知识者中是综合的或组合的,而不是在任何我们所能断定的真命题中。但是我们所拥有的知识是有限度的,确实有相当多的真命题我们从未意识到,从未被我们掌握,从未被我们断定过。整个的真命题系统反映世界,也同样反映着我们在其中过着的感性的和精神的生活的世界。即便我们经常因为不能够表达我们的感性的和概念的经验而大惑不解,但我们也不能因此而否认整个经验世界仍然是在可表达的王国之中。我们的生活是综合的,但我们能够表达我们是怎样生活的这一事实是由于如下的事实,即我们的综合性的生活能够从不同的方面做有成效的处理。可用来断言整个世界的整个命题系统就是由不同方面组成的整体。这些方面相互之间能够抽象地加以区别。正是通过这样抽象的特点,完整的、感性的和概念的世界才能说是属于可表达的世界的。

我们在此并不是仅仅考虑真命题。一假命题与真命题的区别在于它是假的,它并不因为自己的虚假性而不具有自己的特点。不管是真还是假,命题不是特殊的就是普通的,或者就是普遍的。一特殊命题表达的是这样的思想内容,即它断定的是一特殊的客体或由"这是一张桌子"、或由"黄先生是英雄"这样的句子表述的事件。指示词和专名表示的是殊相,而谓词描述的则是共相。一普遍命题表达的是断定共相间相互联系的思想内容,如"不论一个 x 是什么,如果它是一个人,他就是要死的"这样的句子表达的就是共相间的关系。在这一事例中,有一点是很清楚的,这就是不管这一命题是真的还是假的,它处理的是能够加以区别的部分。一普通命题介于特殊命题和普遍命题之间,它不是特殊的,也不是普遍的。它是根据时间和空间的参照系对许多特殊的客体而作出的总结。如"1492 年之前居住在美国的是红色印第安人"或"在满清统治下的中国人梳着辫子"表达的就是这样的命题。社会科学与自然科学相比的一个困难是,直到目前,前者仅能够发现真的普通命题,而不能作超越时间和空间的推论。显然我们不能够期望中国人现在还仍然梳着辫子,因为他们现在早已不在满清的统治之下了。尽管有时间和空间的局限性,一普通命题处理的仍然是可以相互区别的部分。

在一命题成为真的或假的之前,它为了能够具有任何意义,必须要满足某种关于意义的条件。在这里,我不准备从纯粹逻辑的角度讨论这些条件。因为从那样的条件,我们不必关心认识论,而我们目前关心的重点是与认识论有密切关系的问题。以同一律和矛盾律为例。这两个思维律都是这一条件的不同的方面。同一律是这一条件的积极的方面,而矛盾律则是其消极的方面。这两个方面的综合要求每一个意念与自身要有同一性,而与其他的方面要能够区别开来。这些方面形成了不同于综合和具体的分析性的抽象的核心。这一核心是对不能区别的或能够区别而未经区别的东西作出区别的基础。如果一命题不是它自身或者是自身之外的其他东西,那么这一命题可以没有意义,这就是说,它根本就不是命题。显然,这一意义的条件较之于真假的问题具有优先性。这倒不是仅仅因为真命题是有意义的,而假命题同样是有意义的。我们将在下一部分讨论它。这一条件本身不能以它的完整性来表述。表达意义的条件只能在它本身的部分中得到表达。

可表达的世界是这样的王国,它可以用共相的术语来描述,也可以用殊相的术语来描述,或者用手指、命名或指示。正如我们所已经看到的那样,一不能表达的 X 既不是一殊相或一套殊相,也不是共相或共相的结合。它不可能是通常意义上的真或假的命题(不管是特殊命题或普通命题或普遍命题)的主语或谓语。在某种意义上说,我们可以说知道历史和各个方面的自然现象,但我们却不能说我们知道不能被表达的 x。虽然我们在理智上能够把握它,但此种把握到的对象却不是概念知识或感性经验的客体。要把握它,我们所需要的是一种理智的想象,这是对理智的局限性的一种认识,要越出理智的过程,不是回到理智的本质,而是要超越理智的范围。正因为如此,我主张在理智的想象和理智的反映之间作出区别,因为后者主张回到纯粹的理智,如研究逻辑,而前者却快速地越过理智而进入不可表达的事物,使它们具有消极方面的清晰性,因此也使它们具有了非感性的可经验性。

三

确实存在着不可表达的东西,但理智的精巧却可以使它们成功地呈现在人类的沉思之中。这似乎是不可想象的,逻辑作为研究的客体是与我们研究的内容有区别的,它不能在其整体性或本质中表达出来。在两个方面,其内容与客体是不相符合的。第一个方面是,你处在逻辑一中心的困境之中。任何与逻辑打交道的企图在任何方面总是设定了它的存在。你可以尽你所能把逻辑塞进一个系统之中,但最终你却会发现某些属于逻辑的东西留在了该系统之外。当我们考察一逻辑系统的开头部分的时候,我们就能更容易地看到这一点。我们在此以《数学原理》中初始意念和命题为例。如果你认识到它们是一逻辑系统的开端,那么你就会假定与它们相连的意念和命题都留在该系统之外了。如果你不假定它们,那么你也就相应地不能把它们看作是该逻辑系统的开端。我在此并不准备讨论所谓的不同的逻辑系统的问题。承认了不同的逻辑系统也就自然而然地承认了有些逻辑留在了任何的系统之外。我们的目的是要说明,即便承认一个系统为唯一的系统,那么我们也就必须要假定逻辑,这一假定的逻辑在这所谓的唯一的系统之外。试图以任何一种方式来表达逻辑,这也就同时似乎在实质上以另一种方式将其视为未经表达的东西。在这种意义上,要达到完整性的企图也就失败了。

我们应该在此审查一下逻辑系统的秩序问题。蕴涵不同于推论。如果能够记住这一区别,你就会发现在《数学原理》中实质上有两种秩序。一种是水平的秩序,它是一种蕴涵的方式。另一种是垂直的秩序,它是一种推论的方式。从组织一个系统的观点来看,在某种意义上,推论更为重要,因为没有它,这一系统就不能展开。然而在形式上,推论只是系统中的一个部分。虽然推论的原则被视为初始的命题,但它与其他的部分不同,更为重要的是,系统中的每一推论形式上是外在于系统的,因为虽然每一个水平的秩序是蕴涵的形式表现(或类似的东西,等等),但没有一个垂直的秩序是推论的形式表现。在前者,读者的职责不是要去作出蕴涵,如某些东西蕴涵某些东西。但在后者,很明显他的职责就是去作出推论,因为正是他在做推论。在后一秩序中的每一推论就是材料,这正如我的书桌的颜色就是我所要表达的材料一样。涉及原则的括号仅仅引导我认识到这样的材料是推论,如同经验告诉我那颜色是棕色的一样。关于它没有形式的东西。回到表现的问题上来,我们可能会说,蕴涵能在形式上得到表达,而推论却不能够,因为说水平的线表现的是蕴涵,垂直的线自身是事件或活动的秩序。这样,在展开的系统中的一个很重要的因素就不得不处在这一系统之外。

第二个方面是,从本质的观点着眼,逻辑自身也很难得到表达。假定我们以不同的逻辑系统为例。为了更好地说明问题,我们暂且不管以下的问题,即同一逻辑是否有不同的逻辑系统,或不同的逻辑有不同的逻辑系统,或是否它们或它们中的某些是逻辑系统。我们以同一律或同一原则来说明问题。在《数学原理》中,同一律表示为 $p \supset p$,在三值系统中表示为 $p \subset p$,在四值系统中表示为 $p > p$,在刘易斯教授的五值系统表示为 $p \prec p$。这些表示都是不一样的,但它们却都被认为表示的是同一律或同一原则。由于每一个都被认为表示的是同一律,所以没有一个表述是唯一的。也可以说,没有一个表述穷尽了它的本质,因此对于任何一个表述,我们会感到它虽然表示了这一原则的某些方面,然而这一原则的其他方面却被遗漏了。你可能会说,之所以如此是因为我们假定了上述的不同逻辑系统都是逻辑的系统。由于这样的假定没有给予讨论,所以使我们觉得我们能够成功地表示同一律的某些方面。这一说法应该说有其一定的理由,但是如果我们采取任何一个系统,那么我们得到的是同样的现象。比如以《数学原理》为例。我们可以得到,$p \supset p, p \equiv p, x = x, A \subset A, R \supset R \cdots$我们是否把这些都看作是对同一律的表示?在某种意义上,它们都是一样的,但在另一种意义上它们却是彼此不同的。如果我们是逻辑学家,我们可能会求助于这些表述,因为上述的表述都是同一律的值。我们会说表述的可变性体现了同一律的本质,而没有任何相互矛盾的方面。但是,同一律表述的可变性既不表现它的部分的值,更不表现它的所有的值。更为重要的是,作为同一律表述中的一个表述,在表现其值的同样层面上,它什么也没有表述。然而它也确实展示了某些东西,即表述同一律的形式。但是,它本身却不是同一律的表述。就同一律的完全的和本质的表述来说,后者始终是令人费解的一件事。

上面的讨论仅仅是要指出,即便在逻辑的领域内也有着不可表述的东西。但是如果我们的目标不是本质或完全性,那么我们就会在逻辑命题的这些表述中发现错误。只要承认表述上的差异性,只要承认被表述的东西的差异性,只要我们在理智上超越了它们,那么我们就能得到所要表述的东西的本质及其实体。我们作为逻辑学家必须坚持分析的立场,必须分别地看待 $p \supset p, p \equiv p, A \subset A, \cdots$ 以便使我们能够充分地认识到它们之间的差别。我们希望我们能够站在分析的立场上来充分地认识它们的特点及其它们之间的区别。但作为哲学家,我们也要能够审查它们的表述形式或其中的任何一个,并通过它们来掌握被表现的对象的本质或实质。逻辑学家能够帮助哲学家。在过去的半个世纪中,逻辑学所获得的进步使逻辑的表述更为清晰了。与过去相比,它们不再显得笨拙,却显得更为完全综合。但即便如此,逻辑还始终不能使我们去表达逻辑中不能被表达的东西,它只不过使我们比以前更牢固地把握住它。就目前我们所讨论的表述问题而言,逻辑学的最近进展使它的以相互联系的意念为基础的表述显得极为清晰。

哲学世界的一个常识性的看法是认为自语重复是命题的真值,它不断定事实,却指示了一切的可能性。在一个方面它不可能是假的,在另一方面它必须是真的。关于它不可能是假的这一点,我们无须讨论,逻辑教科书对此有较多的论述。对于哲学家来说较为重要的是自语重复必须是真的这一点。

有很多的事物是不可能假的,但在任何一种意义上,也不能说是真的。然而我们现在不关心这样的问题。我们现在不讨论自语重复为什么必须是真的,因为为什么它不能是假的也就是它为什么必须是真的理由。我们所最关心的主要问题是:究竟是在什么意义上说自语重复是真的? 是以大写 R 开头的实在(Reality)真的? 或者说是在实在背后的东西真的,或者用斯皮尔丁(Spaulding)教授所谓的非描述语词说,情状真的? 或者说是先验的心灵真的? 可能,从每一自语重复都是思想的规范这样的观点来看,我们倾向于把它看作是唯一与心灵相联系的存在。但如果仅仅心灵是真的,那么我们实在是看不出心灵必须总是是真的,或者说它必须曾经是真的? 如果说的是心灵是真的,那么当然它就是真理,而且它可能就是先验真理。但如果它是自语重复意义上的真理,那么它就必须也是其他某种东西的真。讨论这一问题将必然会涉及很复杂的问题,我不打算在此讨论这样的复杂问题。而只是坦率地指出,自语重复的真是道的真,或者运用一个更为熟悉的术语说,是逻各斯(Logos)的真。

就目前而言,对我们来说,关于自语重复的重要性并不在于道的真或者逻各斯的真,而是在没有提及道或逻各斯的情况下,它作为主语或谓语是真的。科学或历史方面的转瞬即逝的事件或偶然的事实都是不稳定的客体。从这样不稳定的客体的观点来看,逻辑确实是这样的主语,我们并不知道我们究竟谈论的是什么或我们所说的究竟是不是真的。但是从本体论的角度,我们知道我们在谈论道或逻各斯,而且知道我们关于它们所说的一切是真的。由于没有断定任何的事实,更由于认为每一事情都是可能的,所以自语重复并不企图涉及与历史和科学相关的事实。但这并不意味着,它就是与本体论也是中立的。正是由于没有断定任何的事实,所以自语重复才有可能谈论终极实体。在这一方面,确实可以看出逻辑学家的技能。然而这里所说的是关于宇宙的最基本的东西。是否可能拥有另一套陈述,给出最充分、最完备的描述? 自语重复被称为准命题。我们是否可能有另一套准命题来断定每一件不关于事实的事? 在这一方面,我们确实一筹莫展。当我们看见某些十分重要的东西是与此相关的时候,我们也实在是没有能力来构造出这样的陈述。我自己本人没有这一方面的能力,我所能做的一件事就是回到不可表达的 x。然而要描述这不可表达的 x 却也有着很多的困难。我不能感觉到它,也不能指出它来,也不可能借助于时间和空间,更不可能描述它。我们只能依靠理智的想象。或者我们把握着它,或者我们不能。如果我们不能把握着它,那么对于它我们就无能为力。

如果我们能够把握着它,我们也同样是处在困难之中。让我们现在给这不能表达的 x 一个专名。尽管 stuff 一词可能会使我们感到一种沉闷、乏味的感觉,但我们不能够想出一个比"stuff"更好的名字了。专名并不具有概念所具有的可推断的意义,因此它就显得枯燥无味;但是如果我们能够直接接触到被命名的事物,那么我们借助于名字能获得一种从其他名字不可能获得的恰当的感觉。我们认为,质料(stuff)对于不可表达的 x 来说是一适当的名字。必须承认,在日常的语句结构中,质料这一名字只能是主语,而不能是谓语。更为重要的是,从通常的意义上说,由这样的语句表达的陈述不是命题,也不是在自语重复意义上的准命题。遗憾的是,我们必须使用语言,而且根据怀特海的"哲学是运用语言的有限性来表达宇宙的无限性"的思想,我们同样可以认识到,这样的有限性和没有成效的思想是我们不可能避免的,我们应该尽可能地努力去超越这些局限性。在下面的章节中,我将利用消极的命题和积极的命题来使那些已经把握了质料的人更紧地把握住它。

四

在这一部分中所有以质料这一名字为主语的表述都不是定义,虽然它们类似于定义。定义中的术语代表着概念,而概念则是共相的意念形式。质料不是共相。因此,以质料为主语的句子也就当然不是定义。在可表达的领域内,我们有另一类陈述来引进如在演讲和信函中的个体。在这一部分中的某些句子与这样的引进的相似之处是很明显的,因为其功能是相同的。你可以把这样的引进运用于汤姆或威克或哈雷,但只是在质料这一点上,这样的引进不适合于它。质料不是个体。虽然这些陈述并不是定义或不是引进,但是它们却使我们能比以前更牢固地把握着质料。

对积极陈述的辩护存在于消极陈述之中。在此之前的一个分析已经揭示出这样一点,即对任何一个特殊具体的个体事物而言,从"它"所代表的观点看,所有共相和殊相的总和将使我们达到不可表达的 x。达到 x 的方式表明,有一定数量的消极陈述,当然这是以与第一部分中的讨论相一致的以及已经把握着了不可表达的 x 为条件的。有关质料的消极陈述是毫无疑问的。质料不是共相。如果它是共相,它就能以共相来描述了。质料也同样不是殊相。因为如果它是殊相,那么它也就相应地可以以日常的名词来命名了,或用手指出来,或借助于时间和空间而确定下来。它也不是个体。因为如果它是个体,那么它就具有自己的特点,并借此使自己与别的个体区别开来。尽管每一个体事物都有自己的质料,质料对于所有的个体事物都是共同的,但是,显然,质料本身不是个体事物中的任何一个。它既不是具体的,也不是抽象的。因为如果它是具体的,那么它就能在感觉经验中被经验到;如果它是抽象的,那么它就能借助于概念的思维而得到。它也同样不能说是存在或非存在。因为如果说它是存在,那么它就具有某些特征。如果说它是非存在,那么就是对某些特征的否定。质料必须能够被描述。它既不是开端,也不是终点。因为如果它是,那么这种肯定就意味着时间。我将在后面指出,它是时间的非常重要的条件,但是在目前我们无须考虑这一点。像这样的消极陈述,真是可以说举不胜举。我们可以这样总结,质料不属于任何的共相,这就是以另一种方式说它是不可表达的,在可表达的层次上,我们当然会使自己自相矛盾,但是如果我们使自己超越了可表达的王国,那么我们只不过以日常陈述的形式运用某种工具使我们比以前更牢固地把握着质料。

这些消极陈述使我们能够断定某些积极陈述。通过上面的叙述,我们将会看到,质料是纯粹的潜在的可能性。在可表达的领域中,所谓潜在的可能性是指使某一东西成为某种在任何时间内还不是某种事物的性能。如果 A 在时间 2 能够变成 B,尽管在时间 1 它还不是,那么 A 具有使自己成为 B 的性能,不管时间 1 和时间 2 之间的间隔是长还是短。这一术语并不排除也不限制于价值标准。这样,A 先生或许有成为一个大演员的性能,而 B 先生则只有成为一个数学家的性能,而不管是好的、坏的或极其一般的数学家。在可表达的领域内,我们倾向于这样说,当 A 先生的某些共相或殊相并没有变成其他的共相或其他的殊相的可能的时候,这位 A 先生(我们说,这是一个个体事物)有着使自己成为 B 的性能。显然,一殊相不能变化,因为一事物走出这一殊相之后,该殊相也就死亡。如果一个事物走进了一殊相,那么这一殊相也就诞生。如果第三个殊相作为中介出现,那么我们也只不过有着一个殊相的无穷回溯的系列,在其中不断地有殊相死亡,也有殊相不断地诞生,然而没有殊相会发生变化。这一殊相生灭的过程可能确实会导致某些事物的变化,但是殊相本身是不会发生变化的。共相也不会发生任何的变化。在秋天,如果我们发现某些树叶由绿色变成了红色,很显然作为共相的绿色并没有变成作为共相的红色。这里存在着我们将在后面称为可能的实现的连续序列。这一连续序列可能导致某些事物实现变化,但是共相本身在这样的序列中是不可能发生变化的。由于共相是这样的一种东西,它不依赖于时间和空间,因此说共相的变化就是自相矛盾。

然而,变化终究是随处可见的事情。在日常生活的世界中,我们有正当的理由把变化归之于被假定是可表达的事物或事件、状态和过程。但是如果我们按照我们目前讨论的方式继续进行下去的话,那么我们就会发现可表达的东西本身是不会变化的,而且我们也只有笨拙地运用代词、指示词和专名来成功地表现变化。质料也同样不能变化,但是它却与所有的变化有关。如果我们从可表达的世界中借用潜在的可能性一词,那么我们可能会说,质料是纯粹的潜在的可能性。正因为有质料潜伏在桌子中才使桌子成为一个客体,而不仅仅是一大堆的共相或殊相。也正因为质料与共相和殊相在一起才使其本身有可能通过代词、专名和指示词被指示出来,使它有变化的能力,尽管共相和殊相是不变化的。然而,可表达性是以分离性为基础的。因此,所有可表达的东西都是我们全部经验中有限定的存在,它们都是具有自己的限制性的方面。这张木头桌子有以"这"指示出来的质料在其中,叫作"这张木头桌子"。这张桌子在一定的时间内有可能变成某种东西比如"燃烧的桌子",但是它却绝对不可能变成比如"奶牛"这样的东西。通常,我们会说这张木头桌子虽然可能变成燃烧的桌子,但却不可能变成奶牛。总之,它变成什么东西是有所限制的,而且也要受制于像这张木头桌子不能控制的偶然性。但是如果我们谈论质料,那么我们就不应将它与这张木头桌子或那个红苹果混淆起来。我们能够很容易地看出,它作为一种潜在的可能性是无所不在的,是纯粹的。如果不管共相和殊相,质料可以变成任何东西。使世界发生变化的这种丰富的多样性仅仅在一种很小的程度上反映了质料的无所不在的潜在性,因为虽然我们可以很容易地看出这一点与目前这一世界有关,但是它却不会局限于任何一种具体的形式。

质料也是纯粹的能动性。在可表达的领域内,就作为一种动力因而言,能动性是指对对象施加影响的一种行为。能动的、活动的、现实的都与能动性有关。可能在英语中,actual一词与 real 一词紧密相联,所以我们也就不容易在能动性意义上发现它与行动之间的关系。不管怎么样,我是在正对当前发生作用的意义上来运用 actual 一词的。当然,actual 包括能动性在内的,而不仅仅意味着主动,而且也意味着受动。这就使我们想起了关于因果理论的一个老问题。可能某些阅读这一部分的读者会认为当偶然性的意念引入的时候,他们感觉到了认识论考虑的紧迫性。认识论的考虑当然是不可避免的,而且也并不局限于目前这一段落。但是对我们而言,偶然性并不仅仅是指认识论方面的。我不拟在此阐述我的某些看法。在这里,我只是说,我相信殊相生灭的偶然性。用能动性的术语说,这里的偶然性可以用这样的说法来表达,即作为共相的因果关系始终是有效的,它们相互影响,以致不能确定其中的哪一个在特定的地点或时间能够实现。这就是说,虽然作为共相关系的 A—B 在相同的条件下总是有效的,但在殊相的领域内当"a"发生时"b"是否总是发生是不确定的,因为 b 是否发生所依赖的条件在现实中从来就不是相同的。在最广泛意义上的进化论可能从未重复自身。如果它能够重复自身,那么在所谓重复过程中时间一定是停顿的。无论如何,我采取并赞同上面的观点。我必须同样要指出,在可表达的特殊事物或事件,状态或过程的领域内,能动性是有限制的,是偶然的。a,b,c,d,……的能动性不是纯粹的,但潜伏在 a,b,c,d,……之中的质料的能动性却是纯粹的和无条件的。

由于我们已经涉及因果关系问题,我们可以接着这一话题继续进行讨论。如果我们谈论到作为共相的因果关系问题,那么我们就不能有时间中第一原因的观念,因为共相是脱离时间的。同样我们也不能在殊相领域内说什么时间中的第一原因,其理由是除非我们放弃作为共相的因果观念,否则我们就会涉及宇宙的开端问题,而宇宙本身是无所不包的,所以它不能有开端。以原因和结果的语言来谈论,我们就不能说什么没有原因的原因。如果我们把话题转到质料上去,那么我们就能很容易地看到,存在着无须推动、不会停顿的能动性。我们虽然不能以没有原因的原因这样的术语来谈论质料,但我们却可以指出,它多少类似于自由意志。从哲学思想的立场来看,自由意志的观念是否能够运用于可表达的领域内是一个问题,自由意志这一术语还不像没有原因的原因这样的说法遭到公开的反对,除非我们以后者来定义前者。如果我们借用自由意志这一术语并进一步剥除它的通常内容,那么我们就可以运用它来这样说,质料的能动性具有自我意志的属性,因此它是自由的。这一说法所要传达的意念是,质料的能动性是绝对的,是纯粹中最纯粹的,就它本身而言,质料是能动的,是现实的。

质料也是纯粹的实质性。我们已习惯于本体这样的说法。我们经常说这一或那一本体。所谓的本体的特征所指的就是一定的质料性,一定的硬性,以及独立于给定本体所具有的本质的规定。在我们经常运用这一术语的意义上,本体明显的具有可描述性,而且也可以不同的范畴对之进行分类。质料不是任何这样的本体,正如同不是任何可表达的事物、事件、状态或过程的潜在性或能动性一样。由于质料是纯粹的潜在的可能性,所以它不能局限于任何特殊的范畴;由于它是纯粹的能动性,所以它本身不在转瞬即逝的事件、不稳定的客体和偶然的事实的变化的链条之中。但是既然质料自身不是本体,而是潜在于所有的本体之中的,所以它就是实质性。没有它,共相只不过是空洞的可能性,由于不存在事物或事件,殊相也将停止存在。正是质料将实质性给了本体,因为没有它即便是本体自身也只不过是空的可能性。如果否认了它的硬性,那么就没有东西具有硬性;否认了它的抵抗力,那么也就没有东西具有抵抗力。可能,传统的看法是认为,性质所附着的基础会给我们实质性的观念。但是就这一观念能够定义说,它不是我们所谓的质料。一切本体所具有的共同的最基本的特性也不是我们所谓的质料;我们不可能建筑起一棵树或一座金字塔,使其承担起所有的事物。

五

对于上面的讨论,我们还可以补充很多东西。其中有些东西我们将在后面涉及,在此我们将要讨论的是一个比较特殊的问题。在这样处理的时候,我们将使自己遭遇到不同于我们的程序的看法,因为不同于上述的陈述,我们在此挑选出的一个陈述有着它自己的下属术语,在运作的环境中经常运用这样的术语。我们可以说,质料是完全没有性质和数量上绝对的恒久性。我们同意这样的看法,即看上去像普通命题的这一陈述是没有意义的,因为性质这一术语包含着经验性的环境,而在这里却没有这样的环境。而且像恒久性和数量这样的术语需要行动,而在这里却不能有这样的行动。不管怎么样,我在这里并不以常识意义上的意义为目标,我追求的是要通过一套非常的陈述来传达意味。

这一陈述在事实上确实使我们不能以任何的方式来描述质料。在通常的意义上,以任何方式去描述它,就是把某种性质赋予了它。而把某种意义赋予质料就是否认它具有某种其他的性质。以任何方式去描述它就是去限制它,也就是侵犯了它的纯粹的潜在的可能性和能动性。这倒不是因为像红、绿或方、圆这样的形容词不能适用于质料,因为很显然质料不能以这些形容词中的任何一个来描述。同样像真实或存在这样的形容词也不适合用来描述质料。"真实"这一术语能够被定义,尽管我们在这样做的时候可能会失败。这就说明概念"实在"是与其他的概念相联的,与之相关的共相能够通过与其他共相的联合而得到理解。如果质料是真实的,那么它就是可以表达的。我们知道,像"自然的"一词,"真实的"这一术语可能具有极其丰富的含义。我曾经统计过,好像它有二十多个含义,而且我相信这些含义也并没有穷尽它所有的不同的含义。但是其中每一个含义都是相互不同的,因此每一个含义都是可以定义的。这就是说,每一个都是概念。因此我们也可以说,它是共相或我将在后面所说的可能性的意念形式。任何一个人只要他把握住了质料,那么他就不得不承认,质料既不是共相,也不是可能性。同样,我们不能因此说,质料是存在。从这样一方面,我们可能会更容易准确地理解质料的性质。说质料是存在就是在另一方面限制了它,正

31

如说它是实在的就不能说它是不实在的,说它是绿的就否认了它是红的一样。"存在"一词在日常用法以及我本人的习惯用法上,较之于"实在的"这一术语含义要狭窄些。"存在"的意念包含着过去、现在和未来。孔子虽然现在已经不存在了,但是却可以说他是实在的。未来的世界状态现在虽然还不存在,但是它却也是相当实在的。说质料是存在的,就是在很多方面限制了它。而且如果你所谓的存在是指在目前占有实在的空间的话,那么说质料存在就是说质料局限于一定的空间和一定的时间。质料是不能有这样的限制的。

在没有进一步运用更为具体的论证来说明之前,我们可能再一次笼统地说,没有什么形容词可以用来描述质料,如果这样来描述是要将某种性质加给质料的话。但是你可能会这样说,质料一定是同质的,因为如果任何一个人把握住了质料,那么你必定会承认这张椅子和那个苹果的质料是绝对相同的,尽管这两个客体是不一样的。这样说并没有错。假如所谓同质不是指质料的性质上的属性。因为从消极方面说,如果质料在性质上是相同的,那么它就不能够进入像这张椅子或那个苹果这样不同的事物中去。从积极方面说,由于它确实进入了这样不同的事物之中,那么它在性质上肯定不是同质的。它只有在没有任何性质这样的意义上,而不是在具有相同性质的意义上,才可能是同质的。显然,如果它有任何性质,那么它就能够用性质这样的术语来表达。借用目前战争中经常运用的一个词"冻结",那么我们就可以说它被"冻结"在那一共相之中。在我们的共相中"冻结",它就不能进入其他任何别的可能之中,它的潜在性、能动性和实在性就不是纯粹的。物质的核心是,质料必须是在其潜在性、能动性和实在性方面绝对自由的,这样它才能成为这个现实世界多种多样事物的潜在实体和无限可能世界的事物无限丰富性的潜在实体。

这一陈述的第二个部分在某些方面更为重要。质料不仅不具有任何性质,而且它在数量方面也是恒常的。我意识到,这两个术语只有在某种具体的运用中才具有清楚的意义。当涉及质料时,这样具体的运用是不可能的。然而,我们必须借用这样的术语来传达我们的想法,这一想法就是全部的(如果我们可以运用这一术语的话)质料既不增加,也不减少。质料既没有旧的也没有新的;没有旧的质料正在消失或死去,也没有新的质料产生或挣扎着形成。类似于质料的一个非常古老的意念或想法是这样的,它认为无不能生成有,同样,有也不会变成无。从某些角度来看,这是一种非常重要的思想。但是,从意念所需的表达角度来看,这样的看法虽然含义丰富,却显得有些笨拙。很难断定这种看法适用的范围。这一看法所带来的后果使它在某些方面表达得更清晰,例如物理学中的物质不可灭性。在这里,我现在所关心的问题是如何使这样的思想运用于质料。质料不能够增长,因为任何增长必须是新的和有时间性的,那么我们也就不能否认质料的种种其他性质,其后果就是质料是可表达的。这样的论证也同样适用于关于质料的减少的说法。如果质料可以增长,而不能减少,那么就会出现这样的情况,即不会有任何其他的质料。如果质料的增长和减少保持同样的速度,那么有的部分就是新的,有的部分就是旧的。虽然质料的数量是一个常数,但新的质料从何而来和旧的质料又去向何处都是不可回答的问题。显然,旧的质料是不可能变成新的质料的,因为既然没有任何的性质,质料就不能说是变化的,也不能说新的或旧的。如果新的质料来自于不是质料的其他任何事物,那么新质料就是无中生有。如果旧质料消失于任何不是质料的其他事物,那么它也就是从有变成了无。总而言之,如果我们说质料既可增长也可减少,我们就会遭遇到这样的难题,即无可变成有,有也同样可变成无。这就会得出一个相反的看法,即质料是恒常不变的,是无限的。

在我们注意不把我们常识的现象世界或科学的客观世界与潜在的、无所不在的质料混同起来的时候,我们就有可能得到这样的看法,即我们可以从我们关于前者的思想中得到后者。我们可以能量守恒定律为例。这一定律本质上就是从传统的看法发展而来的。传统的看法认为,无不能变有,有也不能变无。从常识的世界着眼,这一看法可能是很容易明白的。我们一想到"材料"、"实体"或"物质",我们就知道它们是既不能被创造也不能被毁灭的。手表制造者可能会这样说他创造了手表,母鸡也可能说它创造了鸡蛋或小鸡。但这两个事例都是从某种材料而制造手表或鸡蛋或小鸡的。我们确实知道,某些创生模式是遵循一定的规律的,而另一些并不遵循规律或至少是我们不知道它们遵循一定的规律。但是,不管遵循还是不遵循规律,作为基本的材料既无所谓创生也没有什么停止存在。虽然这一原则是否能得到证明、证实或符合不是我们在这里所关心的问题,但是它却成功地描述了自然现象或我们关于它们的经验。在自然科学领域内这一原则的最新解释是将能量与物质紧紧地结合在一起。这一解释对两者之间的关系做了更进一步的分析,认为物质与能量是可以相互转化的,物质—能量既具有非创造性也具有不可毁灭性。非常有可能,在将来我们发现其他事物的恒久不变性被利用来作为物质变成能量或能量变成物质的标准。如果是这样的话,那么事物的不可毁灭性仍然是不可改变的,因为如果不是这样的话,转化的方程式从根本上说就是没有任何意义了。

当我们谈论物质—能量或将来所谓的第三、第四实体时,我们正在谈论的不是质料,虽然渗透其中并潜伏在它们后面的仍然是质料。在物理科学的客观世界中,物质—能量可能被认为是所有存在着的事物的最基本的成分,它的恒久不变性可能被用作为任何一种存在形式的对称或传递的转化方程式的中介。不可毁灭性的原则可能有这样的功能,在科学领域内它可能被看作是一种方法论的原则,这就是说,它可能仅仅由这一功能而得到证实,而没有必要由它和外在实在的符合而得到证实。我本人并不知道事实是否就是如此的。但假如是这样的话,它也不会使我们看不到这一原则不只是方法论的原则,看不到它是以下述思想为基础的,这一思想是无不能变成有,有不能变成无。我们会毫无疑问地怀有这样的思想,如果我们理智地进入质料的王国的话。我确信有质料。我并且断言,这样的信念是建立在经验基础之上的,且通过理智推测的途径而得到质料。在此不可能有什么证实或证明的问题。因为证实局限于殊相的领域之中,而证明则被限制在共相领域之中。质料则既不是殊相,也不是共相。如果某人得到了它,那么上述的陈述将显示它的意味并将引导他比以前更为坚固地把握住它;但是,如果一个人没有把握住它,那么这些陈述就丝毫也帮不了他。它们在自语重复的意义上不是命题。它们是形而上学的命题,既不能由历史和科学来证实或证否,也不能从逻辑和数学来演绎出来;它们只能在消极的方面由下面这样的思想得到证实,这一思想认为如果没有质料,那么我们就不能在感觉中和理智中体认经验中必不可少的东西。我意识到关于质料的这些说教并不是新的,因此我们当然对此不必大惊小怪,但是我也并不因此认为它的有是可以怀疑的,因为所有否认它的论据在我看来都是不相关的。

道

一

让我们从抽象开始我们的讨论。抽象是在思想中把某些部分从其综合的和具体的整体分离出来。它是把不可分离的东西或未曾分离而可分离的东西区别开来。在 1943 年,你不可能把美国总统和罗斯福夫人的丈夫这两者区别开来。这就是说,你不可能把其中的一个放置在海德公园,而把另一个放在华盛顿。我们现在所提到的这个绅士同时具有这两个方面。当这两者没有分开的时候,这两者是不可分离的。然而,它们是可分离的东西,这就是说,它们可以分别地加以辨认。与具体相区别的抽象从未把具体的个体分割成无数具体的个体。它不能这样做,也从未打算这样做。它的全部目的只在于引导我们去思考和说出具体的东西。除抽象之外,并没有另外的方式去处理具体的个体事物。如果你与罗斯福先生握手,你所握的是他的手。如果你和他拥抱,你所拥抱的是他的身体,你不可能以任何一种具体的整体的和更为广泛的方式与他接触。只有通过抽象的方式,我们才有可能在思想上把握住他。抽象的重要性很容易为人们所忽视,这只是因为在我们的日常生活中抽象几乎是在每一分钟中都发生的事。我们说话或我们思想的时候,我们就是在进行着抽象的工作。同样的道理,由于在我们的日常生活中综合也是经常发生的,所以综合的重要性也容易为人们所忽视。但是当我们强调综合的重要性的时候,我们没有去反对抽象的作用,因为综合显然就是对抽象的综合。

抽象是在思想中进行的,它是意念或概念的抽象。我在此所运用的意念是在严格的抽象意念的意义上使用的。而且为了方便,我也只限于那些真实的意念或概念,排除那些不可能的或矛盾的意念。我也将把概念看作是实体或单位,在思想中,它们是基本的单位或单一的成分而不是复合体。这并不是说,这样的实体或单位本身是可以脱离它的发生的环境的。"方形"在某一时刻或环境进入我们思想的时候是一单位,而在下一个时刻或不同的环境中却成了命题或相互联系的概念,如平行四边形、直角三角形的每一条边都等同于另一条边等等中的可分离的因素。在我们的思想的单位中,不存在着终极性的单一成分或终极性的复合体。但是在思想中出现的条目是以单一成分或单位的形式出现的,只要它们不矛盾,我们就叫它们是概念。如果记住了内容和客体之间的区别,那么我们就能看到概念就是存在于思想中的内容,而不是客体。当一个人想着一个正方形,他就在思想中有着正方形这一概念,但是他不是想着"正方形"这一概念,而是正方形的性质。这就是说,他所想到的对象是客体。概念是我们迄今叫作共相而在后面我们将叫作可能性的观念形式。

概念是以经验为基础的,但是概念不必直接的以经验为基础。我们能够从具体中抽象地得到概念,也同样能够以从抽象到抽象的方式得到概念,因此我们不仅仅有概念的结构,而且也有概念的等级。除了逻辑之外,概念没有限制。这就是说,概念是不能自相矛盾的。在思想中作为单一成分所出现的矛盾的意念根本就不是概念。经验和事实仅仅限制了概念的运用,而不是它们的存在。没有经验或事实内容的概念可以在思想中出现,但在实际上并不如此。我们能够想到"食火龙"或"独角龙",但是除非为了哲学的目的,它们一般不会出现在思想中。因此概念既不是矛盾的,也不是真的或假的。如果一个意念是矛盾的,那么它就不是真实的,虽然这样的意念可能会进入我们的思想之中,但它不是概念。我们不能说一概念是真的,因为它是单一的成分或单位,而且我们并没有通过它断言任何事情,由于没有与内容或共相相符合的客体,所以它只是一空类。因此,像这样的概念也不能说它是假的。谈到概念,只能说我们采用了或我们讨论了概念。在这一方面我们是受了经验或事实的影响。因而,"方的圆"这一意念不是概念,"女巫"这一概念既不是假的也不是真的,在目前我们很少运用这样的概念。

概念是共相和可能性的观念形式(形式是观念意义上的)。每一共相都是一类客体所共享的一个方面。比如,人性是两足动物中的一类所共享的,马性是四足动物中的一类所共享的。我是在积极的方面运用"共相"这一术语的,因而可以说存在是一共相,而非存在则不是一共相,但共相或可能性的无限性则是一共相。这就是说,一共相总是显示一类客体,而空类并不包含于任何的共相之中或任何一共相的观念都包含着共相"真实"的逻辑构造。因此,如果这个世界从未有过一条龙,那么"龙性"就不是共相。我们的概念并不受到共相的限制,它们也没有穷尽所有的共相。我们的有些概念是某些空类的限定词,它们是概念,但没有与之相符合的共相。还有那些我们没有想到的共相。因此概念的世界反映着共相世界的过去。这两个世界是交叉的,不是完全重合的。当概念反映着共相,它们就是共相的观念形式。

不是共相的观念形式的概念表达的是可能。可能这一术语排除了一切矛盾的东西,其他的一切都是可能。那些不可想象的东西,即使是极端荒谬的,但只要它不是矛盾的,就是可能。一可能如果是思想上的可能,那么它就是思想的对象,而不是内容。因此虽然它由作为思想内容的概念来表达,但它不是概念,因为它是思想的对象。正如哪里有未被认识到的共相,哪里就有可能,这样的可能还不是概念。虽然可能可能没有被想象到,但它们是可以想象的。可想象的世界和可能世界是两个并存的世界,因为说这两个世界是有限制的,这是矛盾的。通过引进"可能"这一术语,我们就可以把共相定义为现实了的可能。我们现在暂且不考虑现实,而在后面给出它的定义。共相是现实了的,而可能就其为可能而言并不是。前面的陈述的大意是说,共相是客体(事件)中的一类所共享的一个方面或我们的共相的观念总是逻辑地包含着"实在"的共相。这些陈述的目的是要表明共相的现实性。"方形"的共相是实在的,因为实际上存在着方形的东西,或换句话说,存在着方形的客体。我们中的绝大部分人是停留在常识的层次上的,所以我们会承认某些客体或事件的实在性,正是这些客体或事件给了我们这一毫无疑问的实在感。那种实在感也是与通过那些客体和事件现实的可能相一致的。

但正如我们在第一章中已经指出的那样，特殊事物或特殊客体给分析带来了不少困难。有些事物是变化的，却也有持续性。有些事物由于与共相及其殊相的结合而持续存在。由于共相不能发生变化，而殊相不能持续，那些发生变化并且持续存在的东西既不是单独的共相或单独的殊相，也不是共相和殊相的结合。共相和殊相仅仅是这样的东西的某些方面，是质料给了它们统一性和个体性。仅仅是可能的可能是缺乏实在性的，但是除非它是矛盾的（这样的事例其实根本不是可能），它就是不可能现实的。此处所理解的可能的现实仅仅是指质料进入可能之中。一共相也只不过是有质料在其中的可能。我们不打算在此介绍具体化原则和个体化原则。我们将假定现实总是包含着具体和个体的。具体化和个体化的现实寓存于与共相结合的殊相之中。常识所认为的现实是以我们所说的质料在其中的可能，或有共相在其中的并通过具体化和个体化的原则的具体的个体。共相和可能之间的区别是共相是现实了的，而可能却未必是。共相是可能，因为它是现实了的可能。

我们是从抽象和概念开始讨论的。概念是我们思想的内容，当然并不仅仅局限于它的内容。当我们想起方形的时候，我们并不是在想"方形"这一概念，也不是在想由所有的方形东西共享的"方形性"这一概念。与我们的概念相一致的我们的思想对象或者是已经现实的可能或者是还未现实的可能。显然，我们的思想并不局限于已经现实的可能或未现实的可能。我们有时会积极地想到空无或零或无限,但我们知道它们仅仅是可能。通过思考能为我们思考的可能本身的事实,传统逻辑对零的忽略,使它变成一个很不充分的思想工具。在另一方面,并不是所有的共相都在我们的思想范围之内,除非我们抱着相反的唯心主义的观点。我们必须承认至少存在着有些人还未曾听过的微观世界的现象。这也同样适用于可能。因此,虽然概念世界不是共相世界的一部分或现实了的可能,但是任何能够想象的或者可以想象的都是可能。由于所有的数量本身就是可能,因此可能的数量必然是无限的。与可能的数量相比,共相的数量确实就要小得多。这就是说,从可能的数量角度来看问题,现实的东西只不过是可能的东西的一小部分。或者用宇宙中可能世界的术语来说,我们当前的世界只不过是现实的微不足道的一部分,是这个无限过程中的一个阶段。

由于概念是我们思想的内容,所以我们的概念与我们很容易就处在一种非常密切的关系之中。如果审查我们的概念,那么我们就会发现某种内在的关系存在于概念和概念之间,存在于不同层次的概念之间。逻辑本身就能引导我们看到,某些概念蕴涵着其他的概念或与其他概念是等同的,而经验和科学却向我们提供了另一些关系。概念能够被编织成图案。虽然我们可能没有包含所有概念的巨大单一的图案,但是我们却确实具有小的概念图案及各种不同的探究线索。我们对此有着很大的兴趣。这些图案部分是演绎的,部分是归纳的。由于在图案中相联系的环节部分是真命题,它们也就显示出与之相联系的共相和纯粹的可能的图案。一知识系统就是一概念图案。由于它是知识系统,所以它也表示一共相和可能的图案。在此我们仅仅是说它们是共相和可能的图案,我们并不在意去讨论它们是什么样的图案。在认识论中,我们的兴趣是在概念的图案。这样的概念图案是我们从我们关于共相和可能的图案的经验所获得的。但是在逻辑和数学中,我们的兴趣只在于最基本的图案。无论是从概念的角度来看,还是从共相或可能的角度来看,这样的基本的图案都是不可避免的。式就是这样最基本的图案中的一个。

二

式就是这样的可能,把所有的可能按照析取的方式排列起来就形成了式。"所有的可能"这一术语可能会招致这样的反对意见,类型论就是为了应付这一反对意见而产生的。在目前这一部分,我们没有必要考虑事物是充分的还是不充分的。从困难的角度看,我们打算运用"所有的可能"这一术语不仅仅是指完全性,而且也是指可能的不同的层次、秩序或类型。所谓的"析取"就是逻辑上所熟悉的析取,这就使我们把式规定为绝对流动的。这就是说,式是绝对的、无形式的。式中的任何一个可能不能是流动的,不管它的现实是多么的宽广或容易。或许我们可以运用像内涵和外延这样的术语来讨论问题,不管一概念的外延有多广,内涵有多小,与式这一概念不同,与概念相一致的可能从来不是流动的或无形式的。除式之外的任何可能必须至少有一形式,因此也必须有一定硬性。这等于说,它有一定的界限,清楚地划定什么是属于它的,什么是不属于它的。或者运用与空间类比的语言说,什么在它的范围之内,什么不在它的范围之内。任何东西只要不符合这一概念的定义,据此我们就可以说它在这相应的可能之外。式中的任何可能可以接受或拒斥。即便是像存在这样广泛的可能也是既接受又拒斥。它接受存在,而拒斥非存在。式中的任何一可能都可以分成积极的和消极的,但是式却不能这样划分。对于式而言,没有这样的界限来确定什么在它的范围之内,什么在它的范围之外。其理由很简单,式是无外的。每一事物必须在式之内。说任何事物都是内在的,在我们日常生活的环境中是毫无意义的。但是从本体论和形而上学的立场而言,我们就不能说它是没有意义的了。式的绝对的可流动性使得它是无所不包的。在中国的一部小说中,一只猴子一个筋斗可以翻出十万八千里路去。他可以很容易地翻出一个国家去,但是他怎么样也翻不出如来佛的手掌。如来佛手掌的无所不包正如同式的无所不包。这正是因为式是绝对流动的,所以它才可能是无所不包的。我们已经谈到质料进入可能的话题,我们把可能的现实定义为质料进入可能,而且我们还把共相定义为现实了的可能。就质料而言,式是无所不包的。某些人可能会因此说这是旧说新传,并没有新意。因为古希腊人和欧洲人一直在谈论形式和质料。在中国,中国人也一直在谈论理和气,现在我们又在喋喋不休地谈论式和质料。一点不错,我们讨论的是同样的东西,但是不管是好是坏,我们毕竟是从不同角度来讨论式和质料的。无论如何,部分地说,这是现代性的工具使我们对所谓的区别作出负责任的反映。我们并不认为古代的思想已经被证明为是无用的。我们也不能因为这样的思想是古代的，就说它是无用的。就我们所能看到的而言，它们是最简单地将逻辑与本体论和形而上学联系起来的理论。逻辑本质上是式的表现。形而上学本质上是对质料的沉思。本体论本质上研究的是作为道的一个基本成分的质料。然而，在此谈论这样的话题有点离题。从质料的观点，我们强调说式是无所不包的这样一点也就足够了。而更为重要的一点是，式的无所不包并没有给质料的潜在性和能动性带来任何的限制。

我们有一个形而上学的原则、两个元逻辑学的原则或一个本体论原则的两种形式。一个形而上学的原则是说，质料进出于可能。这一原则之所以是形而上学原则，是因为它是通过我们对质料的沉思而直接谈到它的。这一原则是重要的，因为它不仅是整个过程和现实的原则，而且也是有限的时间阶段或曾经经验或未曾经验的变化的原则。在当前的这一章中，我们已经谈到，关于质料的任何陈述既不是通常意义上的命题，也不是自语重复意义上的准命题。它不可能得到形式的证明或经验的证实。证明是属于思想结构的内容的世界，归根结底，它假定了式。而后者是属于过程和实在展开过程中的客体和事件的世界，同样它也假定了我们正在谈论的原则。虽然我们不能说，它可能得到证明或证实，因此从常识的方面我们不能说它是正确的，但是从形而上学和本体论的角度我们却不得不承认它。从形而上学的角度我们必须承认它，因为如果我们把握住了质料，那么我们就能够很容易地看到它的纯粹的潜在性、能动性和实在性，以及它完全没有性质这一点；如果从质料进出可能这一方面来看，它是必须有它作为中介起作用。从本体论的角度我们必须承认它,因为一旦质料被把握住了,上述的原则就描述了任何实在性的形式以及从微观到宏观的任何过程。如果我们不能以任何方式把握质料,那么这一原则就确实是难以理解的了。但是如果我们能够成功地把握住质料,那么我们就能在抽烟和天文学的命题等事例中发现它的种种实例。即便是我们的手的一个微小的运动也是质料进入和走出可能的原因。一个人抽烟的时候,质料就离开"香烟"这一可能,而进入了"烟"和"灰"的可能之中,如此等等。

这一原则不仅仅是能够站得住脚的,也是非常重要的。它要比先前有关质料的任何陈述都重要,只是因为在上一章中我们没有时间谈到它而已。事实上,它是所有关于实在性陈述的基本原则。它是具体和个体原则的基础,是时间原则的基础,是变化原则的基础,是真实性和存在原则的基础。它是实在性的核心的根本基础。有关这一方面的思想是很不容易表述的,但是我们还是要努力这样去做。假如你是一位已经习惯于形式的结构或图案或秩序的逻辑学家或数学家,你就会对这一结构或图案或秩序的一致性或合法性或真理性深信不疑。你可能会对自己的工作感觉到很满意,一如渔网的织补者欣赏自己织出的好的渔网不会漏掉任何鱼。但是正如渔网织补者不会自己供给鱼一样,渔网自己也同样不会去捕鱼。你会认识到,不管事实是怎样遵照你的形式的结构或图案或秩序,它们或你本人都不可能向实在性提供基础的,这样的基础就是所与性或硬性,是你所经验到的所有事实的核心。所谓的所与性或硬性,我不是说它们是静止不变的。即便我们面对具体不变的东西如我们有时在经验中所碰到的那些相对不变的东西,像同一个东西在消失了一段时间之后又出现,我们就会受不真实的感觉影响。实在性贯穿于整个过程,而且实在性或存在不是别的就是变化和能动性的表现。这里的意思是说,在事实或存在或实在中的某些东西在抵制操纵,简单说来就是这样。不管我们运用我们的理性做了多么多的说明,我们必须把它看作是当然的东西。这一硬性或所与性是我们的形而上学原则所提供的。在这样简短的段落中我们不可能充分展示这一原则的重要性,但是随着讨论的进展,它的重要性及其意义就会为我们强烈地感受到。

本体论原则有两种形式,其中一个是说,无无质料的式。我们已经表明了式的无所不包性,而且也指出这样的无所不包性是与质料相关的。质料出入于可能。从式来看,质料并没有出入,它总是在那里。式中的某一可能,在比较特殊的例外的情况下,可能没有是空的,即没有质料在其中。如果是这样的话,那么它就不是现实了的可能,这就是说,它不是一共相。之所以如此,是因为任何这样的可能都有一定程度的硬性。能的进入可能有一定的规则。因此,如果这些规则得不到满足,能的进入可能是不可能的。所以,"方形"这一可能要求四边形,与此相应,当然也要求四边和四个角,等等。这些规则使不同的部分导致内在的和外在的区分。只要对于一可能而言存在着内在的和外在的这样的情形,那么质料可以在可能之内,也可以在可能之外。式不是任何一个可能。虽然式这一概念在意义上是明确的,这意义就是与它相应的可能绝对是没有任何硬性的,这种情形就完全地导致了能进入可能的规则的形成。把质料与孙猴子、式与如来佛的手掌相比,你就能看到,质料是永远不可能在式之外的,因为式是没有边界的,是无外的。因此,式是不得不现实的,这就是说,式不可能无能。

另一个则与上述的形式可能相反,它首先表达的是:无无式的质料。这两个形式表达的是同一个本体论原则。所以,同样的理由也可以适用于第二个形式,所以我们也就无须在此重复这样的理由了。然而,我们必须注意的是,对于这两者,我们不能仅仅说"不存在"。这就带进了一个我们至今还未讨论到的很重要的因素。虽然质料是不可表达的,关于它的陈述也并不是通常意义上的命题,但式则显然是可以表达的。从理智上,我们尽可以说,式是绝对没有硬性的。而且如果一个人把握了质料,我们就可以非常清楚地看到,无质料的式和无式的质料是相互矛盾的。在最全面和最深刻的意义上,它们是没有任何意义的。正是在这里,逻辑、形而上学和本体论是一致的。我们在此讨论的这一原则将对质料所作的形而上学沉思的结果与对式的理智的公式结合起来,确立了实在的终极性的基础,因此逻辑上矛盾的也就是本体论上无意义的。当然,从我们至此一直在讨论的角度来看,这些原则并没有给我们提供一个仅仅是偶然的世界,一个现象的世界,甚至或者是一个意外的世界。但是,它们确实也提供了一个实在的世界或一种实在的状态,或一种实在的形式。对于这样的世界,自语重复不仅是不可能假的,而且必须是必然的真的。

这些原则是有区别的,因为本体论原则主张的是关于实在的最小值,而形而上学原则断言的则是关于实在的最大值。它们也在督促我们的方式上有区别。前一段的讨论显示了督促我们去接受本体论原则的方式。对式的分析使它成为绝对流动的,认为任何东西可以脱离式的陈述很容易地看出是相互矛盾的。我们可能会说,在逻辑上,我们是被迫去接受这一原则的。然而,接受它并不会使我们谈论任何关于我们恰巧生活于其中的世界情形,它只是使我们接受这个宇宙。而形而上学原则却督促我们对质料做沉思。否认这一形而上学原则并不会清楚地导致矛盾。这就是说,这一原则并不是逻辑地迫使我们去接受它。然而如果一个人从根本上接受了质料,那么这一原则有这样的一种不可避免的情形使我们能够成功地把握它。在这不可避免性中有一种"必须",它不同于逻辑上的必然性。人们认为伏尔泰可能说过这样的话,他没有看见必然性。并没有逻辑上的必然性迫使一个乞丐生活下去,然而他的生活环境却必须是有逻辑的必然性的。在所与性和硬性面前,我们不得不接受形而上学的原则。

三

式的绝对流动性,形而上学原则的不可避免性,和本体论原则的必然性,所有这些使我们不得不讨论先验的问题。让我们首先讨论关于式和质料方面的问题。假如我们把质料看作是原材料,把式看作是一种模型。这里就产生了一个这样的问题,即模型是否总能和原材料相适应。式的绝对流动性使它成为一令人注意的模型。在一种方式上,模型是有形状和形式的,而在另一种方式上又是没有形状和形式的。原材料不适应于模型是不可能的。如果我们从质料开始,我们也会得到相同的结果。质料是完全没有性质的。让我们看一下我们现在还未考察的可能及其一些例外的情形。让我们以时间和空间为例。我们之所以要以时间和空间为例,是因为它们一直被认为是直觉的先验形式,通过这种形式本体被纳入时间和空间的现象之中。由于质料是原材料,时间和空间是模型,事情就完全不一样了。我们没有什么逻辑上的理由来保证,质料不会拒绝时间和空间的模型。如果质料拒绝这样的模型,正如在目前它拒绝进入"龙"这一可能之中一样,我们只不过是没有时间和空间罢了,一如在目前我们没有龙。没有时间和空间虽然是不真实的,但是并不是矛盾的。然而这与说这儿没有马是不一样的。因为后者如果是假的就是假的。如果它是假的,那么就不能说它从来没有真过。因此,我们可以看到有两种先验的形式。一种是不可逃避的形式,整个的逻辑系统都禁止它的可逃避性。这样的形式就是式。另一种是这样的形式,它以前、现在和将来都是不可逃避的,实在的所与性或硬性使它成为不可逃避的。这样的形式就是时间和空间以及式中的其他可能。让我们把第一种叫作理性的先验形式,第二种叫作非理性的先验形式。第二种先验形式蕴涵第一种先验形式,而第一种却不蕴涵第二种。从推论的观点看,前者显得更为重要些。但是从经验的观点来看,则应该说后者也同样显得更为重要些。

我们已经说到,无无质料的式和无无式的质料是矛盾的。但我们是否已经得到了确保式永远是有质料在其中的东西了吗？是的。实在的形式或状态就是。我们没有谈及除此之外的任何东西。在这里，否定似乎意味着更多的东西，而肯定则没有断定什么东西。在这里，我们再一次必须注意这样的一个事实，即流动性与富有成果性是不能共存的。式是不可逃的，因为它是绝对的流动的。但是它的不可逃或它的必然的现实并不导致任何东西的形成。如果我们想知道即便在最模糊的含义上我们究竟事实上生活在一个什么样的世界之中，那么我们就会看到从我们的知识中得到的结论只能是式是必然会有质料在其中的。在另一方面，时间和空间之间的关系是非常重要的。我们并不知道作为一种结果，是否存在着大峡谷或尼亚加拉瀑布，或太阳和月亮，但是我们确实知道有时间和空间及因有了时间和空间而产生的一切事实。这是富有成果的，但是我们却不能逻辑地假定情况就不能是另一种样子。看来，这样的困境是不可避免的。如果式毫无疑问是不可逃脱的，那么它的现实就是完全没有任何结果的。如果式的现实根本上就是有成果的，那么式就不能保证是不可逃脱的了。理性的先验形式是逻辑的不可逃脱的，但确实是绝对富有成果的。然而作为非理性的先验形式，它的现实虽然是富有成果的，但是绝不是不可逃脱的。前者使我们对实在的形式具有逻辑的确信，而后者使我们具有了某种世界应该具有的事实性的基础。正是由于同时接受了这两者，我们才能最终解释宇宙。我们的世界就是在这个宇宙的过程及其实在中现实的。

至此，我们还是没有对先验性作出任何解释。到现在为止，我们的讨论假定了先验形式是这样的形式，它或者是不得不现实的,或者是永远现实的。我们同样也没有说到,从认识论的角度讲,我们究竟是如何才能达到形式的。你们中的某些人可能会怀疑,虽然我们相信存在着先验的形式,但我们却不相信有先验的方式抽取或达到那些形式。虽然我们相信我们具有先验的知识,但是却不相信我们有先验的方式知道或达到知识。这样的怀疑是有道理的。我们不愿意在此讨论认识论的问题。我们只是要指出,存在着先验的命题或陈述,虽然我们得到或掌握或断定这些命题或陈述的方法或过程不能说是先验的。因此考虑到命题或陈述,对我们而言,关于先验的问题是合理性或真理性或可操作性的问题,而不是达到或派生出它们的方式的问题。一命题或陈述是先验的,如果它必须的是真的或必须是真的。也存在着两类先验的命题或陈述;一类是不得不真的命题或陈述。另一类是必然是真的。所有的自语重复都是属于第一类。而归纳,比如说,就属于第二类。关于自语重复我们无须在此再说些什么。归纳原则已在别处讨论过了,虽然还不能使人感到满意,但不管怎么样这一讨论是要表明它的先验性,即在任何情况下它都是真的。

本体论的原则是上述的第一种先验陈述。它不可能是假的,因为如果否认它就是矛盾。我们先前关于此一原则的不可避免性的讨论是从它的现实的观点着眼的。我们曾经说过,形式的绝对的不可避免性使它的现实完全没有什么意义或是没有成果。对于本体论原则我们也可以这样说。这一原则是不能假的这一点没有必要在此再作讨论。但是它的无可非议的合理性却不能使我们有什么收获。作为结果,我们只是仅仅知道有这样永恒的形式,它无须是任何特殊的形式,有这样的状态,它无须是任何特殊的状态。确实,我们相信有宇宙存在,但是在这宇宙中过去、现在或将来是否有某种世界,我们却没有办法使我们自己确信这一点。这一原则的合理性仅仅向我们提供了可以说只是最基本的东西。这一最基本的东西也可以说就是自语重复所能断定的东西。对于这最基本的东西而言,它们是合理的,是真的。否则的话,自语重复不可能是假的这一点在哲学上就不能等值于它必然是真的这一点。从这一方面考虑,本体论原则也同样是重要的,它确实说了某些东西,虽然它所说的东西并不能描述我们在这一个或那一个特殊世界中的经验。它虽然没有说关于我们通常叫作事实的任何东西,但是它却断定了关于实在的最基本的东西。

形而上学原则是第二种先验陈述。由于形而上学原则是一种非理性的先验原则,所以要讨论这样的原则就显得更为困难。非理性的先验陈述之所以是先验的,是因为它对于我们的经验或我们经验中的那些可能是偶然性的东西持一种绝对消极的态度。正是这种消极的态度使理性的先验陈述完全是可以表达的。形而上学原则不是消极的,否定它不是矛盾的,肯定它则说的是关于所有可能世界,我们这一世界当然是包括在其中的。否认质料进出可能也许是很难令人接受的,甚至与我们通常的看法是相反的。但是承认这一点却并不是矛盾的,因此逻辑并没有强迫我们接受这一原则。如果我们在通常的意义上把质料看作是一件事物或一个客体,我们可能会把所有的矛盾堆积在质料之上,但是我们却根本没有任何的权利来这样看待质料。如果我们正确地把握住了质料,那么我们就必须承认这一形而上学原则。我们会不由自主地看到,质料跑进或跑出的正是可能的纯粹的潜在性和能动性,因为它在同一时间内在数量上是不变的,是完全没有任何性质的。我们不得不说这一原则是有效的,虽然我们没有方法说否认它就是矛盾。正是通过形而上学的沉思,而不是通过逻辑分析,这一原则才为我们所接受。

说否认形而上学原则并不矛盾是一件事,说这一原则说的任何事情都是关于这个世界的则是另一件事。前者仅仅意味着这一原则说了些什么,意味着它不是绝对的否定的,它无须说关于事实或经验的任何事情,而只是说它很少对于这一个世界说了些什么。进一步的讨论必须阐述清楚在什么意义上说这一原则说的是关于这一世界的。我们非常清楚地知道,逻辑上自语重复并没有说什么东西。这不仅仅是说它没有断定在未来会发生什么,或没有断定过去发生了些什么,它只是意味着它没有断定任何事实。它没有说任何关于事实必须遵循的规律,或在作为现象的给定的事实背后的活动,或经验的表现。我们的形而上学原则也没有在使我们没得到关于历史或科学知识的意义上说过任何东西,然而,我们却可以这样说,它说了一切,当然不是关于事实的,而是本质上的事实性的核心东西。我们是在下述的意义上这样说的,即给定一事实或经验中的任何一项或任何变化或自然或时间中的任一阶段,我们发现它是进出可能的质料的能动性的表现。这一原则是展示任何事物的本质的最全面的方式。本体论原则没有说及任何事实,是关于实在的绝对的最底值。形而上学原则没有说及事实,是事实性的最大值。通常说来,自语重复是必然真的,因为它也没有断定任何事实,然而却展示了一切事实背后的本质,因此不管可能会成为什么样的事实,它总是具有自己的本质的。如果这一原则断定了某一东西是事实,那么它就有可能是假的,因为偶然性有可能发生,使得某一东西不成为一事实。如果这一原则展示了某些而不是所有事实的本质,那么它也可能是假的,偶然性也可能发生,于是某些甚至大部分的事实没有这样的本质。这两个因素的结合,即既不断定任何事实又展示所有事实的本质,就会是这样的,即形而上学原则就可能断定可能或许会成为什么样的事实。它也同样是先验的,尽管否认它并不是矛盾。

虽然我们首先讨论的是先验的形式,但是我们得承认先验的原则却是更重要的。关于式和本体论原则,我们简直不能说哪一个更重要或哪一个更基本,因为每一个都直接地蕴涵着另一个。式的不可逃性也就是原则的必然性。但是对于形而上学原则和某些形式或可能如时间或空间来讲,相对而言的重要性的问题就是另外一个问题了。我们可能感觉到,时间和空间必须是现实的,然而我们却很难为我们的这种感觉给出像样的理由。然而,我们应当承认形而上学原则,时间和空间当然可以被看作是事实。在下面的章节中,我们将会更清楚地看清这一点。

四

现在是讨论道这一概念的时候了。道就是有质料在其中的式或有式的质料。因此,它就不是纯式或纯质料。借用康德的表述,当然不是严格意义上的,我们可能这样说,道如果是纯式,那么它就是空的;如果道是纯粹的质料,那么它就是流动的。可以说,道是宇宙,但是它又不像后者,因为它不能以总体和全体来表述,而这两者是宇宙的不可分割的部分。逻各斯这一术语可以在其原来的意义上被运用,既指某一思想的表述,也指内容这两者。但是如果它的内涵被扩大也同时指涉思想的客体的话,那么它就是我们在此所说的道。在《圣经》中有这样的一段,在其中运用了英语的"word"一词来翻译"logos"一词。《圣经》的汉语译本是用"道"一词来翻译的,似乎也找不到更好的对应词来代替道。不管怎么样,这里所使用的道这一词并不局限于思想的表现和内容,也同样指涉思想的对象。当说到有道的时候,我们并不仅仅是在谈论说有思想或在思想,而且也同样是说存在着宇宙。

我们可以在两种不同的方式上谈论道。这两种方式是道一和道无限。前者是指道在内涵上的最小值,后者是指道具有最小值的内涵本质。如果我们说到逻各斯,而且让我们也同样谈到生理学,那么这一点就是很容易理解的。从外延上说,生理学可能是逻各斯的一部分。但从内涵上说,它具有纯粹的逻各斯的本质的东西。说到关于生理学的某些东西的时候,我们也就同时通过暗示在谈论着逻各斯。但是当说到逻各斯的时候,我们并没有谈论到生理学。道一和道无限之间的关系类似于逻各斯和"××学"之间的关系。只是关于道无限,我们没有指明"××学"中的哪一种。这样的比较可能把我们引向道无所不在的观念:任何东西只要是可表达的就是道的一部分,即便是表达本身也是道的一部分,因为表达是属于由种种"××学"所涵盖的领域。没有任何东西可以逃避道。

由道一看,整个宇宙都是可以理解的。宇宙中的任何一部分,由道无限看,也是可以理解的。

　　然而我们暂时只讨论道一。道一是不可否认的。本体论原则担保了道一。否认道一本身就是矛盾的。一般说来,任何矛盾的东西就是纯粹的无。这是绝对的无。存在着这样一些无,它们没有纯粹性,没有绝对性。比如说在这间房子里没有任何东西并不意味着在那里是纯粹的或绝对的没有任何东西。它只不过是说在特殊的时间没有通常所要的东西,或者说断定有东西在那里的命题是假的。关于这样所谓的无,应该是没有问题的,至少在目前是这样。但是,矛盾的问题却可能由此而产生。你可能说,当然,这里存在着矛盾,我们的思想史充满着矛盾。在人类思想史上当然是充满着矛盾的,因为矛盾是一种存在,所以在思想的过程之中也就现实地产生着矛盾。无论如何,这就意味着矛盾的意念是作为思想的内容而产生的,而不是作为与这些意念相关的事情或客体而产生的。另外,矛盾的意念只是产生在思想的过程之中,它们并不在思想的结构之中发生任何作用。它们可能在你准备论文的时候产生,但是一旦你认识到存在着这样的矛盾的时候,那么在你定稿的时候这样的矛盾也就不再出现了。我们必须记住,产生矛盾的意念是一事件,是矛盾的形成,并不是说它本身是矛盾的。沿用我们在此所采纳的方法,它不过意味着"矛盾"可能的现实,它并不意味着本身有矛盾的可能的现实。矛盾作为一种现象是每天都会发生的。矛盾意念的产生仅仅是思想者自身的矛盾。或许,我们是在暗中摸索,没有任何清楚的思想产生。或许,我们更应该说,当谈到矛盾意念产生的时候,我们并不是说矛盾的产生是矛盾的,而是说这一意念是矛盾的,并不是意念作为产生的事件是矛盾的,而是作为结构的一部分的意念由于内容的不合理而被排除,因为在道的展开过程之中,相应的可能的现实是不可能的。

在这里所采取的讨论步骤是为了易于理解,它并不是一个形式的步骤。形式上,我们应该说,是道一谴责矛盾。说否认道一是矛盾的并不是仅仅指通常意义上的任何一类陈述,因为矛盾的本质归根结底并不在逻辑的范围之内,而是与我们的断定没有式的质料或没有质料的式的思想方式有关。断定道一就等同于排除了矛盾。因此断定道一,我们也没有断定任何别的东西。本体论原则仅仅是断定了实在的最低值,我们把这样的最低值一直看作是道一。正如我们早已指出的那样,道一并不蕴涵道无限。我们把道无限看作是特殊种类的世界的无限可能。由于我们只是在一般的意义上讨论,所以我们没有考虑任何特定种类的世界。因此,通过断定道一,我们也就顺便断定了我们当前世界的实在性,正如断定了逻各斯,我们并不就断定了一种状态,在其中物理学或化学或历史描述或解释自然现象。我们可能有道一,然而我们这样特殊的世界并不必存在。

假设我们以下面的方式来描述我们目前的世界。假如我们有这样的世界,对于这一世界下面三类包罗无遗的命题都是真的,这就是说,所有真命题都包括在下面的三类之中:

1.一类普遍命题 $P, Q, R, \cdots\cdots$

2.一类普通命题 $p, q, r, \cdots\cdots$

3.一类特殊命题 $\phi, \psi, \theta, \cdots\cdots$

　　所有这些命题的总和描述了我们这个当前的世界,也同样断定了我们恰巧生活于其中的这一特殊世界。普遍命题中的某些命题是科学原则或自然律,它们归属在整个"××学"的不同的范畴之下。普通命题中的某些命题可以在历史和社会科学中发现。特殊命题中的某些命题可以在历史和新闻报道中发现。一部真正有价值的百科全书应该涵盖这些命题中的重要的部分。然而这些命题中的大部分,至少在目前,我们还未发现。我们说当断定道一的时候我们并未断定我们目前这一世界的存在,其真正的意思是说,虽然陈述"道一是"或本体论原则是正确的,那么所有这些包罗无遗的命题中的每一个可能是假的。采取这样颇费心思的过程,是因为在此思议这一被描述的状态其实要比想象这一状态来得更容易些。例如它不同于想象一个其中没有空间的状态,因为想象包含着类似于具体的意象或图像,所以是占空间的。但它却可以是思议的。在此被思议的这一状态很可能是真的,道一或本体论原则是有效的。

　　我们可以进一步拓展上述的思想。我们能够很容易地思议这样的可能性,即普遍命题是真的,而其他的命题则是假的。如果是这样的话,那么我们只能具有一种类型的世界,但不是这一特殊的世界。从自然律的角度看,自然还是和以前一样,但其他所有东西却和现在的大大不同了。也有这样的可能,即第二类和第三类的命题部分是真的,部分是假的,而第一类的命题却完全是假的。如果是这样的话,那么在某种方式上我们可以有现在这样特殊的世界,而不可能具有其他类型的世界。但这样的特殊世界并不属于以第一类命题描述的类型。同样,我们也可能有三类完全不同但却真的命题,如果是这样,那么我们就会具有完全不同的世界,而且特殊的世界也与我们恰巧生活在其中的世界是不同的。但是不管我们怎么样思议,重要的一点还是留了下来,即本体论原则是有效的,存在着道一。任何可以思议的东西都是可能的,因为它们并不是矛盾的。只有矛盾的东西才是不可思议的,因此道一也就必然会得到断定。在后面我们将试图指出,所有的可能世界都是能够现实的,但是那是形而上学原则的结果,而不是本体论原则的结果。

如果我们从另一不同的角度来讨论,那么我们将更容易清楚地看到道一的无所不在的性质,只要我们不要忘记某些含义。我们容易忘记这一点,因为这些含义有着假的嫌疑,我们总是不能将这一点保存在记忆之中。因此作为一个人,人又往往会有错误,所有这些都使得一个人总容易忘记他是一个动物,是一个活的存在,一件东西,更基本的是他是有质料在其中的式的一个部分。绝大部分的人会感到极大的愤怒,当人们告诉他们他们是动物,告诉他们他们是东西的时候。他们因此会感到吃惊,他们会因自己显然缺乏健全的理智而感到怜惜。然而,一个东西并不是一个人,但同时一个人却肯定是一个东西。说一个人是一位生理学家,他在某一所大学教书,或正在写书或者已经写完了一本书,显然要比说他是一个人或一个动物或一件东西提供了更多的信息。说他是一个东西确实只给我们提供了很少的信息,而说他是有式的质料的一部分则什么也没有说。但是这并不意味着这一陈述是假的。事实上,第一个蕴涵着第二个。自我中心的思想经常使个人看不到他的基本的特性与其他个人的是紧密相联的。而人类中心的思想则使人们看不到人类的基本特殊与其他的动物、其他有生命的存在和其他的东西是紧密相联的。明智的态度是要以普遍同情的态度来说话,但是我们不打算这样做,因为我们目前较为关注的是道一的无所不在的性质。从任何一个东西开始,不管相关概念的内涵有多么丰富,你也只是从道无限的一部分开始的,在所有的时间里你都是在道一的王国之内。这一点适用于存在的事物,但也同样适用于任何可以想象或可以思议的事物。因此,想象或思议你自己就是任何一件东西。你总是不能够逃避你自己与其他事物共享的那些特性。能够思议的纯粹意外事件,最无谓的东西都不过是道一展开过程中的一个阶段和实在中的一个东西。

至此我们一直在说道是不能否认的,说我们断定道等于什么也没有断定,说断定任何东西我们也就断定了道一。我们在此更为关注的是道一的无所不在性以及道无限的多样性。我们不久将谈到这两者之间的关系,但是在这样做之前,我们还需对有关道一的某些问题做进一步的澄清。虽然我们可以在形式上就式谈论什么东西,但是我们却不可以在形式上就质料谈论什么东西。在一种意义上关于道一我们没有什么东西可以说的,而在另一种意义上我们却可以说很多关于它的话。由于道一就是宇宙,因此在整体上和统一体方面关于它是没有什么东西可以说的。不能说它是开始或终结,说它增长或减少,说它是存在或不存在,说它是真实或不真实……在形式上,可以把主语归属于谓语,但道一作为主语出现的陈述是不可能作出的。在道一作为谓语出现的所有陈述都是合理的。当然在这样的陈述中是存在着相当多的困难的,然而在这里我们可以对此略而不计。这里的关键是,道一是不能归属于除它本身之外的任何东西的。但是,虽然在它的整体性上道一就是永恒的无所不在的统一体,这就是在用另一种方式说道一是宇宙,因此无须在此提及它的整体性。虽然宇宙的任何部分并不是宇宙(因此用物理学家和天文学家描述成的以多少光年为半径或直径的球体并不是我们这里所谓的宇宙),但是道一的任何部分却仍然是道一。正是这种独立的适用性使我们可以思想或谈论关于道一的情形,而关于道一的整体性和统一性我们却是无话可说的。

五

本体论原则是针对于道一的,而形而上学原则则是道无限的原则。这两者之间的关系可以分析成两个不同的方面。对于我们理解道来说,这两个方面是同样重要的。其中的一个方面是有机的部分对有机的整体之间的关系,另一个方面则是一类包含于另一类的关系。类的包含关系使我们能够说包含类是真的话,那么被包含的类也是真的。这种基本的相同性是包含类和被包含类都具有的。但是有机部分对有机整体的关系却没有这样的共同特性。显然,虽然在一方面一个勇敢的男人是男人,但在另一方面虽然血液循环与人体有着有机的联系,然而它却不是人体。有机性是一包含有内在和外在关系的系统。它们的关系是这样的,部分可能是相互联系的或相互依存的,部分和部分之间可能是独立的。但是整体总是要依赖于它的部分的。因此给定部分的性质,那么有关整体性质的某些方面也就同时被揭示出来了。正因为如此,所以我们可以从已绝种的动物的骸骨来恢复它们身体的结构。这两种关系各有其长处,也各有其短处。它们的结合可以使我们从道无限来谈论道一,因为道无限不仅仅被包括在道一之中,同时它也是道一的一个有机组成部分。在此只要有一点儿想象就可能会给我们很大的帮助。可以把道比作一段丝绸,它有不同的图案,由经纬编织而成。这一丝绸的任何一部分并不仅仅是经线和纬线,而且也显示出了图案和花样的一部分。这整块的丝绸是紧紧地联系在一起的,如果其中一部分脱离开了它,那么其他的部分就会自动地补上。在此我们想象得到的丝绸是静态的,而道既可从静态观察,也可从动态观察。或许我们可以用我们的心灵的眼睛看到这样一幅画,在画中,一条流动的小溪跳跃着流过崎岖不平的岩石而激起阵阵浪花。每一浪花都是水的浪花,然而每一浪花也同样都属于整个图案。因此当水流受到激荡,就会形成不同的图案。画面既可以得到澄清,也可以被歪曲。但是,如果我们不去考虑被歪曲的方面,那么我们就可能通过类比而得到关于道的看法。道既是水流,也是图案。它既不是它的水流,也不是它的图案;它是有机整体中的一类实体和事件。我们可以分别地和间接地谈论它,也可以整体地谈论它。从意念可以得到表达的角度来看,正是不同的适用性使道保持不变,然而却与宇宙不同。

我们已经提到,道可能类似于逻各斯,如果后者不仅仅是思想的表现和内容,而且也是思想的对象的话。不真实的思

63

想的问题在细节上可能是不同的,但是我们仍然可以很容易地看出,即便是没有平常所谓客体的不真实思想依旧是道的一部分。在不真实的思想中也一定有它的逻各斯。假定想象我们的知识几乎是完全的,即我们完全充分知道几乎每一件应该知道的事情。我们的百科全书至少可以大体上分成两个部分,即历史和科学这样两个领域。一部分处理的是特殊的事件,另一部分处理的是普遍的图案。我们的知识不仅仅反映道,而且它本身也同样是实在中的一个个体和道的展开过程中的一个阶段。这样的反省所揭示的是什么呢? 历史部分揭示的是过程和现实性,而科学揭示的是普遍的图案。我们将在后面谈论前一个问题,而现在集中谈论后一个问题。我们的看法是,这一图案只不过是各种"××学"之中多种多样花样中的一种,而所谓的"××学"通过自然律、设定和方法论原则将各种不同的自然律相互之间紧密地联系起来。这些作为部分或花样的不同的"××学"被编织成一有机的整体,这就是图案自身。关于不同的"××学"之间的相互联系我们有很多可以说的。从相互间的距离来说,有的要比其他的似乎联系得更紧密;从推演的能力方面来说,有的要比其他的更强;从内在的联系讲,有的要比其他的组织更紧凑;从内容来看,有的要比其他的更来得丰富些;等等。但是它们之间的联系类似于一个国家内的城市之间的联系。没有一个城市是不可以达到的,虽然某些道路可能并不直接通向某一城市。生理学可能与地质学相去甚远,但这两者之间绝不是毫无关系的。它们之间可能没有直接的联系,但是通过间接的方式,如通过生物学、动物学、植物学、地理学等学科,我们就能从生理学走向地质学,或者从地质学走向生理学。

这样的图案不是我们所谓的逻各斯或道,因为就其本身而言,它是空的,是静止的,是没有现实性的,它就像没有筛过任何东西的筛子,或者就像没有光线照射的窗帘显得毫无颜色一样。我们在此并没有谈论质料和式之间的关系,而只限于谈论现实的和假定的之间的关系。我们分析地谈论普遍的图案,而没有涉及特殊事件和客体的具体过程。实际上,每一事件都依赖于其他的事件。电影胶卷在此可以被用来做一个比喻。所有胶卷中的画面并不能组合成一完整的电影,因为它们必须以某种图案放映才能成就一完整的电影。这些画面也不限于图案,因为如果这些画面是不同的,那么整个电影就将完全不同。正如必须将图案和胶卷中的画面结合起来才能成就一电影一样,只有将过程和图案综合起来才能形成道或逻各斯。在最后一个段落中,我们曾经强调了图案,在此我们必须谈谈事件和客体的阶段或流。特殊的客体就其特殊性而言是可以指称的,是可以参照的,或是可以表达的。然而它们的特殊性是绝对不可以描述的,它们本身只有通过展示共相或它们实现的可能才能得到描述。这就是说,特殊事件或客体像筛过的筛子弥漫于图案,像光线穿透窗帘。图案就是共相的内在联系,而不同的"××学"是内在相连的花样。是特殊的事件、客体具体过程和流赋予图案生命和现实性,是图案使具体过程的流具有可理解性。如果我们所谓理性是指与自觉的决定相联系,那么道就不能说是理性的。但是,它是完全可以理解的,因为它是完全与图案相符合的。

如果给定了道无限和道一的关系,那么你就能看出不仅仅道无限是道一的全体,而且道无限的有机性也是道一的统一体。这就是无限和一,一和无限的关系。道无限的有机性将从特殊事件和客体的角度来讨论。从某一角度来看一事物,一特殊事件或客体反映的是整个宇宙。从认识论的角度来看问题,我认为,特殊的客体和事件在内在和外在两个方面都是紧密联系在一起的。如果不是这样的话,那么知识将是不可能的。但是,这一看法并不与特殊客体和事件是有机整体的思想相冲突。首先,内在关系和外在关系并不总是或一般说来是对称的。这就是说,如果 x 在外在关系上是与 y 联系着的,那么 y 未必就与 x 有外在关系。其次,存在着各种各样的有机性,有的单从性质方面要求部分之间的相互影响,而有的不仅从性质方面而且也从关系方面要求同样的相互影响。就关系讲,没有一个特殊客体或事件可以独立于其他的特殊客体或事件;每一客体或事件都是如此,因为其他客体或事件也是或过去是或将来是如此这般的。特殊性从来就不仅仅是局部的,或仅仅是特殊客体或事件的性质或属性。如果它是这样的话,它就可能重复自己,因为它可能脱离它的环境,一旦可以脱离,就没有什么理由说它不能重复自己。但是正如我们已经指出过的那样,一殊相是不能重复自己的。这就是说,它不能脱离它当下的环境,它的当下的环境同样也不能脱离间接的环境。假定我们不在讨论宇宙,而是局限于讨论宇宙的任何一个阶段,我们称之为在时间 1 的世界。时间 l 的世界中事件的重复也意味着时间 1 世界的重复。我们可以很容易地看到,时间 1 世界是不能重复自身的,不管是在连续性的意义上,还是在孤立的意义上,都是不可能的。连续性意义上的时间 1 世界的重复自身就是时间 1 的停止,而孤立意义上的时间 1 世界重复自身就是使它自身从它的前后的环境中脱离开来。这一世界最终将导致宇宙的重复。宇宙的重复就是对宇宙自身的否定。因为能够重复自身的宇宙从根本上说不是宇宙,它也不是整体性和统一性意义上的道。由于一殊相是不能重复的,所以它必须反映整个宇宙。每一殊相是如此,因为其他的殊相或者过去或者将来是如此的。

如果将上面所讨论的要点牢记在心头,那么我们就能够进一步说些关于普遍同情的话。从这样的思想的角度来看问题,我们可以说宇宙就在我们之中,而不仅仅是我们在宇宙之中。"天地与我并生,万物与我为一"这一思想完全可以用来解释其他的生命现象,但这样做可能会偏离我们此处所讨论的问题。罗素曾经在什么地方这样说过,人们追求永恒,而从不想使自己无限制地胖起来,这就是说,他们想存在于所有的时间之中,而不想占据所有的空间。从美学的角度来看,人们当然不希望自己无限制地胖起来。而经济学和心理学却驱使人们去追求永恒。这后一方面的愿望在东方表现得不这么强烈,它只局限于统治者。生活的富裕可能使追求永恒的想法在西方尤其强烈。然而,这样的想法在实质上是很粗陋的。以我们在这里讨论的思想为基础,如果我们自觉地意识到我们与宇宙及与宇宙中的每一事物所共享的基本的统一性,那么我们就能从这种意义上说,我们是充溢着整个的空间和时间的,而这样的意义是不能给我们上述那种粗陋的满足感的。对于一个富有哲学智慧的心灵来说,这样的意义是能够慰藉人心的,因为正是这种意义使他意识到他对自己周围的每一事物给予普遍同情。希望有一个不老的躯体的想法，会夺取一个人应该具有为变化、成长和衰老所带来的种种乐趣。希望有一个永恒的心灵的想法，实际上是惩罚一个人，使他具有包括排遣上帝一样的孤独和寂寞。想要上面的一个想法或同时要上面的两个想法，都不过是在追求别人所不能具有的一种特权。这样的企图是想要借助于下面的手段来保持自我中心的地位，这一手段就是扩大差异、忽视同一性。我们可以看到，正是西方的古希腊和希伯来的传统把作为宇宙一部分的人类看作是整个宇宙的中心，把自我看作是整个人类的中心。如果普遍同情在这样的条件之下是可能的，那么它与上述的思想就是极不相同的。只有通过认识到人是处在有质料的式或有式的质料的海洋之中，我们才能获得自己的普遍同情，自己的无所不在和自己的永恒。

正如其他的人在另一个方向上走向了另一极端一样，我们也在这一方向上走向了极端？如果在实际生活中，比如一只蚊子咬了我一口，我们准备作出什么样的反应呢？如果你可能的话，就打死它。但是我们不能因为这只蚊子咬了我们一口而谴责它。因为这只蚊子的工作就是咬人。请不要把性质的世界和价值的世界混为一谈。在存在者所享有的民主体制下，每一个人都有与其不同的角色相适应的作用。成为一个人就是一份工作，你喜欢也可以叫作停泊地，但不是地位；它是人应该保持的职责，而不是供人贪婪注目的遗产。在道的展开过程中，人与蚊子都有相应于他们不同角色的作用。人的作用是那些在同样时间内的人的客体所不能逃避的，正如蚊子的作用是在同样时间内是蚊子的客体所不得不完成的一样。一旦人成为了尘土,那么作为人的作用也就停止,但作为尘土的作用也就相应地开始了。在蚊子和人的角色中,一个咬,一个打。在物理客体的角色中,他们有物理上的接触,在其中有能量的转换及其所产生的化学后果。咬和打的语言在此是与这两个客体相适应的,蚊子的作用是咬,而人的作用则是打。而这样的语言对于他们的物理客体的角色中的一个或两个来说都是不相适应的。我们并不是要求蚊子或人忘记它的蚊子性或他的人性,我们只是要求他们记住在同样的时间内他们都是客体,这与要求美国总统或来自内华达的参议员不要忘记他们也同样是美国的公民一样。

可能有人会说我们的这些看法会阻碍进步。在西方一个被普遍认同的看法似乎是认为,无论如何进步部分的是由于人对自然的征服。这就意味着后者的武断态度。如果人只是一味地努力使自己与自然或自然的上帝和谐相处而无所事事,那么希腊的明朗、希伯来的美妙、罗马的法律、欧洲的科学和美国的大工业都将是绝对不可能的。谈论进步是一个很困难的话题,尤其是在与道的展开相联系的这一方面来谈这一话题使我们更感觉到困难。作为人,我们当然会将自己的感情放在人性方面,但是当我们以超然的态度来看这样的问题的时候,我们的这种感情就会淡漠。没有任何理由可以使我们认为进化的链条会在人类出现之后打住。如果我们能够有超然的态度,那么我们会因在努力发现人性中使我们赞叹不已的优良品行方面一无所获而感到莫大的遗憾。但是即便把我们自己限制在人类历史方面,我们所知道的关于进步的一切也显然并不完全是积极方面的。更为重要的是,即便在一般的意义上来谈论进步,我们的看法也不会阻碍进步。你必须记住,我们在此所提倡的不是指导人类行动的原则,它没有发布戒令反对打死蚊子,或建筑庞大的桥梁,或研究自然现象的实验室,而是提倡一种沉思的看法,一种旨在拓展我们的视野而绝不阻碍我们行动的超然的理解。如果我们把它看作是由人强加的宇宙最小抵抗力原则的话,那么这样的看法确实阻碍了通常意义上所谓的进步。但是如果把它看作是对实在和过程的认识,在这样的认识过程之中不管我们做什么,我们都是在道的展开过程之中起作用,那么我们就没有必要完成作为人来说更少的东西,虽然我们必然会感觉到自己更像是存在着的民主体制下的要素。

实在与过程

一

从可能现实的角度看有四种类型的可能。在下面我们将依次讨论这四种可能。

不得不现实的可能就是必然的。这样的可能如果没有现实就是矛盾的。因此这样的可能必然是共相。如果我们记住了前面的讨论，那么我们就会很容易地看到，式就是这样的一种可能。虽然这样的可能的数量不大，但是这样的可能不仅仅局限于式。作为式的必然现实的结果，可能的现实是现实的，由此这一可能也是现实的。由于不得不现实的可能必然是共相，共相也同样是必然的。从逻辑的观点看，从我们在上面已经提到的自语重复来看，这样的可能当然是重要的。但是从认识论的角度来看，这些可能并不是重要的，它们的现实也并不必然导致我们目前这样的世界。

如果一种可能是在我们上一章已经讨论过的意义上现实的，那么这样的可能就总是现实的可能。这样的可能没有现实并不就是矛盾的，只不过并不是偶然的。总是这一术语意味着时间。我们不应该在时间的意义上来谈论这种可能，因为时间本身就是这样的可能。但是如果我们从时间方面说，我们就能很容易地看到在一段时间内这些可能是没有现实的。这些可能的现实是由于形而上学原则。它们的现实并不是由于纯粹的逻辑方面的原因，而是由于所与或硬性和现实的核心，这是我们在经验中经常碰到的。不管我们怎么努力都不可能摆脱它们。这一类可能的数目也并不是很大的，然而可能要比第一类可能的数目要来得大些。变、空间和时间就是这样的可能。在此我们可以清楚地看到形而上学原则在某种程度上的重要性。不得不现实的可能当它们现实时只不过给出了实在的最基本的东西，而并不能展示我们所熟悉的形状或特性。是形而上学原则指出，实在是逻辑地要我们接受的，而且必然是要变的，是有时间和空间的，等等。其结果就是，我们已经拥有一种世界，它在很大的程度上与我们生活于其中的世界是极其类似的，因为不仅我们有变，有时间，有运动和空间，而且也有参照系使实在很有秩序地分解成多样性。这样的宇宙可能并不是詹姆士所说的宇宙，它从来就不是现实的状态。

如果一可能曾经现实过或未曾现实过或曾经现实而现在成虚，这样的可能叫作"不老是现实的可能"。这类可能的现实既不是必然的，也不是强制性的。这一类可能的数目必然是无限的。式中的绝大多数的可能就属于这一类。我们可以用偶然的实在来代替式中的可能。我们所碰到的绝大多数的事物就是偶然的实在。我们常常对所谓"纯粹的事实"不屑一顾。如果我们对共相或共相间的关联感兴趣，我们的这种蔑视是有其理由的或者是可以得到证明的，但是我们却从不确信我们可以始终对所谓"纯粹的事实"持这样蔑视的态度。"纯粹的事实"是被给予的,它有一种硬性。它们是不能被忽视的,除非假定一参照标准,依据这样的标准宣布它们是不相干的,这正如狐狸扔掉了葡萄是因为葡萄太酸一样。在这两种事例中,都有包括被忽视了的所与,所与似乎更接近于偶然的实在,而与必然的实在相去较远。由于某种原因使我们接受了后者,这就使我们感到这样的接受是有道理的。由于单是这样的原因还不能使我们接受前者,所以我们所能做的只不过是说"它就是这样"。

自然史告诉我们,植物和动物在它们现实的时候,它们中有极大数量的植物和动物曾经现实或已经成虚。如果它们具有想象的能力,它们可能把自己想象成注定是要永久存在的。曾经有过一段时间是不存在人类的,将来也可能人类不再存在。几年前有一个新闻记者为巴尔福冷淡的态度所激怒,他说道,巴尔福似乎总是意识到间冰期而且在感情上也似乎有了准备去迎接另一个冰河期。很难说这样的意识是否可能使人类的生命深感不安,是否可能降低人类的声音及其怒气,但是如果这样的意识也能够使人类的重要性的观念有所改变的话,那么它对于人类来说无疑是非常重要的。从我们的观念来看,这样的意识确实是非常健康的,然而从长期进化的观念来看,这样的意识并不适用。我们也没有必要过分地为此深感不安。在人类之外是否有可能出现超人实际上也不会有太大的区别。我们已经接受了人是要死的观念,相反追求永恒的观念则是站不住脚的。我们也同样能心平气和地承认了以下的观念,即人类历史的伟大时期已经过去。没有理由假定

73

我们应该为人类将来的终结而苦恼不已、痛苦万状。虽然进化是不会重复自身的,但是可能的现实却是可能重复现实的。在人类灭绝后的几百万年或几亿年之后,人类发展的另一个阶段的出现并不是不可能的。

我们在此感兴趣的并不是人类的命运,而是以我们的术语来复述自然的历史。当我们说啮齿虎和龙出现之后又灭绝,我们在此只是说在道的展开过程中有这样一段时间,那时啮齿虎性和龙性现实了而后来却成虚了。当我们说不存在龙的时候,我们是说在目前龙这一可能并没有现实。我们没有理由假定在道的展开的过程之中从来没有或将来也不会有龙,因为龙性不是老是现实的可能。它当然既不是必然的,也不是不可能的,既不是永远现实的,也不是永远不现实的。它是这样的可能,即它的现实并不是必然的。这样的话也同样适用于人类。我们的存在也并不是逻辑上必然的。虽然对于我们而言,我们的存在是非常重要的。然而对于任何一类存在来说,与某一概念相关的可能的现实显然是很重要的,是很有意义的。从我们的观点来看,我们可能看到蚂蚁的灭绝,但是从蚂蚁的观点来看,如果它们有能力回答问题,它们就有可能不同意我们的看法,并且对这样的看法表现出极大的愤慨。伏尔泰不能欣赏乞丐的观点,是因为伏尔泰没有注意到伏尔泰之为伏尔泰的本性。如果他对乞丐的窘境有更多的同情的话,那么他就会看到即便是乞丐也应该有生存下去的权利。情况可能是这样的,按照某种既定的价值标准,人类可能要比别的类更有价值,或者说伏尔泰要比乞丐更有价值。但是价值是一种规定,而不是一种描述。被指定为是价值的东西并不总是与被描述为是性质和关系的东西相一致的。辨别不同的领域,我们就能清楚地看到,有价值的东西在道的展开的过程中并不总是必然的。从某种价值观来看,正是具有偶然性的东西才是有价值的。考虑到我们自身的存在,对于我们中的大多数人而言并不是活得长寿就能使我们快乐,但是有意义的经验却能够在生命中得到不断的累积。大多数人可能会珍惜瞬间的爱情,或短暂的精神上的享受,或成功发现的时刻,而不是整年的机械的、毫无色彩的生活。即使是在日常生活环境中,意外的期待,深陷在汪洋大海之中,对逝去的懊悔,对过去的回忆,才使得人的生命和生活不同于一般的存在。

在此我们不是对上述的特殊标准感兴趣,我们关心的仅仅是不老是现实的可能的作用问题。正是这种可能的现实才向宇宙提供了丰富性、多样性和它的色彩。显然如果仅仅是必然的和老是现实的可能是唯一现实的可能,那么宇宙将是沉寂的、荒芜的和惨淡的。由于许多可能的世界被排除在宇宙之外,宇宙自身也不会存在。我们将在后面指出,如果宇宙的确实实在在地包含所有我们认为是实体的东西,那么所有不老是现实的可能就会在过程中现实。形而上学原则将使我们确信这个宇宙是丰富的、多样的和有色彩的。虽然任何不老是现实的可能的现实不是必然的,但是整类不老是现实的可能的现实并不就是偶然的。如果不老是现实的可能本身是偶然的,那么质料可能会停留在必然的和老是现实的可能之中,而形而上学原则也将不是统一的原则。

一可能如果仅仅在所有的不老是现实的可能曾经现实了或现在现实的时候现实了的,那么它就是老不现实的可能。

由于在过去、现在或将来不可能有这样的时间,在其中所有的不老是现实的可能都现实了,所以这样的可能就是老不现实的可能。这样的可能的现实不是不可能的,因为如果它们是可能的,那么这样的可能也就不是可能了,而是不可能了。虽然它们是老不现实的,但它们依然是可能。这就是说,与这样的可能相一致的意念并不是矛盾的意念,而是真正的概念。可能我们有很好的方式来定义这样的可能。但是从讨论不老是现实的可能出发,我们发现最方便的方式就是以不老是现实的可能来定义这样的可能。我们现在以“无穷”这样的可能为例来说明这一点。显然“无穷”是一老不现实的可能。或许我们最好从与这一可能相关的概念开始讨论。这样的意念当然不是不可能的,就我们现在所能知道的而言,它并没有被证明为是矛盾的。作为一意念或概念当然它不是不真实的,因为即便那些宣布它是不真实的人也是在反对它,而不认为他们自己反对的是无。有些人可能会把想象与概念混淆起来,因此把真正是不可想象的无穷也看作是不可思议的。但是如果它是真正不可思议的,那么它就会被证明是矛盾的。然而它不是矛盾的。因此问题不在概念方面,而在可能方面。作为一可能,无穷必须得到承认,而它作为一可能是老不现实的。正是由于缺乏可能的现实,所以使得相应的概念看上去是不真实的。

可能关于无穷可分性的看法会使我们一直在努力探索的东西明确起来。说一英尺长的木棒可以无限地分割下去,实实在在地是在说它从未被无限地分割过或从无限小的观点看是否认无限分割是实在的一个事实或一个项目。正是因为无限分割是老不现实的,所以无限可分性是一个正确的理论。反过来说也是一样,正因为无限可分性是一个正确的理论,所以无限分割从未得到现实。承认在现实采取具体和有限的形式的世界中无限可分性理论的合理性,我们就会认识到无限分割不是一个具有现实性的事实,而是过程的一个极限。这一过程会无限地接近于这样的极限,但是永远不可能达到这样的极限。如果我们认为这样的极限是可以达到的,那么无限可分的理论也就不攻自破了。无限可分的理论要求无限可分的可能是老不现实的可能。它只有在这样的情况下才能是现实的,即它的现实并不是先验的矛盾。它不能现实,因为现实的过程本质上是不老是现实的可能的现实过程,在它现实之前这一过程必须是完全的。但是,这样的过程不可能是完全的。

前两类可能是重要的,因为其中的一类向我们提供了关于实在的绝对的最低值,而另一类则向我们提供了关于事实性的所与的终极基础。后两类可能由于不同的理由也是相当重要的。不老是现实的可能,给我们以道的丰富性、多样性和完全性。而老不现实的可能是重要的,因为它向我们提供了思想和思考的工具。从与它们相应的概念来看,这些可能作为可能并不是很重要的。我们说"无穷"、"无"……是极其重要的,这不是从它们是可能的观点来看的,因为作为可能它们是老不现实的可能,而是从与它们相应的概念的观点来看的,因为它们是思想过程中最重要的润滑剂,是思想结构中最重要的联系项。事实上,没有它们,我们根本不可能进行思想。即便是在日常生活中,我们也经常能够有效地运用像"未来"

或"明天"这样的老不现实的可能。明天作为一个变项是不可能现实的,但是它的值如 1944 年 1 月 15 日,即 1 月 16 日却可以被我们在不到 24 小时内经验到。一旦我们经验到了它,它当然也就不是明天了。

二

现实是具体的,如果多数可能由于同一的能而现实化。从任何一个具体的事物我们都能发现具体存在于多数可能具有同一的能。因此,道必然是具体的,因为一方面由于式的现实,现实和实在的现实,结果就是多数可能的现实。另一方面在式中的能必须是同一的。虽然我们并没有直接说宇宙是具体的,但我们却直接说了道必然是具体的。我们在此的任务就是要确立和讨论三个原则。需要讨论的第一个原则是和谐的原则。实在在展开的过程中是要遵循和谐的原则的。和谐这一意念是从日常生活中借用来的,即从不同的道路出发最终却达到同一的或不同的目标。把不同的现实了的可能看作是不同的道路,把所达到的同样的或不同的实在看作是目标,那么我们的原则提供给了我们最基本的特性,即具体。它是具体的原则仅仅是因为它是具有最少内容的原则。如果我们记得只要我们关心的是有质料的式,而质料必然是同一的,那么可能现实的和谐必然要导致具体化。

与这一具体的桌子或那一具体的苹果相联系着的具体的思想,是从我们运用于道的思想借用来的。道的具体性是不可怀疑的,因为一方面我们有多数的现实了的可能,另一方面我们有同一的能。不管是什么事情都必须与自身同一,而且由于所有的质料都在式之中,所以质料也必须与自身同一,但是考虑到这张具体的桌子或那个具体的红苹果,情形却有所不同。我们必须相信在每一情形中有现实了的不同的可能,然而在它们的任何一个中使其现实的质料只能够说是大体的和不明确的同一的。在这个具体的苹果中有不可表达的 x,但使红色、圆、甜这些可能现实的"这一点"质料在那张桌子中并不是不可表达的 x,这一点质料使长方形、棕色等可能现实;除此之外我们不可能再辨别什么东西,由于我们不能够指出不可表达的 x,所以我们不能够断定在这个具体的红苹果中或在那张具体的桌子中不可表达的 x 是否与自身同一。在日常生活中的任何具体的客体的具体性,是不可能得到证明的。只有通过有适用性的粗略统计,才能说日常的客体曾经被经验过。

　　具体是和谐原则的最基本的内容。作为最基本的内容,这一原则也是一致原则的基础。我们非常熟悉这样一个平凡的道理,即意念之间必须是一致的。不管一致有什么样的含义,这一道理并不能使前后不一致的意念在思想过程中消除。它所能做的只是宣判有不一致的意念出现的思想结构是无效的。不一致意念的出现必须被看作是无效的,因为如果不是这样的话,那么思想结构将不能反映可能实在的图案。终极的基础是具体的实在是和谐的。在最广泛的意义上说,一致只不过意味着排除矛盾。这就是说,如果两个或更多的命题,或两类命题都是假的,它们仍然是一致的。一个人可以使他所说的谎话完全一致。在平常,我们倾向于将一致的含义局限在这样的范围内,即给定一命题是真的,而包含这一命题的命题集团又是真的,那么这一命题集团就可以说是与这一给定的命题一致。在此我们往往为逻辑上的考虑所引导,而一致的标准经常是富有成效的。但是这一标准只有在这样的条件之下才有效果,这一条件就是某一命题必须是给定的或我们确实具有某些不是必然的但却真的命题。在必然的和老是现实的实在的层面上,和谐的原则仅仅导致实在的具体化。但是给定了某些不老是现实的可能的现实,这一原则也会向我们提供可能的倾向。这只不过是说,如果没有不老是现实的可能的现实,那么这一和谐原则也只不过是具体或具体化的原则。

难道我们确信不老是现实的可能会现实吗?我们已经在某处说过,虽然这一或那一不老是现实的可能的现实没有逻辑上的必然性,但不老是现实的可能作为一个类,它们的现实就不是偶然的了。如果仅仅是本体论原则主张我们不必具有偶然性,那也就罢了,但是由于形而上学原则也持同样的主张,而且我们也有老是现实的可能,因此偶然性是不能被排除的。由于从形而上学原则的角度看,时间和变必须是现实的,因此不老是现实的可能作为一个类也必须是现实的,否则就不可能有时间和变。形而上学原则说的是质料进出可能。必然的可能是这些可能即质料必然要在可能之中。而老是现实的可能是这样的可能,如果它们不现实,那么就没有时间。如果仅仅是上述的这些可能为现实的可能,那么质料就不能说是进出可能。在这样的假设之下,质料只不过在可能之中,我们所具有的世界将完全是静止的。正是根据形而上学原则,时间和变必须是现实的,由于有时间和变,那么必然会有不老是现实的可能的现实。说必然会有不老是现实的可能现实是说实在是一致地展开自身。

如果实在仅仅是和谐地展开自身,那么我们的世界虽然是具体的但却是静止的。然而由于实在也同样遵循一致的原则而展开自身,这样我们就不只具有具体的而且也是运动的世界。这两个原则向我们保证这世界既是静止的,也是运动的,在某些方面是静止的,在另一些方面则是运动的。在一般人类经验中必不可免的相对性及个体或主体对特殊东西的喜好经常导致某些人将运动看作是更具有实在性,而另一些人将静止看作是具有更多的实在性。就目前而言,保守者和激进者之间的区别在于,前者认为运动是危险的,而后者却不这样认为。这种区别不仅仅局限于政治领域。有些人的思想倾向于巴门尼德,而另一些人的思想却倾向于赫拉克利特。不同的人有不同的思想倾向,这应该说是件好事,是有益的,但是实在的意义却应该同时包含静止和运动这两者。正如我们在前面已经指出过的那样,真实性或所以或硬性并不是没有变化的事物所具有的,它们也并不仅仅与瞬息万变的事物联系在一起的。在我们经验中所具有的关于事物性质的看法,不管我们的经验多么具有偏见,将会向我们提供实在感,把或多或少的静止性和运动性归之于各种不同的事物,因此在日常生活中我们并没有以静止吞并运动的危险,或运动吞并静止的危险。只有在形而上学或本体论中,由于它们中的一个被认为是实在的标准,那么另一个可能就是不真实的。

在不同的时间强调静止或者强调运动都是有益的,把我们认为是终极的实在与经常被看作是显而易见的实在区别开来是错误的。使我们作出这样的区别是有一定原因的。可能是我们认为,终极的实在必须是永恒的,而永恒的东西容易被看作是没有变化的:情形可能是这样的,变化的观念本身充满着种种的困难,从理论上讲似乎实在不能承载这样的困难;也可能更容易的做法是把变化看作是终极的实在。但是理智的过程引导出这样的区别是一件事,由此而产生的结果则是另一件事。在认识论中,素朴实在论必须受到批评。但是我们却不可能完全抛弃素朴实在论,而不摧毁认识论的基础。私人感觉材料的理论看上去得到了充分的发展,为人类的智力所信任,但是不管我们多么想根据这样的方法来从事理论构造,我们也绝对不可能从这样的方法构造出共同的客观世界,而我们的素朴实在论却能够极其容易地向我们呈现出这样的世界。一旦基础摧毁,那么任何上层的材料不管多少都不可能给我们提供可靠性或安全性。这样的话也同样适用于实在的理论。一个人很容易对我们生活中转瞬即逝的事物表示同情,但是如果我们急于想建立一与我们的经验有很大区别的实在理论,那么就必然会产生这样的错误结果,即或者是我们感觉不到与上面所提倡的理论相一致的实在感,或者是如果坚持这样的看法,那么对我们的伙伴来说,我们自己就是不真实的了。我们所具有的实在的观念是这样的,一方面实存在某些方面是静止的,在其他方面它却是运动的;另一方面在本质上它与呈现在我们经验中的个体事物并没有很大的区别。和谐原则向我们展示的是具体的和静止的世界,而一致原则向我们展示的是一致的和运动的世界。虽然这些原则是分别

82

得到阐述的,但它们并不是分别起作用的。如果要问哪一原则首先起作用,那么显然这样的问题是毫无意义的。

偶然性原则仅仅使我们具有多样化,但是它并不向我们提供经济原则。很有可能我们具有单一系列的现实。如果是这样的话,我们有前后相接的时间方面的多样性,但却没有空间方面的多样性或空间上的并存关系。我们可能有一个空洞的世界,虽然有变化,然而却没有行色状态方面的多样性。为了向我们展现这后一方面的多样性,我们必须有第三个原则,即实在以丰富的多样性展示其自身。这一原则就是经济原则,它向我们保证可能的现实不是单一的,而是具有多样性的现实。因此整个世界是由众多的个体综合而成的,这就使得几乎所有的可能在同样的地点、在同样的时间可以一致地现实。如果这个世界是单一的,那么在任何时间内只能有一小部分的可能能够现实。然而由于世界是由众多的个体综合而成的,所以有巨大数量的可能可以现实。把六块方形东西罗列在一起只能得到六个面,而把一个方形的东西切割成六个方形东西则能够得到三十六个面。因此如果我们承认了经济原则,那么可以现实的可能的数量就是巨大的。因为这一原则,不老是现实的可能的现实就会蜂拥而至。随着时间的推移,这一原则就会给我们提供不断增长的丰富性。

虽然这第三个原则是在最后才提出的,但这绝不是说它是最不重要的。从某些观点来说,这一原则是最有成效的。它不仅仅是个体化的原则或负面的经济原则,而且它也是关于不同现实的特性的原则。我们不打算运用诸如同质异类或异类同质这样的术语,也不打算追随《圣经》的做法,从一个

亚当和一个夏娃开始,然后产生成千上万个亚当和夏娃。对
我们而言,宇宙既没有开端,也没有终结。它并不开始于完全
的简单性,也并不终结于最为复杂的复杂性。由于没有开端
或终结,我们的原则不是那些开始在遥远的过去起作用或在
遥远的未来停止发挥作用的原则。但是如果我们以任何一段
时间为"现在"或参照系,那么这些原则就会发挥作用,而且
随着时间从现在开始流逝我们的个体化原则将引导这一世界
走向多样化。或许如果我们记住偶然性原则的可能的合作,
那么我们将会更容易地得到上述看法。一旦个体化原则得到
认可,不老是现实的可能现实得越多,在不老是现实的可能的
现实中的偶然性的成分也就越多。用不着假定最初的贫乏,
在描述的而不是命令的性质和关系中的丰富性在道的展开过
程中就会不断地增长。

三

　　由于有了偶然性原则,我们也就有了变化。在某些方面
世界就是一个永远变化的世界。这就是说,"变"这一可能是
老是现实的可能。并不仅仅是偶然性原则蕴涵了这样的思
想,而且形而上学原则也蕴涵着这同样的思想。如果质料进
出可能,显然就有关系方面的变化。当我们说"变"是老是现
实的可能,我们必须知道变必须是现实的,用时间的术语来
说,没有一段时间中变是没有现实的,也没有这样的时间在其
中变停止了现实。世界并不开始于静止的状态,接着就开始
运动。在某些方面可以说世界是静止的,它总是静止的,而且

将来也是这样。而在另一方面可以说世界是运动的,它总是在运动的,而且将来也是运动着的。在我们日常经验中,关于这一点是没有任何困难的。目前我们没有必要关注那些尚不在时间和空间之中的抽象意念或共相。即便当我们局限于我们经验中的具体事物时,我们发现它们中的某些是相对稳定的,其他的则是转瞬即逝的,这就表明了客观世界中的相对静止和相对运动。由于哲学家是具有感觉能力的人,在日常生活中经常经验到变化这样的事实,所以我们并不认为他们始终是不留心观察以至于否认变化这样的事实。

这里的麻烦恐怕在于变的意念或在于与之有关的推理。在这里我们确实有困难。变这一意念包含有同一性和差异性,在某些事物中它呈现为同一的,而在另一些事物中它则呈现为差异。这两者中的每一方面都是相当重要的,因为很明显如果没有其中的一方那么另一方也就必然不能形成变。如果说 A 变成了 B,那么必然有某些东西是同一的,当然同时也有某些东西是有差异的。如果没有这些有差异的东西,那么就不可能有变,A 和 B 也只不过是同一个东西的不同的名字罢了。如果在另一方面 A 和 B 是不同的,而且它们之间也没有具有同一性的联系,那么它们也只不过是两个实体。它们之间可能有时间上的间隔,我们也不能说一个变成了另一个。这样的观念显然是从经验中抽象出来的。在经验中绝大多数的或所有的变是部分的。部分发生了变化,同一和差异的问题在实践中却没有什么不同。哪里发生了部分性质的变化,经验便会在实际上向我们揭示某些同一的方面和其他不同的方面。但是经验往往是粗糙的、转瞬即逝的,它包含了某些没有很好地组织起来的推论的因素。经验到的差异可能经常是决定性的,而经验到的同一往往并不如此。被经验到的后者是某一方面的东西,在这些方面中的同一性也只不过是一种指示,而并没有肯定某种具有同一性的其他东西。从这些方面的被经验到的同一中得到后者的推论可能并不会经常把我们引向实际的困难,但是理论上的困难却是不可避免的。两个不同的客体有同一的方面当然未必是可能的,但是绝不是不可能的。因此,被经验到的同一方面并不决定性地表明基本的或本质上的同一性。如果它不是,那么即便在有部分的同一和部分的差异的情形中所需要的变化也不可能发生。这就是说,即便当我们说 A 经验上变成了 B,因为在这两者之间有部分的同一方面和部分的差异方面的事实,那么我们在理论上从不可能确信,变化在实际上发生了,因为 A 和 B 很有可能从一开始就是两个不同的实体。

因此这标准并不是在同一的方面,尽管它包含着差异的方面。同一和差异并不在同一的层次上或能够适用于同样的客体。当我们说有两个事物可能具有同一的方面,我们不可能把事物当作同一方面的同一的结合。因为如果是这样的话,就没有两件事物是可以有同一的方面;因为如果是这样的话,那么说它们是"两个"就是没有意义的了。那么当我们说不同的事物或同样的同一的事物是什么意思呢? 方面中既有共相也有殊相。一件事物不能等同于一套共相,因为在任何时间中,这一事物可能发生变化,而共相却不会发生变化,虽然在变化中某些事物会从一套共相走进另一套共相之中。一件事物也不是一组殊相,因为一件事物会持续一段时间,而一组殊相却不会,虽然在变化中某些事物从某一组殊相进入另一组殊相。在一组殊相之外或之上肯定有某些东西使这一事物与其他事物区别开来。我们早已指出这样的事物就是不可表达的 x 或质料。一同一的事物不是一套同一的殊相或共相,而是一些同一的质料。正是这些同一的质料使一事物具有"这"或"那"的特性。借助于殊相,"这"或"那"是可以被指示出来的,虽然"这"或"那"能够持续的时间较之于一组殊相的时间来得长。在一件事物中形成变化的是同一的质料穿越不同的方面。任何变化都类似于一个人脱下制服而穿上他的夜礼服那样的变化,或类似于这个人脱下他的棕色的鞋而穿上他的黑色的鞋的变化。没有事情曾经发生变化,即便是那个穿戴者也没有发生变化,除了他变换了他的衣服和鞋。归根到底,质料才是穿戴者。

在经验中,我们从来不可能确信质料是同一的。不管什么事物中的不可表达的东西,由于它们是不可表达的,所以是不能进行经验的区分的或进行实际的处理的。严格说来,说质料就是毫无意义的一件事,更不用说质料本身是同一的了。质料没有区分成不同的用隔板隔开的空间。不管用什么样的隔板,它们都是事件和事物的界线,而且它们本质上是共相的方面或殊相的方面的。我们能够说质料是同一的唯一的方式就是从整体上说质料。由于质料本身是既不增加也不减少,是完全没有性质的,所以它不可能不是同一的。在 T_m 的整个世界和在 T_n 的整个世界肯定是同一的,然而由于 T_m 和 T_n 在内容上是不同的,它们也肯定是有不同的方面的。因此变化这一观念显然是能够适用于在时间中的整个世界的。这整个的世界是不断地发生变化的,而不老是现实的可能在世界和空间的架子中总是现实的和不现实的。只有当我们说整个世界的时候,我们才能有理论上的把握说质料是同一的,而且也只有在整个世界的层面上我们才能有把握说它曾经变化过、正在变化或将要发生变化。而这样的变化基本上说就是时间。考虑到其他的事情,变化的观念多少有点替代性的运用。这种替代性的运用并不会置我们于实际的困难之中,因为在某些方面的同一性粗略地显示了质料的同一性,而在另一些方面的差异也总是能够从永远变化的世界中得到确认或推论出来。当我们说一个事物从 T_1 变到 T_2 时,不管它们之间的间隔有多短,也不管在经验中所有方面具有多高的同一性,我们之所以能够如此说是因为这是从永远变化的世界中推论出来的。当一个客体被说成是毫无变化的,它只不过是说它的具有差异的方面没有被观察到。说 A 变成了 B 这样经验性断定的理论上的困难在于,它缺乏一种经验的标准来断定质料的同一性。如果所呈现的材料在某些方面是同一的,而在另一些方面是有差异的,那么就没有什么实际上的困难,因为虽然前者并不决定性地表明质料的同一性存在于这些具有同一性的方面中,但是它却在很大的程度上显示了这样基本的同一性以至对于所断定的变化不可能发生任何经验上的怀疑。当同一的方面在数量上远远超过了差异的方面的时候,情形更是如此。由于在理论上,任何事物的变化都是在时间中进行的,所以对于经验变化的断定都具有尤其是与经验环境相联的直接的因素。这就是说,或者一个事物被观察到是在变化的,或者有证据表明它发生了变化。在前一个事例中,变化是显示在材料中的。而在后一个事例中,证据在经验上满足了经验的要求,尽管它们可能没有满足理论上的标准。所有这些都表明了在实际上并不存在多少困难。当然这样说我们并没有忽视这样的事实,即变化这一观念是从它的用法引起理论上怀疑的地方借用来的。如果我们停留在个体化的客体、事件和方面的世界上,变化观念当分别地运用于每一个体的时候在理论上是令人满意的。但我们却碰到了某些困难,我们应该在此讨论这样的困难。这些困难的解决或取消存在于我们把变化的特性归属于整个世界,而且把它派生地运用于经验中的个体化的客体和事件。

当我们说这一整个世界是永远在变化的时候,我们当然是在说宇宙中的具体世界,而不是说宇宙自身,说的是道无限的展开,而不是道一自身。在宇宙中的某些实体不能说是变化或没有变化,这样的实体有可能、宇宙和概念,等等。宇宙是无外的,是无所不包的,它并不局限于某个具体的世界,而接连不断的具体的世界并不能构成宇宙。我们在此不谈可能,因为可能本身不是现实的,虽然它们是宇宙中的因素。由于共相是现实的可能,所以它是现实了的,然而它们不能说是变化的或不是变化的。它们的现实性存在于归属于它们之下的殊相之中,它们两者都寓存于特殊事物又超越于特殊事物。一可能的现实是一事件,它的成虚也是一事件。但现实了的可能本身不是一事件。可能有这样的一段时间,在其中一可能变成并持续地成为一共相,如果是这样的话,那么变成和持续地成为就是历史中的事件,但宇宙本身不是。如果现实的期间不断地重复,这重复本身也是历史上的一事件,但是这一事件与原来意义上的现实是不一样的,然而宇宙却仍然是同样的宇宙。与一共相相应的一类存在是历史中的个体。但是与定义这一类的概念相应的共相不在历史中。恐龙的出现和消失是一历史事件,但是恐龙性本身不是一历史事件。虽然恐龙性是一共相,而命题"恐龙这一可能的现实"仅仅是一特殊的命题。它的真仅仅表明了一事件的发生或一事件被断定了,而不是一普遍的规律。即便当我们说到个体的时候,我们也处在同样情形之中。虽然只有一个柏拉图,只有一个亚里士多德,但柏拉图性和亚里士多德性则是共相。如同共相,它们并不局限于某一特殊的地方或时间,它们可以不断地现实,虽然可能难以去想象完全相同人物会再次出现。虽然个体的柏拉图会一再地发生变化,而柏拉图性却不能说是有变化的。我们从中想得出的结论是,虽然具体的世界不断地处在变化之中,然而有些实体却不能说是曾经变化了或是没有发生变化。

四

变化直接把我们带到了时间之中。在这一部分中我们将只讨论时间,当然我们是把时间与空间联系在一起来进行讨论的。时间和空间这两个概念可以在很多意义上来使用,我们在此将不考虑它们所可能具有的很多其他的意义,我们是在客体和事件及其所占据的时间的意义上来使用时间这一术语的。在这一意义上的时间概念有两个重要的方面,即内容和架子。在这一部分我们主要是考察架子意义上的时间。时间和空间是老是现实的可能。这不过是有时间和空间的另一种说法。形而上学原则向我们担保有时间,而且实在是与个体有机地联系着的。我们相信有空间。无论是从架子的观点还是从内容的观点来看,时间不能说是有开端和终点的,同样空间也不能说是有边界的。由于时间是老是现实的可能,由于这世界不是属于变化的,也不会停止变化,所以你就可以看到时间是既没有开端,也没有终点的。空间及其边界的问题却有所不同。你可以很容易地看到,作为架子的时间是没有边界的;在空间中给定了一起点,我们就可以从这一点向三个不同的方向引出三条在时间上无限延长的线。如果我们说这三条线中的任何一条如果充分地延长的话就可能回到起点,那么我们在此所说的就不是架子,而是内容。更为重要的是,我们可能是从手术论(operationalism)的角度来谈论的。从这样的角度来谈论问题的方式不适用于我们目前讨论的领域。我们的问题是先于概念的手术论观点的假设和先在假设的,而不管后者作为科学的方法论是多么的有用或多么的富有成效。从时间 1 到时间 2 的世界确实既有时间上的界线也有空间上的界线,因为确定了时间上的界线也就同时确定了空间上的界线。然而我们正在谈论的并不是时间 1 至时间 2 之间的世界,而是在谈论空间和时间。由于所谈论的是空间和时间,所以不但时间没有界线,就是空间也同样没有界线。

如果我们看重的是那些包含着同时性的陈述而不是手术论层面上的所谓同时性,那么我们必然地有了绝对的空间和时间。当我们说一事件在两年以前发生在某一星球上时,这就是说这一事件发生在离地球有两光年的距离的地方。我们不得不承认,这一事件在某一星球上发生的时间和这一事件达到地球上的时间是有同一性的时间片段。除非我们在整个的世界上具有同一性的时间片段,否则我们就不能说在时间 m 时间 n 的世界,因为后者明显是在架子之内的有内容的时间之流的标志。世界就是世界内容的方便的总结,而世界 m 世界 n 就是世界的架子。事实上,在时间 m 和时间 n 之间的世界只不过是从时间 m 到时间 n。如果没有对于这一世界(不是地球)的所有部分都适用的具有同一性的时间片段,那么这些部分就不可能与时间片段有同一的关系。不管确定同时性的标准是多么的不同,但同时性是必须得到承认的,否则就有与客体和事件的多样性相关的连续的多样性出现。在后一例子里,确定同时性的实际困难变成了这样的理论困难,即没有什么时间。我们必须把确定同时性的实际困难和根本否认同时性这两者区别开来。如果同时性被排除了,不仅整类陈述在使用上是毫无意义的,而且在理论上也是没有任何意义的。显然这些陈述是很重要的,尽管很困难给它们以任何使用方面的意义。

从现在起我们将分别地讨论时—空,而且讨论它们中的每一个都是从架子的观点着眼的。从时间的内容来看,一时间片段是一客体和事件的世界,它也是可以用架子标志出来的一段时期。为了得到纯粹理论上的和绝对的时间和空间的架子,我们应该引进一些代表抽象的界线的术语以便给架子的结构更准确的理论意义。从时间持续的角度看,一时间的片段是不确定的,它可能是指几秒或很长一段时间。我们需要某些确定的和不变的东西。我们所需要的是熟悉的时点,只不过它多少与通常所谓的时点有所区别。我们将在此把时点这一术语看作是指整个空间，而没有任何时间的维度。一时点是三维空间，没有任何时间的延续。它只是时面，没有时间的厚度。任何有限的时间片段都有两个时点作为它的界线，而时点的有限性就在这两者之间。没有一时间片段是整个的时间。在时间片段中作为界线的两个时点中，一个是开端，另一个则是终点。时间是既没有开端，也没有终点的。只有时间片段才有开端和终点。我们可以把有限的单位运用于时间片段，测定它的长度。在时间 1 和时间 2 之间的世界是一时间片段，在实际上不可确定的时间 1 和时间 2 就是它的开端和终点。因此，世界能够说有开端和终点的就是这样的世界。当然，这样的世界不是宇宙或道或实在的全体。所有不同的时间延续是这一或那一时间片段，如果它们的开端或终点是在一个个体的时点中，它们同时开始或终结。因此，1994 年 1 月 20 日波士顿 11 点和 12 点之间的这一时期至少有两件东西是结合在一起的，一个东西是相对于一定数量的事物，如太阳在波士顿的位置等的时间延续，另一个则是时间片段，它的作为界线的 11 点和 12 点（实际上是不可接触到的时刻）这一时间片段是横切整个宇宙的。这后者不是与波士顿相对应的，它是可变的"在时间 1 和时间 2 的世界"的一个值。时间不仅仅是客体和事件的流，而且也是由时点的无限性及由此形成的秩序的架子内的流。正是根据时空的架子，理论上的而不是实际上的意义才被给予了那些断定如此如此的事件发生在如此如此的时间的陈述。也正是通过这一架子，客体和事件才显示出在时间之流中的同时性的内容。

一时点是一老不现实的可能。它是一可能,但是它也是老是不现实的可能。虽然我们不能说它是不可能的,但是我们却确信它是不现实的。它不是现实的不是因为在现在它不是实际的或存在的,正如龙的可能一样。它是不现实的是因为它是老不现实的。它的现实依赖于任何时间片段的无限可分性,任何时间不管多短都是可以无限可分的。虽然这一可能不是老是现实的可能,但是与它相关的概念并不是没有用处的。因此作为时点的 12 点虽然从未现实过,但是这一概念显然是有用的,因为在实际上我们可以接近它,而且只要它具有了粗浅的意义,那么它还是可以在实际的生活目标中加以运用的。时点的老不现实的性质也不会使由它们组织或安排的架子变得不真实。架子是实在的,因为由这些时点为界线、为秩序的而在其中它们是先后相连的时间片段是真实的。我不知道科学家是怎么来看这里所提倡的理论的,因为很显然这一理论可能就是他们所要反对的绝对的时间理论。我们此处所说的架子确实是绝对的,但它也同样是具有实际意义的。就我们现在所能看到的而言,所有这些手术论意义上的反对意见是不适用的。在手术论意义上确实没有什么绝对的时间,这样的命题的真并不包括或意味着在非手术论意义上也没有绝对的时间。

正如在整个空间中一时点是没有时间维度的,同样空—时—线也是没有空间维度的整个时间长度。正如时点或时面并不是通常意义上的时点,同样空—时—线也不是欧几里得意义上的点。欧几里得的空间是没有时间的抽象的空间,结果是其中没有事件和客体。它的空间是一时面的空间或者我们通常称之为在一时点上的空间。像时面一样,空—时—线也不是真实的。在我们思想的基础上,欧几里得的空间是不真实的,因为时面是不真实的。虽然它是不真实的,但与它相对应的概念却是有用的,把时间和欧几里得的空间结合在一起就形成了架子,在其中时面和空—时—线相互交叉。这样的交叉就是空—时。虽然空—时—线不是欧几里得的点,而空—时却是这样的点。正如时间能够由时面组织成秩序,同样空间也能够由空—时—线组织成秩序。我们在此必须引进空线,它是空—时面,必须引进空面,它是空—时量,也必须引进空量,它是空时的积量。空—时可以由空—时架子内的实体来确定秩序。实在就是在这样的架子内展开自身的。这一展开的具体内容使架子变得真实。

架子并不是脱离过程和实在的某种东西,它与特殊的东西是如此紧密地结合在一起,以至于这些特殊的东西由于它而一致起来。每一个特殊东西在架子中都有其确定的和唯一的位置,事实上,这就是它在时间中的位置或它在空—时中的定位。它是不能移动的。只有当我们绝对地将时间与事物的空间方面区别开来,运动才是可能的。作为持续存在的个体我们是能够在时间 T_n 从 A 移动到 B,当时间 T_n 被认为是时间单位,在其中我们的移动表明了我们的特点。但是当时间 T_n 被看作是 T_1—T_2,并且我们自身与那些和 T_1—T_2 紧密联系在一起的殊相是统一的时候,我们是不能够从 A 移动到 B 的,因为那些殊相是停留在 T_1—T_2 之间的。这就是一个很古老的问题,叫作飞矢不动。在这一中国传统思想命题中所包含的慧见与西方类似的命题中所包含的慧见,都具有很丰富的内容。我们不打算离开正题而来讨论运动的问题,我们现在努力所做的就是要指出一殊相不仅不能变化,而且它也不能移动。在实在之流中它在哪里生和灭,它就永远地在架子中的那一位置上。这至少可以算是一个理由来说明为什么特殊命题的真不是殊相,这正如命题和命题所断定的事件的关系一样。"约翰·莱克兰德今天早晨走过",是卡莱尔所作出的评介中的一个转瞬即逝的事件。但是卡莱尔作为一个历史学家更感兴趣的是这一命题的真实性,而不是这一命题所断定的特殊事件。因为如果这一命题的真值与那一个特殊的早晨或与那位约翰·莱克兰德走过的特殊事件一样消失的话,那么值得怀疑的就是卡莱尔是否有十足的艺术家的才情而使自己沉湎于欣赏特殊的事件。时间和空间的架子类似于分类目录。当然它有它的缺点,但是与大多数其他的目录相比,它看上去似乎并不具有它们所具有的片面性。对于一个秘密机关来说,一个特工比如说是 B29,对于一个图书馆馆员来说,一本书是 B75M34,虽然作为前者的那个人既吃又喝,有爱情,也有游戏,而作为后者的书,它的封面可能是红色的或蓝色的,它的内容充满着重要的思想或很无聊的思想。空一时架子也有它的单一性,但是与其他的目录比较起来它并不显得更是如此。可能它比其他的目录更具有目录的特点。

五

在前一章中,我们已经谈到了图案与对象和事件的流动或过程是相互依赖的。所谓图案我们是指共相之间的关联。

与之相关的是,我们更为熟悉的概念之间的关联。虽然所有的概念都是相互联系着的,但是它们也能够被分成不同的类。在最广泛意义上的科学——这就是说,不局限于自然科学,虽然科学这一概念的意义是从自然科学借用来的——是一知识系统,它以可能和共相的相互关联为其对象,以概念的相互关联为其内容。我们不打算在此讨论认识论的问题。我们在这里关心的主要问题是如何通过概念间的关系来谈论可能和共相之间的关联。从欧几里得几何学的内容来看,它是关于概念相互关系的图案。物理学也是这样。由于内容是概念相互关系的一个方面,科学知识就是关于共相和可能的知识。由于概念是可能和共相的观念形式,所以前者的相互关系也就是后者的相互关系。所有的"××学",都是以与共相和可能的相互关系相对应的观念的相互关系为其内容的。因此,"××学"的总和就反映了实在展开自身的图案。在任何特殊的时间内,由于现实的过程永远不会终结,所以图案也是永远不会完满的。这也就意味着,不会有这样的一天,到那时科学知识已经终结或科学研究走到了尽头。

自然律有时被认为是指客体,有时被认为是内容,有时甚至在极端的情形之下被认为是科学知识内容的表现。我们将忽视自然律的第三个含义,因为根据这种意义来理解,万有引力定律在英语和汉语中就有两套自然律。不管怎么样,这一术语经常被用来指科学知识的内容。当说自然律在不同的时间发生变化的时候,我们很有可能是这样来理解这一术语的,即这一术语被用来指科学知识的内容,因为在科学思想的历史上科学家确实经常舍弃某些概念而采纳另一些概念。如果是在这种意义上来运用这一术语,而且舍弃是指拒绝某一套概盒,而采纳是指启用另一套概念,那么自然律确实是有变化的。我们运用"自然律"这一术语是指科学知识的对象。如果是这样的话,那么它简直就是相互关联的共相和可能的另一名字。由于相互关联本身就是一共相或一可能,所以它是不能变化的。"自然"这一术语并不排除人,"律"这一术语在此暂时局限于指合理性。自然律仅仅是自然律,而说它仅仅是自然律时,我们是在说其他的事情也必须同样要遵守自然律,对于自然律而言它们不是例外的。

当我们说实在的过程根据于图案流动时,我们是在说对象和事件遵守自然律,虽然自然律是共相,但是在它们不得不如此的意义上或在任何环境下它们必须如此的意义上,它们并不是先验的。在它们必须被发现或被证实的意义上,它们是经验的。它们中的每一个都不过如此。把自然律看作是一个整体,那么我们确实可以说自然律有其必然性,只要它们中的一定数量的东西被给定了,那么其余的就可以从中推出来。而且给定的越多,那么可以推出的东西也就越多。但是分别地来看,每一个就是其自身。自然律可能有着静态概括的形式,但即便是如此,它也是没有例外的。然而在任何给定的状态中,自然律可能是没有现实的,因为一既定自然律的现实不是必然的,虽然某些整体的自然律的现实可能不是偶然的。我们绝不能把自然律的并非必然的现实看作是有例外的理由。比如一个人吃了致命的毒药之后并没有死去,这是某一自然律没有现实,而其他的自然律却现实了的结果。自然律是共相的关联,共相关联的现实依赖于"假如其他条件相同"

这同样条件的出现。由于条件从来不可能是完全相同的,所以不可能有任何有力的理由说明哪一自然律在任何一特殊的时间中将要现实。在此我们将要再一次强调作为整体的自然律和每一个自然律之间的区别。我们已经指出过,不老是现实的可能作为一类可能不是偶然的,虽然它们中的任何一个可能的现实是偶然的。对于自然律来讲也是如此。只有在这里,我们才必须以另一种方式来说明这一问题。虽然作为整体的自然律的现实不是偶然的,但是它们中的任何一个的现实却是偶然的。当由于条件不相同的时候一自然律没有现实,这并不意味着例外的出现。因为只有在相同的条件之下而规律没有出现,这时才有所谓的例外。

关于征服自然是一个需要充分讨论的话题。在某种意义上,说征服自然是对的。如果我们说征服自然是在我们通过某些自然律实现而另外一些自然律没有现实的情况下,能够使一系列对象和事件朝着有利于我们的方向实现的意义上讲的,那么我们就能够正确地说,我们是在与过去相比更高的程度上征服自然的。但是如果我们是在取消自然律或不遵守自然律的意义上说征服自然,那么我们就是在说胡话。自然律的作用从来就没有被取消过,在今天和在过去都是一样的。顽石坝①实际上并没有抵制自然或自然律,它只不过是利用了某一个自然律来抑制另一自然律而已。对于人类来说一件十分重要的事就是,虽然我们能够逃避作为个别的自然律,但是作为选言整体的自然律我们是逃不脱的。我们能够逃脱作

① 顽石坝,是美国科罗拉多河上的一座大坝。

为个别的自然律只是因为我们利用了另外的自然律。从这样的角度来看问题,那么我们就显然不能说自然律是有例外的。奎宁并不是取消了自然律后才能够治疗疟疾,而是靠了某一自然律起作用来抵消其他自然律的作用,从而避免了令人讨厌的结果。要能够做到这一点必须依赖于我们的理论知识、我们的实际已经具有的智慧和把握或多或少相同条件的能力。医院的建立就是试图把握或多或少的相同条件的尝试,这样做就可以达到使某些自然律起作用从而取得令人满意的结果。建立实验室的目的也是企图把握或多或少的相同的条件,使某些自然律能够起作用从而作出新的发现。如果自然律有例外,我们的世界就会出现一片混乱,而不再是井然有序的世界了。

正是根据于自然律的图案,具体的实在才展开自身。这就意味着实在是完全可以理解的。当然我们所说的可以理解,在一方面不是说是理性的,在另一方面不是说是可以预见的。理性意味着运用充分的工具去达到预期的目的,而避免与此目的无关的其他任何事情。如果一个人是理性的,那么他就会做某些事情,而不做其他的事情。实在在展开自身的过程中似乎并不要做某些事情而避免去做另一些事情,虽然它也会达到某一目的。预见涉及了过去和现在的关系,如果给定了过去,那么未来虽然还未变成现实但在某种意义上也已被给定了。虽然我们没有说在过程中的实在是理性的,但是我们也同样没有说它不是理性的。在某种方式上它是可以预见的,但在另一种方式上它又是不可预见的。殊相的出现是不可预见的,虽然可能的现实是可以预见的,有时甚至可以

金岳霖全集 第六卷

100

有很大的概率。可理解性却是不同的,如果任何一个人具有理解的能力那么它就是可以理解的。它包含着以过去来解释现在,以共相和可能来解释现实。就有理解能力的人而言,它还包含着回答关于现实的什么、如何、为什么、什么时候等问题的能力。在目前,我们不打算讨论和回答对现实是如何成为现实的这样问题的理解,因为这样的问题是历史的问题,所以它在我们目前讨论的主题之外。如果我们把自己局限在讨论这样的理解,它包含着从横断面的角度而不是从历史的角度来回答,比如实在如何、为什么和实在是什么这样的问题的能力,那么我们正在谈论的就是在抽象概念和它们的相互联系的意义上的理解。这是在以另一种方式说当我们确实理解了,我们就能展示实在所遵守的自然律。因此当我们说具体实在根据图案展示自身的时候,我们也在同时说它是完全可以明白的或可以理解的。

实在在其中展示自身的图案就是可能和共相的相互关联,这又是所有作为科学知识的"××学"的对象。从不同的科学及其相互关系的观点来看,这里存在不少的问题。每一门科学从内容的角度着眼就是相互关联的一组概念。某些这样的概念向我们揭示了概念之间的相互关联的性质。物理学似乎能够以数学的甚至演绎的方式组织起来,虽然以演绎的方式把它组织起来的时机尚未成熟。随着物理学的进一步发展,物理学有可能从某些基本的原则出发,从中推演出整个物理学知识系统。如果是这样的话,那么这样的一组概念就能够变成一演绎系统。是否其他的概念系统也与物理学相似?在这里我们又遇到了这样一个关于不同概念相互关联的老问题。在未来有没有可能出现这样系统的和演绎的百科全书,如《数学原理》那样,以某些科学作为出发点,其他的科学可以从中推演出来?几年前就曾出现过这样的问题,即生物学能否从物理学推演出来。虽然这一问题多年来被搁置在一旁或者说消解了,但是这似乎并不意味着这一问题已经被解决了,而且随着思想的不断进步,这样的问题可能还会不断地被提出来。我们不知道对于这样的问题可能会给出什么样的答案。但是不管答案可能会是什么样的,然而有一点是确定的,即它们反映了可能和共相之间的相互关联。对于科学问题所给的科学答案揭示了具体实在据以展示自身的图案。科学知识的对象并不是脱离实在的某种东西,它不是它的"现象"或"表象",它仍然是实在的共相方面,它并不是与它不同的其他东西。

六

在这一部分中,我们将讨论殊相和个体对象或事件。殊相不同于特殊的或个体的对象和事件,因为前者只是一个方面,而后者则是具体性的全体,前者可以被指示出来,可以被命名或被谈论到,而严格地说起来,后者是不可表达的,因为后者包含着不可表达的 x。我们将首先讨论殊相。正如我们已经指出的那样,一殊相不同于一共相仅仅是因为它是一殊相,它只是一个方面。就它自身而言,它正如共相一样也是"无体的"。当在时间、空间中占据着唯一位置的时候,一方面就是一殊相。一组或一套殊相本身也是一殊相。同样,一系列殊相本身也是一殊相。这就是说,作为整体的它在时间和空间中也占有唯一的位置。一组、一套或一系列的殊相的组合因此也在空—时的架子之中,而不在我们在前一章中所讨论的共相图案之中。由于一组、一套或一系列殊相本身也是殊相,这对于我们讨论殊相问题就显得简单多了。一殊相没有时间上的延续性,因为它只在自己作为殊相的时间内存在,超过这一时间它就不再是它本身了。一殊相是有限的,这就是说,并没有殊相占据空点—时点,也没有殊相占据着整个的空—时。一殊相也不能有有变,因为在一殊相中是没有差异的,在两殊相之间也没有同一性。由于殊相不能有变化,所以它也就不能移动。我们可以举例说,这只玻璃杯子呈现出某种特殊的蓝色,因为这一杯子几个月来都在这里,而且从一个地方被挪到另一地方,所以可以认为它的蓝色发生过变化,移动了。但是如果我们把杯子的整个经历看作是这一特殊的蓝色存在的阶段,那么这一蓝色既没有变化,也没有移动。在这一事例中,我们只是把整个的过程看作是一个时间单位,在其中可能有其他的殊相出现,但显然的那一殊相也没有变化,因为那一时间单位并不接续自己。它在空间中的位置也有这同样的情形。我们必须记住,每一殊相既是一殊相,也是一组、一套或一系列殊相。对于这整个杯子来说,特殊的蓝色在一种意义上说就是殊相,在另一种意义上是一组、一套或一系列殊相。在后一种意义上,有较深的蓝色能够与较浅的蓝色区别开来,但是没有一种颜色发生过任何变化或移动过。没有一殊相是简单,可以不是一组、一套或一系列殊相。或者说没有殊相是如此的复杂,以至于没有简单的殊相。对于殊相来说,既没有最简单的殊相,也同样没有最复杂的殊相。

反过来说就是,在空间中给定位置上的一个给定时间位置就是殊相。殊相就在这一位置中,而不能在别的位置中。在目前,让我们从概念上把架子和占据架子的殊相区别开来。殊相是方面。就殊相是方面来说,它们根据自然律而相互作用。每一殊相是内在关系的综合,而不是时间和空间方面的外在关系的综合。由于殊相不能变化、移动或超越自己存在的时间,所以不能说殊相具有如此这般的性质,我们只能说它们只能如此这般。谈到个体的对象,我们能够说在这种那种的影响之下,它发生了变化。但是谈到殊相,我们只能说在这种那种影响之下,它不再是其本身。这里所提到的影响或者是指自然律的作用,或者是指其他殊相的同时发生和占据同样的位置。一殊相不仅仅是内在关系的关系质,而且也是外在关系的关系质。把桌子上的墨水瓶位置变一下,你就会有另一套殊相。借用政治学中经常运用的一个术语,每一殊相都是现状。以任何方式改变这样的现状,你就会看到无数殊相的连续不断的生和死。我们在此努力要说明的是殊相的有机联系,实在的任何变化所导致的不仅仅是对象和事件的变化,而且也是殊相的生和死。这不是说一殊相经过了某些变化导致了其他殊相的出现,而是说当其他的殊相产生时,一些殊相衰亡,另一些殊相产生。这就是说,谈到殊相,每一殊相都是依赖于其他的殊相。这一有机联系并不仅仅局限于殊相,因为每一殊相是它在空间—时间中的位置,所以从概念上说与殊相分离的所有的空间和时间的位置有着同样的有机性。时间的流或过程也是这样,我们不仅遇到不同的殊相,我们也同样穿越了不同的时面,占据着不同的空—时—线。当说到一个人于 1943 年 11 月 3 日在纽约被杀死,这一陈述听起来非常的简单,但是这一事件发生的特殊方式是很复杂的,以至于我们处理这一陈述的方法都会遭受失败。这就是我们以下述的语句来总结整个境遇的部分理由。这一语句是这样的"1943 年 11 月 3 日在纽约"。为什么我们能够这样做的理由就是,殊相的有机联系能够在概念上与空间和时间位置的有机联系分离开来。当然在实际上它们是不能这样分离的。警察可能重新演示这一事件,但是重新演示的事件显然不是原来的事件。

下面我们来讨论个体的对象和事件。它们是不同于殊相的,因为它们是有具体性的整体,而不是方面。在它们中间包含有不可表达的 x,我们把 x 称为质料。我们已经说过,在实际上,我们认为个体的对象或事件就是在任何特殊的空间和时间中的一套殊相。这样的看法在理论上是站不住脚的。休谟在把这两者看成是一个东西方面的任何论证,都不具有结论性的意义。但是这样的看法在实际上却没有什么太多的困难。如果我们暂时忘掉理论方面的困难而跟着实际走,那么我们就能很容易地看到通过殊相与空—时架子的同一性,个体的对象和事件也是以这样的方式被安排在其中的。正是这些现实性组成了具体实在过程中的内容,它们是由图案筛过的事物,是透过窗帘的阳光。因此具体性的实在并不仅仅是根据图案而延续自身,而且也是以个体的对象和事件来充实空时架子的。后者不仅仅使可能现实,而且也在一定的时间和一定的空间中产生。它们可以根据共相而得到理解,它们也可以根据自身在时间和空间中的位置使自身得到现实和确认。在科学发现或努力去发现对象和事件遵循的图案或自然律的同时，历史却在断定或努力断定关于对象和事件的事实，即根据它们与其他对象和事件的关系来断定它们的性质和关系。在此我们是运用"科学知识"这一术语来指示共相图案的水平知识，而"历史知识"这一术语则用来指示殊相或普通的有机联系的垂直知识。我们在前面曾经讨论过关于"普通"这一术语。在此我们比较一下下面两个命题。一个是"在 1492 年之前红色印第安人居住在美国"，另一个是"每一件比空气轻的物体在没有支撑的时候就会下落"。前者是所谓的普通的命题，而后者则是普遍命题。历史不仅仅是处理特殊的事件，它也处理普通的命题。

这些术语的用法是比较新的，因此需要做一番澄清的说明。虽然所有的知识系统包含着或关注着真命题，但并不是所有的知识系统都对它们的发现感兴趣。有些知识是属于行为训练方面的知识，有些知识是属于实际应用方面的知识，而还有些知识是属于表达创造冲动的知识。在对发现真理感兴趣的知识系统中，科学的目标在于共相，而历史的目标则是特殊的事件和普通的东西。显然，这样的区别与书本和个人没有什么关系。所谓的百科全书是把所有的知识系统塞进一本书里去，Liebuity 不过是许多编辑参与者中的一个而已。有科学的历史，这是历史，而不是科学。可能存在着一门关于历史的科学，如果是这样的话，那么它就是科学，而不是历史。一位科学家可以同时是一位历史学家。但是作为一位历史学家，他所关心的应该是特殊的或普通的真理。一位历史学家可能在同时也是一位科学家，但是作为一位科学家，他所关心的应该是普遍的真理。现在被看作是社会科学的似乎是名义上的可能,而在实际上并不是科学,至少它们似乎还没有变成科学。似乎是它们还没有发现普遍的真理,但它们却似乎发展出了去发现普遍真理的技术手段。可以说它们的全部是把各种知识系统结合在一起,其中的很大部分是历史,已被发现的似乎大部分也仅仅是普通的真理。我们在此所运用的历史这一术语是指断定或努力去断定特殊的和普通的事实的那些知识系统。它们的目标是在空—时架子中的性质和关系的相互联系。

我们至此的讨论能够得出什么样的结论呢?我们的和谐原则向我们提供了一个具体世界,不管你是或试图成为一个多么强的怀疑论者,这样的世界却是不能否认的。一致原则和经济原则则向我们提供了一个在过程中的实在,一个不断变化的时间和空间的世界。这样的世界分化为个体的对象和事件。这些个体的对象和事件通过殊相的生灭使共相现实。这些个体的对象和事件是被安排在空—时架子之中的。从广泛的意义上说,本质上我们所有的这个世界就是我们经验到的世界。我们没有把这个世界分成两个部分:现象和本质,或现象和实在。虽然我们在这里没有讨论认识论的问题,但是我们耽搁了一点时间就是为了说,虽然我们承认在殊相方面对于不同类的人来说被感觉到的东西是有相对性的,但是我们却不承认在共相方面对于不同类的人来说被知或可知的东西有任何的相对性。比如从被感觉到的殊相的角度看,相对于人、狗、马、猴子……这些感觉者来说红是相对的。但是红性是共相,它是知识的而不是感觉的对象,所以相对于不同类作为认识者的人来说,它不是相对的。我们正在谈论的是共相,即便我们在此讨论的主题恰巧是殊相。从共相的角度来看,由这三个原则决定的这一世界本质上就是我们所能经验到的世界。有着不同的实在,但是并没有更高或更低的实在,也没有更深刻或更浅薄的实在。有实在便也就规定了有不同的价值,作为价值,就有不同的层次;作为实在,就不能说某一实在要比其他的实在更真实。

人类的诞生或进化既不是偶然的,也不是最终的。正是这样的认识才赋予我们人类必不可少的尊严。正如作为个人,人类是人类生活中的一个阶段一样,整个人类也只不过是道的展开过程中的一个阶段。我们赞同罗素在其《自由人的礼赞》一文中的某些看法。对于我们而言,人类的生命可能是非常漫长的,但是这样的一天必然是要到来的,到那时人类生活本身只不过是过去时日中的一个非常短暂的阶段,只不过是道展开过程中的一个章节。在我们之后这一世界是否变成死寂的物质或有超人出现,似乎并不是一件重要的事情。虽然我们并不是最终的存在,但是我们也不是偶然出现的生物。如果在某些时间中所谓的实体中没有像人类这样的实体出现,那么这一宇宙就将是不完全的。在人类生命的漫长历史中那些可以被叫作人的人必须活得像个人,他们必须去做孤独的努力和奋斗以完成所期待于他们的那些作用或角色,尽其可能去完成或尽其可能去接近人性的最全面和最本质的现实。如果他们持续存在下去,那么也就没有什么黄金时代是有价值的。如果任何东西持续存在下去直到永远,那么它们也同样是没有任何价值的。目标并不一定要比过程更有价值,目的也并不一定比手段更重要。只有在过程中所需的工作已经做完,目标才会变得更有价值。整个人类的生命正像个体人的生命一样,盛大铺张的葬礼并不能给个人生命以尊严,真正给他以尊严的是他的生活方式。

时间和现实

一

上一章向我们描绘了这样一个对象世界,在其中对象根据图案而变化,并被安排在空—时架子之中。从图案说,共相现实或成虚;从空—时架子说,殊相出现和消失。对于每一出现的殊相,都有一共相与之相应。但是由于有可能相对于一共相有众多的殊相出现,因此对于殊相而言就呈现出多样性,而共相却没有这样的多样性。这样,虽然实在根据图案而展现自身,它在空—时架子内具有殊相的丰富性,但是图案本身却不具有这样的丰富性。至此,我们是在以静止的语态来谈论实在,即便我们在谈论变化的世界或过程中的实在的时候,我们还是把自己局限在谈论变化的状态或实在的位置,而不是谈论变化或过程本身。由于不谈论实在的动态,我们也就同样不谈论行动和受动,或者一句话,不谈论现实。我们在此运用的现实这一术语中包含着当前这一观念。由于是由它的理论的形式组成的,所以现实就目前而论就是很丰富的。让我们把殊相的出现或消失叫作"势"。可能通过实在的势要比通过它的图案使我们更能接近现实的问题。正是通过实在的势,对象或事件才相互影响,而且虽然当它们根据图案这样相互影响的时候,并不是图案本身是现实的。势是根据于图案的,它遵循着自然律。但是被遵循或被现实的是自然律或一组自然律,而存在着的并遵循着自然律的不是自然律,而是我们通常叫作事实的东西。世界像棋类游戏,有了兵、马、象、王,有了游戏规则,棋类游戏并不必一定要在实际上进行,然而如果这样的游戏进行的话,那么它就一定要遵守规则。问题在于,在那里的所谓现实的是什么。

通常我们把现实性归之于对象和事件。我们都经历过红色煤炭的燃烧和开水的灼热,我们于是总结到,某些东西在受到别的东西的影响,而煤炭和水在施加影响。对象是变化和移动的,事件是会发生的。只要方便于我们看出对象和事件与覆盖它们的殊相或共相间的联系,我们就会这样做。在时间上生活中不可能有什么不方便的,但在理论上却有不少的困难。当对象确实是在变化和移动的时候,殊相却既不变化也不移动。对于共相来说也是这样的。很容易看到,且不说其他的共相,变化这一共相本身并不变化。运动这一共相也不移动。如果对象与某些殊相或某些共相完全同一,那么它们也就不能变化或移动。如果它们既不能变化也不能移动,那么它们又怎么能够施加影响或接受影响?唯一能使一个对象变化或移动的是寓存于对象中的质料。因此基本上说来,质料是能动的。质料可能需要殊相或共相的帮助,这正如穿衣者利用他的服装来改变他的形象。但是,是质料或穿衣者在作出变化或是能动的。质料的能动性表现在它的走进或走出可能。

能的出入可能有两种方式,自愿的和被动的,无条件的和有条件的,自由的和被迫的。这些术语中没有一个是充分的,但是通过这些术语多少还是表达了一些主要的看法。当质料将要进入或走出可能,我们把这种情形称为"几"。我们是在这样的方式上运用这一术语的,即一方面是要排除我们有时叫作"心灵的变化"这样的东西,另一方面是要排除或许进入能动性的所谓决定的意志或目的。我们尽一切努力使这一术语成为自然的和事实的术语。所谓"几"就是任何一个东西必然成就自身,它只是变成或就是自己。它不是偶然的,也不是有目的的。它会使先前未曾现实的可能现实,或使先前现实的可能不现实。在这样的事例中,从共相或殊相的角度看,它就是几。在自然史上,恐龙的出现或消失就属于这样的范畴之内。几可能也会导致殊相的出现或消失。在这样的事例中,从殊相自身的角度看,它就是几。一个苹果昨天的绿色消失了而在今天出现了红色,这样的情形就属于上述的第二个范畴。由于所有的几都与殊相的出现或消失有关,所以我们在此更为关心的是几的第二种情形。

几本身既不是一对象,也不是一事件。它不是一共相,也不是殊相。所以说几不是一对象,是因为它是能动性。而对象是能动的,它们不是能动性。虽然几是能动性,但是它不是一事件。总而言之,事件是质料的进入或走出可能。事件可能是比较简单的或比较复杂的。如果是这样的话,那么你或者有比较简单的进或出的综合,或者有比较复杂的进或出的综合。几不是质料的进入或走出可能,它是将要进入还未进入的一种状态,或者是将要发生的一种状态。如果一个人看着斜塔而不知道它几个世纪以来一直是这样倾斜的事实,那么他就可能有一种悬空的感觉,有某些事情将要发生的感觉。将要发生是与一件事情确实发生之前的即将要发生的感觉是不一样的。只有在我们当前的几这一观念之下,才总是有质料进入或走出可能,因为我们已经排除了"心灵的变化"。几本身不是共相这一事实并不需要我们做进一步的讨论。它也不是殊相。殊相是一个方面。就殊相作为一个方面而言,它类似于共相,它的表达方式是形容词或副词,它依附于对象和事件。虽然几不是某个方面,但不能说它是依附于对象和事件。或许更为重要的是殊相是被安排在空间和时间架子之内的,它是时间之流中的漂浮者,它本身不是流。然而我们将在后面看到,几是流本身的一部分。

就一对象的产生来说;它的变化或运动总是与它的几相伴随的。在适当的几之前和之后都不可能有变化或运动。说在适当的几之前没有变化和运动,是因为在质料能够进或出可能之前,质料必然是处在即进而未进可能,或即出而未出可能的状态之中。比较困难的是为什么说在适当的几之后变化或运动也不会发生。我们在此所运用的"即将"这一术语是不充分的,它暗示着行动之前的某种目的所具有的时间顺序或目的之后的行动。我们所需要的术语不应该是暗示时间顺序的,然而我们不知道有这样的术语。在此我们需要的术语"适当的"是为了引进这样的思想,即给定的任何变化或运动不是预先规定的,有的只是适当的几。变化和运动不能在适当的几之后发生的理由就是,如果它发生了,那么它就有可能脱离它自己的适当的几,那么就有可能它没有自己的适当的几或它是由不是自己的适当的几的别的东西所引起的。这里所要表达的思想是,在几一方面和在变化或运动的另一方面之间存在着一一对应的符合关系,因此对每一被引起的运动或变化来说就有与其相当的几,没有一被引起的变化或运动或者是后于或者是先于它自己的适当的几的。正如这一世界是永远在变化的,质料也是老有出入的。变化或运动和它们的适当的几之间是没有时间方面的顺序的。

对于几而言,它也不是它自己的适当变化或运动的目的。在几这一观念之中并不包含目的这一含义。几就是质料进出可能的努力。它们没有其他的东西作为它们的原因。说它们是没有任何其他别的原因是在这样的意义上说的,即它们是根据因果律而由先前的几推出的。如果我们以在时间 1 的世界和在时间 2 的世界为例的话,那么不管它们之间的间隔是多么的短,我们都能轻而易举地看出前一个世界并不是后一个世界的原因。在这两个世界之间是没有这样的因果律的,这两个世界可以归属它们之下,其关系也可以因此而被推导出来。而且这两个世界都是整体,不可能是在产生同一性问题的背景中形成的,这只是因为根本就没有这样的背景。因此,相对于在时间 1 的世界的几并不会引起与时间 2 世界相应的几。在时间 1 世界中的一个事件和在时间 2 世界中的一个事件可能有因果方面的联系,如果是这样的话,那么就有几适合于某一因果律的现实,而不是其他的因果律的现实。我们只是说几适合于某一因果律的现实,而我们没有说与 A 相应的几引起了与 B 相应的几。就几而言,B 并不需要以别的东西为自身的原因。假设它发生了,这也只不过表明它适合于某一因果律的现实。适合于这些事件的因果联系也并不一定适合于几。从因果联系方面说，几是有原因的。如果说它是由质料引起的，我们也只不过断定了就考虑到其他事情这一方面说，它是没有原因的。而且说质料是自己的几的原因，等于根本什么也没有说。

由于几既是没有原因的，也是没有目的的，所以我们不能预先知道它。从几的角度来说，这一世界是自由的。说它是自由的，并不仅仅是说我们的知识不够充分或者是不够详细具体，所以不能够预先知道什么东西将要发生，而是说从几的角度看，这一世界根本上就不是被预先规定好了的。这与海森堡的原理毫无关系，它也并没有否认这个充满着对象和事件的世界中的自然律或因果联系的作用。对象和事件必须遵守自然律，在任何时间和地方，只要给定了相应的同样条件，那么某些规律的现实是可以预料到的，这种预料甚至可以达到极高的概率，以至于接近确定性。但是究竟什么规律可以现实，从几方面考虑，是不可能预见的。我们可以不断地逼近预见的确定性，但是绝对不可能达到它。我们绝不能把几和自然律的作用混同起来。自然律的作用确实具有强制性，但是某一自然律在某一时间和地方所起的作用本身并不在自然律的作用之下。如果我饿了，那么我肯定是要吃东西的，但是我不一定非要在 11 点 58 分吃东西。如果你说有其他的规律引导我在 11 点 58 分吃东西，那么你就没有把它们中的任何一个区分开来，同时假定了现实的条件是有利于它们中的某些起作用导致了我在 11 点 58 分吃东西。从几的观点看，后者开始提出了这样的一个问题，由于从那一观点看问题，在这一争论中的相同的条件根本无须给出,只有在它们是被引起的情况下,这样的条件才被给出。

至此,我们从质料或它的现实的角度讨论了几的问题。质料及其能动性都是不能被我们所经验到的,我们运用这两个术语来讨论的观念也不是我们所熟悉的。幸好,我们没有必要把自己严格地限制在这样的说话方式中。我们已经说到,几是与个体的变化或运动的客体相应的。如果从单个的对象看问题,那么我们就会发现与之相应的几本质上就是我们有时叫作运的东西。运的观念隐含着主体性的思想,而且由于我们是从几与之相应的个别对象的角度谈问题,所以我们也就具有了个别对象的主体性。在前面的部分中,我们还未涉及主体性的问题,我们只是在运用质料及其能动性这些术语时谈论几。由于引进了主体性,我们就能比较容易地看到,几在此转换成了运。运这一观念本质上就是几的观念,它包含着"不必如此"的因素,但却包含着"就是"这样的因素。对于某些个别的对象来说,它也具有好或坏、有利的或不利的这样的因素,但是在目前我们不必考察这样的问题。

二

与"几"不一样,"数"是质料会出会入于可能。正如我们已经说过的那样,进出可能或许是自愿的或不自愿的、无条件的或有条件的、自由的或被迫的。我们也已经指出,这些含义并不是意义充分的术语。联系到数来看,这些术语更是不充分的。我们运用"会"这一术语是指自由的,然而是已经决定了的。可以运用"要"这一个词,但是为了避免整个的自由意志的学说,我们还是倾向于那些没有很丰富含义的词。在此想要表述的思想是,一方面质料是自由地进出可能的,但另一方面它是已经决定了要进出某一可能而不是其他的可能。在不是由其他事情决定的意义上,它是自由的;在不是随意的意义上,它是已经决定了的。这就是说,它不是被迫的,而是主动的。数所具有的决断的意味向我们提供了这样的意义,即不管某一过程是否明智,都必须继续下去,而不能仅仅是采取观赏或观望的态度。由于大量的决定作为实际的措施被作出时对它们可能带来的后果并没有信心、信仰或足够的知识,所以决定的意味不必包含有如"要相信"或"要想活下去"这样的术语经常所具有的复杂观念。我们也可以通过其他的方式开始,从变化或运动的对象的角度来考察数。对它们来说,数是某种不得不如此的东西,它只是将要发生,以心理的状态来接受它或者是盲目地接受,当它是有利的或无关紧要的时候把它看作是完全应该发生的,或者当它是不利的或有害的时候不得不屈从它。虽然几只不过是具有现实性的东西,但是数却是实际中不能保持其存在的东西。

上面讨论的目的是要澄清"数"这一观念,这会使我们将它与其他的事物区别开来,而这些区别又会反过来进一步澄清这一观念。像几一样,数也不是一对象或事件,一共相或殊相。我们不必在此再讨论这些区别,因为这些事物和几之间的区别也同样存在于它们与数之间。在这里可能比别的东西更容易引起混乱的是自然律作用的结果。如果 A—B 是一自然律,"a"在 t_1 发生,让我们假定"b"在 t_2 发生,与"b"t_2 相应的数可能被说成仅仅是自然律 A—B 作用的结果。事件"b"
t_2 是自然律的结果。这是 A—B 作用的结果,当然应该加上
A—B 在其中起作用的相应的背景 S 的帮助。但是如果我们
使自身处于能动性之外,这就是说,如果我们不使我们的意念
受它们的束缚,那么我们就看不出有什么样的理由,为什么 S
应该现实以便 A—B 起作用,而不是另外的规律 A—C 可能在
与 S 不一样的条件之下起作用。因此,虽然事件"b"t_2 是某
一自然律在既定的环境中作用的结果,但是与"b"t_2 相应的
数不是,因为它本身就是与那些环境有关的数或几的一部分。
自然律所导致的结果要求某种给定的东西,而数却不要求任
何既定的东西;相反,它却对"所与"负责。板报上的任何一
个变动都要遵守规则,但是现实地作出任何一个变动并不是
规则的问题,它或者是随意地作出的,或者是某种决定之下作
出的。对于每一个事件来说都有随意的因素,或者是有利于
意志的因素。我们把前者叫作"几",把后者叫作"数"。正是
这些因素对可能作出选择,使它们在某一特定的时间和地点
现实。如果自然律自身选择了现实,那么文明将是不可能的。
如果自然律不起作用,那么文明也是不可能的。文明要求
"所与"的某种机动性,这样,自然律才有可能向着所要取得
的目标的方向起作用。

　　我们已经说过,能动性就是实在,但是它们与实在并不是
同时并存的,因为某些实在可以说是非现实的。孔子在某种
意义上是实在的,虽然他不再是现实的了。某些天文上的实
在是现实的,而另外一些则不是。现实的总是存在的,它有现
在这一因素,而且如果我们谈论地域的现实,那么它也还有在

这里这样的因素。现实是正在起作用的东西。把某一段时间作为现在,那么就有一整个的世界是现实的,在其中对象和事件运动着并且相互影响着。由于能动性本身并不是对象或事件,所以它只能通过作为它的中介的现实或通过作为它的工具的对象和事件而起作用。然而对象和事件不能够作为工具通过它们的共相或殊相而起作用,因为共相不能够说在此时此地,而殊相是此时此地,具有唯一性,所以也是不能够运动或变化的。基本上来说,能动性是质料的能动性。质料在两个方面可以说是能动的,或者是通过几,或者是通过数。上一段落曾说到这些能动性选择了现实,我们的意思也是说,正是它们选择了什么样的共相将要现实,什么样的殊相在现在出现。像所有的实在一样,现实遵守自然律,但是究竟遵守哪一个自然律这一事实本身不是自然律的作用。因此,虽然现实遵守自然律,但是它们之成为现实并不是自然律作用的结果。这至少说明了一个意思,即我们经常说虽然我们能够描述自然,但却不一定能够解释它。

或许我们能够利用蕴涵和推论这两者之间的区别来使这一点变得更为清楚。蕴涵可以从"如果……那么"这样的陈述得到表达。在这样的陈述中,蕴涵者和被蕴涵者分别地说是真的还是假的并没有多大的关系。但是如果要作出任何一推论,那么有些蕴涵者必须被断定为是真的。然而蕴涵者的真并不是由蕴涵提供的,而是由别的方面提供的。自然律被编织成一图案,这样的图案非常类似于由"如果……那么"关系联结起来的命题之间的相互关联。任何真正的普遍命题都是由"如果……那么"的句子形式表达的。现实的呈现类似于传统假言命题中的小前提的真值。如果它不是以被断定的小前提的真值形式给出,那么就不可能得出结论,因此推论也就不可能作出。正如不能由假言推论中的大前提得出结论一样,一组自然律也同样不可能允许我们推出在特殊的时间或地点有什么样的现实。在下述的意义上,现实遵循着自然律,即给定了小前提的真值,那么结论必然会得出。在小前提的真值并不包含在自然律之中的意义上,结论不是由自然律决定的。只有在现实被给定的情况之下,现实才能被推出来。这就是我们在事实中所发现的硬性。就几和数的范围而言,我们面对着纯粹的所与。除非我们接受所与,我们就没有别的选择,因此在这里就存在着所与的硬性。当说我们会解释事实但我们却不能够消除事实的时候,那么这一说法的部分意思可能是说硬性包含在遵守自然律的现实中,但此硬性不是由自然律给予的,比起其他可能的选择来它不能说是很清楚的。但是不管其他的选择是多么的清楚,然而在此时此地它们却不是现实的。

与几不同,数是能够预先知道的。数能够知道,部分是由于自然律的作用,部分是由于有利于某一自然律而反对其他自然律起作用的背景的现实。在事实上它们可能没有被断定,但它们是可以断定的。对现实的阅读可能会误导我们,对现实的推论也可能会有错误,但是对数的预见却可以有很大的准确性。平常所谓的从原因到结果的推论,既是以因果关系来阅读现实,也是对数的断定。可以采用某些规则来这样做,现在盛行的相对论可以帮助我们将时间和空间以下述的方式联系起来,这样的方式就是:给定时间的间隔,某些空间距离就变得不相关,反过来也是。越来越多的计算错误是与事件之间的空间距离的增长成比例的。因此,断定多多少少是在某一限定的时间间隔之内,并且是限制在某一地点的。然而在此所强调的重点是,断定不仅仅是依据于我们通常所说的自然律的,而且也是通过阅读现实来断定数的。在现实中有图案也有势,而且现实的势显示了数,如果对现实有了正确的估价的话。我们在此实质上是在提倡常识的看法,即为了能够在某种程度上知道未来,我们必须知道过去和将来。只有在我们的知识中,我们才能说现实显示了数。为了能够断定,我们也必须知道自然律,但是知道它们并不是充分的条件。在这里,我们又回到了前面已经提到过的观点,即实在根据图案而持续存在,但它不是由图案决定的;它是对事实的理解,而不是反事实的合理性。在数之外还有几。与既定位置相应的背景的总和以及背景与之相合的自然律的作用,都显示了与位置有关的数。

对于个别的对象或事件来说,与之相关的数是命。我们早已指出,与个体相应的几是运。正如几不同于数,运也不同于命。有一类个体是既有感觉也有理智的,他们能够感觉到运和命之间的区别的。虽然运和命都与个体相关,但是运是外在的,而命却是内在于个体的。一个体没有运仍然可以是一个体,然而作为个体如果没有他的命,那么这一个体可能就不是这一个体了。运是恰巧发生于个体的东西。而命对于个体来说却是必然要发生的,是决定其命运的特性的一个部分。与一个人自己的运斗有时是荒唐的,有时是滑稽的,因为人经常是作为旁观者置身于这样的战斗之外的。但与自己的命斗总是以悲剧而告终,因为与自己的命斗就是与自己斗。运是不必如此但又不知为何就是如此,而命却总是必然如此的。正如运可能是好的也可能是坏的一样,命也是如此的,但我们现在不讨论这些方面的问题。我们至此一直讨论的是禀赋着感觉和理智的个体,这样的个体能够看到与运命相连的感觉的区别。但从一个更广泛的范围说,我们并不仅仅局限于这样的个体。我们已经看到由他物引起的变化或运动既不在几之前也不在几之后,我们可能说由数决定的变化或运动能够逃脱它的数。这是以另一种方式说,没有一个体,不管它具有还是不具有理智和感觉,总是不能逃脱它的或是好或是坏的命的。

三

我们早已指出,形而上学原则为我们提供了时间。这是千真万确的。然而时间是非常复杂的,而且虽然我们没有涉及时间的某些含义,但是为了做到最低限度的公正,我们必须承认时间的某些含义。我们已经把时间的内容和时间的架子加以了区别。虽然类比往往有不少的牵强附会之处,但是这样做在某种程度上也是能够说明有些问题的。时间可以比作有火车在上面奔驰的铁轨。树有里程碑的路基类似于架子,而火车及其在车内所装载的一切多少有点儿像内容。如果一个人从外面看过去,时间架子是静止的,它的1月或2月像树在路基旁的里程碑。只有当从时间内容的角度去看的时候,它才会显得运动起来,正如当我们从在路基上飞驰而过的火车上看树在路基旁的里程碑时才会感到里程碑是向后退去的。但是时间内容也还有另外两个因素:时间之流以及在时间之流之中的东西,像奔驰的火车也是由两方面组成的,一方面是火车的奔驰,在另一方面是火车以及它所装载的东西。类比不能走得太远,否则不同之点就会糟蹋了整个画面,与本来要表达的意念相反的意念会出现而搅乱了我们的问题。不要仅仅想着火车来回奔驰或没有奔驰的火车的铁轨。时间是单向的轨道。

时间内容是纯粹的时间之流和在其中的东西构成的。前者是一系列的几和数,而后者却是整个的事实界。内容总是在目前的,而流是包括逆转的。我们在讨论几和数的时候所运用的"即将"、"正要"、"将会"这些术语在某种意义上是不充分的,但是它们却具有这样的好处,即显示真正的发生,而不是什么发生了或变成了什么。事实是共相的现实或成虚,是对象或事件在历史上的出现或消失。时间内容是充满着有事实在其中的几和数的流,从事实和现在的观点来看,它是在过程中的同样古老的实在,它是和谐的、偶然的和经济的,而且也遵循着图案,不断地积累成丰富的同时同地的殊相系列。这就是与时间架子相区别的时间内容。由于时间之流中有着几和数,因此在其中也有着运和命。与理智和感觉不一样,在其相互关系之中对象和事件也有着相对性和主体性。滑坡当然会给河流带来变化。事实上,比如说,与某一河流的变化相比,滑坡似乎与某一高山或小丘有着更多的关系。对于几和数来说也是这样的。它们也是与某些东西而不是与另一些东西有着更紧密的关系。在这样的相关性中,我们必须对相关性和不相关性作出区分。从高山或小丘的持续的和相对不变的存在来说,与滑坡相关的几或数和高山或小丘并没有相关性,但是它却可能与一些其他的事物有着相关性,因为它有利于这些其他事物如花和树的存在,花和树以前可能过于遮蔽,而现在却直接暴露在阳光之下。虽然事实是和谐的,但在事实中的不同东西之间的相互关系并不都是相关的或不相关的。

我们从现在开始不再以"几"和"数"这样的术语来谈论问题,为了方便我们将只谈论时间,当然是在这样条件之下,即时间是意味着内容及其与架子相区别的流。根据相关性和不相关性,时间要保留某些在时间中的东西,而在另外的时候却抛弃它们。那就是说,某些东西保留了下来,另外有些东西则消失了。在保留和消失之间也存在着不同程度的变化,从那些最细微的变化直至那些最为激烈的变化,包括存在的和消失的。这些不同程度的变化表明了殊相的出现或消失。经常可以就个体事物对消失或存在作出预料,比如说"作为滑坡的结果,某一高山或某一小丘将要消失"。那一高山被看作是个体的对象。这样来看的话,那么它就不仅仅是一殊相。但是虽然它不仅仅是一殊相,然而它的消失却仍然是殊相的消失。一个体对象的变化通常是通过殊相的出现或消失来表达的。比如说,"昨天还是绿的那个苹果现在却完全变成红的了"。在此我们把这个苹果看作是个体对象,而作为殊相的绿或红或者出现或者消失。然而,从消失或存在的方面考虑,我们可以这样说,苹果依然存在,但绿色的对象消失了。不管怎么样,随着时间的流逝,殊相会出现或消失,个体的对象会存在或灭亡。存在或灭亡或许会以两种方式出现。在一种方式上它仅仅是作为一个体而存在或灭亡，而在另一个方式上个体所属的种类也依然会有存在或灭亡。在后一个方式中，在自然史上我们可以发现经常发生的种类的出现或消失这样的现象。如果将一对象或事件与它的环境区别开来的话，那么我们就能容易地看到时间使与每一对象或事件相关的环境形成，这样的环境具有某些相关的因素，而另外还有些不相关的因素。这只不过是以另一种方式说，事实以有利于某些东西而不利于别的东西的方式发生并相互影响。有些存在，另一些灭亡，某些是时间所载的货物，而另一些则是它的残骸。

这里所说的时间与日常生活中有关时间的某些重要用法并不冲突。当说到了谈论许多事情的时间，这并不意味着就是现在 12 点或是 1944 年 3 月 15 日。它只是意味着某种被描述的潜在性在一环境中将要现实，在这样的环境中给定的实在显示了它们当下的现实。是否到了谈论卷心菜和国王的"时间"，或是否到了谈论离开你的主人回家去或开始发动革命或仅仅是抽烟斗的"时间"，这里所意味的是时间的流将会使在其中的由这些句子所描述的潜在性现实。这样，在这里我们又经常谈到好的时机或坏的时机。虽然这里所说的不是纯粹的时间，然而这里所说的也同样不是时间架子，而说的是时间及其在时间中的一切。当我们说"在像我们以自己的生命去战斗这样的'时间'里，我们将不能像平时那样去吃饭"或"如果我们正确地看了'时间'表，那么我们……"等等的时候，我们正在谈论的是时间及其在时间中的某些事实。在时间中的某些东西被说成是好的或坏的,或者是某些行为被说成是有道德的或是聪明的,又或者是相关的某一措施将被采纳。在时间中有一种相互冲突的关系存在于这样的事实之间,有的事实有与某些事物相关的主体性,有的事实有与某些事物相关的客观性,因此也同样有着相关性和不相关性趋同的现象。当在一个事物中不相关性超过了相关性,那么对于这一事物来说它的时间也就过去了。当一个人说他的时间已经过去,这不是说时间之流的停顿,而是说他快要离开这个现实世界了。

这样,我们就可以看见,时间本质上是一不断进化的过程。它是我们在这篇论文中叫作过程实在的一个基本因素。正是在时间之流中,一切事物都在变化之中,某些事物继续生存下去,而另一些事物则停止了生存。而且所有变化的发生都是根据于殊相的出现或消失,或者是可能的现实或共相的成虚。我们在此仅仅是描绘了发展中的时间,并没有提出什么特殊的进化理论,或追溯这样的理论的历史。至于什么将生存下去,是从什么东西中幸存下来的,在过程中是否有进步,如果有进步那么什么是标准,诸如此类的问题不是我们在此所要考虑的。我们也不是从某一遥远的年代开始讨论的,因为不管它们的年代是多么的久远,它们也不可能久远到成为时间的开端,因为对我们来说时间是没有开端的。不管自然史选择什么样的年代作为它的主题的起点,在这一年代之前总还是有时间的,因此也就有进化。这样的进化并不因为人类的出现,也不会因为 20 世纪的到来而终止。我们现在正在谈论的不是时间的片段,也不是局限于地球表面的属于我们的现实。因为我们在本质上谈论的是过程中的实在,我们当然也在谈论着道的展开。表明时间是一进化的过程,也同样是说在道的展开中也有进化的过程。我们也同样可能说,所有不老是现实的可能将在进化过程之中现实。这也不过是另一种说法说时间是没有终结的。

作为进化过程的时间是一无限的过程。在这一过程之中,所有种类的事物的发生都是可以想象和思议的。可以想象的或可以思议的是可能,而且除非它是必然的或老是现实的可能,它就会在时间中现实。对于某些人来说这样的说法可能令人费解,听起来简直不可相信。让我们进一步来排除它所不包含的意思而找出它所包含的意思,从而把它的意义弄清楚。它不包含的一个意思是这样的,即所有可以想象的或可以思议的将会在我们通常叫作的"这个世界"上发生。不管"这个世界"是什么意思,它总是从时间 n 到时间 m 之间的时间阶段。不管我们所说的是几何时间还是天文时间,或仅仅是历史的年代甚至是世代,我们也只不过是把值给予了 n 和 m。如果它们之间的距离是巨大的,那么我们就有了一个很长的时间阶段;如果它们之间的距离是很小的,那么我们所有的就是很短的时间阶段。总之,当我们谈论有关"这个世界"的时候,我们真正谈论的只不过是在一段时间之中的事实的总和。在那一世界中或者在那一段时间中,某些事情发生了,而其他事情没有发生。但是即便在这样的世界中仍然有许多能够想象或能够思议的事物产生,然而我们既没有想象也没有思议过它们。虽然有许多的事物可能在这样的世界上产生,但是我们不能够说某些事情是已被想象到或者是已被思议到。比如说 x 将会产生,因为时间 m 可能在 x 产生之前到来,从时间的角度来看,x 是可以被想象到的或是可以被思议到的,尽管时间 m 是多么的遥远。从时间 m 的方面说,直到 x 产生之前,它是没有职责去延缓它的到来的。当我们在日常生活中说,某些事情是否会发生,我们总是在有意或无意之间对预料它们在其中发生或不发生的时间有所限制。当我们说世界和平是可能的或不可能的,对于这样的问题或陈述是有时间方面的限制的。如果和平将在一千年以后才会姗姗而来,那么绝大多数人是否会对这样的和平感兴趣就是一个问题了。如果对绝大多数的人而言所说的和平的时间限制是在目前这场战争之后马上就会到来和平,那么你们就不会感到意外了。

如果没有时间方面的限制,那么问题就会完全是另一种样子了。任何可能的事情(除老是不现实的可能之外)都会在无限的时间中变成现实,因为只要它没有现实,时间就会欢快地流过而毫无任何限制。只有当可能变成现实的时候,时间方面的限制才确定了,即相关的可能变成现实的时间。我想是爱丁顿曾经这样说过,如果给一个猴子无限的时间让它在打字机上跳,只要它不重复的话,那么它就有可能机械地打出它自己也不知道的比如说济慈的一首诗《希腊古瓮颂》。这样的过程可能在几十亿年的时间内都不可能完成,但是只要有无限的时间,这样的过程就有可能完成。因为它不可能在任何有限制的时间之内,打字的过程可以无限制地进行下去,唯一的限制就是要打的是这首《希腊古瓮颂》。这样的情形对于老不现实的可能来说也是完全适用的。这样的可能在无限的时间之内成现实的这一陈述并不是实际的或实证的，因为它还包括这样的可能，即所说的相关的可能在任何有限的时间内不现实。它不可能在时间 n 到时间 m 这一段时间之内成现实，只要这段时间是有限的，不管 n 和 m 之间的区别有多么大。对于在日常生活背景之中讲话的人们来说，这就意味着某些可能是绝对不会现实的。所有能够想象的和能够思议的事物在无限的时间内能够现实这一陈述附带着这样的一系列假设，其中的一个假设就是实在像历史是不会重复自身的，或如果确实有重复自身的印象，它也只有在图案方面的些微的相似性而不是势的方面的同一性。最有可能的是，还有另外的假设，但是我们不准备在此列举它们。时间是一无限的流，这就是说，它无限地流动，部分是因为宇宙本身就具有丰富的多样性，在其中发生的事情的数量远远不是我们所能想象或思议的。

四

牢牢记住上面所说的一切，我们就能看到在道的展开过程中，或在实在和过程中，无限的事物已经产生，无限的事物将要产生，只要它们不是不可能的，或如果是可能的，不要是老不现实的可能。从现在这样的时间阶段的角度来看，任何事物都会在有限的时间之内现实。我们不能够说某一事情将在何时发生，但说它们将要在某时或另外的什么时候产生似乎不会引起任何的疑问。从另外的角度说，此处所采取的态度需要我们做进一步的澄清。我们没有把事物的存在或事实的形成,归之于任何先验理由的推动,或先验的上帝的意志,或先验的目的的完成。因为道是与宇宙并存的,所以不可能有任何别的事物在道及其展开过程之外存在,如果有这样的存在的东西的话,那么它们就是道的一部分,或者是在道的展开中起作用的事物。如果它是先验的,它也只有对实在或过程中的某些事物来说是先验的。由于所有种类的事物都是在道的展开中产生的,因此所有的价值也同样在它的过程中出现。在这一部分中,我们将要讨论的是目的和心灵的出现这样的问题。能够很容易地看到,道既不是目的性的也不是非目的性的,既不知道或不思想,也不是不知道或不思想。但是由于目的可能在展开过程之中出现,只要它出现,它在其中出现的道的展开就是部分地有了目的。这一关于目的的讨论也同样适用于心灵的出现。道是以事实为工具而展开自身的。关于道的任何事情都是不可预料的,然而对事实的所有可以分别地作出的预料都只不过是道无限的功能。如果道不能够说是有目的的,那么在同时就必须承认道在展开中不得不是具有目的的。

"目的"在日常生活中最普通的用法,是指意欲或要用一定的手段来达到意欲的现实。在某种方式上,"目的"这一术语的运角包含有意识,但是由于我们将要专门讨论心灵的出现,我们还是不把意识看作这一术语的一个成分。我们将把目的这一术语局限为运用某种手段来实现最终要达到的东西,而不管这样的手段是有意识采纳的还是无意识采纳的。在这种意义上,最终要达到的东西就是目的,而手段就是有目的的或有目的性的行动。这样,向日葵向着太阳弯腰的行动就是具有某种目的性的,因为可以说它有达到某种目的的愿望,即面向太阳。目的的出现使个体具有了目的和有目的的行动。这些都属于对象和事件的领域。就我们目前讨论的范围而言,它们与其他对象的区别就是因为它们具有某种目的。目的所包含的需要相对而言是比较简单的,而它们所包含的实现需要的政策却是复杂的。目的可以分成不同的层次,从比较简单的到比较复杂的,但是即便如此,这也不是说进化就是根据这样的层次来进行的。虽然在某一领域内,在空—时架子内的某一段时间内的某一具体的方面,进步的理论是可以成立的。但是从普遍的方面着眼,这样的理论是可能成立的。某种价值标准可能会被采纳。根据这样的标准,价值会被归属于目的这一范畴之下,而且价值本身也可以被分成不同的层次,从基本的价值观念直至最高的价值观念。在这里我们也同样必须注意的是,虽然在价值方面,在某些限定的领域内进步性的发展可能会发生,但是关于全面性的发展观念的普遍理论是不可能成立的。对于目的来说的手段的充分性必须做比较,而且充分性的标准也同样必须得到承认。但是虽然从某些方面来看(这些方面可能是要以其他方面为代价而取得的),这样的充分性是可能得到的,然而充分性在所有方面的普遍的增长是不能够塞进时间进化的历程之中的。

目的将要在时间中出现。在关于什么是时间这一点说清楚之后,我们有这样一个疑问。目的性是一可能,与它相关的概念不是矛盾的,也不是老是不现实的可能。因此,它是不老是现实的可能。从任何特殊的时间或地点的角度来看,它的现实是偶然的,但是在它可能老不现实的意义上说,它不是偶然的。以一种方式说,没有不老是现实的可能会现实,这就是为什么我们说,随着时间的流逝,不老是现实的可能的总和会现实。目的的出现是可靠的,但是至于它究竟在什么时候出现则是一个完全另外的问题了,而且这不是我们在此感兴趣的一个问题,它是一个历史的问题。现在有目的的存在只不过是一个事实的问题。目的究竟能够存在多长的时间也不是我们感兴趣的问题。似乎没有理由认为为什么目的不能够在历史上持续存在很长的一段时间,而且也没有理由认为为什么有些目的突然停止存在。在历史上确实存在过无生命物质的年代,也没有理由可以否认在将来为什么不能再次出现这样的年代。我们必须理解的是,我们正在谈论的是事实和现实,是分别地谈论过程的阶段,而不是整个儿地谈论道的展开。道的展开不能说是有目的的或者说是没有目的的,只能说它不是这两者,或者说这两者都是。当实在不再包括有目的性的存在的时候,这并不是说整个道的展开不再具有目的性,好像是无生命的冰河时代的再次出现一样。整个的道的展开因此并不会变成无生命的。目的的出现影响了现实之间的相互关系,它打乱了现实界中实体的相关性或不相关性,但是它并没有更改道的展开本身。

由于目的的出现,某些最为重要的东西也就随之出现了。出现了实在的最低限度的两分化,即自我与他人开始有了最初的区分,或内在的与外在的之间有了细微的划分。在既定的时间地点内现实了的整个实在由于目的的出现也不再是一个整块了,现实中的某些东西给自己保留了一个部分,它们并不是使自身离开时间和空间,而是引进了主体性。由于我们没有把目的和心灵或意识联系在一起,所以这里所谓的两分化并不是有意识地作出的,因此也没有宣布这样的两分化,至少没有作出像当目的和心灵结合在一起的时候所能作出的那样的宣布。但是两分化照样同样还是两分化。不管是有意识地或是无意识地采用某种手段来达到某种目的总是意味着,如果不采用某种手段,那么想要达到的目的是不可能现实的。因此,这就意味着改造实在的某一部分,这一部分是其他而不是自身,是外在的而不是内在的,是对象而不是主体。采用某种手段来达到目的的能力往往是与避免有害的结果的能力联系在一起的。总之,对象化的实在是沿着主体化的实在的愿望或需要的方向得到改造的。我们将不讨论对对象化实在的改造是成功的还是失败的。我们想要指出的是,不管这样的改造所取得的成果是大还是小,得到改造的只能是对象化的实在。整体的未经两分化意义上的实在仍然是没有改造过的实在。正是在这样的意义上,不管有什么样的革新,是几和数使它们成为某种东西。

有这样一个术语可以在很多的意义上使用,而且对于这些意义也都可以提出不同的理论。我们在此所运用的这一术语局限于进行抽象、运用符号的能力,和将抽象的东西或符号运用于各种不同的材料(包括感觉材料在内)的能力。如果一个人有了这样的能力,那么就可以说他具有了"心"。它是这样一种东西,即可能或不可能有生命功能。但是如果当它有的话,它的功能就完全是理智的,而且是完全与理智的程度不相关的。如果从这样的意义上来看的话,那么就会有一定数量的动物也是具有心的,因为它们有能力运用符号和进行抽象的能力,正如在实际上它们就是把抽象的东西和符号运用于它们所能得到的材料上去的。心的出现与目的的出现一样也是在预料之中的。当然在此它也不是什么时候出现的问题,如果这世界是能够等待的话,那么它就可能要等上很漫长的历史时期才能看到心的出现,它也有可能空等上这样漫长的历史时期。我们现在有"心"本质上是一历史事实,而完全没有哲学方面的任何意义。同样也有可能它会完全地消失,或者消失之后又会在相当不同的条件之下再一次出现,这就是说,在与此时此地的现实环境不同的另一现实环境之下出现。我们没有必要担忧,认为这世界将始终不会有"心"。也不必担心,因为有了心而空添不少负担。虽然需要和愿望不必与心联系在一起,但是心却总是与需要和愿望紧密相连的。思想要求这样的联系,知道也包含着想知道的需要和愿望。即使为了知道而知道的知道也不过是这一方面的一个事例,即知道本身就是一目的。虽然心是主动的,它的主动性本身并不是直接指向对象化的实在的改造。它的真正目的是我们通常所说的获得对客观世界的理解。对这一世界的完全的知识是按照这一世界的原貌来认识的。这就是说,这样的知识的目的并不在于改造这个世界。心的出现也同样把实在两分化了,虽然这一出现将实在分成动作者和受动者,然而心的出现将实在分成被知的客体和能知的主体。

目的的出现和心的出现这两者在各自的方式上都是相当重要的。但是当这两者结合在一起的时候,当禀赋着目的和心的个体出现的时候,现实的相互关系,从它们的相关性或不相关性的角度看,就发生了极其重大的变化。目的没有心有时是有效的,但有时却是无效的,如果它必然要有效就必须与一定范围内的有目的性的行动结合在一起。没有目的(不是纯粹认识论意义上的目的)的心只能区分知和被知,仅仅靠其自身并不可能使被知得到任何的改造。但是当它们结合在一起的时候,由于得到了心的帮助,为了达到目的而采纳的手段的充分性和范围都有了很大的提高。目的变成了综合的、复杂的和有效的了。由于有了心和知识,这就有可能有了目的和手段的系列。在这样的系列之中,目的可能是其他的目的的手段,而手段也有可能是其他手段的目的。手段的系列越长,目的也就变得越远越复杂,而且也更有可能把作为中介的手段本身误当成是目的。手段之间的相互联系可能是以知识为其基础的,或者是以被相信是知识的东西为基础的,又或者是以被想象为是知识而实际上并不是知识的东西为基础的,因此为了目的而采纳的手段的充分性不可能是一致地增加,但是当目的与心结合在一起的时候,其范围确实必然会增大。在此,价值可能会进来解决这样的问题。由于引进了价值的标准,那么目的是最有价值的,而手段可能成为遭谴责的东西。如果心不与目的结合在一起,那么道德的问题就会永远存在。如果确实有原罪的话,那么这就是心与目的结合在一起的必然结果。但正是通过它们的结合才使善和恶能够现实。极大数量的其他事物也伴随着心和目的的出现而共同出现。因此,文化诞生了,人为的物品创造出来了。政治学、伦理学和其他各种科学使实在变得比以前更为复杂了。从人类文明发展的角度来看这些科学是相当重要的,但是我们却无意在此讨论这些科学。从作为无限进化过程的时间来看,我们没有理由认为文明是会永远地持续下去的。可能通过未来的几和数,一个相当不同的世界,或相当不同的文明会诞生。

我们在此想强调的是,实在是由于目的和心的共同出现而两分化的,而不是由于它们中的任何一个的出现而两分化的。让我们把两分化的实在分别叫作对象实在和主体实在。夸张地说,这两个实在之间的关系类似于主动者和受动者的关系。心和知识这两者较之于单独的目的使主体实在更像是一位主动者。因此对象实在也更像是一位受动者。从主动者的角度看,很容易感觉到或在感情上容易有这样的感觉,即几乎任何事情都可以沿着将自己转变为适应主动者的愿望或需要的受动者。在这样做的时候,主动者或作为主体的实在就会离开这个存在的世界或事实界或实在,而提升为它们的规则,从而成为这一方面的唯一的裁断者。关于心和目的的这一方面的特点可以有很多要说的。为数极多的实在方面的改造可以完成,为数极多的人工的东西可以被创造出来,与主体实在的目的相关的价值可以被给予这样的改造,创造性的进步可以不断地取得,在人类努力的各个方面都不断地有令人满意的成绩。但是客体实在和主体实在之间的划界也会因此而变得越来越明显,它们之间的区别变得越来越大,其结果自然就是主动者的自我重要性得到恶性的膨胀。我们也同样能够很容易地感觉到,在改造客体实在的同时,主体实在也在改造整个过程中的实在或道的展开。后者并不是这一方面的事例。心和目的都是可能,它们本身是通过几和数而现实的,不管作为心和目的的共同出现的结果的改造或创造是什么样的,它们的现实也同样通过几和数。整个的主体实在也并不是个例外。道的展开如主体实在一样是对客体实在的改造有影响的,因为它也同样对后者施加影响。

五

现在是讨论涉及人类的有关问题的时候了。到目前为止,如果我们从把时间阶段的积累叫作历史的角度来看的话,那么人类是目的和心的最有成效的一种结合。可能在这之前或之后也有更有成效的结合,但是如果我们在心灵中不把现在看作是过分遥远的过去或过分遥远的未来的话,那么人类的出现就是命定的事实。人类的出现既不是偶然的,也同样不是最终的。如果人类的出现是偶然的,那么也只有在他们究竟是在什么特殊的时间出现的意义上说是偶然的。这就是说,在他们必须如此或事实上如此的意义上为几和数所决定了。人类在时间中必然要出现,因为它是不老是现实的可能。根据我们对可能的分类理论,它不是属于其他类的可能。显然,它并不是必然的,也不是老是现实的或老是不现实的。由于它是不老是现实的可能,所以在时间之内它是会现实的。它的出现并不值得给予过分荣耀的赞美,也同样没有必要虚假地认为它的存在的历史有着终极性。与同时其他的事实相比,或与自然史上已知的其他事实存在的历史相比,人类及他们在其中起作用的可能存在的时期可能是很值得夸耀的,是很辉煌的。但是与其他的同时存在着的种类相比,不管人类是多么的荣耀,他们也同样要依靠其他种类的合作;也不管他们在其中起作用的历史时期是多么值得夸耀,它也只不过是

137

道展开过程中的一个阶段而已。而且其他的历史阶段也必然会在道的展开过程中代替人类的位置。在各种不同种类的存在之间是相互依赖和相互渗透的,只是由于思想和行动方面的经济原则的必要性而使我们忽视了这一点。就实际的目的而言,有必要从其他同时存在的种类的累加结果中挑选出我们这一类,这正如同把某一个人从他所处的复杂环境的影响中挑选出来一样。然而,如果我们记住了这样的存在之间的相互渗透(在第二章中已经提到过这一点),那么我们就既无须过分的谦虚,也无须过分的自大。

对于人类自身而言,人类当然是极其重要的。对于一个人来说,他的愿望、他的需要、他的希望、他的某些突发的异想等当然都是很重要的。它们只是在程度上有所区别,有的与其他的比较起来显得重要些。上述东西的满足也具有同样的情形。他的心灵本身就足以使他充满着自豪。在这里显得更为重要的是,在他的目的的力量的驱动之下,他的心灵给予他力量。其他的种类不可能像人类那样以更为巨大的力量和更高的效率来统治这个世界。不管这样的统治是仁慈的还是不仁慈的。到目前为止,我们还看不到在这方面有革命的前景,而且真有革命发生而新的统治因此形成了,那么也没有一个种类的力量能够强大到足以推翻人类力量的程度。有药物和医生作为安全的警察,病菌和疾病也只不过是小偷和刺客,它们充其量也只能偶尔给和平的生活带来一些不便,而绝不可能强大到足以发动一次革命来推翻人类的统治。但像所有的统治一样,人类也面临着来自于内部的更多的困难。内在的倾轧、贪婪、愿望似乎毫无节制地在蔓延,奢侈的生活不断地变成人们的欲望;社会可能在一方面变得一体化,而在另一方面则变得更加分化,以至于个人可能停止其存在,而不同的社会阶层或经济阶层之间的差异也可能变成几乎是不同种类之间的差异。这些困难有可能得到克服,长时期的既是仁慈的又是专横的统治将要维持一个相当长的时期。从人类的观点看来,也没有更令人称心满意的东西了。由于我们没有往前看几百万年或几百亿年的习惯,人类因为自己的辉煌成就而产生的自鸣得意可能是牢固安全的。力量有这样的一种倾向,即陶醉于自己的成就而沾沾自喜。

　　然而不管怎么样,还有一个价值问题,它可能会使人感到缺乏自信。考虑到价值,就当然有一个标准的选择问题。有不同的标准可供选择,它们能使人类充满着自豪感和优越感。谈到某些标准的选择问题,可以说印度哲学要优于希腊哲学。但是如果采取了另外的一些标准,那么希腊的思想似乎可以说更有价值。在中国的社会控制和罗马的法律这两者之间,我们也同样面临着一个价值标准的选择的问题。当采纳了某些能够使人类感到骄傲的标准的时候,其他的标准则有可能使人类缺乏自信和恐慌。就本能来说,我们或许会碰到一个与其他种类做比较的问题,我们可能会选择鹈鹕而不是猴子做我们的近邻。可能是卢梭这样说过,一个理智的存在是一个邪恶的动物。在身体能力的综合方面,我们面临着与老虎、豹甚至与我们原始的祖辈做比较的问题。在某些方面,不能说我们要比动物更道德些。我们永远不可能达到鹰所具有的功能上的美,或隼的视觉上的美。正像个体的人一样,人类因为自己的力量而苦恼,因为像个体人的力量一样,他们的力量也就是他们自己的缺点。心可能是人类的最为重要的特性，然而也正是为有了这样奇异的心，所以人类才有时变得更为不道德，更加邪恶，更加使人厌烦的虚假的糟糕，在战争中他们对于他们自己变得比起其他种类来更加没有必要的残忍。或者是幸运或者是不幸运，他们反正依赖于规范的价值而幸存下来了。

人类可能会宣称，他们并不仅仅是对于自己来说才是重要的。由于实在被分成为主体和客体这样两个部分，因此不仅仅只存在着主体实在，而且也同样存在着客体实在。比较一下人类出现之前的客体实在和人类出现之后的客体实在之间的区别。对于坏人来说，正是因为这样的区别使得他们要征服自然。在许多方面，这可能是正确的。由于有了人类，这个地球的面貌发生了变化。人们可能说，如果没有人类的出现，地球就不可能发生这些变化。客体实在的相当大的部分可以说是人类的创造或人工创造。它们就是我们所说的文明的踪迹，文明的留存和保持依赖于人类的出现与持续存在。人类的成就并不仅仅局限于创造，它已扩展到了这样的领域之内，以至于我们可以说它已经改变了进化的进程。如果仅仅依靠自身，银杏绝对不可能存活到今天，狗、钻蛀虫和猫的命运也存在着类似的问题。运用这本书中的语言说，有些可能如果没有人类或许从来没有现实过，但是在现在由于人类的出现，它们现实了。其他的有些可能或许不再现实，而现在却现实了。还有其他的一些可能或许是由于漫无节制，在现在它们没有现实仅仅是因为它们的现实对人类有害处。是不是被摧毁的要多于被保存的，或者相反，被保存的要多于被摧毁的,当然是一个很难回答的问题。但是客体实在的变化,似乎在相当大的程度上可以通过人类的出现而得到预料。由此可见,人类的重要性并不仅仅局限于人类本身。

然而,我们可以看到,在某种重要的意义上,我们可以这样说,自然从来也没有被真正地征服过。显然也没有一个自然律仅仅因为为了人类的利益,而按照人类的意志被真正地悬置起来过。人类真正所能做的仅仅是得到某种能力来使某些自然律起作用,而抑制其他的自然律同时起作用。正是通过这样的方式,人类所想要得到的状态才能够现实。实在运作所依据的图案本身并没有被人改变过。即使在没有人类的时候,自然律也是以这样的方式起作用的,即防止其他的自然律同时起作用。在这里唯一的区别在于,在一种意义上所得到的结果是人类所需要的,而在另一种意义上所得到的结果可能不是某些种类所想要得到的,虽然客体实在方面所产生的某些变化无疑是由于人类的出现。如果从没有被两分化的实在的角度来看,这些变化可能不会因为人类的出现而发生同样的变化。只有当实在被两分化之后,客体实在中才有可能具有主体实在赋予的东西,并不存在或者是客体或者是主体这样泾渭分明的东西。所出现的不管什么样的变化都只不过是实际上所发生的变化,而不是从主体的角度所观察到的那样,认为它们的发生可以归属于主体实在的能动性。对于没有被两分化的实在来说,任何变化都不过是变化自身的变化。一旦我们想到未经两分化的实在,我们也会同样想到它的有机统一性。这统一性部分是由存在之间的相互渗透组成的,人类和同时并存的其他的客体和事件,或其他的客体和事件与人类之间是相互渗透的。所有的现实之间都是相互依赖、相互渗透的。如果不从主体性的角度看问题,那么没有一种东西可能比其他的东西对实在的过程要负更大的责任。现实就是在纯粹的时间之流中所出现的东西,如果人类也在其中起作用,那么他们像其他任何东西一样也是由道展开过程中的几和数所决定的。

我们已经不断地指出,人类将来可能会消失。他们的消失可能会采取这样两种方式,即或者他们突然消失,或者他们逐渐地演变成另一种存在。我们习惯于说,没有什么东西是终极性的,但是在感情上我们却认为我们自己应该是一个例外。然而却没有理由表明,因为我们在纯粹的时间之流中享有最高的辉煌,所以我们就应该是例外。我们可能想象自己是最有价值的存在,而且我们在事实上可能就是这样的存在,但是我们将要成为博物馆中的收藏品的时间终究是会到来的。作为个人,我们有生有死,我们是否来自于或归回到尘土,这与我们有生有死并没有什么太大的关系。对于人类情形也是一样的。只有在有质料的式或式的质料的形式中我们才有可能是不变的,是永恒的。作为人类,我们正如在过程的实在或实在的过程中的任何其他东西一样都处在变化的旋涡之中。我们当然可能生存很长很长一段时间,我们甚至可以肯定我们能够生存几百万年,但是整个的宇宙能够容忍我们生存这么长的时间,然而它却不可能容忍我们无限地生存下去。至于究竟什么将会取代我们,现在是不可能预料到的。虽然我们根据数可能说某些东西,但是根据几我们却不可能说些什么东西。然而我们人类必定会消失应该说是没有什么问题的。

通常所遇到的反对意见是,根据上述的看法,人类必定要变成毫无感情的、冷酷的命定论者。如果人类真是这样冷酷无情的话,那么其结果必定是如此的,即所谓的坏的东西可能会避免,而所谓的好的东西也必将不可能是现实的。于是,文明也将不可能发展到我们今天这样的地步。有人可能会如此说道,如果像这样的观念被人类采纳的话,而且我们现在就采纳这些观念,那么文明将会保存,但却是静止的和无用的。危险可能会来自于这样的一些人,他们不仅仅追求永恒,而且也同样要求这作为他们持续生存的条件。绝大多数的人将不会受到任何不理想的方式的影响。生活毕竟是由能动性组成的,没有人会仅仅因为死亡是不可能避免的而去自杀。对死亡的意识也同样从来不会妨碍人们享受今天的生活,或去创造美的形式,或努力工作去争取更为理想的未来,或执着地追求真理、思考终极性的存在。如果在某些时候因为我们明天要死所以我们要喝,那么我们有时也可以为了同样的理由去工作。有人可能会从另外的角度来与我们争论,认为由于明天总是会不断地到来,所以我们命中注定是会得到永恒的,所以在今天我们用不着做任何事情。这样的看法显然是不能接受的,因为生活是现实的和能动的,生活方式的本质是按照被给予的或被分配的角色去发挥作用。一个活着的人应该朝着按照活着的人的本质去生活或去努力。亚里士多德就是向着亚里士多德性而生活或努力的。

143

自 然 和 人

一

　　中国哲学中有这样的一种理论,我们可以把它概括为
"自然与人合一"这一命题。这一思想在某些哲学中得到了
更多的强调。但是这一思想不只是一种技术性的思想,它几
乎为每一个普通接受过教育的人所信仰。它是一个很复杂的
意念图案,我们不打算在此运用系统阐述的方法来处理这一
思想,我们也不能说我们在下面所说的一切是完全准确地表
达了历史上的思想家或某些思想流派的思想家所接受的这一
思想。在此,我们的目的是多多少少用我们现在语言中的某
些术语,并通过在前几章已经显示出的推论方法来介绍类似
的思想。我们不是从思想历史的角度来介绍一历史上的思
想,来追踪它的源头或来描绘它的发展线索,我们也不打算根
据提出这一思想的思想家的自然环境来介绍它的发展的
原因。

　　我们在此讨论的这一思想很可能是与农业社会或农业文
明相关的,因此有关技术的知识还未得到充分的发展,足以给
人们提供他们的力量可以征服自然的观念。相反,他们依赖

于环境的意识得到了充分的发展,这一意识提供给他们的思想是自然的力量胜过人。在游牧生活中捕捉猎物是主导的方面,这样的生活所注重的是个人的主动性和积极性,因为捕捉猎物的成功更多地要依靠下面的一些能力,如观察什么将要发生、准确地估计机遇、及时作出决断和恰当勇猛地采取行动的能力。由于注重个人主动积极性的观念的牢固树立,所以人的力量胜于自然的观念更加容易地得到重视。而在农业文明中,人们遵从季节性的变化,被动地观望着天气的变化,完全无望地面对着洪水和干旱。从这样的文明中很难得出人定胜天的观念。从几千年来中国社会所具有的文明类型中就很有可能产生"自然与人合一"的思想。萨缪尔和亨廷顿可能运用他们分析和处理其他的一些观念的同样的方法,来解释"自然与人合一"思想的出现。这可能是非常正确的。但是如果是这样的话,那么这也就是一个历史的事实,而不是一种哲学的理论。

观念是怎样演变而成的和它们是什么样的观念是不同的两个问题。欧几里得可能就是一个心理分析方法的实例。他对几何图形的着迷可能与他孩提时代的经验有着密切的关系。但是尽管如此,他对几何图形的着迷仍然不是他的几何学的一个部分。虽然它与历史学家是相关的,然而它与几何学家却是不相关的。现在有一种相当流行的说法,说的是下落的苹果与牛顿的关系。这一故事是十分有趣的,而且也很有启发性。但它却不是物理学的一部分。给定了历史,我们就能知道一个意念是怎样形成的。然而我们却面临着这样一个问题,即这样的意念是什么意念。可以有相当多的方式来处理这个问题。比如,这里就有它是真的或是假的问题,它是一致的或是不一致的问题,或当它的真或假还不可能作出断定的时候它是否能站得住脚的问题,或当这一意念被认真考虑的时候,从这一意念能引出什么样的结果方面看它是富有成果的还是智慧的问题。天人合一的思想历史地起源于中国几千年来所拥有的文明,它仍然是一意念图案,需要运用已经提到的方式来考察这一图案。此外,它还是相当数量的人们情感方面的依托,不管它的其他方面是否可以被接受,它却是信念资源的一部分,是一部分人类生活的主要源泉。

我们应该区分知识和信念。迄今为止的人类行动并不总是为知识所引导的。在一方面,我们可能说,我们的知识到目前为止是有限制的;我们忽视了太多的东西,所以尽管我们想要以知识来指导我们,但我们却没有足够充分的知识来指导。可是在另一方面,即使我们有了足够充分的知识来指导我们,我们也不总是在知识的指导之下的。在某些事例中,在我们所做的事情中有着固执己见的倾向;在另外一些事例中,有遵从最小阻力的倾向;而在极端的事例中,有人沉湎在蔑视知识强迫所得到的结果的行动或行为中。可能我们的行动应该由知识来引导,尽管它们经常并不是这样的。从想取得理想结果的效率的角度来看,是不存在什么问题的,知识应该指导我们的行动和行为。从其他的标准来看,问题就并不这样简单了。事实上,我们的行动是由习惯、习俗、规律来引导的,在我们行动的精神基础方面,我们的行动由信念引导和由知识引导的是一样的多。知识当然伴随着信念,但是信念却并不总是伴随着知识或甚至是以它为基础。更为重要的是,尽管信念并不伴随着知识或以知识为其基础,信念的效验并不因此而有任何的影响。我们中的每一个人都有这样的信念的资源,从知识的领域内把一意念驱逐出去并不意味着把它也从信念的领域内驱逐出去。因此尽管我们可以拒斥作为知识的天人合一的思想,但是它却可以被当作信念来接受,而且尽管真和假的问题可以取消,但是成果和智慧的问题却依然存在。

我不是中国哲学和历史的研究者,就目前讨论的思想而言,我所感兴趣的也不是思想的历史发展,而是思想的具有代表性的图案。在感情上我向往中国哲学的思想及其韵味,而且坦率地说我喜欢我将要在此介绍的中国哲学思想。在前几章中,我们已经说到,在道的展开中,人类是必定会出现的。他们的出现既不是偶然的,也不是终极性的。虽然他们存在的历史时期是有限度的,但是他们的本质要求他们发挥作用,而且他们所发挥的作用是诚挚的和真实的。只要他们在现实中起着作用,那么他们就必须在与我们称之为共存者同享的民主中发挥作用。对于我们个人而言,我们必须与我们的邻居友好相处。对于人类来说,他们也必须与他们的共存者友好相处。在理智上有这样的一个问题,即就人类而言他们应该采取一种什么样的态度。在感情上的问题则是,在我们一直所描述的主体实在和客体实在之间的和谐问题。在这里,我们必须引进"天"这一概念。至此我们一直是为了方便但同时也不很充分地把这一思想叫作"自然与人合一"。但是"自然"不是"天"的同义词。如果我们从分析的角度来看问题的话,那么运用"自然"这一词就是一个不怎么太好的选择,因为显然这一个词可以有很多不同的意义。但是它还是具有与"天"十分相近的意味,然而这一意味却是非常含糊的。它可与不同的术语结合在一起而指示完全不同的事物。在"天人合一"这一命题中的"天"这一概念所表达的思想要比英语中的"自然"一词要丰富得多。可能自然和自然神这样的词语要比其他的术语更接近于天,如果我们记住这里所说的神并不是基督教的上帝的话。我们将要运用"纯粹的自然"这一术语来指称两分化为主体的领域和客体的领域的自然,而保留"自然"一词则专门用来指示自然和自然神。

自然和纯粹的自然之间的差异在于,对于前者来说,人类是归属于它的;而对于后者来说,或者人类被排斥在它之外,或者它与人类相离。不管认为自然的神性部分应该是什么样的,是基督教的或者不是,它渗透于人和纯粹的客观自然,它使人意识到他们具有自己的性质,意识到纯粹的人性正如同纯粹的客观自然一样是自然的一部分。在这一方面,我们所要强调的不是具体的和相互分离的事物,而是人在其中很难使自己分离的紧密联系的图案。如果认为自然不仅仅是自然,而且也是自然神,那么自然律就不再仅仅是存在于物质之间不变的关系,或者描述相互分离的客体或事物的变化和运动,而且从具有目的性和自觉意识的人类来考虑,自然律也是行为律。自然律不仅仅包括自然的规律而且也应该包括自然法,只要我们不把绝对的因素加于以人的形式出现的神的意志之上。无生命的物质仅仅遵循着不变的关系,它们不会因为自己被置身于不可摆脱的困境之中而有目的或有知识地赞美或诅咒,仅仅作为它们性质的它们所具有的善不是它们的恶。同样,它们的力量也不是它们的弱点。高耸入云的树的力量并不是它容易被风吹折的弱点；在上述的事例中，它仅仅遵循着不变的关系。但是以带有知识和目的的性质来祝福或诅咒树，那么就会有一定数量的"如果，则"的命题来表明那棵树如果太高，它就会被风吹折；如果它不想被风吹折，则它最好就不应该长得那么高；如果它抵挡不住要比别的树长得高的诱惑，则它就必须准备着被风吹折；如此等等。在后一例子中，那棵树就会像哈姆雷特一样有着自己的精神方面的斗争，它也就会被诸如长得太高或不要长得太高这样的问题所折磨。对于我们来说更重要的一点是，一不变的关系在一方面要求箴言和规则，在另一方面则要求有选择的智慧。这样来解释的自然律，如果没有传统的自然法丰富，那么它就体现了现代的不变的关系。

二

但是为什么自然与人应该合一呢？难道它们还未合一？如果它们能够合一，为什么它们还没有合一呢？如果它们不能够合一，为什么要提倡它们的合一？而且所谓的合一又是什么意思呢？我们必须提出合一这一问题。我们早已指出，随着目的和知识的出现，实在已经被两分为主体的实在和客体的实在。由于人类既具有目的也具有知识，所以他们不仅要求改造客体实在，而且也知道如何不断扩大改造的范围。客体实在经常拒绝这些改造，它的拒绝是成功的还是失败的就要看主体实在所能够利用的力量，而他们的力量又与他们所能够具有的知识成比例。至今一直被叫作客体实在的，我们现在称之为纯粹的客观自然。而至今一直被叫作主体实在的,现在仅仅局限于纯粹的人化自然。如果不存在具有目的性的人类,那么纯粹的客观自然就不会有抵制,因为实在还没有被两分化。一旦实在被两分化,那么斗争和拒斥就成为不可避免的了。就纯粹的客观自然讲,问题似乎是多少已经决定了的,这就是胜利至今是属于人类的。从我们后面将要讨论的观点来看,结果并不具有这样的确定性,甚至人类可能是胜利者,同样也是失败者。

当然关于人类困境这样的话题可以说上很多。人类诞生之后就具有了目的和知识。他们中没有一个会成为一个人,如果他只满足于他自己个人的意愿的话。然而他既然被赋予了人的责任,他就必须像一个人那样发挥作用。他必须生存,必须吃饭,必须繁殖,必须穿衣。他们有很多基本的欲望和需要,这些欲望和需要的满足并不总是很容易的一件事,因为总有不少的障碍需要克服,而且经常是很难克服这样的障碍的。为了生存,他必须斗争,必须取得力量来征服他的敌手。他必须获取知识,用知识的力量来争取生存,他必须生存下去来完成赋予他的使命。不管他意识到还是没有意识到,作为人的纯粹本性会督促他去获得力量。他不可能成功地抛却他前进的愿望,而丝毫不影响他自己纯粹的本性。不管他可能与其他动物之间有多大的区别,只要考虑到他的生存是由他的本质决定的这样的事实,那么他与动物之间就不应该有区别。正如木料必须有木料性或马必须有马性一样,人也必须是一个人。但是一块石头不会为了强壮或获得石头性而去做努力。而人却不一样,人的本质要求他去努力,因为他赋予目的和知识。他必定要努力改造纯粹的客观自然来满足他的需要或欲望，因此他一定会采取某种手段来达到一定的目的。这正如马不能逃离是马，石头不能逃离是石头一样，在这方面他也简直是毫无办法，即不得不是一个人。用我们前几章所运用的语言来说，是人意味着就是要完成人的本质或就是要使人这一可能现实。考虑到为了生存而进行的斗争，是人也就是成为纯粹的自然的人。

但是，目的和知识的结合给人提供了力量。虽然力量并不必然是危险的，但它却经常能带来危险。它孕育着追求得到更大的力量的欲望。而且它不满足于仅仅作为某种目的的一种手段，它有着使自己成为目的的倾向。为了生存的斗争可能会演变成为了力量而进行的斗争。作为一种手段，力量是有局限的，当某种目的达到之后，它也就停止发挥作用了。如果邮票仅仅是为了邮寄信件，那么有多少信件我们就需要多少邮票；如果钱是为了维持一定的生活水准，那么我们所需要的也仅仅是能够达到这一生活水平的钱的数量。但是如果我们收集邮票和金钱仅是为了它们本身，那么对于邮票和金钱的需要就是没有限制的了。对于力量来说，也有着同样的情形。随着力量的不断积累，也就出现了追求力量的不断膨胀的欲望，这种欲望可能会膨胀到以前从来不曾梦想过的程度，已完全超过了生存所需要的程度。在纯粹人性的驱动之下，我们不可能确定力量究竟应该如何运用。它可能被用来清除纯粹客观自然中的种种障碍，或者被用来反对自己的同胞，或者甚至被用来反对他自己。人们可能会倾向于同意卢梭的看法，人是无处不在枷锁之中的，不管是否存在着他在其中享受自由的那种自然状态。就知识本身而言,知识是和谐的,但是目的却是经常相互冲突的。这样的冲突不仅仅存在于国家和国家之间或种族和种族之间或不同的人之间,而且也同样存在于单独的个人本身。有着相互冲突的目的的个人是一封闭的精神斗争的堡垒。石砌的围墙并不是真正的监牢,纯粹客观自然中那些妨碍他的欲望现实的种种障碍也不是,然而他却是他本人的囚犯。个人所取得的力量有多大,那么他就在多大的程度上成为奴隶。

我们早已指出过,在知识的帮助之下,目的可能变得极其复杂。可能存在着这样的目的和手段之间的链条,某些目的成了其他目的的手段,而某些手段却成了其他手段的目的。如果一个人在这样的目的与手段的链条之间徘徊,那么他就有可能把手段看作是目的,而且价值的问题也会使这一问题变得更为复杂。由目的来证实手段的问题可能会出现,如果一个人看不见目的而只停留在手段上,由于目的被遗忘,那么由目的以前所证实的手段也不再是原来的手段了。如果某种目的不被认为是能够证实某种手段的,那么不管这一目的挪到多远,也不管它们是否在视野中消失,它们都是不会影响手段的,因为后者将不得不在自己的基础之上得到证实。但是如果情形是这样的话,那么实现目的的手段的力量也将大大地降低。第二,手段与目的之间的链条越长,目的之间的冲突也就可能越激烈。纯粹客观自然的冲突是一个直截了当的问题,一个人可以勇敢地走进这样的冲突中去。人与人之间的冲突常常伴随着疑虑和担忧。自身之内的冲突可能会导致悲剧性的结果,因为在这里一个人的力量同时也是他自己的弱点,他的胜利同时也是他自己的失败。当一个人自身像是一座分崩离析的房子,那么就没有什么东西可以给他带来希望。第三,有了知识的帮助,目的就不断地分化,欲望也不断地增长。某些欲望转变成为需要,而突发奇异的念头则变成了欲望。这样的转变可能是很令人满意的,但是事实上并不会如此。然而不管它是否会如此,毕竟某些事情在这一过程中失掉了。曾经带有柔和的轻松愉快的富有诗意的念头、愿望或希望,现在则转变成了伴随着粗野鄙陋性质和坚决要实现的意愿、欲望或需要。如果我们有了在月亮上举行野餐的能力,那么我们身上的某些因素会因此感到很高兴,而另外的有些因素则会促使它实现,欢享月亮上的孤独的荒诞想法就会转变成粗俗浅陋的欲望;并且会导致为了争夺门票而发生的斗争,会出现在狭窄的通道上拥挤不堪的现象,于是就有可能出现像笛卡尔的观念一样的如下观念:即使在月亮上也不会再有孤独了。

但是,可能不断增长的欲望所带来的最重要的结果是我们本人也成了这样的欲望的奴隶。由于满足欲望能力的不断增长,欲望也呈现了以几何级数增长的趋势。如果欲望是简单的、素朴的,那么我们可能不会有被奴役的感觉,因为目的就在眼前,而手段也是直接的。如果我们不用走很长的路就能到溪边喝水,那么我们就不会感觉到我们的喝水或我们必须要走的路侵犯了我们的自由。但是如果我们要反复做这样的事情,而且为了我们自己的生存必须把水送到不同的家庭中去,那样我们就会感觉到这种来回走动会影响我们的谈话或在茶馆消度宁静的下午。在这样的情形之下,目的没有被

153

意识到或感觉到就在目前,那么一个简单的欲望就会引起被奴役的感觉。想象一下与现代文明相伴随的无穷数量的欲望以及这些欲望所包含的目的和手段的漫长的链条,人们就禁不住会感到,一个人像一条蚕那样在作茧自缚。虽然在一方面我们必须承认人类行动的范围大大地扩展了,以前不可能完成的事情现在却很容易就能做到。但在另一方面,欲望和需要也在不断地增长以至于人们比以前更多地被这些欲望和需要所驱使,被它们所奴役。我们可能这样富有诗意地宣告,一位"铁器制造者"在推动我们;显然这是不可能的,除非我们自己推动我们自己。人们可能会反对让别人来推动自己,但是当一个人自己推动自己的时候,也就没有纠正自己的可能了。由于征服客观自然和人类其余部分的力量的不断增长,人的自我奴役的可能性也在极大地增加。是否有任何反对欲望主宰一切的斗争或不依赖任何个人的斗争;但是即使有这样的斗争,人们也不能不感觉到他们是被奴役的。问题是我们对纯粹客观自然的征服使我们自己成了奴隶。在做事情方面所享有的更大的自由,必定会使我们在更大的程度上成为自己的奴隶吗?

这样就出现了一个本质上是人本身才具有的问题。有些事情必须通过社会经济和政治措施才能做到。首先,这里就有一个选择的问题。一个大的社会可能为了权利或为了公众的幸福而组织起来。所谓幸福,我们是指人类社会组织的各种要素间的综合性的和谐。我们不应该把幸福与所谓的快乐混淆起来,因为快乐有时并不能给人们带来幸福;或者与欲望的满足混淆起来,因为这样的欲望的满足会危害社会的和谐。

如果一个大的社会仅仅是为了力量而组织起来的,不管是军事的力量还是工业的力量,那么上述的问题是绝对不可能得到解决的。如果一个大的社会是为了幸福而组织起来的,那么个人与个人之间就必须联合起来,共同作出积极的努力,设法自助自救。社会只能够为我们提供一定的条件,在这样的社会中个人可以做到自救。总而言之,他们必须依靠自己来解决自己所遇到的种种问题。在以前是宗教担负起了拯救个人的使命,但宗教似乎已经丧失了它以前所具有的许多效用。而且由于与我们的问题相关的仅仅是解决人类问题的宗教部分,因此我们在当前的讨论中把宗教暂且放在一旁。即使是有关的那一部分也必须传授给个人,由个人去体验,去沉思,去预测。这里的问题不仅仅是人类的,而且也是个人的。

三

在下面的部分中,我们将起用一个术语来指示某些事物,其含义要远远多于词典所能包含的。根据《韦氏英语词典》,vista 一词的意思是"首先是指通常通过或沿着两排树之间的道路得到的观点或视野,其次延伸指关于一系列事物的观点或视野"。我们将保持这一词的观点或视野的部分,而舍弃树或事物的部分。我们的兴趣并不在于所看见的或所听到的,而在于从经验中所收集到的意义。可能这样收集到的意义依赖于个人的特点及他们与他们的环境之间的关系,而且可能依次归于纯粹的主体自然或环境。但是,事实是否这样,我们无须努力去确定,因为我们在此的兴趣仅仅是所收集到

155

的意义。任何一个人都知道生活的意义。这样的意义,就我们而言,是指收集到或组织进图案中的整体的意义,而不是仅仅指"生活"这一术语的概念意义,也不是指生活的情感的内容,也不是指每一个人生活所具有的某种韵味。它是指所有的事物及所附带的某些事物,某些激励、引导或指引一个人精神的基本动机。事实上,用来描述它的常用词是下面意义上的哲学一词,即人们经常说每一个人都有他自己的哲学。但是为了保持哲学这一术语在学院或大学所运用来处理基本问题的那种正式的和概念的意义,我们还是把它叫作人生观点或意义的图案。

我们已经说过,纯粹的主体自然或环境,或者是这两者,都对一个人所持有的人生观有影响。为了使某一人生观是可以达到的,因此我们忽略了某些最为基本的本能的禀赋。即使所要求的本能的禀赋被给予了,也是环境必定要求他发挥他的作用。"人皆可以为舜尧"这一句话表明了环境的重要作用。某些人生观形成了,某些其他的人生观实现了,在这中间环境起着很大的作用。某些人生观必定要通过有意识的和紧张的努力才能现实。如果这样的努力被误导了,那么这样的人生观也就相应地会失败。我们现在关心的是观点和视野,而不是行动或本能或刺激。如果我们努力的目的是阻止将要现实的某些癖好实现,是压抑某些极力要得到表现自身的本能,或使已经得到表现的某些刺激失效,而要得到某一人生观,那么我们就有可能成为心理分析的对象。但是如果我们的努力是指向得到某一人生观并坚持这一人生观,那么我们就可能成功地使某些本能起作用而使另一些本能没有机会表现自己,成功地使某些感情得以发泄而其他的感情则没有这样的机会,或者使某些行动发生而使另外一些行动消灭于萌芽之中。以一种可能是最简单的语言来说,我们可能像在事实世界中的任何一个人一样的生活,然而却超越这样的世界,因此我们的意义世界是非常不同于我们同时代的很多其他人的。人们得到这样的人生观的问题不是去改变客体或人,而是设法尽可能多地去完成存在于动物或客体中的人性。只有粗俗的人才试图树立崇拜的偶像,或期待着超人来帮助解决本质上是人类自身的甚至多少是世俗的问题。

可能存在着相当多的不同的人生观。如果人们想到不同的人有着不同的哲学,它们是如此的不同和多种多样,那么人们就会对有那么多的人生观的结合和变种有初步的看法。然而我们感兴趣的是多少具有柏拉图类型的人生观。这样的人生观有如下三种:素朴人生观、英雄人生观和圣人人生观。这三个术语是用来描述这三类人生观,而不是描述的个人职业、特点、能力,或仅仅是意念。显然,伟大的科学家或音乐家可能具有英雄的人生观,虽然他对科学的兴趣是单向度的或他对音乐的兴趣纯粹是感情的表现。通常所说的伟大的人物本质上是单纯的,这不可能是说这些伟大人物的各个方面都是伟大的,而更可能是说尽管他们是伟大的或可以说是伟大的,但是他们的人生观却具有单纯性。战争中的英雄就可能具有这样素朴的人生观,虽然他的英雄主义可能表现在他尽其所能杀死了很多的敌人,然而他的人生观还是素朴的。很有可能的是具有素朴人生观的人在许多方面都是素朴的,一个具有英雄人生观的人在他同时代的人看来是个英雄。但是在这之间必须作出区别。不管被认为体现了勤奋、忠诚和智慧的人生观的柏拉图的"工匠"、武士和政治家是否意味着在描述不同的人生观,我们在此所运用的术语并不是运用来描述社会阶层或个人的品德的。如果人生观是生活中的职业或阶段的产物或相应的品德的话,那么人们就很困难从他们碰巧或经过选择而在其中起作用的事实世界中超脱出来。

素朴人生观是这样一种人生观,在其中实在的两分化和自我与他人的两分化被降低至最低的程度。一旦人们具有了这种人生观,那么他们就会从自我中心的困境中解脱出来。由于一个孩子还没有得到足够的人生意义,所以不能说他具有一定的人生观,这是非常正确的。然而把在他的行动中表现出来的孩子气的性质拿来和一个成熟的人做比较却是有意义的。一个孩子可以享受到他与环境间的某些和谐气氛。他不可能起来反抗他的环境或想要征服环境。如果他受到了挫折,他可能会痛快地哭,如果他又立刻想要笑,他就会毫不掩饰地去笑。他不会因为行动一致的欲望而困惑,也不会纠缠于精神方面的斗争。他的行动所具有的孩子气的性质可能被一个具有某种人生观的成人习得。一个具有素朴人生观的人是这样的一个人,他具有孩子气的单纯性,这种单纯性并不是蠢人或笨伯的单纯性。它表现为谦和,虽然具有欲望却不为欲望所控制,有明显的自我意识却没有自我中心论。正因为如此,所以具有单纯性的个人不会因为胜利而得意忘形,也不会因为失败而羞愧万分。他不希望拿自己与别人相比。不管他是愚蠢的,或者是缺乏智慧的,或者是毫无生活地位的,还是才华横溢机智聪明,具有非凡的能力或是很高的智力,他就是他自己。他就是他自己,这一自己是纯粹既定的,他在生活中发挥着自己的作用。对于上述的两种截然相反的情形他都安之若素,毫不动心。就他本人来说,他完全地意识到自己的责任就是保持他的自我。就他的环境和同胞的方面来说,他对于他们要求甚少,因此他也不可能为他们所牵累。他也不疏远他们。这样的人生观引导他达到经常被称之为心灵的平和的境界。

英雄的人生观则与素朴的人生观不一样,在这样的人生观中实在的两分化达到了最大的程度。而且这里所说的是人生观是英雄的,并不必然是个人的。英雄人生观有着各种不同的类型,而且与其他人生观相比也充满着更多的心理学方面的复杂性。人类中心的英雄观就是英雄人生观中的一种。具有这种人生观的人可能在内心中燃烧着由人来征服纯粹客观自然的热情,而且为强烈的情感所驱动来达到征服自然的目的。在这里,实在被两分化为纯粹的客观自然和人。人所着迷的是要征服纯粹的客观自然。如果从纯粹的客观自然的角度来看,直到今天胜利是属于人的;但是从纯粹人类的角度来看,问题却并没有这样的确定。事情很可能是这样的,胜利者本人结果同样成为失败者。似乎在一方面从内心讲人们不愿意来处理人的问题,来解决他们所面临的问题;但是在另一方面却在激励人们采取具体的行动来达到征服纯粹客观自然的目的,或者正如同被内乱纷扰的国家经常是通过发动对外侵略来达到内部统一的目的。但是,正如对外侵略不是真正解决国内纷扰问题的办法一样,对客观自然的征服也同样不是真正解决人内在种种问题的办法。可以暂时不管这些问题,甚至它们可能在目前已经得到了解决。但是问题会不断地出现。如果它们出现了,那么它们就会不断地以问题来进行报复。人类的欲望可能会变得毫无节制,征服纯粹客观自然对于这样的欲望来说并不是真正的解决办法,相反却会带来无穷的烦恼。借用军事战略学中经常运用的一句话说就是,先发制人者可能就是失败者。人类不仅仅为征服纯粹客观自然的欲望所驱动,而且他们也同样被他们所忽视的自己的本性所驱使。

英雄人生观的另一种表现形式便是自我中心论。在这里界线是划在了人类的环境和自我之间。外在的成绩依然是主要的因素,所不同的是它的目标不仅仅是要征服纯粹客观自然,而且它的目标也是要指向人类的环境的。从营造或者想象一个个人中心而得到满足,征服环境的胜利者主要的当然是人。下面的这些说法,如"有志者事竟成","人就是他所成就的一切的总和","只要专注和努力,你就会无往而不胜",表达的就是这种形式的英雄人生观。一个人可能最不像是一个英雄,但是他却坚信只有通过征服人类的环境人才有可能达到自己个人的现实。英雄人生观并不局限于个人的社会。但是单向度的英雄主义却是最为主要的一种。多形式的明确开辟的机会,引导个人把自己的价值和以他个人的雄心或成就为标准来断定的成功或失败统一起来。成功所需要的素质是感觉的敏锐,计划的熟练,抓住机遇的能力和执行自己计划的冷酷无情;虽然作为结果的成功可能有时是正确的,但是却不包含任何深刻的人生的意义;然而由于人们在什么是成功方面没有达成统一的看法,所以人们可能会认为无情的、有能力的和成功的人就是英雄。在某种重要的意义上说,他们确实是英雄。许多伟大的政治家、士兵或实业家或者甚至某些宗教家,就是具有这样的英雄人生观的人。如果人类的文明没有这样众多的英雄人物,那么它就可能只不过是一种静止的状态。对于人类的文明来说,这些英雄人物是必不可少的。对于人类的环境来说,更是如此。但是仅仅有他们是不充分的。他们是战争的胜利者,而不是和平的维护者。从他们的人生观的角度来看,这种人生观所体现的意义也只不过是人类本性的一个方面。

四

圣人的人生观在某些方面类似于素朴人生观,所不同的在于它的明显的素朴性是得自于高级的沉思和冥想。具有圣人观的人的行为看起来像具有素朴人生观的人一样素朴,但是在这种素朴性背后的训练是以超越人类作用的沉思为其基础的,这就使得个人不仅仅能够摆脱自我中心主义,而且也使他能够摆脱人类中心主义。在这里没有必要详细地讨论这样的思想,即每一个具体的人因为他人而成为自己。只有在抽象的意义上,个人才可以说是相互独立的。关于"如果亚里士多德生活在古代中国将会是什么样的"这个问题,是一个关于亚里士多德性的沉思;实际而且具体的亚里士多德,是因为他当地的同时代的人而成就了亚里士多德本人。我们现在谈论的不是每一个人为了某些目的,如安全、保护、食物和职业等等,我们现在正在谈论的是每一个人具有本质性的特质。

我们所有的人在不同的程度上都或者是劳雷德和哈迪思,或者是马特和杰费思,或者是贝格和麦克塞思,甚至是西孟兄弟。个人之间的关系越是紧密,那么每一个人也就与他人更紧密地结合在一起。一个人越是把自己投射到他人之中,他也就越因为别人而成就了他自己。实际上在个人的特性之间是存在着相互渗透或相互弥漫的情形的。一旦这种情况实现,那么巨人和侏儒之间应该是平等的,因为如果没有对方,那么他自己也就不可能存在了。因此强者和弱者有着同样的命运,或生活在同样的世界之中。个人之间确实存在着差异,这是不能否认的。虽然为了某种目的,通过标签和抽象的方法可以对它们做有用的强调,但是不应该过分地强调个人之间的差异,因为这样做会在现实的和具体的生活中妨碍个人之间相互交流和渗透。

由于每一个人的存在都深深地浸透着或渗透着与他息息相关的同胞的存在,那么把人类划分成个人的界线应该在什么地方呢? 诚然,从生理上讲,我们中的每一个人就是一个单位,但是挑选出这样的生理的方面无疑就是一种抽象。确实,我们中的某些人具有某种精神能力,是其他的人所不具有的,不管我们是否称它们是非凡的、卓越的或特殊的能力,无论如何,它们总是独特的。但这确实是在描述而不是估价,描述毕竟就是一种抽象。我们能够把一个人的性质与他前辈的性质,与他同时代人的性质区别开来吗? 我们能够断定这些性质中的哪些部分是属于历史的,哪些是属于文化环境和时代精神的吗? 如果我们不能够作出这样的区别或者作出这样的断定,那么一个人的心灵就是杂乱的一堆,就是一个复合体,或者是不同的杂多因素的综合,这样,也就不再有个体的人了。如果我们能够作出这样的区别和作出这样的断定,那么就会有不属于作为整体的个体的剩余物,或者是什么东西也没有遗留下来。如果是这样的话,那么作为具体的个人也就消失了。我们可能会这样说道,每一个人都有自己的与他人不同的心灵。这一说法不管是正确的还是错误的,我们在此不必过多纠缠,因为除非我们认为心灵是没有窗户的或者是在真空之中的,我们就不可能解决它们相互之间渗透的问题。全部问题的关键在于被认为是个人的事物本身就是抽象的;实际上他就是一个所谓的流动区域,在其中有数量众多的事情在作用和反作用的方式中产生。一个人的心灵如果能够自觉地意识到普遍的渗透,他就必定能够怀有这样的人生观,即虽然在理智上承认个人之间的区别,但是他却可以超越这样的区别。有了这样的意识并超越了自身的心灵,拒绝任何个体自我的情感上的既得利益。

这种相互渗透的情形并不仅仅局限于人类。在每一个体因为其他个体的存在才能存在的意义上说,每一个特殊的个体都反映它所隶属的整个的特殊世界。这样的特殊客体在不同的方式上与每一其他的客体相互联系着。这些关系中有的具有内在关系,有的则具有外在关系。任何一单独的客体的性质和关系质都要依赖于每一其他的特殊客体的性质和关系质。就特殊性的角度来看,没有一客体是可以变化或移动的。在其他的地方、在不同的时间在任何一特殊客体中可以重复的东西,不是一套由客体现实了的共相,或者它本身是一虚幻的同一性。我们习惯于谈论抽象的东西,因此对我们来讲,谈论推论甚至谈论特殊的东西就感到非常的困难。以我现在正在写字的书桌为例。我们通常以为它是能够来回移动的;我们可能说,事实上它在昨天就被移动了。它可以移动就表明它是一个持续存在的客体。但是如果从它的特殊性的角度来看,我们坚持认为"这张桌子"这一术语首先包含着这一系列的殊相最初在某一的地方,然后经过一系列中介地方,最终达到了一个新的地点。没有一个殊相发生变化或移动。说一个客体改变了它的性质或者是改变了它的地点,仅仅是在断定它经过了一套不同的殊相,或者它与其他特殊客体的内在的和外在的关系已经与以前的不一样了。在这两种情况下,整个世界图案的特殊性也是不同的。

　　特殊的客体还有另一种反映特殊世界的方式,但是我们不打算在此谈论它。我们不应该忘记的是,一个人同时也是一个动物和一个客体。这是千真万确的。作为动物,人是不同于某些客体的;作为人,他又不同于某些动物;作为自我,他又不同于他人。但如果他认识到被认为是自我的东西是渗透于其他的人、其他的动物和其他的客体的时候,他就不会因为自己的特殊自我而异常兴奋。这一认识会引导他看到他自己与世界及其世界中的每一事物都是紧密相连的,他会因此而获得普遍同情。这样,他不会歧视其他的客体,因为他自己就是它们中的一员。而且在这种生存的民主状态之中,他获取多少,也就给予多少。他不会对其他的动物表示不满,因为像他一样,这些事物也只不过是根据各自不同的本性来发挥自己的作用。他也同样不会谴责某些在他身上表现出来的动物性的本能,因为他作为一个人并不能使他自己完全不考虑发挥实现其动物本性的作用。虽然有些本质必须得到鼓励,具有了这些本质的人可能会认为自己在具体的生活中要比其他的客体优越或糟糕,或者在现实的时间阶段中,他只不过是不同于其他的人,正如其他的人相互之间也有区别一样。一个人所具有的人性给他带来了不少严重的问题,因为人类的能力使得他与他的同类中的其他人的关系变得最为复杂;因此他有可能享受极度的欢乐或者遭受最为强烈的痛苦。如果他不能够有以上这样两种感受,那么可以肯定,他本人是一个极其麻木不仁的人。对于他而言,他最多所能得到的是素朴的人生观。如果他能够有上述的两种感受,那么他就是一个富有激情的人。如果是这样的话,那么不是盲目的感情给他带来厄运,就是得到升华并有理性指导的感情会引导他通向自我拯救。如果一个人起来斗争,反对自己的感情,那么他就是一个处在困境中的动物,就是一个被监禁的人,陷于感情冲突的迷津之中而不能自拔。为了处理这些问题,一个人必须具有重要的知识和相关的智慧。对于一个具有圣人观的人来说,并不是以一种有用的方式来解决这样的问题,因为对于他来讲这样的问题消解了,因此这些问题不会困扰他。

可能最无私的感情就是同情。在它的最真诚的意义上说,它显然是无私的。由于一个人与他同时的其他存在者在性质和关系上的相互渗透,他就能够有这样的真诚和纯粹的普遍同情。如果一个人不再是一位人类中心论者,那么他也就不再是一个自我中心论者了。一旦脱离了自我中心的困境,那么他也就不再会为自我奴役这样的问题所困扰。正是个人的既得利益使他成为自己的欲望的奴隶。正是他的欲望

扰乱了他与其他人之间的那种和平的关系,也使他与他自己
进行着斗争。然而当一个欲望又引发欲望,新的欲望以同样
的固执求得自己的满足的时候,欲望也就为欲望所累。一旦
它们有机会进行越岛作战,那么我们就根本没有办法可以阻
止它们这样无限制地做下去。唯一可行的方式就是认识到自
己的命运,以一种比仅仅是社会的和政治的意义更为广泛的
和平的心态来对待自己生命中的位置。显然某些欲望是必须
满足的,但是在满足或试图满足它们的时候,人们要能够平和
地对待自己的命运,能够安心于自己努力的限度。对于一个
人来说,不管面临什么样的命运或位置,对他来说保持它们是
他的责任,都是他在与并存者的相互依赖的民主状态中必须
要完成的一种职责。他既不自我满足,也不自我蔑视。他不
会起来反对自己职责范围内的任何东西,也不会乞求这样的
职责范围之外的东西。由于他是一个人,他就必须争取实现
他的存在的本质。包括独立自我在内所给予他的一切东西,
他都会以一种像他接受自己的命运一样的宽厚的态度来接
受。他所需要的不是如上帝的信徒那样的圣洁,因此能够超
越人,而是包含有超越人的纯粹自然方面的敏锐智力,使他能
够接近人所包含的自然,这样的自然就是天。后者是任何人
都可能达到的。一旦达到了它,那么人们可能就具有了不同
于绝大多数人的人生观,然而在其他的一切方面他们却像任
何一个迪克或哈瑞。在他那里,客观自然和主观自然是统一
的,这样的统一就是和谐。

必须强调的是我们在此所讨论的是人生观,而不是人的
类型。我们并不是极力在提倡要创造圣人这样类型的人,也

不提倡英雄类型的人。在我们今天这样的社会中,人们的职责有着太多的分化和综合,因此根本不可能把人们分为简单的阶层。没有理由说明为什么一个划船者、制鞋者、律师或医生不可以是具有圣人观的人。一个具有圣人观的人与一个制鞋者或国家管理者的关系应该是平等的,因为在任何一种关系中他都是在实现所给予他的职责,即努力为他在其中生活的这个特殊的世界做贡献。在这样做的时候,他不允许在谦和的和自命不凡的人之间作出什么区别。也并没有什么特殊的职业有碍于去达到圣人观,每一个人都可以达到圣人观。当然,并不是每一个人都能在实际上成功地达到这样的境界。在这里,重要的问题是要使每一个人想成为圣人,或引导、鼓励他把圣人观当作一种理想去追求。有了这样的理想在胸中,人们就不会误用权利、知识、财富和人的智慧。它们对于我们所要达到的某种特殊的目的来说是非常有用的,然而只有智慧才能引导人们过一种导致社会和谐和个人心灵平和的生活。以知识为例。对于维持和改善生活条件来讲,知识是客观的、可靠的和极其有用的,但是它在给人们提供能够指导他们过一种有意义的生活的智慧方面却并不是同样成功的。至今知识方面的进步所导致的结果,是英雄观和使人成为他自己的欲望的奴隶。不管这种情形是好是坏,或者谈不上什么好或坏,知识本身已经成为中性的,天使和魔鬼都同样可以利用它。权利和财富方面的情形也并不见得要更好一些。我们今天所面临的最为基本的问题,可能是社会的改造和经济结构的重新调整的问题,以达到改善人们的生活条件的目的。但是明天的问题就肯定是个人自救的问题,以便改进生活的质量。所需要的并不是一些圣人,而是一部分人们起着不同的作用,努力获得圣人观。社会方面和个人方面的麻烦不在于我们生活所在的星球,而在于我们自己,而且为了防止社会机体被即将影响整个世界的英雄观所控制,很有必要以圣人观来救治英雄观。

五

西方世界似乎一直是英雄观占着统治地位。虽然在西方偶然也有人断言,调和适中的态度将会继承这个世界。但是占统治地位的态度仍然是自信的态度,是努力使欲望得到满足的态度,是把欲望和追求幸福统一起来的态度。结果就是,社会的结构就是一个权利和成就的社会结构。仅仅人类所取得的成就就足以令我们头晕目眩。所取得的成就的数量是不可计算的,它们的范围极其广泛,它们的意义是十分巨大的。事实上,这些已经取得的成就形成了这样的一个局面,即在西方人们几乎是生活在一个被创造出来的人工的环境之中。纽约可以说就是人类所取得的辉煌成就的一个顶峰。主体自然的主宰几乎达到了这样的程度,即客体自然几乎正在消失。而且,知识的力量、工业的力量和社会组织的力量更是令人不寒而栗。在它的建设性方面已经通过其成就表现出来的同时,它的破坏性方面也通过目前全球性的战争对文明所带来的危害表现出来了。在过去,文明可能由于冰河,洪水,地震或滑坡,或者是干燥和腐朽而遭到破坏。但是在不久的将来,它们不可能由于这些因素而遭到破坏;如果它们被毁灭的话,那么很有可能这样的破坏者就是人类自身。随处可见的进步是指向旨在安全的个体的组织,有些进步甚至旨在计划和努力建立一个全球性的组织。这确实是应该做的事情。然而,我们不敢肯定,这样的全球性的组织不久就会出现。而且即使这样的全球性的组织出现,我们到那时也不敢保证,再也不会有内战,或者将来的内战的危害性要比现在的全球性的战争的危害小得多。似乎有人企图把人类所面临的问题外在化,准备运用理智的力量来解决这些问题;这样的企图是由于我们不愿意从人类经验的角度来看待这些问题。能够征服我们的力量尽管令人毛骨悚然,然而运用这些力量的正是人类自身。如何来运用这些力量,最终说来是依赖于我们将会成为什么样的人这一事实。我们是不能够把我们自己的问题外在化的,因为我们本身就是这些问题的一部分。

西方世界是英雄观占统治地位的,这似乎没有什么疑问。我们可以在这方面找到无数的思想方面的证据。比如说人是万物的尺度,说物是感觉的复合,说理解决定着自然的本质,所有这些说法基本上都是人类中心论思想的必然产物。人们都认为这样的思想是不言而喻的,也就当然地接受了这样的思想。即使是《圣经》也是以这样的思想为基础的。如果没有人类中心论,甚至没有自我中心论,谁还会相信是上帝根据自己的形象创造了人,或者希望上帝这样去做呢?如果我们确实具有谦卑的本质,那么我们就不应该以自己的形象来羞辱上帝,因为这样的形象是我们这些将永远是下属的人的形象。这样,我们就可以比较稳妥地得出这样的结论,即不仅仅在希腊的明朗中,而且也在希伯来的美妙中都有人的自信的倾向,有因为我们自己而骄傲的倾向,有深入骨髓的自信认为我们是高尚的人。因此,人类的职责得到了高度的赞扬,以至于人们为战胜了自己的生物性遗传的满足而沾沾自喜。社会呈现出多样性,但是很少能发现对自我的不满。即使在自我禁欲和自我拷打中也没有真正意义上的人类中心的谦卑,在其背后的真正动机可能是要成为非我的好战欲望。正常的人如果不具有自我中心思想,那么他也会具有人类中心的思想,他的一般的态度是要把客观自然看成是要被征服的敌人,或者是根据自己的欲望加以改造的具有可塑性的材料。在这样做的时候,他可能屈从于人内心的纯粹的自然。他可能会以自己的哲学来继续"建设"客体自然,而且会努力调动自己所有的资源根据自己的意志来"征服"它。在某一种意义上,他可能会成为征服的英雄。但是如果他屈从于人内心纯粹自然的话,那么在另一种意义上,也可能是更为重要的意义上,他也就是一个被征服者。

英雄观具有它自己的长处,这也是没有疑义的。在前面已经提到在英雄观的指导下人类所创造的种种辉煌成就。远东社会更需要的似乎就是这样的英雄观。但是为了达到保持这样的英雄观的长处这一目的,我们就必须使它得到圣人观所具有的基本人性的补充。所谓征服自然的思想应该得到尊重,如果它不会因此而导致更大程度上的人类自己奴役自己的现象。在一种意义上,客观自然从来就没有得到过真正的征服,没有一个"自然律"因为人类的利益和仅仅在人类意志的支配下而被悬置起来或者被取消了。实际所能做到的是只不过是形成这样的一个状态,在其中为了使某种自然律起作用而使其他的自然律暂时不起作用,因此人类预定的结果就能得以现实。人类利用客观自然的一个方面来反对它的其他方面,其目的是为了满足自己的欲望。由于一个欲望产生其他的欲望,因此自然在多大的程度上得到了征服,那么我们的欲望也就在多大的程度上变得毫无节制。成就接着成就,力量产生力量。我们当然可能说,对客观自然的"征服"有好的也有坏的方面,或者说有建设性的也有破坏性的方面。但是由于毫无疑问在以这种折中主义的观点来看这一问题时显然有某些有用的目的,因此似乎一个更为重要的真理被忘记了。这一问题的根源也是同样的,成就和力量只不过是同样的刺激的表现。而且如果一个人追求建设,那么他在这样做的时候也会带来潜在的破坏。英雄观把取得成就的意愿看作是既定的和最终的,除非这样的意愿在其思想资源上带有圣人观的因素,那么我们就不会确定它不会通过欲望和满足的链条来摧毁人类。

当然,东方社会没有解决人类的困难的问题,而西方社会同样也没有解决人类的幸福所带来的问题。一旦宁静的印度可以从不同的方向达到,那么人类所遭受到的困苦就会令西方的旅游者感到极大的痛苦。在那里,人们的生活还像多少年以前那样依赖于天气,取决于连年的洪涝灾害。生命,生命是与死亡相连的,然后是死亡。生活并不是毫无意义的,因为即便是以谦卑的目光来看,对于个体生命的诞生也会带来无穷的惊喜。但是确实也可以这样说,生命是不值钱的,因为人的大批的死亡事实上并没有引起社会和政治方面的同情,人的诞生并没有经过本人的同意,他的死亡也并不违背他本人的意志。因此生命是一种麻木悲惨的状况,遵循着最小抵抗力原则走向既定的命运。然而令人不可置信的是,在如此苦难的生活之中也并不必然地缺少幸福。在这里,很少有后悔或者愤愤不平;很少有苦恼或者痛苦,因为除了自我之外,人很少有什么欲望;也很少有什么悲剧,因为悲剧蕴涵着这样的感情冲突,它使欲望的拥有者常常成为失败者,不过在冲突中无论哪一方面获胜都会导致悲剧的产生。而且与通常的信念不同,这样的冲突从整体上讲是与东方不一样的。英雄观在东方并不是没有,但是很少有以人类中心的形式出现的,所以在东方这样的英雄观并没有实际的重要性。客观自然的力量仍然压抑着纯粹的人。在东方正是这样的事实给西方人的心灵留下了深刻的影响,认为比起任何其他的事情来它具有更大的力量。无疑,人类中心论应该得到更多的鼓励,需要作出更大的努力来"征服"自然,无疑更高的生活标准应该成为每一个人的目标。但是我们必须理解的是,这些事情是有意义的,仅仅是在它们现实时某些素朴的或圣智的性质没有与它的自然而然或令人满意的满足一起失掉。

西方的文明将会影响整个世界,能产生这样的影响既是由于它本身的长处,也是由于它本身的力量。一旦这样的文明诞生,它就会以其磅礴的气势滚滚向前,粉碎前进道路上的任何一个障碍。显然它具有自己的优势,它使人们的生活水平提到了以前从来不可能想象的程度,它保证使人们的生活条件可以在很大的程度上免除自然灾害。不过人类管理所带来的苦难并不能从根本上得到消除,但这样的灾难则因为社会和政治方面改革的成绩而不断地减少。对于西方文明的长处，东方人除了表示敬佩之外没有什么可说的。对于世界变化的速度和效率，人们感到极大的好奇和敬畏。但是考虑到所要达到的目的，人们却不得不感到担忧。是否能够保证整个文明不会像乔装打扮的某些东西那样无处可去，或者是为实际上不存在的旅程做精心准备？如果幸福是与纯粹欲望的满足同一的，那么使人感到疑惑不解的是，是否生活在新世界的人要比古希腊人、中国人或伊丽莎白时代的英国人更幸福。幸福既是内部生活的和谐，也是与外在世界融洽相处的能力，后者只有当它能够对前者有所贡献的时候才能成为宝贵的财产。但是如果英雄观及其所含有的刺激和活力主宰了我们的思想和行动，那么它就有可能驱使人们进入行动的旋涡之中。每一个人都处在重压之下，束手无策，被无数的不断增长的欲望折磨着，其最后的结果就是苦难的消失并不意味着幸福的出现。西方人所需要的是更多的圣人特性，不仅要承认那种自信并不是人类中心的也不是自我中心的，也要承认它是与人类尊严相一致的自信，但却不会产生虚假的人类自傲。民主的信念，人类价值的观念，朝着生活条件平等的现实的奋斗应该与实现如下的目标相一致，即人不应该使自己脱离纯粹的自然并主宰它，因为当他这样做的时候他仅仅是在帮助自己求得对自身中的纯粹自然的满足。为了拯救自己，他是必须超越这些欲望的满足的。

T.H.格林的政治学说

本文系作者作为完成哥伦比亚大学政治学系博士学位的部分要求而提交的论文。1920 年完稿。杜汝楫、汪静姗译。

——编者注

前　言

　　有着神秘主义外貌的唯心论政治哲学似乎远离实际政治,就像爱因斯坦的公式远离通常的工程一样;然而,尽管它看来如此远离实际政治,但它始终具有值得重视的影响。正是由于这个理由,写这篇专题论文是可以的,而这篇论文的读者(如果有的话)也不必把它视为在精神健身房里的一种不必要的努力。

　　错误和不准确之处是可能的。作者使用非本国语言来写这篇论文难免遇到不少困难,而这些困难是只有在遥远的土地上力求表达自己思想的那些人才能真正体会到的。作者有幸获得一些朋友的帮助。我感谢他们。作者感谢曾聆听其讲授的教授们。最后,作者对邓宁教授的感恩之情是难以充分表述的。在各个阶段中邓宁教授对我的启示和批评都是很有裨益的;然而,按照"东方人的奥秘",无言比有言也许更意味深长。

金岳霖

纽约市,1920 年 9 月

绪　论

霍布豪斯教授在他的《民主和反动》一书中写道："三十多年间英国思想受到国外的强烈影响,尽管这不是英国近代史中的第一次。莱茵河已流入泰晤士河,不管怎样已流入泰晤士河的上游,当地人称为艾西斯,而德国唯心论的河水已从艾西斯散开,分布在大不列颠的整个学术世界中。"①

在霍布豪斯教授看来,德国政治哲学,简略地说,包含着三个基本概念。② 其一,意志是自由的;它是自我决定的;个性或真正的自由在于与我们的真实意志相一致,而真实意志又不同于我们作为自己个人所表现的那种意志。其二,我们的真实意志与公意是同一的,后者在社会结构中得到最好的表现,如果不是充分表现的话。其三,国家是公意的体现,国家赋予它以"活力"、"表现"和"一致性"。国家是公共的自我,而个人的自我是融合于其中的。国家是权威的泉源。它是我们道德理想的实现。它本身就是目的。因此,德国唯心论就成了政治绝对主义。

---

① 霍布豪斯:《民主和反动》,第77页。
② 霍布豪斯:《形而上学的国家论》。

T.H.格林属于因引进德国政治思想到英国去,而起先被赏赏后来被谴责的那些学者之列。他于1836年4月7日生于约克郡西区的伯金,是一位地方教长的儿子。他在拉格比上学,并于1855年10月进入牛津大学巴利爱尔学院(Balliol College)。1860年他受聘讲授历史,"在这年的11月,他实现了他在青年时的抱负,被选为该学院的研究员"[①]。从1860年直到他在1882年去世期间,他在牛津大学教书并积极参与地方政治,1876年被选为牛津市议会议员。他是参与这类公共事务的第一位学院导师,[②]对教育问题和禁酒问题很感趣。1878年,他被聘任为怀特道德哲学教授,这个职位许多人长期以来认为对他是合适的。1882年3月26日去世。

我们感谢R.L.内特尔希普(Nettleship)先生出版格林著作集,共有3卷。第1卷和第2卷是关于哲学的,第3卷包括其他各种内容。格林的政治学说实际上体现在他在1879年和1880年所作的"政治义务的原则"系列讲演中。这些讲演在《著作集》第2卷中重印,现在为了方便读者,以单行本出版。他的《伦理学导论》包含一系列哲学讲演的主要内容,体现了他的政治思想的形而上学的和伦理学的背景。它是在他去世之后才出版的,没有收入《著作集》里。他的"论善意"、"论英联邦"和"论自由主义立法与契约自由"等讲演,对理解他的政治学说有直接的帮助。

为了对他的学说描绘出清晰的图像,有必要对他那个时

---

① 《T.H.格林著作集》第3卷,回忆录,XVI。
② 《T.H.格林著作集》第3卷,回忆录,CXIX。

代的学术倾向进行概括的回顾。格林这种类型的人是不会轻易满足于传统的和现存的英国政治哲学和社会哲学的。至少对他来说,那种哲学缺乏一个关于个人的合适概念。人们往往把人视为对外界刺激的一个被动的接受者,而不是在人类活动的各个领域中的创造者。为了对这一点作出评价,让我们回顾从霍布斯到现在英国思想的历程。

霍布斯(1588—1679),我们记得,是坦率的唯物主义者。① 他解释说,知识的获得是由于感官的作用,并且他把人的感情和情绪归结为欲求和厌恶的对立。② 在政治学说上,他关于主权者权力的概念多少过于绝对,他对自然状态的描述也过于悲惨。在这方面,洛克(1632—1704)则较为乐观。他的自然状态绝不是无法无天。他热烈同情革命,为人民主权论证。在洛克看来,政府的权力总具有受委托职责的性质,因而他认为政府最终是要对人民负责的。③ 在知识论上,洛克主要是一个感觉论者。他激烈反对关于生来具有的观念的学说,这使他竟然达到支持塔布拉·雷沙(Tabula Rasa)的学说的危险境地。④ 他直截了当地说,心灵不过是一块空白,而观念则只是"延长到大脑的"感觉。不用多说,这个学说对神学家来说是白费心机的。贝克莱(1685—1753)热衷于神学唯心论,他进行艰苦的斗争以推翻洛克的前提,但他的努力似乎只是导致大卫·休谟(1711—1776)的较有说服力的经验

① 邓宁:《政治学说史》第 2 卷,第 266 页。
② 霍布斯:《利维坦》,第 6 章。
③ 洛克:《政府论两篇》。
④ 洛克:《论人类理解力》。

论。休谟在政治学说的领域里给予社会契约概念以致命的打击，①但他在伦理学里为边沁开路。他认为功利是各种人类行为的决定性动机，而这正是功利主义的信念，而且他的人性概念基本上是丑恶的，②与霍布斯的人性概念并无区别。

在此期间，洛克所提倡的政治学说广为传播。在美洲，自然权利的概念和人民主权的观念已写入法律文件中。③ 尽管政党分歧很快出现，但是人们对于这个根本原则实际上并无意见分歧。在法国，不管是对的还是错的，孟德斯鸠(1689—1775)推崇当时的英国政制。由于孟德斯鸠，制衡学说已成为一个政治信条，因为人们相信，只有通过这个制度，自由才能有所保证。④ 与此同时，重农主义者正在提出放任主义信条，而卢梭(1712—1778)则为1789年的原则铺平道路。前者开始了经济学的研究，而后者则普及了社会契约论。⑤ 卢梭的自然状态是孤独的状态。他的公意(general will)概念作为主权者的行为原则是对传统思路的革命，但他坚持政府必须以被治者完全同意为基础这一层，却包含着该学说所固有的同样困难。虽然他们(卢梭和重农主义者)的想法各异，但我们可以有把握地说，他们是从同一个原则出发的。在英国，正当有着浓厚重农主义倾向的亚当·斯密(1723—1790)带着一套洋洋大观的政治经济学体系出现在工业革命正取得最

---

① 休谟：《道德、政治与文学论文集》第1卷，第443页。
② 邓宁：《政治学说史》第2卷，第383页。
③ 1776年弗吉尼亚宪法和独立宣言。
④ 孟德斯鸠：《论法的精神》卷XI，第5节。
⑤ 关于卢梭对法国革命的影响，珍妮特(Janet)赞成，杰林里克(Jellinek)不同意。

初进步的时候,苏格兰的道德哲学家还没有失去大批追随者。在那里,老师是谨小慎微的,而学生则变成实证的和确信的。清规戒律成为教条。社会关系成为经济规律。不久,被称为古典经济学家的一群人名声显赫起来。不论他们之间有什么分歧,不论马尔萨斯(1766—1834)的悲观,李嘉图(1772—1823)的固执,或者西尼尔(1790—1864)和麦克库洛赫(1789—1864)的刻板,他们都是那时人们所说的自然和自然规律的崇拜者。人类主要是经济性的,而经济规律一般被视为是不可改变的。

在法学的领域里,布莱克斯通(1723—1780)以他的《评论集》出现了。他对历史有着强烈的兴趣,而难以对社会契约说表示赞同。事实上,按照他的看法,人民之所以结合在一起,乃是因为他们感到恐惧和无援。对于严格的主权概念,他是有着极大的影响的。他对法律的分析,假定有一个政治上的最高者,而主权则是"至高无上的、不可反抗的、绝对的和不受制约的权力"。他的《评论集》使边沁的天才得以发挥。由于边沁(1748—1832)及其弟子,功利主义名声显赫起来。根据功利主义学说,人的动机和活动可以归结为快乐。使人快乐之事被视为好的和可取的,而使人痛苦之事则被视为坏的和必须避免的。在政治领域中,这个口号就变成"最大多数人的最大幸福"。政府的存在是在于人民整个来说有政府较之没有政府更为幸福。① 在边沁看来,法律是意志以命令的形式的一种表达。权利概念若不伴随义务概念就毫无

---

① 边沁:《政府论片断》。

意义。

权利和义务是相互依存的。法律的权利和义务不是主权者的属性,而道德的权利和义务才是主权者的属性。主权者的权力最终在于能够实现最大多数人的最大幸福。功利主义者的影响是显而易见的,因为,即使没有人能够确切知道什么是幸福,但每一个人都可以算出什么是最大多数的人。

从上述的回顾来看,我们不难理解,何以格林不赞同传统的政治哲学和社会哲学。从根本上说,它们是唯物论的,或者充其量是经验论的,而格林则是一个唯心论者。霍布斯和洛克都相信社会契约论,但在格林看来,这种契约在历史上以及在逻辑上都是不可能的。功利主义者把人们的努力视为追求快乐,但格林则认为快乐绝非这种动力。经济学家创造了经济人的虚构,而格林则认为相信经济人的虚构就等于使自由从属于必然。

J.S.密尔(1806—1873)多少令人迷惑。确实,可以说他和《圣经》那样,圣者和魔鬼一样都可以利用他。他以资产阶级经济学家著称,但有人说他是作为一个社会主义者而死的。^① 他开始是一个边沁信徒,但后来他只是名义上的功利主义者。他为个人主义论证,但他并不具有无政府主义的倾向。他的《论自由》是对传统观点的决裂。用巴克(Barker)先生的话来说,它"给予自由权概念以更深刻的和更属于精神上的解释。密尔从一个意味着每个个人为发现和追求物质

---

① 巴克(Barker):《从斯宾塞到当前的政治思想》,第 213 页。皮斯(Pease):《费边社史》,第 259 页。

利益所必需的外在行为自由的自由权概念,提升为自由施展精神创造性以及由此产生的个人活力和多样性的自由权概念……同样,在他的《论代议制政府》中,他把边沁对民主的辩护加以精神化了。"①

从 1848 年开始到其后的 70 年代这个期间是多变的,密尔的智性人格也是多变的。社会科学在各个方面都取得了巨大的进步。让我们看一下对政治学说有所影响的政治经济学、法理学、历史学、社会学乃至生物学方面的发展趋势吧。

在政治经济学方面,古典经济学家的学说仍然占统治地位。他们对经济规律的解释和表述,使他们事实上已成为那时的现存秩序的辩护者。外来的影响,不论弗里德里克·李斯特的国家保护主义,或者卡尔·马克思(1818—1883)的国际社会主义,或者法国早期作家的共产主义乌托邦,在英国仍未为人所熟知,但一种多少使人困窘的学说则出现在地平线上。罗伯特·欧文的计划在实践中失败了,但他的观念却把人们的思想引导到新的方向上去。在理论领域里,李嘉图式的社会主义者②未能看到现存财富分配制度有任何值得夸耀之处。在实际政治中,伦敦不同于 1848 年的巴黎,因为它并不存在任何国家工厂;但在另一方面,经济的和社会的各种改革努力却并非一点也没有。科布顿(1804—1865)和布赖特(1811—1889)特别致力于谷物法,提倡放任主义;而莫里斯(1805—1872)和金斯莱(1819—1875)则为当时到处存在的

---

① 巴克:《从斯宾塞到当前的政治思想》,第 213 页。
② 洛温撒尔(Lowenthal):《李嘉图式的社会主义者》。

苦难所感动,而企求一种真正的相互合作。① 当亨利·乔治(1839—1897)在1879年发表他的《进步与贫困》时,经济思想已进入到一个新的时期。

在法理学领域,分析学派有了它的代表人物约翰·奥斯丁(1790—1859)。他认为国家主要以暴力为基础,而服从则主要出于恐惧。他的主权学说,不管如何简明地说,所谈论的是某种描述而不是某个定义。它首先包括某个确定的在上者,它并无服从同样的在上者的习惯。其次它包含一个特定社会,这个社会的大部分人都习惯地服从那个确定的在上者。"实在法"不同于"实在道德"。因为"实在法"首先被视为在上者的命令,因此,主权者高于法律的权利和义务。在另一方面,亨利·梅因爵士(1822—1888)不满意分析学派,他涉足到远古,而在返途中力图堵住正在上涨的人民统治的潮流。②他对卢梭的学说和边沁派的学说都感到厌恶。他力图用他那巨大的智力一下子摧毁这两种学说,但他这样做的结果,他可能变得比他所料到的更为悲观。巴克先生认为,梅因是一位律师,他有着他的职业的保守主义。③ 但吉丁斯(Giddings)教授则认为,梅因对古代制度的透彻研究使他忽视了现代人的心理。④

法律研究中的历史方法,不论在德国或英国,都必须对历史本身有所影响,尤其是进化观念开始受到知识界著名人物

---

① 伍德沃思(Woodworth):《英国的基督教社会主义》。
② 梅因:《人民统治》。
③ 巴克:《从斯宾塞到当前的政治思想》,第168页。
④ 吉丁斯:《民主和帝国》,第181页脚注。

的欢迎。进化观念被视为适用于自然事实的历史方法,而历史方法又被视为适用于人类制度发展的进化观念。人们认为现在的根是过去所深埋的。于是,各种好古精神就开始进行它们的精神旅行,进入到德意志的边远森林中去,以便解释当时的现存政治社会事实。历史解释并非毫无创新之处。对事件的逐年叙述这个传统方法已不能完全令人满意。技术学的解释与时代精神又不十分一致。卡尔·马克思的经济决定论①尚未风行。但亨利·托马斯·巴克尔(Henry Thomas Buckle)就已经在 1857 年以同样的方向作出了雄心勃勃的努力。② 尽管他这项工作没有取得预期成功,但它激励着年轻的一代人作出进一步的努力。

从海峡对岸传来了实证主义和对人的崇拜的福音。先验的或形而上学的思辨已不被视为能够指导我们了,因而知识只能从经验材料的积累中产生出来。看来,人被视为一个独立的原子单位这个观念,又要返回到亚里士多德的格言——人在本性上是社会性的。一般而论,传统的经验主义看起来似乎获得了一件新的外衣并引起人们广泛注意。这对密尔有着巨大的感召力,同时驱使弗里德里克·哈里逊(1831—)对"秩序和进步"做一番思考。孔德进一步地被视为社会学的先行者。美国过去是也许现在仍然是这一科学分支的肥沃土壤,而英国对此并无羡慕之感。沃尔特·巴奇霍特(1826—1877)不属于正式的社会学家,但他真诚地希望在社

---

① 《共产党宣言》,1848 年。
② 巴克尔:《英国文明史》。

会学的模仿过程中使政治学获得更新。他的《英国宪法》在相当的一个时期里是这个课题的定论,而他的《物理学和政治学》至少在方法上与较为形式的和条文主义的作者迥然不同。赫伯特·斯宾塞把社会学与他的综合哲学相结合,而为放任主义提出了迟到的论证,这体现在他的《人与国家的对立》一书中。

在达尔文(1809—1882)及其观察结果提出之后,自然科学的研究取得了巨大进步。这促进了对动物有机体及其适应性的研究。根据类比,这种研究逐渐扩展到所谓的社会有机体。正如动物有机体有血管和动脉,社会有机体据认为也有同样情况。正如动物有机体为生存而斗争,社会有机体据说也进行同样的斗争。据说适者生存,但是,正如赫胥黎教授所指出的,①适者未必就是较优者,更不是最优者。这种社会有机体学说并不是一个新学说,它只是在内容上大为丰富,并有着不同的解释罢了。在柏拉图的手中,这个学说为一个目的服务。在德国人手中,它为另一个目的服务。然而,在赫伯特·斯宾塞的引导下,它变成了某种宿命论,因为它在哲学上导致宣布物质的独立性,②同时它在政治上为个人主义的无政府主义辩护。

尽管有上面的说明,人们仍然可以问道,这些科学同政治学说之间究竟有什么关系。我们必须记住,政治学说并不限于这套法律和那套法律的条文,也不限于宪法和政府以及习

---

① 赫胥黎:《生存斗争》,载《19世纪》1888年2月,第165页。
② 《T.H.格林著作集》第41卷。

俗或习惯,如果它研究社会中的人,那么它就得研究作为个人的人;如果它研究政治社会的目的,那么它也必须明确个人的使命。那么,根据刚才所提到的那些科学,人的概念又是什么呢? 在古典经济学家看来,人是一种经济动物。在功利主义者看来,人是快乐的追求者。从自然主义者的观念看来,人首先是一种动物有机体,而从历史的经济解释的观点看来,人主要是外在力量的被动接受者。历史学家告诉人们,他们是怎样成为现在这个样子的,而法律学家则描述人们的法律地位。事实上,正如华莱士(Wallas)先生所指出的。① 政治思想的每一个著作家和学派,都有自己的人性概念,而概念一般是基于某种并不存在的抽象物。很可能其中每一个都包含着一定的真理。更可能的是它们都有夸大之处。不管怎样,在格林看来,它们都是片面的,因而都不是据以建立某种综合的政治哲学的一些恰当的概念。政治哲学若建立在这些不恰当的概念之上,就不可能令人满意。如果政治哲学是不能令人满意的,那它就需要修正,但它又不能彻底修正,除非你为此又建立一个牢固的基础。于是,这就是格林在他的伦理学中要解决的问题。他的政治学说是以他的伦理学为基础的,这体现在他的《政治义务的原则》之中。对他的伦理学和政治学进行研究,是不能割裂的。格林作为一个彻底的唯心论者是反对经验论的。他相信人的道德使命使人不同于纯粹的动物有机体。他要负起责任把英国政治学说从它们的自然主义倾向的支配下解放出来。

————————

① 　华莱士:《政治学中的人性》,第 12 页。

第一章　形而上学和伦理学的背景

　　格林从自然的存在到知识的可能性最后到永恒意识的存在而进行论证。在此,由于我们主要讨论他的思辨的结果,我们不妨从他的永恒意识开始,而不必复述这个复杂的推理过程。

　　在格林看来,对于我们和这个世界来说,有一个至高无上的东西,或上帝或不管你把它叫作什么,它就是永恒的、有联结作用的和无条件的意识。它不在时间之中,因为它是有时间的条件。① 它也不在空间之中,因为它是有空间的条件。它没有开始也不会结束,因为正是由于它才有开始和结束。毫无疑问,格林认为它是上帝;但是,究竟它是否具有人格的形式,格林对此并没有明白表示。不过,我们被告知,由于它是神圣的,它具有神圣的属性;它是完全的和完善的,其他东西都逐渐变化,但它却始终如一。它在两个不同方面表现自己,②一方面,它在我们称之为人的主观单位中再现自己;而在另一方面,由于它而有一个独一无二的不可改变的关系系

---

① 格林:《伦理学导论》,第 59 页。
② 格林:《伦理学导论》,第 37 页。

189

统,我们视之为自然。在一个方面,由于人是意识的主观单位,是永恒意识的再现,所以人也是神圣的;在另一方面,由于自然是作为一个有精神性的、独一无二的、不可改变的关系系统,因而它不纯粹是自然的。永恒意识分为这两个方面,但它仍然是这二者的源泉,因而超越它们。正是由于它才有所谓自然中的精神原则和知识中的精神原则——之所以是精神的原则,不是神秘之意,而是与现象相对立,即与自然相对立之意。

在本书的"绪论"中已表明,在格林的时代里,知识界的主导影响乃是自然主义。自然主义包括对自然的探索和对自然的认识及其对人的应用。格林对这种认识的内容和用途并无异议,但他否认这种知识可以解释它自己的可能性。明白地说,自然的知识并不说明知识的性质。也许"知识的性质"一语不会是格林自己采用的,但是,在这里它对我们比较方便,而不至于给我们带来麻烦。于是,对于格林来说,基本问题是:知识如何可能? 为这个问题提供回答的是他所说的知识中的精神原则。

让我们首先弄清自然是什么意思。对于格林,自然指的是可能经验的对象、可知的事实或现象的相关事件或有联系的秩序。① 知识意味着知者和被知者。复杂的自然是为人所知或者能够为人所知这一事实,意味着有一个进行认识的或者能够进行认识的综合的有联结作用的原则。用格林的话来说:"自然包含着有别于它自己的某些东西,这是它之所以如

---

① 格林:《伦理学导论》,第58页。以后"自然"或"自然的"这个词只用于这个意义,而"现象"一词也只限于康德的意思。

此的条件。"①既然这些东西不属于自然,它就不是作为自然的一部分而存在。它既不在时间中,也不在空间中。它是一种独特的意识。

这个意识是一种作用,由于这种作用才有了对于我们来说的一个可能的客观世界。但是,人们可以争辩说,精神的活动是受到物质制约的。然而,如果意识不是物质条件的结果,事情很可能如此,因为那些条件包含一种意识而使它们在任何情况下都是可以被理解的。这还必须避免康德所没有摆脱的二元论概念。

"悟性确实制作自然,但意识并不创造自然。"对于这句话,康德指的是,悟性制作自然,但它是用那些不是由它制造的材料来制作的。这意味着单一实在的双重存在。洛克认为,存在着一个客观世界,和它一起有所谓的人们精神的产物。前者是实在的,而后者则不被认为是实在的。只有当心中的设想与客观世界相符合时,它才是实在的。在格林看来,这种说法是毫无意义的,因为只有通过我们的意识,我们才能够有一个客观世界。因此实在不能与意识分隔。既然自然是相关的对象或事实,或者是事件的秩序,那么,实在只不过是向意识显示的特定关系的不可改变性而已。②既然关系是意识的事情,因而并非纯属自然的,所以,在这个已被限定的意义上,实在不可能是纯属客观的。

格林说,通常人们有一种倾向,把人们对自然的知识视为

① 格林:《伦理学导论》,第58页。
② 格林:《伦理学导论》,第17页。

自然过程的结果。据说知识只能从经验产生,而经验又只能从客观实在演绎出来。格林并不否认在一定意义上这句话含有真理。但他认为,我们只能有保留地加以接受,因为这在很大程度上显然取决于经验这个词的意义。如果它指的是在我们的生理有机体上的化学效应或物理效应,那么,它就可以在我们对此毫无所知的情况下长期延续下去。但是,我们假定派生出知识的这种经验却是完全不同的另一回事。它是"被承认为如此这般"的事实的经验。① 因此,必定有给予这种承认的东西。换句话说,必定有意识,而对所经验的事实的意识本身,不可能是这些事实的结果。经验的意识也不可能是这种经验的结果;因为,如果不被意识如此地被承认,则该经验就不可能是如此。又有人认为,意识是从先前事件得来的。这个论点包含如下假定:"最早的事件意识是从一系列没有意识的事件得来的。"②这似乎只是暂时把困难搁置起来,而这是毫无意义的;因为没有意识的事件不可能是在我们经验之中的事件,因而不可能是我们知识的来源。根据上面提出的议论,格林认为,知识不是自然的结果。知识并非纯属经验的结果。它包含一个综合的有联结作用的原则,这就是知识中的精神原则。

然而,如果由于意识我们才有一个客观世界的话,那么由此是否可以得出结论说,客观世界是依赖于我们的意识呢?这是否进一步导致站不住的概念,认为意识能够随意创造对象呢?而且,由于人各有异,人的思想又各不相同,那么,实在

① 格林:《伦理学导论》,第 20 页。
② 格林:《伦理学导论》,第 22 页。

的根据又是什么呢？虽然实在是一个关系系统，是不可改变的，这对一个人来说是如此，而对另一个人来说并非如此。为了回答这些问题，首先让我们和格林一起，粗略考察一下自然的本性（the nature of nature）。

前面已经指出，自然就是可知事实或相关事件或可能的经验或现象的有联系的秩序。对象总是相关的。它们在同一性上是相关的，可能在其他一些方面也是相关的。倘若它们在别的方面不是相关的，那么它们在差异性上是相关的。不相关的对象是不存在的。按我们的定义，实在包含一个关系系统。然而，当我们说到一个关系系统时，我们应当知道它的含义。它"对于我们是一个熟悉的事实，以致我们容易忘记它包含着一中之多这个奥秘，如果这是奥秘的话。不论我们是否说，一个相关事物在本身上是一，但在其关系上是多，或者说，在许多事物之间有一种关系，我们同样都是肯定了多中之一。从一事物中抽出了多种关系，就什么都没有了。它们是多并且决定或构成其特定的统一体。这并不是说它首先存在于其统一体中，然后被带到多种关系之下。没有这些关系，它就根本不会存在。同样，一种关系乃是许多事物的统一体。这些事物虽然多种多样，但形成一种关系。如果这些关系确实存在，那就存在着真实的多中之一，一的真实多样性。但是，事物的多元性本身不可能联结成一种关系，一个事物的本身也不能把它自己带到多种关系去"。① 所以，除了多种对象之外，必定还有某种东西把它们联系和联结起来而又不消除

---

① 格林：《伦理学导论》，第33页。

它们的个性。

在我们对知识的考察中,已经把我们智性的这个有联结和结合作用的原则识别出来。在这种情况中,它是知识的精神原则。格林认为:"为了说明任何关系,同样的或类似的活动是必要的……所以,我们或者完全否认关系的实在并把它们视为我们的起联结作用的智性的虚构;或者我们必须认为,它们是我们的起联结作用的智性的产物,同时它们又是'经验的实在',因为我们的智性是这种经验的实在的一个因素;或者,如果我们认为它们是实在的,不仅仅对于我们来说,不仅仅在'我们的经验世界'中,那么,我们就必须承认,类似于我们的认识活动中某种起联结作用的原则的活动就是这种实在的条件。"①

很明显,在我们关于现象间的统一关系的知识之中,必定不仅仅有一个综合的、有联结作用的原则,而且还有相似的原则,它说明何以有这种统一的关系。这就有两个原则,从而很自然地产生如下问题:它们是如何协调起来而使只有一个实在的呢? 根据我们关于永恒意识的概念就可以很容易看到,自然的关系系统的来源以及我们对它的知识的来源是完全同一的。至于自然的秩序与我们关于它的概念如何相协调这个问题,其回答是我们承认我们对自然秩序的认识同构成该秩序的关系之间有着一个共同的精神来源,这就是永恒意识。

格林坚信,自然与知识的二元论概念是不能解决问题的。他得出结论说,要提出的真实的说明就是"具体的整体以毫

---

① 格林:《伦理学导论》,第 33 页。

无偏见地被描述为在相关事实的世界中获得实现的永恒智性,或者被描述为由于这种智性而成为可能的相关事实的系统。它部分地和逐步地在我们之中再现,在不可分开的相互关系中,逐渐沟通认识力与被知事实,经验与被经验的世界"[1]。换句话说,在永恒意识中存在着自然与知识的统一。在这样的一个概念上,不可能存在现象与实在的对立,或心灵的工作与自然的事实之间的对立。格林认为,实在的这个难题就得以解决了。

我们认为自然和知识这二者都有精神原则,而且它们在永恒意识中是统一的。我们还得考察在获得知识的实际过程中这两者如何得以沟通。我们不必细谈哲学上的常用语,例如感觉、概念和感知。格林作为一个唯心论者,必然抛弃感觉论者的观点。虽然他也认为先验概念的可能性,但他承认知识可以是并且一般来说是包含感觉的。然而,必须明白,光有感觉并不形成知识。如果知识包括感觉,那么它所包含的感觉乃是为意识所认知的感觉。只有当意识发生作用时,才能有感知或知识。

也许有人提出异议说,根据这个学说,我们可以任意制作对象。但格林则认为,我们不能任意制作对象,就像我们不能任意制作意识一样。[2] 人们也可以说,我们所感到的意识是因时而异的,在我们对这个世界的认识和学习认识的过程中。看来是如此。格林对此作出解释,说这是我们这个动物有机

---

① 格林:《伦理学导论》,第 41 页。
② 格林:《伦理学导论》,第 74 页。

体逐渐成为永恒意识的工具的过程,这个过程在时间上有其历史,但永恒意识则没有历史,也不在时间之中。对我们的意识可以从两个方面观察。它可以"或者是动物有机体的功能,使这个有机体逐渐地并且有间断地成为永恒意识的工具;或者是永恒意识本身,它使动物有机体成它的工具,同时在这个过程中受到某些限制,但它仍然保持着独立于时间之外,并作为变化的决定因素而本身又是没有变化的这些本质特征"①。说意识因时而异乃是第一个意义上的意识。使自然或知识得以存在的那种意识乃是最后一个意义上的意识。上述概念并不意味着在人之中有两重意识,而是说,我们意识的某个个别实在是不可能在一个概念上被理解的。②

我们可以用格林所提出的关于"我们阅读"这个例子很好地说明我们的认识的全过程。"我们在阅读句子时,我们连续地看到各个词,我们连续地注意它们,我们连续地回想它们的意义。但在整个连续过程中,必定不断呈现这样的意识:这个句子有着作为一个整体的意义。不然的话,这种连续的看、注意和回想就不会产生关于其意义的理解。这个意识,作为对这句子的智性阅读的器官,在这些词中起作用,使这些词有着如此的意义。当阅读过去之后,知道这个句子有其意义的这个意识就成为那个意义的意识了。在这个意识中,阅读时的精神操作所产生的连续结果就结合在一起了,成为联结的整体而不是连续。于是,就这个句子而论,读者已把作者的

① 格林:《伦理学导论》,第78页。
② 格林:《伦理学导论》,第78页。

思想变成他自己的思想。作者构造这个句子时的那个思想决定了并且作为器官而利用了读者的感官和心灵的连续运行，从而通过这些作用在他之中再现。在这种再现的第一阶段，使上述过程能对此有所帮助的唯一条件，是读者确信这个句子是一个相互联系的整体，它具有可以被理解的意义。"①世界有它的作者，自然是这个作者的著作，人是读者，而阅读则是认识。上面所述可以是哲学上的粗略说明，但它只是弄清人类知识的获得的一种说明而已。

格林并不怀疑知识受经验制约。他在一个地方说，存在着一个实在的外在世界，而我们则通过感觉而对它有某种经验，并且我们关于自然的知识都包含着这些经验，这个事实在哲学上是没有争议的。② 这就是说，要不是有一系列可感知的或与可感知性相关的事件，意识就绝非如此。在另一方面，如果永恒意识（它是有经验的条件）不在人的自身中自我实现或再现，那么人就不是智性经验的主体。人由于具有在后一个意义上的能知的特性，可以说人享有智性的自由。用格林的话来说，人是"自由的原因"。"原因"这个词的使用不是指通常意义的某个结果的必要前件；因为这样的话它也包含在该前件之前的条件。在现象世界中，原因与结果代表一种关系，其一决定另一，而前者本身又为别的原因所决定。自由与一个自然事件决定另一事件，或者一个现象决定另一个现象的情况毫不相干。③ 这种决定在两个意义上与自由无关：

① 格林：《伦理学导论》，第 81 页。
② 《T.H.格林著作集》第 1 卷，第 376 页。
③ 《T.H.格林著作集》第 2 卷，第 109 页。

首先,这种决定不论在原因或被引起的结果之中都不包含既作为主体又作为客体的自我意识;其次,在这种决定中,彼此外在的事物形成了我们称之为原因与结果的特定关系。

如果我们把"原因"这个词从上面的意义转而应用于世界与在世界的存在之中的行为者之间的关系,那么,我们将发现,"自由的原因"指的是人自己决定自己的行动。只有当人在自己决定自己或决定自己的行动的思想下行为时,他才真正是自由的。如果我们认为人是顺从自然规律的,是自然的一部分,那他就不是真正的人。① 不管事实是否如此,人们可以提出异议说,人获得知识是受时间中的过程和严格的自然作用的运行制约的。如果这些过程和作用对他是如此重要,那又怎么能够说如此受制约的人既不是自然的一部分而且他自己又是自由的呢? 意识在一个动物有机体中实现和再现自己,这并不使人只成为一个动物,就像动物为它们的活动运用机械结构这一事实也不能使动物只成为机器一样。② 人是意识到他自己的。他有意识地把他自己与他的关系区别开来。他知道他是一个单位,也知道他既是主体又是客体。他自己识别到他是意识的表现,这种自我识别不是在时间中的过程,而正是由于这种自我识别才有时间。由于这种自我识别,他就自由地进行不在时间之中又不在自然事件的链锁之中的活动。他的活动完全出于他自己。这个原则同人类活动所必需的大脑和神经的生理过程之间并无不相容之处。这些生理过

① 《T.H.格林著作集》第2卷,第108页。
② 格林:《伦理学导论》,第89页。

程不能构成进行认识和自我识别的人,进行认识和自我识别的人毕竟是智性的"自由的原因"。

上面的一段话意在表明,在格林看来,存在着一个永恒意识,它在如下两个方面中表现它自己:其一是所谓的自然中的精神原则;其二是冠以类似名称的所谓知识中的精神原则。前者成为可知的自然,后者成为作为知者的人。我们已经看到,人的自由是固有的,人的精神性是确实无疑的。然而,我们至今还没有谈及不作为知者的人。我们还不知道他的道德性能。道德在于无私地履行自我承担的义务。① 道德行为涉及意志和所意欲的目的。因此,在下面就得讨论意志的性质及其所涉及的问题。我们还必须考察所意欲的目的的特性及其与那些没有作出这个意志的其他人有什么关系。在前面的段落中,我们是探讨知识的世界;而在下面的段落中,我们将探讨道德的世界。在前者,我们的目的是去解释人类认识可知事物的努力;而在后者,我们的目的是说明要达到所想望的状况的尝试。换句话说,我们甚至不惜冒被误解的危险而要力图使这二者的区别更为明显,那么,前者是把实在的东西还为理想,而后者则是把理想的东西成为实在。

现在让我们把知识的世界搁下,而着手讨论实践世界,并且记住,实践意味着把实在给予所设想的目的。② 我们已经表明,知识的过程不是自然的,现在我们将要证明,道德行为也不是自然的。因为一切行为都包含意志,因此首先界说意

① 格林:《政治义务的原则》,第 40 页。
② 《T.H.格林著作集》第 2 卷,第 117 页。

志的特性,然后找出它必然包含的东西是合乎逻辑的。"意志是人根据可能满足自己想法来决定其行动的能力。一个意志行为就是如此被决定的行为。"①意志总有动机,因为没有动机的意志是不存在的。② 动机又包含需求和欲望,这可能是并且往往是动物本来就有的。然而,在另一方面,它不但包含这些需求和欲望,同时也把这些需求和欲望提交给自我识别的意识。欲望若不是被提交给意识并被视为一种欲望和给人以满足的一个可能因素,那么,它就不是动机。再者,欲望总涉及在该满足中的某种善的观念——不管它是什么。正是这种善的观念产生道德行为。它包含自我反思和判断。这种反思和判断可能要求不断参照"道德意识的习惯表达"和"体现着永善理想的那些典制"。但是,在解释这些表达和典制时,反思和判断毕竟是最终的决定因素。因此,所说的动机虽然涉及动物的目的、欲望或可感知的现象,但本身已不是动物的或现象的东西。好比智性虽涉及在时间中的自然,但其本身并不在时间之中;同样,动机也涉及属于动物的因而在时间中的目的,但它本身既不是动物的,也不在时间之中。有智性的自由,同样,也有意志的自由。在这两种情况下,自我决定的和自我识别的意识都起作用。

意志必然受到我们的欲望和智性影响。因此,要了解我们意志的性质,就必须考察意志同欲望和智性的关系以及这二者之间的相互关系。通常,当我们谈到欲望时,我们并没有

① 格林:《政治义务的原则》,第31页。
② 格林:《政治义务的原则》,第13页。

把纯粹的动物欲望同自我决定的意识所认定的欲望区别开来。前者不具有道德的性质,因为它本身与意识无关,也不是由意识所认定,而是完全由生理决定的。纯粹的动物欲望是极少的,绝大多数的欲望与动物的感受无关。① 如果有此关系,那些欲望就会因自我决定的意识的作用所导致的新因素而发生改变。有时会出现许多欲望相互冲突的心情。据说最强烈的欲望终于取胜而成为我们的意志。但是,这种说法并不是格林所认可的。格林认为,意志不是欲望,不论它是否强烈。如果"欲望"这个词非要用来同时意指意志和动物需求不可,那么,我们就得记住,这个词并非只有一个意义。互相冲突的欲望没有被自我意识认定为是导致善的可能的满意来源,但是由自我意识如此认定的欲望本来就与那些相互冲突的欲望不同,这就是说,它已经是一种动机。在一种情况下,人是按自己所认定的欲望采取行动;而在另一种情况下,欲望在人没有作出决定之前就对人施加影响。后一种情况不具有道德的意义,但前一种情况则具有道德的意义。

让我们转到欲望和智性之间的关系吧。这二者之间有没有统一性呢,还是它们是彼此直接对立的呢? 从来源来看,统一性是显而易见的,因为"被称为欲望的真实行动者乃是有如此欲求的人或主体或自我:被称为智性的真实行动者乃是有如此认识、如此感觉和理解的人:有欲求的人和有认识的人是同一的"②。然而,问题在于,欲求与认识是完全不同的两

---

① 格林:《伦理学导论》,第 141 页。

② 格林:《伦理学导论》,第 146 页。

回事,二者不能令人满意地以它们与这个同一来源的关系来解释。格林的解释是,①欲望和智性都包含自我意识和与此自我相对立的世界的意识以及克服这种对立的努力。欲望给予或企图给予在所欲之初只是理想的那个目的以实在,以图克服这个对立。智性给予或企图给予在呈现之初只具可感知性的目的以理想性或可理解性,以图克服这个对立。还有,"作出其一势必随之作出其二。在全部认识过程中,欲望都起作用"②。反之亦然。"人要知道的事情总是他所希望知道的。"③反过来说,人所希望的事情总会在智性上估计其实现的可能性。由此可见,欲望和智性是相互交织的,它们毕竟是同一个自我意识的不同表现。它们不是可以行使其一而不行使其二的彼此分立的力量。思想的活动包含欲望的活动,而欲望的活动也包含思想的活动。所以,除了这两种活动必然出现于同一的来源以外,在这两种活动中还有其固有的统一性。

我们还必须考察意志和智性之间的关系。有时人们说,意志和思想是彼此对立的。人们还说,纯粹的思想不是意志,或者说意志不仅仅是思想。后一种说法的意思是,要使思想等同于意志就得添加某种补充成分。这就是说,"例如,如果我们说决意交还欠款就不仅仅是想"交还欠款:我们的意思是,"仅仅想交还欠款并不具有交还欠款的意志"。这取决于"思想"这个词的意义。显然这不是如下意义上的思想:它包

---

① 格林:《伦理学导论》,第147页。
② 格林:《伦理学导论》,第151页。
③ 格林:《伦理学导论》,第151页。

含对"相互决定的自我和世界的意识以及对一个目的的意识,这个目的是自我所感到但有待于在世上实现的欲望向自我提出的。"①这种思想总是在意志中出现的。在上述意义上,无思想的意志根本不是意志。再者,被意志的目的乃是某种观念的实现。它可以是善的观念或自我满足的观念或诸如此类的其他观念,但它毕竟是观念。意志的目的也是思想的目的。② 所以,在这个意义上,思想就是意志。它不仅是我们的一部分。它不仅是意志的一个成分。在意志中不存在脱离思想或者可以脱离思想的成分或因素。这就是说,意志并非包含各种不同成分,而思想只是其中的一个成分并自成一体,与其他成分完全相隔离。这个结论是必然的,在我们讨论欲望和智性、知识和自然以及人类意识的综合的有联结作用的原则时就会看到。

然而,我们分别讨论欲望、智性和意志可能使人有一种印象,似乎它们是彼此独立的成分,这些独立成分构成人的某种行为。这显然不是格林的意见。他从来没有认为意志由智性以及与智性截然不同的欲望组成。因为"进入意志之中的那种欲望是包含思想的;而进入意志之中的那种思想是包含欲望的"③。有其一必有其二。事实上,其中有着统一性。在格林看来,"意志等同于和不可区别于欲望和思想……既然如此,那么如下的看法必定是错误的,这种看法认为意志是人所具有的各种性能中的一种性能,它具有独立于其他性能的独

---

① 格林:《伦理学导论》,第170页。
② 格林:《伦理学导论》,第171页。
③ 格林:《伦理学导论》,第171页。

特作用,因而,当其他性能的作用产生出人的某种特性时,意志还是可以造成某种行为而有别于该特性所引起的行为。意志就是人。意志行为就是作为人之时的人的表现"①。但每当人如此意志时,他会对许许多多事情有所感觉、思想和欲求,但是"这个人自己当时只认识到意志行为所表示的感觉、思想和欲求"。

当格林谈到自我时,他指的是永恒意识在其中再现自己的那个单位。它是"凭本身即为实在的那个东西或其形式:这个东西的实在性不是相对的或派生的"②。格林承认,如此理解的所谓自我就有点神秘了,如果所谓神秘指的是无法解释为什么的问题的话。然而,这并不比世界的存在本身更神秘。它亦绝非抽象;因为,正如欲望、感觉和思想如果与区别于它们的某个主体无关,那就不成其为欲望、感觉或思想。同样,这个主体如果与区别于它并向它提供的那些欲望、感觉和思想无关,也就不成其为该主体。③ 换句话说,把欲望、感觉和思想统一起来的这个自我概念不应看作十分抽象的。只要它在某个时刻和它们相结合,它就通过它们来表现自己。

人的意志可以是善的,也可以是恶的。因为"善"和"恶"是相对的名词,对其中之一的讨论就会揭示另一的性质。我们可以问,善的意志是什么呢? 在这个问题上,格林基本上同意康德的看法,即认为善的意志主要是"实践理性"对一种行为的决定,而这个行为包含着能够联结自己和别人的那种目

---

① 格林:《伦理学导论》,第 173 页。
② 格林:《伦理学导论》,第 113 页。
③ 格林:《伦理学导论》,第 113 页。

的。"实践理性"又是什么呢？实践涉及使所设想的目的具有实在性。格林把"实践理性"定义为"通过意识主体，并在意识主体中实现完善的可能性的那个意识"①。我们已经详细说明，意志包含某个主体，但在这种情形中，在善意志的情形中，它也包含出自理性的目的。② 这个目的并非出自欲望，因为它"在所欲之前就是可欲的了，而且它之所以是所欲的，乃是因为它早已被视为可欲之故"③。这个目的就具有无条件的性质。格林谨慎地指出，意志的目的通常不是理性目的，用他的话来说，意志的目的并不等于理性的目的。他和高明的哲学家那样不会令人失望的。因为意志的目的"内在上或潜在上和趋于实际上就是理性的目的"。④

善的意志要导向共同的目的，它就同时包含一个人的自我同别人之间相一致的观念。这一点可以用格林对共同的善和快乐的追求的讨论来加以说明。他的著作到处抨击享乐主义和功利主义，以致难以挑出某一段落作为引证。在下面的一段话里，他的表述是很激动并且几乎是猛烈的。追求快乐就是要引导人们的"主要兴趣趋于私自的目的，其好处是别人不能分享的。在这个意义上，追求快乐的人其性质必定是自私的……快乐追求者既然为私自的目的而活着，这似乎与彼此分享快乐的事实不相容，但事实并非如此。当人们说某人与别人分享快乐时，意思是他同别人都盼望相同的目的，对

① 格林:《政治义务的原则》，第20页。
② 《T.H.格林著作集》第2卷，第10页。
③ 《T.H.格林著作集》第2卷，第111页。
④ 格林:《政治义务的原则》，第21页。

其实现都感到高兴;或者,别人的快乐就是他的目的,当达到该目的时,别人高兴,他也高兴。在每一种情形里,快乐是享有快乐的人所私有,而且,当恰好达到一个确实是共同的目的时,情形也是如此。正是由于我们把共同目的的追求,即善的追求(并非追求者因此而获得较多好处)同快乐的追求(达到目的时就获得快乐)相混淆,把实际上并非快乐追求者也看作快乐追求者,以致我们会设想有不自私的,不是为了纯属自己的目的而活着的快乐追求者"①。快乐不一定是善的。它可以碰巧是某个被视为善的目的的实现,但它本身并非善。

上面的论述虽有助于指明快乐的追求并非志于共同的善,但这并没有准确说明什么是共同的善。我们要知道什么是共同的善,就得知道什么是善。真正的善是满足道德行为者的愿望的;而道德行为者则被定义为无私地履行自我承担的义务的人。但是,按照格林的看法,恰恰是善的性质是无法严格确定的。然而,我们可以形成关于善的一般观念。在前面已经指出,永恒意识在人类中再现自身。"由于在人之中的这个原则,人具有一定的能力,这些能力的实现形成他的真善,因为他只能在其中获得自我满足。在可以观察到的生活中,在过去的或现在的或我们所知道的人所能过的生活中,是不能实现这些能力的;而且,因为这个缘故,我们不能恰当地说这些能力是什么。由于人的精神天赋就是知道善的存在,因而想到他具有这些能力,想到这些能力的实现会使他处于较善的可能状态,这种思想就是他的动力……因为他的真善

---

① 《T.H.格林著作集》第2卷,第144页。

是或者可能是这些能力的充分实现,所以他的善同他对如下观念的习惯性反应成正比。这个观念就是关于真善存在的观念,它采取公认的责任和善行这些形式。而这个观念迄今正是以这些公认的责任和善行在人们当中具体化。换句话说,真善在于指导意志趋于这个观念为真善而决定的那些目的,并在人的意向中起作用,所以,根据上述理由,我们可以恰当把意志的方向称之为理性对它的决定。"①"理性"被定义为自我意识的主体的能力,它把自我完善的可能性理解为通过行为来达到的目的。

上面所说的就是真善的概念。格林明确承认,这多少是教条的。② 这似乎不可避免地难以提供明确肯定的指导;因为,如果我们确切地知道这些能力是什么,我们就超乎了人类,我们就是上帝了。然而,正是真善这个观念使共同的善的观念成为可能。事实上,后者是在前者中所固有的。绝对可欲的观念出自人们意识到自己本身是目的。这样,这个自我就不是抽象的或空泛的了。他与众人的共同利益结合在一起。一个人若没有想到别人不仅仅是达到较善状态的手段,而是与他共享这种状态,那么他就不会想到自己处在较善的状态中。换句话说,类的意识是存在的。一个人的自我满足应该包括别人的满足。幸福若要有恒就得把自己和别人都包括在内。事实上,个人和社会是彼此依赖的。"国家的生存若不是组成这个国家的各个个人的生存,就没有真实的存

---

① 格林:《伦理学导论》,第 206—207 页。
② 格林:《伦理学导论》,第 206 页。

在"①,而个人若不存在于国家之中就不可能是他们现在的样子。

格林对个性发展的讨论,进一步阐明了个人和社会之间的彼此依赖性。在他看来,人类社会以有能力的人为先决条件——这种能力就是能够把自己和自己的生活改善看作自己的目的——而且,只有在每个人承认每个人是目的而不只是手段的这些个人之间的交往中,这种能力才能实现,我们才能真正地作为人而生活。其后格林说:"没有社会就没有个人。"②"其所以为真,就像没有个人,没有自我客观化的行为者,就没有我们所知道的社会。这个社会是建立在各个个人之间彼此承认和互利的基础上,而各个个人以自己为目的,自觉地按自己的理解来决定行动,并且为了那个理解而行动。他们彼此关心,因为每一个人都知道别人把他自己的满足作为目的,因此,他在取得别人的满足中发现自己的满足。社会是建立在这种彼此关心的基础上,因为社会若不是这样运转……那就没有什么东西可以导致人们彼此之间的这种对待,即每个人都被视为目的而不是手段;任何社会,即使最小和最原始的社会都必须以此为依托。"③在一方面,除非每个人承认别人是目的并且有意如此相待,否则就不可能有社会;在另一方面,个性只有通过社会才能获得实现。于是,我们将看到,格林既不是社会的盲目崇拜者,也不是提倡无政府的个人主义者。

---

①　格林:《伦理学导论》,第 211 页。

②　格林:《伦理学导论》,第 218 页。

③　格林:《伦理学导论》,第 218 页。

对格林的形而上学和伦理学说的概述,尽管简短也有助于一个特定目的。它指出,在格林看来,人不是自然的。在智性上人是"自由的原因"。在意志上,人是自由的人。"人是自由的"这句话,其意义在于人并不顺从外在力量的决定。人是自我决定的;而且在这个决定中,人本身既是主体也是客体,没有"必然"而有自由。人有自由意志而能够采取道德行为,并且人有智性自由而能够作出创造性的努力。人有理性能力而能够理解善的观念。人有与别人相结合的意识,即吉丁斯(Giddings)教授广义地称之为类的意识,而能够有善的意志和共同的善的观念。这就是形而上学的和伦理学的关于人的概念。

为了理解格林的政治学说,我们必须记住这个概念。换句话说,我们必须先理解他的政治学说所依据的形而上学的和伦理学的宽广基础,我们才能着手讨论该学说。也许有人提出异议说,关于体现在约定俗成的道德之中的东西,像美德、勇气、诚实等却只字未提。回答是,它们是道德的内容。然而,它们与格林的法律观念、制度和习惯的观点有关——这将在稍后讨论——严格说来它们并不在政治行为的范围内。道德责任是不能用法律来执行的。用格林自己的话来说:"关于义务的道德责任是有的,关于道德责任的义务是没有的。"①政治行为主要是为了维持使道德成为可能的那些条件,所以对构成道德内容的东西详加讨论便不属于本论文的范围。

① 格林:《政治义务的原则》,第34页。

第二章　自然权利学说

　　格林的政治学说可以分为两部分,即:政治义务原则和国家干预原则。前者包括自然权利学说和关于国家的真正基础的理论。我们先从自然权利学说开始探讨他的理论。

　　显而易见,格林是赞同亚里士多德关于社会性是人的本性这一论点的。因此也就不存在像卢梭所描述的那种孤立的、彼此隔绝的人。纵使存在这种动物,它也不能成为权利的拥有者;因为每个权利总是包含两个要素,①也就是个人方面对权利的要求,以及他人对这一要求的认可。因此,如果确实有这种值得一提的权利的话,社会也已经存在了。人先于社会而拥有我们所说的这种意义上的权利的想法,纯属无稽之谈。

　　社会是通过契约而建立的说法意味着在成约之前订约双方是孤立的和彼此隔绝的个人。在格林看来,根本不存在这种个人。社会契约论还认为这种孤立的个人拥有基本的自然权利。再者,社会契约论假设在订立这种契约时人是自由和平等的。"但是如果像这些学者中的大多数人那样,自由被理解为一个人得以行使和实现他的意志的一种力,而且,如果

---

　　①　格林:《政治义务的原则》,第45页。

自然状态是一种个人之间彼此隔绝和相互冲突的状态,那么人们在自然状态中所拥有的自由就很有限了。人们势必经常相互干扰,同时又都遭受自然力的挫伤。在这种状态中只有那些并不平等于他人的较强者才能利用他人,享有我们假定意义上的自由。但不管我们设想人们是处于势均力敌的弱者地位而同受自然力的挫伤,还是少数较强者支配其他大多数较弱者,在这种自然状态中订立契约都是不可能的。"①很明显,社会契约不仅在历史上并不存在,在逻辑上也是不可能的。

但这并不等于说没有自然权利这种东西,如果我们正确理解自然权利的话。我们首先把自然权利的传统概念更详尽地表述一下。人类被设想为生来便有生命、自由和财产等权利。② 这些权利是自然权利,因为这些权利对于一个人来说是在他订立和加入社会契约之前就存在的,而且是在他订立和加入社会契约之后仍保留的。社会契约使政治行为成为可能,并且由政治行为又产生出法律和民事权利义务体系。人们很容易得出结论说,这些依存于自然权利的法律和民事权利的合法性应该基于它们与自然权利的一致性上。因此,一个特定民事义务是否合理的问题便取决于这一义务是否与自然权利并行不悖。但是格林问道:如果民事和法律权利的合理性取决于它们是否与自然权利并行不悖,那么这些自然权利又靠什么来证明其合理性呢? 因此我们同样有必要找出比自然权利更为基本的东西,因为我们到底为什么要保存这些

① 格林:《政治义务的原则》,第20页。
② 法国与美国宣言在特定权利上不尽相同。

权利这一问题还没有得到回答。这些自然权利肯定不是自身产生的。没有社会就不会有这些权利,也就是说,这些权利的存在是由于有社会存在。如果这些权利是相对于社会而存在的,那么它们的存在便取决于它们自身之外的某种东西。至于这个东西是什么,自然权利的传统观念不能给我们一个满意的答复。功利主义者的确在这方面作出了改进,他们认为权利和义务与快乐、痛苦相关。在他们看来,权利与义务的实施应取决于它们的后果,即如果它们的实施导致较大的快乐和较小的痛苦,那么这种实施就是可取的,这种学说避免了将从属权利还原为逻辑上并不存在的权利的必要性。当然对格林来说,这种学说是不可接受的,因为他并不接受功利主义的前提。他认为权利和义务并不应被看作与快乐和痛苦相关。

为了理解格林本人的学说,我们必须参考他的伦理学。从前一章我们已经深知什么是善的意志、共同的善和道德理想。道德理想是其他事物,包括权利和义务,都与其相关的一个因素。"自然"一词可以用于修饰某些权利,但在唯一可以用来修饰某些权利的那种意义上,"自然"一词并不是"基本"的,或"先于社会的",或从属于"自然状态"的意思。格林使用"自然"一词来表达"必要的"和"对一特定目的是必要的"这个意思。因此,自然权利就是对于"作为人类社会的使命所要实现的"①那一目的来说是必要的权利。换句话说,自然权利本身并不是目的,而是实现目的的手段,正像法律是实现目的的手段一样。一个仅仅实施自然权利的法律不是好的法

---

① 格林:《政治义务的原则》,第34页。

律,有助于某种目的的实现的法律才是好的法律。这个目的就是完成作为道德存在的人的使命,即道德理想。权利概念必然是基于人们在社会中所应有的,而不是基于实际上已有的。这一概念意味着一个理想,即自我尚未达到的状态,这些权利对于实现这一状态来说是必要的。没有这一理想就没有上述意义上的自然权利;因为如果没有预期的目的,那么手段便无须存在。

从上述的讨论我们将会看到有两个对探讨权利来说是必要的条件。[①] 没有人能够在开始想到权利,如果第一,他不是社会的成员;第二,他不是这样一个社会的成员,即这个社会的成员把共同的善当作他们自己的理想的善。正是这种公认的善的观念所决定的能力构成一个道德存在。因为权利是为了实现道德理想而存在的,所以只有具有道德能力的人才有资格享有权利。他们不仅有资格享有权利,还必须实际上享有权利。道德能力"意味着能力主体方面的一种意识,即能力的实现本身是令人想望的目的"[②]。权利是实现那一目的的条件。只有通过拥有权利,一个人才能实现被认为对己、对社会都为善的东西。这并不是说在积极地并实际地帮助一个人去实现的意义上,权利对一个人的实现作出任何实在的贡献。但是,它确实就是指权利是使道德能力的真正实现成为可能的条件。

为什么一个人要享有权利就必须是社会成员这个问题,

---

① 格林:《政治义务的原则》,第44页。
② 格林:《政治义务的原则》,第45页。

是由人和权利两者的固有性质所决定的。"形而上学的和伦理学的背景"一章揭示了人与社会之间的必然联系。虽然社会不能独立于人而存在,但是,人是像格林所指定的那样,在这个意义上,一个人同样不能脱离社会而存在。人和社会是相互依存的。和人一样,权利同样应该从个人和社会两个方面加以考虑。权利包含个人方面的要求,以及组成这一社会的其他成员对这一要求的认可。一个人提出要求说他有能力把共同的善看作他自己的善,并将精力用于那个共同的善。社会则承认为了促进共同的善这一目的,他的要求对社会的每个人来说都是必要的。对权利来说,这种要求和认可两者缺一不可。既然这两者是权利的必要组成部分,权利就不可能属于彼此孤立的、脱离社会而存在的人。因此,自然权利是实现道德理想和完成道德能力的必要条件。在这种意义上,也只有在这种意义上才有自然权利。同时,我们要时刻记住"自然"一词并不意味着"基本的",或"先于社会的",或"从属于自然状态的"。

那么,什么是道德生活所需要的条件,或者说,什么是使道德生活成为可能的条件呢? 这些权利又是什么呢? 这些权利分为两大类:私权与公权。私权是指那些为了人作为社会的一员而存在的权利,而公权则是指那些作为国家的公民而赋予一个人的权利。私权又进而分为三种,即:个人权利,财产权利,以及私人关系方面的权利。"个人权利"一词可能多少使人产生误解,因为所有的权利都是个人的,正因为是个人权利的缘故,这些权利才成其为权利。个人权利是指生命权和自由权,也即"保护一个人的人身不受他人侵犯,以及用其只作为一个人自己意志之工具"①的权利。换言之,自由生活的权利,包括自由权和生命权两者,对实现人的道德能力来说是必不可少的,而且只有当这一权利被正当地要求和认可时,它才能成为我们所定义上的权利。

让我们进而考察财产权。因为财产是我们当代论争的中心,或许我们就该比讨论个人权利更详尽地讨论这一权利。取得财产的最基本的行为就是占用。格林认为占用是意志的一种表达,是个人努力给予他自己的善这一观念以实在性的一种表达。对于蚂蚁和蜜蜂来说这种行为是否是一种本能,我们不得而知,但对人类来说,这种行为肯定不是一种本能。像其他这类行为一样,占用行为反映了能够把自身与其需求区别的一种自我意识。在格林看来,这一意识实际上是在说:"这个(或那个)应该是我的,我愿意怎么处置它都行,用以满足我的需求和表达我的情感。"②由这样取得的财产便与取得财产的人的个性相互交织在一起,而不仅仅是停留在作为维持生命的必需品的外在物质的水平上。于是,占用不能仅仅是本能的。

但是如上所述,占用仅仅是一种要求,而仅要求并不足以构成一项权利。在这项权利取得效力之前还必须被认可。在所有说明财产权的效力的各种解释中,尚无完全令人满意之说。格劳秀斯把财产权归于契约,而在格林看来,③契约以财产为先决条件。霍布斯认为财产权有赖于一个强制性主权权

① 格林:《政治义务的原则》,第155页。
② 格林:《政治义务的原则》,第213页。
③ 格林:《政治义务的原则》,第214页。

力的存在,财产权是由这个主权权力所赐予的。① 但如果主权权力只有一个胁迫性的强力的话,它便不能成为权利的渊源;如果这一主权权力是权利的代议制维护者,那么这一权力又以权利为先决条件。洛克在探讨财产权时回到自然法及理性法一说。② 正像一个人有权拥有他的人身一样,他有权拥有他人身的劳作和他双手劳动的成果。财产是劳动的结果,而且对维持和表现生命是必不可少的。洛克的独到之处在于指出了个人权利与财产权之间的密切关系,但他并未说明权利之所以成为权利的确实根由何在。格林认为,对财产权利要求的认可和对其他权利要求的认可是基于同样的理由的。正如社会认可对自由生活的要求是因为这些要求是道德实现和整体共同的善的必要条件,社会认可人们对财产的要求也是因为这一要求对那个共同的善是必需的。正如自由生活权利的基础寓于人类意志,财产权的基础也同样如此。③

格林充分注意到财产制度历史发展的结果。他承认在从理性上论证财产的合理性与这一权利的实际后果之间有很大差距。确实,从理论上讲,所有的人都可以拥有财产,但是他看到在事实上很多人并不拥有财产。至少这些人并非在使财产有意义的程度上取得财产,即他们并没有取得足够的财产以使他们能够表达他们的道德生活和有助于实现他们的道德理想。他承认,如果一个人除了出卖劳力以换取微薄的生活

---

① 格林:《政治义务的原则》,第214页。
② 格林:《政治义务的原则》,第266页。
③ 格林:《政治义务的原则》,第217页。

必需品以外一无所有,①他就在事实上被否认了伦理意义上的财产权,而只有在伦理意义上财产才是值得想望的。但是格林认为这一悲惨状况对财产权来说是偶然的而不是固有的。这一权利本身对道德目的来讲是必需的。许多拥有财产的人不将其用于此目的的事实,并不说明财产不能用于此目的而应将其废除。只有当一个人对财产的占有妨碍了另一个人的这种占有时,才是该受到谴责的。只有当一个人用财产妨碍他人取得财产时,格林才认为财产便是偷盗,正像蒲鲁东宣称的那样。② 因此,财产权应具有两个条件,③一曰劳动,二曰对他人的这项权利的尊重,以便财产不致丧失它本来的目的。

这种意义上的财产权又该如何与自由贸易和自由遗赠,及其后果相协调一致呢? 自由贸易意味着在市场价格最便宜时买进和在最昂贵时卖出的行当,而且通过这样的买进卖出,商人往往吸收了劳动中合理的部分。自由遗赠允许财富由它的创造者,传给可能丝毫未对这一财富的创造及拥有付出过任何劳动的后代。但是,大体上讲,格林并不仅仅因为这些政策导致了贫富不均而反对这些政策;因为他辩解道,考虑到使财富可以作为一项权利被要求和被认可的那个道德目的,财富就像人类一样从来是不平等的。的确,格林并不是像卡莱尔那样的英雄崇拜者,尽管他对伟大人物确也敬佩不已。他也不相信"人生来平等"这一学说。再者,他认为,财富不均

① 格林:《政治义务的原则》,第219页。
② 格林:《政治义务的原则》,第220页。
③ 格林:《政治义务的原则》,第220页。

并不必然是不平等的原因;因为财富并不像固定股本①那样一个人多了必然意味着其他人少。恰恰相反,生产是可以增加的,分配是可以改进的。虽然他哀叹英国为数众多的人在他那时代的悲惨处境,但是他指出很多在工厂做工的人都是股份拥有者。很明显,他所希望看到的是收入最终能变得越来越平均,这本是许多经济学家所坚信的结果。在土地财产权方面,格林是很有己见的,但我们最好是在讨论国家干预原则时再加以讨论。

最后让我们粗略地考察一下私人关系方面的权利。这些权利逻辑上是与其他权利基于同样理由的。但是,有一个重要的区别。生命权和自由权主要是与个人自己有关。财产权是对物的权利。私人关系权则是对这种权利的要求者和享有者以外的人的权利。丈夫和妻子对于对方相互拥有权利。考察两三个问题可以对我们有所裨益,而无须对此详加探讨。例如,什么使得人们能够过家庭生活呢? 对相互权利与义务的认可又是如何形成的呢? 一夫一妻制是否合理? 对第一个问题的回答可以从格林对其他问题的看法上猜测出来。家庭的组成意味着,有关的双方为赋予他们自己的善的观念实在性而作出的同样努力。这又意味着,这个善的观念同时也是社会其他成员的观念。社会其他成员的幸福,是与组成家庭的双方他们自己的幸福相互交织在一起的。丈夫对妻子的权利要求和妻子对丈夫的权利要求,被认为是有助于共同的善的实现而被认可。不管历史发展如何,从理论上证明私人关

---

① 格林:《政治义务的原则》,第224页。

系的合理性是与对其他权利的证明完全相同。

在格林看来,所有的男人和女人都有权结婚并组成家庭。在家庭内部丈夫和妻子的权利要求始终是相互的。因此,基于若干理由多婚制是不合理的。"首先,多婚制侵犯了那些由于这种制度而被间接排除在正常婚姻之外,并因此排除在道德教育之外的人的权利;其次,多婚制侵犯了妻子的权利,因为妻子在家庭中丧失了正当地位,并且或多或少地被仅仅当作丈夫寻欢作乐的工具,这使得妻子在道德上低人一等;再次,多婚制侵犯了子女的权利,因为这种制度使他们失去了受到完全的道德训练的机会,这只有靠父母双方协调一致的行动才能完成。"①显然,格林第一条理由是基于男女双方的人数大致相等这样一种假设。正像多婚制应受到谴责一样,所有变相的多婚制也应受到谴责。在一些国家里,虽然法律规定了一夫一妻制,但变相的多婚制仍不幸存在。格林相当详尽地探讨了使家庭演变为现状的历史进程以及离婚问题,但由于前者纯属历史问题,后者则为政策问题,两者都不是我们所要研究的。

上述便是自然权利的理论及内容。人们也许会问,这一学说与政治义务的原则之间的联系到底是什么呢?我们将会看到,自然权利学说是围绕着我们的道德理想展开的。它们的确是为了我们的道德理想而存在的。当我们谈论政治义务的原则时,我们想的是用以证明我们服从政治权威的合理性的原则。如果我们服从,那是为了我们的道德理想之故。由

---

① 格林:《政治义务的原则》,第 237 页。

22

19

国家所代表的政治权力正是为了维护我们的权利,以及赋予这些权利更充分的实在性这一目的而存在的。[1] 换言之,政治权力的存在正是为了维护使道德生活成为可能的条件这个目的,同时我们也要牢记我们对自然权利的定义。因此,国家是相对于我们的道德理想而存在的,正是与那个理想相关,自然权利学说与政治义务的原则之间的关系便显而易见了。

---

① 格林:《政治义务的原则》,第138页。

第三章　格林和他的先辈

格林认为,尽管许多人都曾试图系统阐述政治义务的原则,但迄今尚无令人满意者。契约论是一个天才的发明,但漏洞百出。尽管如此,格林仍然清楚地认识到,契约论不能单纯从历史的角度来推翻;因为这一理论力图解释政治权威在逻辑上和哲学上的先决条件。要使这一理论的推崇者彻底信服,驳倒它就不仅要从历史上,还须从逻辑上和哲学上入手。再者,契约论与传统的自然权利学说是分不开的。格林必须驳倒这两者才能使自己的自然权利学说占上风。正是出于这两个原因,格林选择了斯宾诺莎、霍布斯、洛克和卢梭作为他批判的对象。奥斯丁也被选中,那是因为格林的主权观念正是奥斯丁的主权概念与卢梭的两者的结合。

1.斯宾诺莎。斯宾诺莎认为,自然权利仅仅是自然的力量。"不管一个人根据他本性的法则做什么,他都有至高无上的权利那样去做,而且他对自然的权利所及范围就是他的力量所及。"①人类受情感的制约,由此彼此便是天敌,每个人都为自我利益和自我保存而奋斗。这种状况当然远远不能令

---

① 　格林:《政治义务的原则》,第49页。

人满意,因此组成社会以保证和平和秩序。因为众人的合力总大于个人的力量,在国家中个人的权利便减少。另一方面,国家的权利依赖于利用个人的希望与恐惧而左右他们的权力。凡是无法通过威慑或奖赏取得的,都是国家的权力所不能及的,因此也就是国家的权利所不能及的。[①]

格林认为,斯宾诺莎的自然权利概念之所以错误,就在于他认为这种权利是个人脱离社会而享有的。从上文我们已经得知,格林认为人只有作为社会成员时,自然权利才能存在。如果一个人与世隔绝或脱离社会,他就不可能拥有任何权利。他的确可以有力量,像斯宾诺莎所说的那样,但在任何意义上力量都不能被认为是权利。斯宾诺莎反对终极原因说,这使他的错误愈演愈烈。他把人看作是由物质和自然的原因所决定的,并且认为人本身也是物质的和自然的原因。在格林看来,如果人被看成是这样,那么他就只能拥有自然力,而不能拥有权利,因为权利不是人的物质属性。权利是理想的属性,是一个人用以实现目的的手段。"我有权利做这做那并不意味着我能够做这做那;而是我认可我自己,而且也被其他人认可为能够为了共同的善去做这做那。"[②]如果没有这样一个目的,自然权利便像我们已经指出的那样是毫无意义的了。

2.霍布斯。由于霍布斯是一个唯物论者,而格林是一个唯心论者,他们观点相左便是意料之中的了。我们先尽量简单地把霍布斯的观点叙述一下。人类行为可以最终被概括为

---

① 格林:《政治义务的原则》,第 53 页。
② 格林:《政治义务的原则》,第 56 页。

欲望与厌恶的对立。在社会出现之前人们彼此隔绝和孤独地生活在自然状态中。人们经常处于实际的或潜在的战争中,因为每个人都追求他的个人利益;这便导致了竞争,彼此的不信任,及崇尚个人荣耀。在这种状态中不存在是非之分,也没有正义或非正义。人享有自然权利,即为了自我保存做他认为必需的任何事的自由或力量。这种经常的战争状态显然无法带来安逸,也无助于自我保存。因此人们聚到一起订立社会契约,将统治权交给一个人或一伙人。社会便这样组成,随之人们放弃了他们的自然权利。应该注意的是,统治者即主权者,并不是订约的一方,他们的任命是通过大多数人的同意由契约所规定的。由于契约具有拘束力,并且要求订约人的服从,少数人并无反抗主权权力的权利。这样,霍布斯便达到了他的目的,即主权权力的绝对主义。任何反抗主权权力的行为都是非正义的,因为反抗它便是违反契约。而主权权力无论做什么都不会违反契约,因为它不是订约的一方。

格林的批判是可以预先想见的。他不能接受霍布斯式的关于人类行为的学说。他对霍布斯自然权利学说的批判与对斯宾诺莎的批判大同小异。格林认为按照霍布斯的观点,在确立主权权力的行为之前没有适当意义上的权利。如果在主权权力确立之前没有权利,那么在确立之后也不能有权利;因为权力不能创生权利。主权者的权力也不是自然权利;因为"如果自然权利是指自然权力,那么在反抗成功时,它也就不复存在了"①。但是如果权利是不同于权力的东西,那么在主

————————
① 格林:《政治义务的原则》,第66页。

权者的权力与可以论证反抗合理的自然权利之间便应该存在冲突的可能。

当然,格林并不相信社会契约论,但是他对该说的批驳较多地基于其他的理由,而主要不是从历史的角度进行的。实际上,纵使社会契约在历史上并不存在,但只要它能够为说明人的道德关系这一真实概念起到作用,便可以为其辩护。但这一学说不仅在这方面是失败的,而且大大混淆了自然权利学说,因为它允许自然权利能够在脱离社会的情况下而存在。凡订立契约者势必拥有权利。如果有社会契约这回事的话,这便意味着一个权利体系已经存在,并且权利不仅仅是权力。

格林的后继者或许愿意对格林批判中的一点加以修正。霍布斯在自然权利和自然法之间加以区分,认为前者是一种推进力,而后者则是限制力。① 如果格林充分地区分了这两者的话,或许人们就能更好地认识到他的批判的意义。

3.洛克。在霍布斯著书谴责反抗的同时,洛克疾书论证革命的合理性。难怪二者如此迥然不同,尽管他们都相信社会契约论。洛克所描写的自然状态全然不具霍布斯的那种恐怖气氛。在自然状态中人们努力按照自然法生活。但这并不是说在自然状态中没有纷争;因为如果那样,便不必订立契约。成立政治社会的目的有三。其一,以便通过共同同意制定确定的法律;其二,以便明确为人所知的和公正无私的法官;其三,以便授权给一部分人实施法官的判决。这样授予的

---

① 霍布斯:《政府与社会的哲学基本原理》,第14章第3节,转引自邓宁:《政治思想史》第2卷,第272页。

权力是可以收回的,因此如此建立的政府也是可以被推翻的。社会契约建立的只是市民社会,而政府并不必得总是那一个。实际上授予政府的权力是信托性质的,一旦违反了这种信任,权力便被授权者收回。总之,人民自己是权威的最终渊源。换言之,人民是主权者。如果在人民和政府之间发生冲突,人民的意志应该占上风。这样,革命权便被证明是合理的。

像我们指出的那样,格林认为自然状态和社会契约等用语在逻辑上是矛盾的。这些用语意味着从非政治社会到政治社会的过渡。自然状态势必一无可取,势必是非政治的,否则不必将其单独区别开来。但是如果它是战争状态,像霍布斯设想的那样,那么自由便极有限了。因为如果自由是指一个人为所欲为的力量,那么这种自由必然在经常的冲突中被损耗。人类并不平等,果真如此,自由方面的平等便少得可怜。① 最强者将使众人屈服。在这种情况下,社会契约是不可能的,因为社会契约意味着平等与自由。

另一方面,虽然格林并没有这样说,我们也可以说,如果人类绝对平等,便不会有战争,因为他们只有所失而无一得;因此便没有订立社会契约的必要。如果是前一种情况,订立契约不可能,如果是后一种情况,契约则不必要。但是如果自然状态是和平状态,而人类又不平等,格林认为,这种情况预先假定一种防止人们经常发生冲突的引导力。在洛克看来,这种引导力便是自然法。这种自然法是强有力的。如果它的确存在,它就只能存在于人们的意识中,而不是通过在上者的

① 格林:《政治义务的原则》,第70页。

命令。如果它存在于人们的意识①并具有约束力,它就必须与自然权利,或不如说相互的权利和义务的概念并存。果真如此,人们便已经是政治社会的成员了。也就是说,政治社会已经存在了。社会契约并不能从自然状态中产生出政治社会,因为契约是以政治社会为先决条件的。因此,自然状态和社会契约这一整套学说在逻辑上是站不住脚的。

格林是一位民主主义者。因此对他来说,洛克的民治说比霍布斯为绝对君主制的辩护更能被接受。但是他并不让他的感情支配他的悟性;因为他看到从洛克的理论导出逻辑结论时包含很多困难。就革命问题而言,按照格林的观点,这是因为人民的意志要求反抗政府的缘故。但是问题是,人们如何准确地,或大致地知道是否某一特定的革命真正代表人民的意志呢? 在这一点上洛克并没有给我们以启发。格林认为,最简便的方法便是举行全国性的公民投票,但革命从来不是基于此而进行的。再说,革命并不仅仅因为代表了人民的意志而成功,也并不因为不代表人民的意志而必定失败。如果公民投票在法律上是可能的,那么推翻现存政府便不再是革命了。就是公民投票也不能说明多少问题。政府严格地建立在被统治者的同意上的说法有其固有的缺陷。②

这些批评看来并不完全击中要害。我们想讨论的显然是政治义务的原则,但这些批评看来并没有触及那一原则。阐述政治义务的原则确实是要使政治服从合乎理性,就是要为政治

---

① 格林:《政治义务的原则》,第71页。

② 格林:《政治义务的原则》,第78、90页。

服从寻找一个道德义务。在这方面,上面所批判的那些学者都迫不及待地想找出一个解决方法。不管不同的哲学家得出怎样不同的结论,所有这些关于自然权利、自然状态和社会契约的讨论表明了确定的目的,即为政治服从,或者如果必要也为政治不服从,提供一个合乎理性的说明。不管看起来格林的批判与主题相距多远,正是出于这个目的,格林才对他们进行批判。由于我们刚刚讨论的这些学者大都是唯物论者,或至多是经验论者,他们的学说就特别不能投合像格林这样的唯心论者的口味。他们关于政治义务的学说在格林看来完全是不合适的。

但是在卢梭的理论中格林发现了与众不同的成分。一般而言,当人们想到社会契约时,首先想到的三个人便是霍布斯、洛克和卢梭。确实,他们都提出了社会契约论,但每个人都以不同的方式提出的。更重要的是,他们都是为了不同的目的而提出的。霍布斯的社会契约产生了一个绝对统治者;在洛克那里,这一学说使得建立一个可以由人民主权者推翻的政府成为可能,但是在其他情况下这个政府是脱离人民的;在卢梭那里这一学说变成工具,通过这个工具人民成为主权者。这个主权者并不是作为通常备而不用的权威的最终渊源,而是作为政治权力的一股湍流的源泉,使得无时无刻不发挥作用的公意概念成为必不可少。

4.卢梭。卢梭认为,当人们认识到对自我保存的障碍强大到彼此孤立的个人无法克服时,他们便订立契约。于是"我们每个人都将个人的和家庭的关系交为公有,由至高无上的公意加以指挥,同时我们接受每个成员作为整体的一部分……从这种联合中产生出的不是若干个人和若干订约的一方,而是一个由团体中所有成员组成的集合的道德体,这个道德体从这一联合行为中取得它的统一性、它的共同自我、它的生命和它的意志……当这个道德体处于被动时,它的成员把它称之为国家;当处于主动时,称之为主权者;当与其他团体相比较时则称之为权力。联合者被统称为人民,分称为公民,因为他们在同一主权权力之下,并是服从同一国家的法律的主体"①。参加联合体的人也成为道德行为者。他因服从自加的法律而获得道德的自由。因为国家的法律只不过是他本人对其有所贡献的公意的表述。当他服从法律时,他仅仅是服从他自己。这样,主权便全然不同于一个最高的强制力。它具有纯粹的无私性、理性和旨在共同利益的共同自我等特性。但是,卢梭并没能这样前后一致地进行论述,而滑到了格林看来是危险的理论根据上。

让我们进一步考察卢梭的主权和政府的概念。主权不是权力而是意志。权力可以委托,而意志则不能。行使公意的主权不能转让,因为它是不能被委托的。根据定义,意志是不可分的,主权意志和主权也不可分。对被恰当地称为主权权力的唯一行使便是立法,而只有当全体人民在考虑到全体人民后作出决定,才能称之为正当的立法行为。这样作出的决定与做决定的公意一样是全体的决定,法律便这样产生了。法律既然表达了每个人的意思,便不可能是不公正的;因为没有人能对自己不公正,因此全体人民也不能对全体人民不公正。由于法律是人民自己意志的表述,他们就可以既服从法律

———————

① 转引自格林:《政治义务的原则》,第81页。

同时又是自由的。仅仅由政府下达的命令不足以构成法律;因为政府根本不是主权者。主权者的职能是立法权,而政府的职能是行政权;前者产生的结果是一般的,而后者则是个别的。

我们不必重述卢梭关于不同政府形成的观点。应该记住的重要一点是:不管政府采取什么形式,它都不是通过契约建立的,因此可由主权者加以废除而无违反契约之嫌。卢梭认为,实际上为了使权力不致失效,权力是应该经常行使的,即使只有在全体人民集会一堂时才能行使这种权力。这种集会应当定期举行以决定现存的政府形式是否应被继续维持,以及权力是否应仍然交给在位者来行使。在这样的集会上法律能够被修改或废除。只有通过这种方式公意才能得到体现。

格林认为这里是有问题的。什么是公意? 我们又如何确定它就是公意呢? 卢梭说公意并不是众意,而是对所有人来说都是共同的意志。众意是所有人意志的总和,而对所有人来说是共同的意志是公意。按照格林对卢梭的解释,公意可以被特别利益而玷污,它可以是不明智的,但却仍然不失其正确性与纯洁性。我们如何能确定什么是公意呢? 在全体人民参加的集会上一致投票通过就能代表公意吗? 社会契约的有效性要求参加者的一致同意,拒绝加入的人便不是公民。如果他们不是公民,政府如何能要求他们服从呢? 在契约订立之后,我们如何确定后来者是否是契约的一方呢? 卢梭说,在那个国家里居住便证明他愿意服从那一主权。格林指出,这几乎并没有解决问题,因为居住并不表明同意。如果在一处居住一个人便在道德上受到服从主权的约束,那么他的服从就不必然基于同意。在契约订立之后,卢梭并不要求在全体人民的大会上必须一致通过才能表达公意。如果是这样,少数人怎么能受到约束,必须得服从多数人的统治呢?卢梭说,当一个人发现自己是在少数一方,他便必定设想他所理解的公意是错误的,因此他便有义务服从。但是如果少数人真诚地怀疑多数人的智慧与正直时,卢梭并没能对多数原则给予解释。在将政治义务基于同意这方面,或许卢梭较他人更前后一致,但在格林看来,他的努力依然是徒劳无益的。卢梭真正有价值的贡献是代表公意的主权概念。

5.奥斯丁。格林认为,对主权的一般看法最后或多或少地成为奥斯丁式的。主权被认为是制定和实施法律的最高权力,并且在必要时,主权也意味着强制力。奥斯丁认为:"主权和独立的政治社会的观念可以这样简明地加以表述:一个确定的人类在上者如果并不习惯地服从类似的在上者,而被某一特定社会的大部分人习惯地服从,那么这个确定的在上者便是这一社会的主权者,而这个社会,包括这一在上者在内,就是独立的政治社会。"①"为了使一个特定社会成为独立的政治社会,上述的两个特征应当结合起来。这一特定社会的大部分人必须习惯地服从某一确定的和共同的在上者;同时这一确定的个人或一伙人必须不习惯地服从于确定的个人或一伙人。正是这个肯定标志与否定标志的结合才使得那一确定的在上者成为主权者,或至高无上者,并使得那一特定社会成为独立的政治社会。"②格林注意到,奥斯丁认为法律是

---

① 奥斯丁:《法理学演讲集》。
② 奥斯丁:《法理学演讲集》。

由一个对其他智性存在拥有权力的智性存在规定的规则,用以指导他们的行为。法律可以分为两大类:一类是上帝对人规定的,即自然法;另一类是人对人规定的,即人类法。后者又可分为两类:一类是由主权者对臣民制定的,即实在法;另一类不是由主权者制定,而是通过习惯和道德加以实施的,即实在道德。法律通常被奥斯丁称之为命令,这就与主权的概念很相符,因为命令必须来自一些确定的人。

在格林看来,奥斯丁式的主权论在两个重要方面与卢梭不同。事实上,他们两人的主权概念在这两方面是针锋相对的。首先,奥斯丁认为主权必须寓于确定的一个人或一些人,而卢梭认为主权是不可转让的,只为全体人民所保有。其次,奥斯丁认为主权的实质是这个确定的人或一些人对其臣民拥有的权力,而卢梭却认为主权代表了公民的公意。事实上,我们还记得,卢梭明确宣称主权是意志而不是权力。权力可以委托而意志则不能。但是尽管这两种观点是互相排斥的,每种观点又的确有其独到之处。

格林同意奥斯丁的观点,即主权实质上寓于一个或一些确定的人;因为历史的和当代的政治事实都证明如此。不管不同国家的政治制度多么复杂,总是有某个人或某些人拥有最高权力。也就是说,总有一些人的权力不受法律限制。①议会中的国王是大不列颠的主权者。国王和上、下院一起所做的行为不受法律限制。当然,人们可以提出异议说,大不列颠普通法并不是任何确定的个人或一些人发布的命令,但却

---

① 格林:《政治义务的原则》,第98页。

一直是而且现在仍然是一些深具影响的规则,可以说受到了人民习惯性的服从。这是事实,但是普通法可以被成文法宣布无效,如果一个普通法没有这样被宣布无效的话,它便得到立法机关的默认。这种情况不仅限于英国。在美国,尽管政治结构是一个由联邦、州及地方政府组成的复杂制度,却仍可发现最高法律权威。联邦政府的确不是最高的,也就是说,它受到法律的限制。宪法是美国的最高法律,立法与宪法的条文不一致便可以而且经常被宣布为违宪。但是宪法可以被修正,修正宪法的权力被很多人,包括奥斯丁本人在内[1],视为美国的主权权力。因此,实际上在大多数情况下,确定的一个人或一伙人或几伙人便是主权的所在,这些人被授予了法律上无限的权力用以制定和实施法律。由于"主权"一词大体上具有了这种法家的含义,格林认为,卢梭将公意说成是主权的本质属性多少有些容易使人产生误解。[2]

在格林看来,这个法家的概念并不完全令人满意。它使得因果倒置。主权权力之所以是最高的,并受到习惯的服从,并不在于它具有强制性。暴力本身并不能解释主权的至上性。格林争辩道,如果我们更加深入地研究,并把我们从这个纯粹的法家概念中解放出来,我们就应该寻找权力的渊源,它不是也不可能是权力本身。正是在这点上,卢梭的思想更具优越性。习惯性服从的真正原因,在确定的一个人或一些人那里是找不到的,而只能在"人民的捉摸不定的希望与恐惧

---

① 奥斯丁:《法理学演讲集》。
② 格林:《政治义务的原则》,第98页。

中找到。人民则是由我们称之为公意的共同利益与同情互相结合在一起的"①。为了简便起见,我们称为公意的这些影响在历史上一直发挥作用。亨利·梅因爵士在其《制度早期史》一书中说:"我们可以简称为道德的各种深远影响习惯地决定、限制或阻止由主权者规定的社会各种力量的实际方向。"②换言之,权力来自其渊源。通常主权权力具有至上的特点,但实际上只有在被人民的善的意志认可时它才具有实效。只有当人民表示赞同,如果不是同意的话,确定的一个人或一伙人才能行使他们的权力。赞同并不基于人民的任何肯定的表示,而是基于一种愿望,即为了一个共同目的,对共同的善而发的共同愿望,服从法律和服从主权者有助于共同的目的。可能一个人或一些人比其他人拥有更大的权力,这个人或这些人受到其他人的服从,并且或许还拥有强制性暴力。如果你愿意,你可以称他或他们为主权者,但不能用他(们)的暴力解释他(们)的至上性。暴力如果违背了人民的愿望便粪土不如。如果这个被适当地称之为公意的愿望停止发挥作用,或如果它与主权者的命令发生了全面冲突,习惯性服从也会随之中止。③ 换言之:

> 世界上有一个东西的确威严,
>
> 虽然遮而不见,却比议会和国王更加威严。④

---

① 格林:《政治义务的原则》,第98页。
② 梅因:《制度早期史》,第359页。
③ 格林:《政治义务的原则》,第97页。
④ 格林:《政治义务的原则》,第82页。

第四章 国家的基础

　　作为一个民主主义者和唯心论者,格林更倾向于卢梭而不是奥斯丁。他相信政治服从是意志的事而不是权力或暴力。当然,有人可能强调,这种将公意看作是对主权权力习惯服从的真正决定因素的观点只对民主社会适用,因为在民主社会中,统治者是由人民选举产生的,政府基于被统治者的同意。这种观点完全不适用于专制国家,因为专制君主至高无上,不受任何限制。这种说法听起来很有理,但格林认为是不能成立的。

　　主权权力基于公意的学说更适用于民主社会是毋庸置疑的,但是在一个拥有奥斯丁意义上的主权者的专制国家中,格林认为,公意如果不是那么直接的话,也同样是习惯服从的一个坚强有力的因素。为了取得服从,主权者总会发现那些对取得服从有益而不可忽视的习惯、约定俗成和道德规范。例如,俄国沙皇发现在莫斯科做礼拜是明智的,尽管这样做总是违背他们本人的意愿。中国皇帝认为对纪念孔子一事表示尊敬是值得的,尽管这与他们本人的情趣相左。可能存在这样的社会,那里强力被成功地用来对抗人民的意志。在这种情况下,一般来说有两种情况是值得我们注意的:一种是,不存在制定和实施法律的权力这一意义上的主权权力,因此也就没有习惯性服从这回事;另一种是,压迫性的强制力尽管是经常和反复使用的,但只是触及人民的某些方面。这样取得的服从虽然在某种意义上可以说是习惯性的,但这种服从并不具有持续性,因而与对政治权力的理性的和道德的服从全然不同。

所谓只管征税的专制主义的情况与民主社会形成鲜明对比。专制君主对臣民实行强力只是在某些特定时刻为了某种特定的目的,他们并不在现代意义上进行立法,也不侵犯司法机关的职权范围,或过多地过问习惯法的事。臣民在法律、典章制度、习惯和风俗等方面完全是自由的。生活大致没有受到影响,他们仍然尊敬他们的族长、神父和武士。在这种情况下很难说存在任何主权者。

在被外国控制、具有高度组织的社区生活的国家中,也可发现同样的结果。外国权力并不是在制定和维护法律这个意义上的主权者。附属国具有一整套历史上传留下来的法律和习惯,这些法律和习惯不仅使其能够自己管理自己,而且能从外国的控制中解脱出来。在奥地利控制下的北意大利便属此类,在蒙古和满洲人治下的中华帝国更是如此。在这两种情况中,主权者如果是主权者的话,也绝不是奥斯丁意义上的主权者。

可能有一些贵族统治者,他们是真正的我们所定义的那种主权者,但是在这种情况中统治者的权力在很大程度上取决于人民的善的意志。格林举早期罗马帝国的例子①说,生

① 格林:《政治义务的原则》,第101页。

活在罗马法的权利义务体系中的人民比生活在他们自己的制度中更好。虽然他们并没有选举,也没有用其他任何的方式明确表示过他们的同意,但他们赞同罗马的统治是不言而喻的。即便是俄国专制君主也没有依赖绝对的强力取得人民的习惯性服从;因为他的行为必须符合一个复杂的关系体系,一个成文的和不成文的法律体系,无论如何他不能独立于这个体系。

格林认为,在某种意义上奥斯丁的主权学说是正确的,卢梭的学说也是如此。他们两人的观点如何能协调起来呢? 格林说,他们两人的毛病都是当强调一方面时便忘掉了另一方面。如果主权是维护权利的权力,它便拥有权力和意志两种成分。如果有时它行使强制的,甚至残暴的权力,这并不是因为它是残暴的或强制的才取得习惯的服从。另一方面,格林认为,主权被界说为寓于确定的一个人或一些人对保留其法学上的意义是有益的。这样,说公意是主权者可能会引起误解,但是把主权说成是全能的同样使人误解;因为倘若没有公意的维持,主权便不复存在。格林认为,我们最好是"说法律作为维护权利的规则体系是公意的表述,而不说公意是主权者。主权者是最终制定和实施法律的一个人或一些人,从长远的观点并从整体上讲,主权者是公意的行为者,为实现那一意志而效力"①。当他确实为实现公意而尽力,并且确实是公意的行为者时,他便拥有最高权力。否则,单纯的权力并不能命令习惯的服从。

---

① 格林:《政治义务的原则》,第104页。

公平地讲,卢梭认识到他的主权和公意的学说在应用到实际政治事务中是有困难的。在他原则上坚持主权代表公意这一概念的同时,格林认为他并未完全避免存在一个区别于公意的制定和实施法律的最高权力的观念。虽然卢梭并没有明确地区分法律上的主权者与事实上的主权者,但是有理由将这种区分从《社会契约论》中推断出来,而且格林的确将其推断出来。① 但是格林认为这种区分毫无道理;因为严格地讲,事实上的主权者不能不是法律上的主权者。这两者之间的混淆一般来自或者对"主权者"的概念,或者对"法律"的概念的意思产生混淆。② 主权者经常被描述成与实际中真正意义上的主权者不相符合的样子。这样英王被称为主权者,但他并不是被授予制定和实施法律的最高权力的那个确定的个人或一些人。当他没有得到议会的同意而征税时,我们可以说他行使事实上的主权权力。我们可以说他是事实上的,而不是法律上的主权者,因为他的行为与体现人民意志的法律、惯例和习俗背道而驰。但在这种情况下国王只是名义上的主权者,这与真正意义上的主权者截然不同。真正的事实上的主权者③永远是法律上的主权者。从我们的定义出发,必然得出这样结论;不改变那些定义你便无法改变这个结论。

格林争辩说,如果主权者是一个严格意义上的真正主权者,那么法律上的和不是法律上的这些用语便不适用了。④

① 格林:《政治义务的原则》,第 91 页。
② 格林:《政治义务的原则》,第 105 页。
③ 格林:《政治义务的原则》,第 105 页。
④ 格林:《政治义务的原则》,第 106 页。

当一个人说到法律上的或不是法律上的时候,在他头脑中必然有一个关于法律的确定的观念。那么法律是什么意思呢?如果是指一般的成文法,那么法律上的主权者是一个毫无意义的说法,因为这样的法律只能来自主权者。如果是指自然法或自然权利,或人类作为社会成员固有的权利要求,那么的确主权者可能不是法律上的,但这时,按照格林的看法,他同时也不是真正意义上的主权者,即制定和实施法律的最高权威。换言之,法律上的主权者是一个矛盾的说法。最高的法律制定者是不受他所制定的法律限制的。他可以制定些规则限制他自己,但他也总是有改变这些规则的自由。

这种推理方法有助于我们对不同观点的理解。当霍布斯说没有不公正的法律,我们必须弄清他对不公正的定义。如果不公正是指违反契约,而主权者又不是订约的一方,因此便不可能违反契约,那么必然得出没有不公正的主权者的结论。如果没有不公正的主权者,那么由主权者制定的法律也不可能是不公正的。但霍布斯认为,法律可以是不公平的和有害的,那是因为他所说的"不公平"是指与自然法相抵触,"有害"是指趋于削弱个人和社会。①

格林指出,卢梭的论证与此相似,但基于不同的理由。他认为主权就是公意,公意就是全体人民的共同意志。那么,由于全体人民不可能对全体人民不公正,主权者便不可能对其臣民不公正。

格林看到霍布斯认为主权本质上是权力,而卢梭认为其

---

① 格林:《政治义务的原则》,第107页。

本质是意志。但不管是权力还是意志，都不能说是法律上的或不是法律上的。像我们指出的那样，如果它是权力，则法律上的和不是法律上的这些词对其不适用。如果它是意志，这些词同样不适用。"某一愿望或者是，或者不是公意。某一利益或者是，或者不是共同的善的利益。认为这个愿望或利益是法律上的公意而不是事实上的公意是说不通的；反之亦然。"①

格林认为，当主权是公意和制定实施法律的最高权力两个观念的结合时便造成混淆。正是由于这种混淆，便产生了使制定和实施法律的权力有赖于大多数公民的投票，并将投票等同于公意的必要。我们应该知道，公意虽称之为公，但仍为意志；意志便是非自然的，即属于意识领域而不属物质领域，它便不能通过大多数投票这种"自然的"方式机械地加以确定。② 卢梭的公意概念无疑是一个很有价值的贡献，但他认为公意就是一定数量人的投票的观点是不能被接受的。

格林认为，卢梭理论的缺陷基本上在于他的自然权利学说。如果自然权利是指基本权利，是指那些社会组成之前便存在，在加入社会之后仍被个人所保留的权利的话，那么这些权利便不受任何形式的政治干涉，而且能够证明政治义务的合理性的唯一方法便是同意说。只要将同意作为权威的唯一渊源，便无法躲开证明少数人服从的合理性的困难。格林认为，没有脱离社会为所欲为的权利。可以重复地说，权利是为了实现作为社会成员的人的道德理想和共同的善所必需的条件而被要求和认可的。一个与社会毫无关系的人不可能拥有权利,就像一个与其他物体不发生关系的物体不会具有引力那样。因此,没有人有权仅仅因为法律或政府要求他做他自己并不赞成的事,或禁止他做他所想望的事而对抗法律或政府。格林认为,就像卢梭所说的,唯一的问题是:一个既定措施是否与公意相符? 换言之,是否那一既定措施与公意相符才是真正的问题所在。这是一个很大的问题,看来格林并未提出切实可行的解决方法。他说,归根结底,共同的善的利益才是政治社会的真正基础,因为倘若没有那个利益,"人民绝不会承认任何要求他们共同服从的权威。只有当一个政府代表了共同的善,臣民才会意识到应该服从它,即,对政府的服从只是实现一个本身是值得想望的事物或是一个值得想望的目的的手段"①。

我们应该记住,在格林的形而上学和伦理学中格林相信人和社会互相依存,因此每一方实际上都不能脱离另一方而存在。权利和义务只有在这个前提下才能讨论。"只有作为社会的成员,只有当人们承认共同的利益和目的,个人才能具有这些属性与权利。政治社会中他们必须服从的权力来自为了调整一个共同的生活而建立的那些典章制度的发展与系统化,没有这个共同的生活,人们根本不会拥有权利。"②或者,服从任何政治权力都需要证明其合理性这个事实,事先假定

---

① 格林:《政治义务的原则》,第 109 页。
② 格林:《政治义务的原则》,第 122 页。

了一个关于权利的标准,这个标准对提出这一要求的人和社会的其他成员来说,具有同等效力。这个标准不体现于用以调整人们交往的制度,那么此标准便毫无意义。这些制度对权利意识来说正像语言对思想一样,它们是权利意识成为真实的表达。① 它们体现了人们用以约束自己的权利义务体系。原始的或习惯的道德本质就是对规则和义务的服从,没有这些制度,这种道德就不能存在,那么在某种意义上讲,法律、制度和习惯的总和体现了被卢梭称为公意的东西。

卢梭不仅把社会契约当作社会和主权的基础,同时也当作道德的基础。② 通过社会契约,人变成道德的存在。通过社会契约,对自然力、贪婪和欲望的服从转变为服从自加的法律的道德、自由。如果是这样,卢梭本应认识到在建立社会之前不存在自然权利,因为自然权利只是为了实现我们的道德理想才有的。假如卢梭认识到这点,他就会避免一个严重的错误。

格林认为,在习惯意义上的道德和使权利得到保证这个意义上的政治服从出于同一渊源。"那个共同的渊源便是某些人对一个共同的幸福的确认,以及该确认在规则中的体现。这个共同的幸福就是他们的幸福,并且他们也认为是他们的幸福,不管是否任何人在任何时刻都倾向于这样认为。这些规则则用来限制个人的倾向性,这样,获得幸福的相应的行动自由便大体上得到了保障。"③格林认为从这一渊源中会产生对某些欲望的对抗和一种意识,意识到这种对抗是基于理性

---

① 格林:《政治义务的原则》,第 123 页。
② 格林:《政治义务的原则》,第 124 页。
③ 格林:《政治义务的原则》,第 125 页。

和某一适当的善的概念之上的。对一个欲望的对抗或约束，不管是以外在的法律形式，还是以自加的法律形式，逐渐地以"必须"一词表现出来。[①] 我必须进行兵役注册，或者我必须自愿服兵役。前者包含强迫性成分，如果不按法律规定去做的话；后者不含强迫性成分，假如并不存在任何国家服役的法律。但是在这两种情况中都含有对共同的善的意识这一成分，这是最根本的动力。单纯的恐惧并不构成政治义务，暴力也无法强制获得它。

有人会提出异议说，这种想法不管听起来多么动听，但远非事实。一些思想家认为憎恨比善意更接近实际，阶级利益也比共同的善更说明问题，如果我们说合作能带来令人想望的结果，那么竞争便肯定能达到这一目的。幸福并不是规律，而且只是一种例外；悲惨并不是例外，而成为一个规律。人民进行投票，但他们并不一定能选举他们的统治者，也不一定能决定重大问题。代议制政府并不一定能代表民意。法律是为了所有人的好处而制定的，但法律经常被扭曲为只为了少数人的利益。法官是为了维护正义而任命的，但他们往往只是合法性的卫护士。在这种情况下，大唱共同的善、道德理想的高调不是白费口舌吗？如果共同的善确实像所说的那么占优势，那么便不会有现在这样的悲惨，这样的贫困，这样的利益冲突，这样的暴力。这种违人心愿的状况无助于所谓道德理想的实现，也不会导致对作为政治义务基础的权利义务的遵守。如果没有共同的善的概念，人们也同样服从政治权力的

---

① 格林：《政治义务的原则》，第 125 页。

话,那么他们对其服从必定基于其他的理由。也许说他们是出于习惯、必然性或对后果的恐惧而服从,比说他们是出于对权利义务相互认可的理由更正确。

格林承认现实与理想相距甚远。[①] 但另一方面他又指出,两者之间的区别是很容易被夸大的,而夸大这种区别的人往往带有不必要的悲观主义色彩。我们应当记住,在公民方面的每一个行为都多少包含了共同的善的思想。有些人这种思想多一些,有些人少一些,但不存在完全没有这一思想的行为。同时格林承认,不存在完全由这一思想决定的行为。因为对一个普通公民来说,抽象意义上的共同的善的思想意义不大,但这一思想不变地存在于他的具体利益之中。格林指出:"他对他自己和他邻人所共有的某些利益和权利一清二楚,比如周末要付给他工资报酬,在商店里钱要花得得当,他自己及他妻子的人身不能受到侵犯等。他习惯地和本能地,也就是说无须追问理由地认为他本人在这些方面的权利要求,是以他认可其他人的同样要求为条件的。这便是恰当意义上的权利——一个要求,其本质在于对己对人为其目的。"[②]共同的善的思想的这种表现形式不易为人所察觉的原因,不在于它不能被察觉,而在于最高的强制力一直是而且现在仍然是外在可见的标志。正像一个人常被认为是他外在表现的那样,一个国家总是被等同于它的外在可见的标志。但是如果我们透过表象而深入地进行研究,我们就会发现,有统

---

① 格林:《政治义务的原则》,第 128 页。
② 格林:《政治义务的原则》,第 129 页。

一作用的国家原则确实是促进共同的善。换言之,意志而不是暴力,是国家的真正基础。

许多人也许会说,制度是发展而来的,而不是人为制定的。不管现在我们对这些制度持有怎样的观点,它们的起源与发展都包含了自然条件倾向,因此还会有不可避免的结果。你可以按照你自己的意愿将其理性化和理想化,但你无法逃避这一现实,即我们的政治社会制度都是由物质所决定的。有什么条件,就会产生什么结果。要想理解这些结果,你必须考虑所有的物质条件——像气候、地理位置、海岸、海湾、河流、山脉,等等。

格林并不否认这些条件对特定制度的发展产生影响。但如果他们没有起到综合统一意识的作用,那么究竟它们产生什么样的影响? 物质条件可以也确实影响人们的行为,但它们并不能决定人类发展到今天这个样子的这一特定方向。换言之,人类的创造能力是不应低估的,因为归根结底,这种创造能力是文明向前发展的动力。正因为人是道德的存在,他们才具有这个创造能力。也就是说,他们具有创造能力,是因为他们有由一个绝对可欲的目的的观念决定其行为的能力,是因为他们有自由意志的能力,并且他们本身是自由的。这里,有人会争辩说,道德并不必然是人类的特征。人类的努力可能与现代国家的形成分不开,但这种努力无论如何与道德无关。实际上,很多人会主张,利己主义一直是比利他主义更有效的诱因。历史上存在着亚历山大式的人物、恺撒式的人物和拿破仑式的人物。例如,把共同的善的观念强加在"嗜血成性的科西嘉人"身上,无异于忽视一个无可争辩的历史事实。

　　暴力可以是维持权利的必要因素,但它仅仅是一个因素,并正因为如此,暴力才从属于权利。"世界本无权利,思想产生了权利。"①世界上任何事物都是从人们关于彼此的某个观念中产生的。再没有比权利更真实的了,但它的存在又纯粹是理想的,如果这里理想是指不依赖物质,仅存在于意识中的话。在国家的产生和发展中,暴力从属于这些理想的实在。

　　我们看到,格林同时在反对两种理论。首先,他在说明主权并不能产生权利,因为主权意味着权利。其次,他竭力指出,将政治义务基于同意说之上是徒劳无益的。正是在这种情况下,他否认自然权利先于社会的形成而存在,并且声称,个人无权仅仅因为国家做了违反他个人倾向的事而去反对国家。

　　格林采取这样的立场使得他很具有绝对主义者的色彩。在某种程度上他或许也是一个绝对主义者,但他的理论绝不像听起来那样绝对。当一个人谈论反对国家的个人权利时,他首先必须弄清他所说的权利是什么意思。像我们多次重复的那样,在格林的思想中,权利是一个人实现道德理想的必要条件。这包含个人方面声称自己有能力增进共同的善,并有能力把共同的善当作他自己的善,以及社会方面对这一声称的确认。由于社会的认可是权利的重要组成部分,权利本质上便是社会性的。它只相对于共同的善而存在。如果国家为了共同的善通过一项法律,那么在公民方面并没有权利仅仅因为这项法律与他自己的倾向相反而加以反对,这并不是说

---

　　①　格林:《政治义务的原则》,第140页。

个人无论如何没有权利进行反抗。对国家的反抗必须与个人权利的存在基于同样的理由,也就是说,反抗基于社会的以及共同的善这一理想的理由之上。

金岳霖全集

第六卷

第五章　国家干预原则

　　在前面数章我们已经说明,格林既反对权利是由主权权力赐予的这种绝对主义学说,也不同意政府基于被统治者的同意这种流行理论。再者,我们也已经得知他的结论,即:虽然强制力偶尔可以体现主权权力,但归根结底,意志构成国家的基础。本章的目的在于提出作为政治行为基础的原则。换言之,前面数章讨论的是个人要遵守的原则,本章要讨论的是国家要遵守的原则。也可以说,两者是从同一原则出发的两个不同方面,因为两者都与道德理想和共同的善的概念有关。个人是出于道德的理由而服从,国家是为了维持使道德成为可能的条件而行为。虽然两者出自同一渊源,但是两者的本质却不同。个人方面的政治义务可以是也确实是一个道德责任,但国家方面的干预本身却并非道德行为。用格林的话说:"对义务而言存在一个道德责任,但对道德责任而言并不能存在义务。"①为了清晰明了起见,我们将对其分别加以讨论。由于在探讨不同的问题时,格林本人并未区分这两个原则,因此我们对其分别加以讨论就显得特别必要了。

---

　　①　格林:《政治义务的原则》,第34页。

在讨论国家干预的原则之前,让我们先回顾一下道德生活的思想。格林说道:"道德生活的条件是具有意志和理性两者。意志是人的一种由尽可能使自己得到满足的思想而决定的行为能力。一个意志的行为就是这样被决定的行为。一个意志的状态就是由特定目的所决定的能力,人在这些目的中追求自我满足;当在某些特定目的中人们习惯地追求自我满足时,这便成为一个特性。实践理性就是将其本性的完善看作一个可通过行为取得的目的的能力。所有的道德观念均起源于理性,即起源于由道德行为者可能实现的自我完善的思想。"①

但是,思想通常不是用上述那种抽象的形式加以表述的。那种抽象的表述只能通过对具体经验进行分析而作出。历史上曾存在一种原始的,或者后来成为一种习惯的道德,它在人类历史的发展中起了很大作用。在黑格尔的意义上讲,这种道德体现于法律、习惯和制度②,它们在人类争取改善的斗争中起了推波助澜的作用。只有当人类已经经历了实际的自我改善的过程,自我完善的思想才能得到抽象的表述。这并不是说道德理想是由经验而来,因为经验的可能性包含着一个所有其他的道德观念均从中而来的观念。但这确实是说,如果其他观念没有体现在社会制度中的话,那么原来的道德理想便不能得到表达。也就是说,只有在习惯的道德获得具体的实在性后,较高的道德才能得到表述。当格林谈及意志、理

① 格林:《政治义务的原则》,第 31 页。
② 格林:《政治义务的原则》,第 32 页。

性和完善时,我们应该清楚他指的是较高意义上的道德。

　　但是,较高意义上的道德是不能被强制执行的。① 道德责任不能由法律强制执行。道德责任确实是行为的责任,而行为的确是可以通过法律强制执行的。但是,道德责任又是这样一种行为的责任,它起源于某一意向,又为了某一动机,而意向和动机两者却是不能强制执行的。事实上,如果道德责任实际上被强制执行了,那么它们便失去了道德性,因为它们失去了意向和动机所必需的无私性。由此得知,政治行为的范畴不是道德。它只与外部的或外在的行为有关。权利和义务,不管是理想的还是实际的,都与恰当的或较高意义上的道德不同。但是,政治行为、道德理想和权利的确彼此相关。实际上,没有道德理想,权利便形同虚设,就像我们已经从格林的自然权利学说中看到的那样。"'义务'在狭义上讲只涉及外在行为;至于什么能够构成义务,什么应该构成义务的问题——也就是由实际的法律所规定的权利和义务在什么程度上与自然法相对应的问题——必须参照道德目的加以考虑,因为法律和由法律所规定的义务只有服务于那个目的才获得其价值。"②

　　是否法律应该仅限于调整外在行为? 况且,外在行为究竟又是什么意思呢? 我们应该还记得,当我们受到惩罚时,我们不仅是为了我们的外在行为而受到惩罚,它还包含了其他许多因素。当一个人无意地致人死亡,他被指控为过失杀人

---

　　① 格林:《政治义务的原则》,第 34—35 页。
　　② 格林:《政治义务的原则》,第 34—35 页。

罪。但是如果他有预谋地杀了人,他便被指控为故意杀人罪,并会受到更严厉的惩罚。换言之,内在意图与外在行为一样要受到惩罚。有人的确会争辩说,意图和行为是不可分的,没有前者,便不成其为后者。格林认为,当我们说违反我们意愿地做了某事,我们一般是指下面这些情况中的任何一种。其一,某人通过暴力用我的人身当作手段做了某一行为。这里,行为的确存在,但确实不是我的行为。其二,一个行为可以由自然事件通过我的人身而引起,这一行为对他人造成损失。其三,一个人由于受了强大诱惑的影响,可以并非所愿地作出某个行为。在这种情况中,行为不再是违背我的意志的行为了。因此很明显,在惩罚外在行为的同时,意图也同样受到惩罚,因为如果不存在意图,便几乎不可能存在任何应受到严厉处罚的行为。

但是,如果行为必然包括意图,那么称其为好像与意图截然分开的外在行为又有什么意义呢?按照格林的看法,"外在行为是指表现于身体部位动作的意志的决定,这些动作在客观世界产生了一定的效果;而不是指那些由某些动机和某个倾向引起的意志的决定。"①法律禁止的正是那些表现于影响客观世界的某些身体动作的意志的决定。法律可以使人产生某一动机而服从法律,比如,法律能够使人产生畏惧心理。但在这种情况下的动机的确无关紧要;因为法律所要求的主要是遵守,遵守能够不问动机而取得。如果法律要求的一个行为是在没有任何诱惑的情况下作出的,法律的目的便达到

---

① 格林:《政治义务的原则》,第36页。

了。如果法律禁止的一个行为不是出于对违法的后果的恐惧而不去做的,法律的目的就像存在这样一个畏惧成分一样得到满足。简言之,动机是不被考虑的;法律的目的是"维持某些生活条件——是为了保证人们去做对维持那些条件来说是必要的某些行为,而不去做对其会产生干扰的另外一些行为。法律与这些行为或不行为的动机无关,尽管动机决定了这些行为或不行为的道德价值"①。法律义务只能是做或不做某件事的义务,而不是出于某个动机或带有某个倾向去做或不做某件事的责任。问题不在于法律是否应该仅限于外部行为,它不能不是这样。因为就法律掌握的武器而言,它并不具有强制执行道德责任的能力。

　　这一问题需要进一步加以探讨,因为外部的或外在的行为不能孤立存在。哪种外在行为应该成为国家干预的对象?格林的回答是:"只有那些行为或不行为,无论出于何种动机它们对一个可以实现道德目的的社会的存在是如此必要,以至于与根本不做这些行为相比,哪怕出于对法律后果的畏惧或希望这样毫无价值的动机而做或不做这些行为也是较为可取的,才应成为法律命令或禁止的对象。"②有些行为和不行为应该规定为法律义务,一旦成为法律义务,它们便为某个道德目的服务。"因为这个目的寓于来自特定气质的行为之中,又因为出于对法律后果的恐惧而作出的行为不来自该项气质,所以法律不应禁止或干预任何来自该特定气质的行为;

---

① 格林:《政治义务的原则》,第37页。
② 格林:《政治义务的原则》,第38页。

而应责成去做凡是能为来自该气质的行为创造有利条件的行为。"①

　　这就是格林的国家干预的原则。在这里,我没有对他的语言作出加以词义解释的任何努力,因为怕失去他实际的和准确的意思。政治行为是一个复杂的现象,因此这样一个原则只能用笼统的词汇加以表述。这便带来了特定的困难。情况千变万化,彼此不同,但是原则总是具有真正的指导意义。不管过去法律是如何发展的,对将来来说,这应该是一条规则。

　　我们已经论述了个人服从的原则和国家行为的原则。人们可能会问,在国家行为之后,是否个人总是有义务要服从呢?

　　前面我们已经触及这个问题,但是,必须承认,这个问题只能概括地加以回答。按照格林的说法,"在任何地点,任何时间,有效力的法律只要符合国家观念,便没有不服从这些法律的权利;或者说,除非是为了国家的利益,不可能有不服从国家法律的权利。也就是说,为了在实际的法律方面使国家更完全地符合它在倾向或观念上的样子,即作为由人在社会关系中产生的权利的调协者和维护者这一目的"②。这样,谁也不能仅仅因为他个人的行动自由受到限制,或因为他对自己事务的管理受到国家的干预,或因为不允许他随意处置他自己的所有而反抗国家。

---

①　格林:《政治义务的原则》,第 38 页。
②　格林:《政治义务的原则》,第 147 页。

一个盛行的错误观念是:凡是被允许的便被认为是一项权利。但是,可能不存在那种意义上的权利。在公众场合吐痰曾经是被允许的,并很可能被认为是一项权利。但是当人们逐渐认识到这对社会的健康有害,国家禁止这个行为是完全正确的,为此而反抗国家便毫无理由。饮酒大概也属此类。个人只能在社会判断允许的情况下吐痰和饮酒,一旦社会判断作出结论说,吐痰和饮酒肯定对共同的善有害,个人便没有权利不服从。

从个人的观点看,社会的判断可能是错误的。一个人可能声称,一项所立的法律是基于对共同的善的错误的或不全面的观点,因此他的反抗是合理的。格林承认一个人的观点可能会与社会的判断不同,但是如果他的观点不为其他公民所共有,也不为其他公民默认为有助于共同的善,那么格林否认任何人有权反抗国家。只有当某个行动或某种忍耐被社会默认为有助于共同的善,但却遭到国家公然的否认或忽视时,一个人才有权反抗。①

以奴隶制为例。假设有这样一个国家,奴隶制是法律允许的,并通过一项禁止对奴隶进行教育的法律。公民无权反抗这样一项法律吗? 一般而言,即使是坏的法律也应该被遵守,否则会比坏的法律对共同的善更加有害。"但是也可能有这样的情况,违反某一实际的法律对公共利益更有利……奴隶制就属于这种情况。当公众良心已经认识到一直被拒绝于法律权利之外的一批人是具有权利能力的……但是某个有

---

① 格林:《政治义务的原则》,第148、150页。

权势的阶级出于自身的利益反对改变法律。在这种情况下，代表奴隶而违反法律便不是违反违反者的利益；而且，对法律的一般遵守基于权利的一般意识。当违反法律代表了该意识时，打破一下人民守法的习惯也不会带来任何危险。"①

有人提出异议说，上述论点假定了可以帮助逃避真正困难的某种条件。真正困难的问题是：当公众良心无法认识到奴隶们的这种潜在的权利时怎么办？在这种情况下，反抗是否有理呢？

我们将会注意到，这个问题可以从两个不同的观点中找到答案。奴隶本身拥有从他们自己的以及与其他人的关系中产生的权利与义务。国家可以不承认他们的公民资格，但是无法剥夺他们的社会权利。其他人可能对奴隶具有权利要求，但是拒绝承认奴隶权利要求的国家本身并无权要求奴隶服从。服从法律的义务对奴隶来说并不存在。② 但是与奴隶友好相处的人们情况却不同，他们一般地讲有义务服从法律，并且倘若他们想反对法律，他们须得到社会的认可才行。按照格林的看法，如果他们没有得到其他公民的认可，他们可以从奴隶那里得到认可，这样他们便能够进行反抗。③

但是，任何这种反抗的尝试都应谨慎从事，因为它给政治的和社会的结构带来的后果，可能较这一反抗所要纠正的谬误对公共福利和共同的善更加有害。从实践上讲，某些告诫是必须加以重视的，某些困难是必须加以克服的。

---

① 格林：《政治义务的原则》，第 151 页。
② 格林：《政治义务的原则》，第 152 页。
③ 格林：《政治义务的原则》，第 153 页。

在一项命令的法律权威性是可怀疑的情况下,格林认为,较可取的方法是将政治争端上的权利看作尚未形成,主权暂被搁置。这时,个人应该参加成功看来最有助于共同的善的一方。在不存在法律修改和废除手段的地方通过了一个恶法,对权威的反抗便不仅是一项权利,而且是一个责任。

对权威的反抗,不是多数人或少数人的问题。多数人没有权利仅仅因为它是不掌权的多数而进行反抗,少数人也不能仅仅因为它在政府中被代表或没有被代表而不允许进行反抗。有一些著名的例子说明少数人的反叛是合理的,尽管他们成功的可能性微乎其微。不服从任何特定法律的主张都需要其他人普遍的认可,才能使这一主张成为一项权利。但仅仅是大多数人的决定这点,并不必然使这一主张成为一项权利。

但是,必须指出的是:无法提出准确的规则作为反抗专制政府的指导性原则。在这方面,格林建议了三个可能有帮助的问题:"第一,对专制权力进行反抗,而又不必进行颠覆,是否可以纠正专制权力的性质,或者可以使权力的行使得到改善呢? 第二,如果专制权力被推翻,是否人民当时的情绪并不意味着无政府状态? 是否到当时为止一直作为维系社会秩序和既得权利结构基础的那些势力,可以和专制权力分离,以致推翻专制权力并不意味着无政府状态呢? 第三,如果推翻专制权力的确导致了无政府状态,是否整个法律政治制度被与公众敌对的私人利益变质到这种程度,以致不存在任何共同利益来维护这个制度了呢?"①

---

① 格林:《政治义务的原则》,第118页。

第六章　国家干预原则的适用

　　从理论上论述了国家干预原则之后,便有必要进一步探究这一原则在实践中的应用。在政治哲学中最为棘手的问题之一是个人与国家之间、自由与法律之间的协调统一。这个问题是自由和国家干预这两个传统概念带来的结果。如果自由被认为是没有限制,而国家干预被认为是一个限制,那么它们必然是彼此对立的。格林的看法与此截然不同。对于他的国家干预原则我们已经进行了详尽的讨论,下面我们将探讨他的自由观,以便确定使两者协调一致的途径。格林喜欢用自由(freedom)一词而不用自由(liberty);或许因为前者在伦理学上更恰当,而他的自由观本质上讲是伦理的。

　　在"形而上学和伦理学的背景"一章中已经提出,在智性方面,人是一个"自由的原因"。当他具有某种意志的时候,他是一个自由人。在这种意义上他是自由的,即:他不被外部的力量所决定。他是自我决定的;在他本人既是主体又是客体的决定中,不存在"必然",只存在自由。他具有自由意志而有能力作出道德行动;并且他具有智性上的自由而有能力作出创造性的努力。他具有理性而能想象善的观念,他具有他本人与他人的统一体的意识而能够具有善的意志和共同的善的观念。

　　上述便是自由(freedom)的基础。它包含与传统自由(liberty)观相反的所有成分。传统的自由观仅仅是一个消极的观念;也就是说,自由是指不存在限制,不存在强迫和障碍。格林的自由观是积极的。它不是指不存在限制。它与一个人不顾他人的意愿想做什么就做什么全然无关。它不是一个人或一伙人用来损人利己的工具。它是"一个做或享受某件值得去做或享受的事,并且这件事是我们与他人共同做或享受的积极的权力或能力"①。随后的一整段都是值得引用的。"当我们用社会在自由方面的发展来衡量社会进步时,我们是用增进社会的善的那些能力的不断发展和越来越多的行使进行衡量的,并且我们相信社会所有成员都被赋予社会的善。简言之,是用作为整体的公民方面拥有较大的能力,以最大限度地和最好地造就自己这一标准衡量的。这样,固然在那些是出于自愿,而是出于被迫行为的人们中间无自由可言;但是另一方面,仅仅排除强迫,仅仅使一个人能够做他想做的事,这本身也并非有助于真正的自由。"②

　　如果上述是对自由的正确解释,那么做一个人所愿做的事的自由无论采取什么形式都不过是为了实现一个目的的手段,而这个目的便是积极意义上的自由,即为了社会的善,解放所有人的全部力量。没有人拥有任何权利去做他想做的,如果他所想的和做的对这一目的有害。具有这样的自由观,

① 《T.H.格林著作集》第8卷,第371页。
② 《T.H.格林著作集》第8卷,第371页。

259

不能期望格林在政治行动,即国家干预方面仍然是一个个人主义者。

让我们先看契约自由,继而讨论有关的不同问题。应该记得,格林是在被戴雪(Dicey)教授称为集体主义立法时期进行写作的。时代精神不容忽视。在那个时期有许多干预契约自由的立法,但这些立法同时又得到那些在过去的年代中反对限制、拥护契约自由的自由主义者的赞许。因此,在早期与晚期态度之间存在着不一致。

格林认为,19 世纪 70 年代末期干预契约自由的尝试和早期为契约自由排除限制的尝试完全相同。早期自由主义者以反对阶级特权的个人自由的名义为改革而战。在格林写作的时期,他们用不同的名义,在不同的旗帜下,为社会的善的改革打着同一场战役,改革者的目标是相同的。至于契约,如果我们记住刚刚定义的自由的意思的话,早期排除限制的努力与后来干预契约发生作用的状况的努力,都具有扩大订约双方自由的同样效果。下面我们将考察订约双方的具体情况,以便确定国家干预是否有理。

为了公共健康和卫生,国家通过了强迫人民必须符合某些健康的生活条件的法律和法令。同时,在英国,教育被规定为义务教育,尽管这一计划有待逐步实现。工厂立法开始得还要早些,但是早期的尝试远远不能令人满意,也未付诸实现。早期的规定仅适用于棉花工业,即使在这方面,那些规定的目的只有一个,即限制童工及年轻人的工作时间。但是这些规定逐渐地得到实施,甚至扩展到其他工业,那些只对儿童适用的工作时间对女工也同样适用了。到了 19 世纪 70 年代,那些规定已被扩展到大部分工业,并且严加执行。对劳动时间的规定固然重要,但按照格林的看法,它并非全部的工业问题。劳动状况、配备安全设备和其他一些安全及健康措施都应该是立法对象。这些是国家干预的合法对象。在这些方面的国家干预是不能以干预了契约自由为理由加以反对的,因为正确意义上的自由并不意味着没有规定存在。

国家干预契约自由的确并不直接为道德目的服务,那已经超出了国家的职权范围。但是,国家有责任维持一些状况,只有在这些状况下人类能力才能够充分得到解放,道德才能成为可能。有人总是对人性具有充分的信心,他们认为应该让人民自己管自己的事。工业状况可能并不理想,但是这些人争辩说,人民也不是笨蛋。不必去管他们,让他们使用自己的头脑,他们自己便会觉醒,认识到改革的必要性,改革便成为自愿的行为了。自我保存的本能是不需要立法的帮助,能够自己照顾自己的。但是格林说,我们应该实事求是地看待人民。① 确实,很多人能够自己照顾自己,但是也有很多人不能。国家干预对于具有良知和自力更生能力的人来说并不是负担,但是对那些处于不利条件下的人来说肯定有所帮助。

对国家干预的反对观点,在格林看来是不得要领的。他们当中的一些人的确基于某种个人主义哲学,但是其他一些人却把他们的目标对准与国家干预全然不同的事情上。有些人将所谓的“婆婆妈妈式的政府”说得滑稽可笑,但是他们所反对的,不是别的,而是中央集权化。事实上,的确存在过中

---

① 《T.H.格林著作集》第 3 卷,第 375 页。

央集权化的倾向,将市政府和地方政府所管事务转交给中央政府。这个倾向既有其缺陷,又有其长处。但是,一个人可以赞同或不赞同中央集权化而不必提出任何令人信服的理由反对国家干预。是否中央政府不必要地侵犯了地方政府的合法范围是一个问题,是否国家不必要地进行着干预又是另一个问题。

"契约自由"一词在工商企业方面具有主要意义。因为它是财产权的一部分,它与现存经济秩序相互交织在一起。在经济秩序中难道还有比土地、劳动和资本之间的关系更重要的问题吗?格林对土地怀有敌意,但对劳动和资本却很友好。

像在有关政治义务原则的章节中指出的那样,财产是被理性证明了的。按照格林的看法,财产对自由生活和实现我们道德理想来说都是必需的,他认识到少数人对财产的过分积累会带来灾难性后果。但这并不能责备私有财产制度本身,而应归结于这制度的偶然或意外事件。一个工业无产阶级的存在并不必然与私有财产制相联系;因为我们应该记住,一个人财富的增加并不自动地意味着另一个人财富的减少。财富并不是一个固定的股份,不拿走本应分给另一个人的一份,一个人便不能得到较大部分。另一方面,它又是每天都与新财富生产中除去在生产过程中的必要损耗后的剩余成比例地增加的。

格林认为,的确,凡是工业密集之处,总会发现大量的劳动力存在,这些人没有受过教育,营养不良,没有自由订立契约的能力。他们无意积蓄,或者说,即使他们有意,也没有什么可以让他们积蓄,因为他们的收入仅够糊口。他们似乎只是繁衍后代,但在很多情况下是按照马尔萨斯的公式生儿育女,并不考虑是否有可能为后代提供合适的环境和教育。但是,他们的处境可悲可叹,却并不必然是作为一个制度的私有财产的结果。至少在英国,这可以追溯到两个原因。[1] 首先,当资本用于采矿、制造和任何其他工业时,它吸引和吸收了一些人,这些人或者本人是农奴,或者是在农奴制度中受过训练的人的后代。他们的生活是一种强迫劳动的生活,由教会慈善事业或贫民法而得到某种程度的宽解。他们从来是靠人为生,没有责任感,没有照料自己的能力。旧时代不拥有土地的人们便是 19 世纪工业无产者的先祖。其次,这种工人阶级的可悲可叹的处境,是由于土地所有者阶级一直享有特权这一事实造成的。这个事实与作为财产权利基础的原则大相径庭。不过这个问题我们可以以后再谈。

我们看到,格林并不谴责资本。实际上,他对财富作为资本很少有什么肯定的看法。但是从他的大原则上加以判断,我们可以比较保险地得出结论说,如果对资本主义破坏性实质能够提出具体的证据的话,他是可能被说服的。一旦被说服,他大概会像攻击某种特定的土地所有制那样严厉地谴责资本主义制度。

他对劳动持友好态度。下面这段话将比用我自己的语言更能清楚地说明他的立场:"经济学家们告诉我们,劳动像其他商品一样是可以进行交换的商品。在某种意义上这是对

---

① 格林:《政治义务的原则》,第 226 页。

的,但它却是一个以奇特的方式附着于人格的商品。因此,对这种商品的买卖可能需要加以对其他商品来说是不必要的限制,以便防止劳动在那种使劳动出卖者变得在根本不能以任何形式为社会的善出力的情况下出卖劳动……因此,社会显然有权在出卖劳力方面限制契约自由,就像我们制定法律对工厂、作坊和矿山的卫生作出规定那样。社会同样有权禁止妇女和年轻人劳动超出一定的时间,如果他们工作超出这个时间,其结果可以被证明是有损体质;这又同样可以被证明会带来社会道德力的降低。为了社会成员得到最好的发展这个总的自由——这是市民社会所要保全的目的——作为社会审慎喉舌的法律应该对一般会产生此种结果的所有服务性契约加以禁止。"①

　　在后面一段中,格林强烈要求国家为了劳工的利益进行干预,而不放心让其放任自流。"让其放任自流或交给偶尔的慈善发挥作用,人的素质的下降就会成为永久性的,并会不断加剧。去读读任何一个在皇家或议会的要员会上关于劳动者,特别是妇女和孩子们状况的权威性的报告吧!因为这些劳动者就是在第一个关于他们的法律制定之前,在契约自由第一次受到干预之前,存在于我们伟大的工业中的。请扪心自问,在这种状况下出生和抚养的一代人,他们有什么样的机会可以通过订立契约而摆脱这种处境?假设有一个道德和物质幸福的标准,可以信赖人们在低于那一标准的条件下不去出卖他们或者他们孩子的劳动。但是直到我们一直在考虑的

---

　　①　《T.H.格林著作集》第3卷,第373页。

法律生效之前,对我们人口中的众多民众而言,并不存在这样一个标准。他们一无所有,既没有自尊,也没有对舒适环境的明确要求,因此他们及其子女无法以一个健康的和自由的公民应有的工作和生活方式去工作和生活。毫无疑问,有许多思想高尚的雇佣者在国家干预之前便为他们的工人做了他们所能做的一切,但是他们并不能防止那些顾忌较少的劳动雇佣者以最廉价的条件雇佣工人。的确,廉价劳力从长远的观点看是昂贵劳力,但这只是长远地说才如此,况且急功近利的买卖人并不从长计议。如果在与健康,或像样的住宿,或者劳动者的教育等极不相符的情况下仍然拥有劳力,那么总会有足够多的人购买劳力,而不计较交纳地方税和其他形式的税收,这些税收到头来是为后代储蓄。或者劳力的卖方具有关于幸福的标准以阻止他们在那样的状况下出卖劳力,或者法律对此必须加以禁止。有着像我们四十年前那样的人口(现在大体上仍然是这样),在劳力出卖者还不能为他们自己防止那种情况发生之前,法律必须出面干预,而且要这样继续干预若干代。"①

关于土地问题,格林毫不留情地进行抨击。在存在无产阶级这样一个问题上,他指出,地主被授予特权,这与作为财产权利的基础的真的原则不符,任何人无权随意处置他自己的所有,特别是当他自己的所有恰巧是土地的时候。土地,就像劳力一样,并不是通常意义上的商品。"一切财富的原材料都是从土地或者通过土地取得的。只有靠土地我们才能生

---

① 《T.H.格林著作集》第3卷,第376—377页。

存;只有跨越土地我们才能从一个地方搬到另一个地方。"①
"像空气、阳光和水一样,土地是生产所必需的最基本的自然
资源,但是根据它们的性质,空气、阳光、水是不能占用的,土
地却能够,而且已经被占用了。"②只有当土地的占用是对社
会的善有利时,这种占用才是合理的。当土地的占用不为此
目的服务时,这种合理性便随之消失。在过去,土地所有者被
授予了太多的特权,允许他们随意处置他们自己的所有,即使
他们实际的所作所为降低了生产能力,使得农民的健康处于
危险境地,并加剧了他们的悲惨与贫困。农民的悲惨与贫困
影响公共福利。国家为了它应该维护的公共自由,不能允许
一个土地所有者像允许他处置他拥有的其他商品那样随意处
置土地。

　　土地方面存在的实际问题之一是坏的财产授予制度。在
这种制度下,土地一成不变地传给长子。至少这有两个不良
的后果。其一,它阻止了将一块地产分成若干小块。这里,格
林似乎赞同杰弗逊式的民主传统,因为他毫不犹豫地声称:自
耕自种的小土地所有者是社会秩序的主要依靠。其二,这种
制度使土地掌握在那些对个人和家庭负担过重的人手中,因
此他们无法以任何方式改良土地,其结果是,土地的出产不到
假定做了必要的改良后所应该出产的一半。人们提出各种各
样的补救措施,但是这些措施不解决问题。只要这种财产授
予制度不变,这个问题便无法解决。允许土地所有者以这种

----

①　《T.H.格林著作集》第3卷,第377页。
②　格林:《政治义务的原则》,第227页。

方式转移财产而妨碍了改良是与公共利益背道而驰的。如果财产不是按照唯一可以证明财产的合理性的原则而使用,那么国家完全有权利插手。在这种情况下,国家应该将法律认可从我们讨论的这种土地授予权中收回。

地主与佃户的关系是值得注意的问题。一般而言,应该允许契约自由以助于为了善的任何自愿行动和在积极意义上公民实现道德理想的自发性。但是格林的警告是:我们不应该为了手段而牺牲目的。有些契约影响到公共的便利,但是与此直接有关的订约双方没有能力照顾到公共利益。这样的契约应该由法律使其无效。例如,地主与佃户之间为前者保留狩猎场地的协议就属此列。这种协议不为别的,只为了地主能偶尔打猎这一个目的而保留了大片土地,打猎本身无可非议,但是在这一特定情况中,它使得土地不能用于合理的农业生产。地主不仅保留了大片土地,他们还使得土地不能进行耕作,以便有可能生长树林供他们娱乐。佃户之所以和地主之间达成这样的协议,是因为前者对地主这样地对待他们已经习以为常。但是同样,这不仅仅是与农民有关的问题。公共利益也受到威胁。国家经不起眼看生产粮食的上好土地变为狩猎场所或只供少数人娱乐的什么花园。在这种情况下,国家同样有必要进行干预。

个人主义者总是声称听其自然,什么都会好的。农民将及时地意识到他们自己的利益,地主会开明地考虑到公共利益。也许会是这样吧。格林希望如此,但是从事实来看,却相信不会如此。绝大多数英国农民可以在没有赔偿,只给出六个月或一年的期限被赶出土地。在这种状况下,耕作不能吸引足够的资本以事改进,因为地主是吝啬鬼,佃户随时都有被踢出门的危险。一般来讲,租地的农民种的地才是最好的,依靠地主的佃户种的地是最坏的。的确,一个好的地主如果不更好,起码也和租约同样好,但并不是所有的地主都是好的,如果有一个好的,他也不是长生不老。农业不能建立在少数人的奇想上。为了保证有效地使用土地,农民需要保护,以便能有必需的资本用于土地。面临着这样的问题,国家必须对人民和局面实事求是地加以考虑,并作出相应行动。在这个问题上国家不能等待,因为全国人民的生活必需品取决于它的行动。

至于全面、广泛的土地改革规划,格林没有发表任何确定的意见。情况因地而异,因此很难作出不容变通的计划。但是,我们可以肯定地说,他既不相信单一税,也不相信没收自然增值。他之所以反对这一做法是因为"非自然和自然增值之间的关系是如此复杂,以致确立由国家取走自然增值的制度几乎不能不减小个人最大限度地使用土地的动力,这样,最终会减少土地对社会的服务"[1]。

---

① 格林:《政治义务的原则》,第229页。

第七章 国家干预原则的适用(续)

　　历史上,以及现今,国家对自由生活最大的也是最明显的干预当然莫过于战争了。但是不管格林在其他方面的思想与德国人的思想多么相似,他关于战争的思想却远非日耳曼式的。他说,战争即使不应被看作是"对大群人的谋杀",也是对生命权的侵犯。战争既不是法律意义上的,也不是道德意义上的谋杀。战争不是法律意义上的谋杀,因为谋杀是非法的杀害,而战争是合法的杀害,如果合法是指符合人定法的意思。战争也不是严格道德意义上的"对大群人的谋杀",因为在那种严格意义上,谋杀必须包含在被杀者和杀人者之间的恶意。在战争中并不存在个人之间特别的恶感。同样,一般所理解的杀人犯包含对确定的一个人或一些人人身的侵犯。它一般意味着由对该谋杀要负责任的谋杀者策划的计谋。但很难说有确定的一个人或一些人应对任何一场战争负完全责任。毫无疑问,在有些战争中,某个或某些确定的人应该特别受到谴责,或至少比其他人更该受责备;但是他们不能像杀人者有意使人致死那样有意发动一场战争。不管他们可能是多么自私,他们并不是严格意义上的杀人犯。不管战争可以是多么错误或灾难性的,它却不是谋杀。

但是上述观点不应被认为是指战争不是对生命权的侵犯。它的确是的。[①] 任何人都不能争辩说,因为在士兵方面并不存在杀害任何特定敌人的意图,因此没有理由把战争说成是对生命权的侵犯。因为战争中的杀害是人为造成的,并且在战争本可以避免却没有被避免这个意义上说,大体上是蓄意的。不管是否哪个特定的士兵具有明确的意图去杀害哪个特定的人,他都同样在侵犯生命权。人们也不能争辩说,一个士兵杀死另一个士兵就像闪电偶然使人类遭受伤亡一样毫无责任。因为在后一种情况中并不涉及权利问题。在人与闪电之间并不存在人类的关系,也不存在任何相互的要求与确认。如果不牵涉权利,肯定不会有侵权。

现代战争既允许国家征兵制,也允许自愿服役。如果一个人自愿当兵,他便是自己主动去冒被杀的风险,因此他便放弃了生命权,也就不存在侵犯生命权的问题。有人认为,他的处境与一个为了工钱在危险的矿井里做工的人相同。对这个问题的回答是:如果志愿兵和矿工两者都死于非命,他们的生命权都受到了侵犯。在两种情况中,生命权都不能自动被放弃,因为生命权总是包含个人的要求和社会的确认两方面。生命权牵涉到社会的利益,只代表一方的个人是不能无视生命权的。[②] 这对矿工同样适用。一个人在危险的矿井下做工而致死,不管此人是否自愿做工,都存在侵犯生命权的问题。因此,并不能因为士兵自愿作战,战争的错误性也随之减少。

---

① 格林:《政治义务的原则》,第 162 页。
② 格林:《政治义务的原则》,第 163 页。

并且,不管国家采取何种制度,不管是征兵制还是自愿服役制,总有强迫的成分在内。① 征兵制当然是义务性的。虽然在自愿服役制下,强制性并非加于某些特定的人,但在国家决定作战,并且迫使某些生命要被夺去这个事实中,是存在强制性的成分的。归根结底,战争是对生命权的侵犯。

有人会指出,自卫战争是合理的。生命权固然重要,但是当一个人无辜受到攻击时,这危及到比一个人的生命更为神圣的东西。人们经常强调,作为整个权利义务体系保障的社会和国家的生存,是比维护特定的生命权更重要的。因此,保卫社会和国家的战争,由于服务于更伟大的目的而获得合理性,纵使在为那一目的服务时会导致屠杀。

格林回答说,这种论调实际并不是论证战争本身的合理性,而是使那些出于防卫目的而诉诸战争的人不受谴责。② 实际上,这种论调只是说,国家派士兵到战场可能是出于被迫,因此破坏生命和财产的责任便不能归于除了诉诸武力便没有其他选择的那些人。但是战争并不是不可避免、自然地反复发生的现象。它之所以发生是人为的。如果一方不受谴责,那么另一方便不能不受谴责。纵使谴责从一方转移到另一方,作为侵犯生命权的战争却同样是错误的。这样,为了保卫自由,或为了解放,或为了民族生存的战争便与任何侵犯生命权的事物同样错误。但是,这并不是防卫者的错误,而是侵略者的错误。历史的记载最令人失望。在格林看来,很少有

① 格林:《政治义务的原则》,第163页。
② 格林:《政治义务的原则》,第164页。

战争能被说成是为了政治解放的目的而发动的。大多数战争是出于扩张的目的,由于个人的嫉妒和王朝的野心而引起的。随着民族主义的发展,爱国主义取代了对王朝的效忠。不知怎么,大多数人一般接受了对一个国家有利的总是对另一个国家不利的错误观念,结果是所有国家都处于潜在的(如果不是实际的)相互的战争中。

　　不管谁该受谴责,战争总是错误的。不管结果如何都是错误的。格林并不否认有时战争会产生好的结果,但是他却不能承认好的结果可以改变战争的性质这种说法。"错误是一个自愿行动,它或者产生于行动者方面的意志,该意志不受为善的愿望的影响;或者它是一个行动,该行动干预了其他人善的意志的自由发挥和发展的必要条件。"①"如果一个行动干预了其他人善的意志的自由发挥与发展的必要条件,而行动者可以想见或者可以控制该行动的结果,但是由于某种他以外的原因而使得他蓄意的效果和使该行动成为错误的效果却有利于一个后来的善,这个行动不能因此而减少其错误性。或者,如果这个行动是出于恶意(在我们已经解释过的意义上),也不能因为这个意愿本身在某种更高的存在物看来是对行动者完全地或部分地不能想见的道德的善有利,便减少其错误性(在道德意义上)。如果战争在上述两种意义上讲都是错误的……它便不能因为从长远来讲带了任何好处而不再成为错误。"②从恺撒与高卢人的战争中,从英国人对遥

---

①　格林:《政治义务的原则》,第 167 页。
②　格林:《政治义务的原则》,第 167—168 页。

远领土的占领中,从德国与意大利的统一中,恐怕都有一些令人想望的结果,但是伴随着这些好结果的是无数的错误行为,这些行为并不能因为取得了某些好的和令人想望的事而不再是错误。

战争是一种错误,但是这种错误是否与民族国家的形成有内在的必然联系呢? 格林认为,如果国家是按照国家的理念而建立。那么无论采取什么形式,都不会有战争。按照这个理念,国家是一个"和谐地维护所有的权利,使产生权利的能力能够自由发挥"①的制度。没有一个这样组织起来的国家可以和另一个同样组织起来的国家发生不可避免的冲突。一方所得必然是另一方所失的想法不是真理。事实是,国家组织得越好,个人的能力就越能得到充分的发展,其结果是发生冲突的危险性便越小。因此战争并非国家的固有产物,战争的发生主要由于国家组织上的缺陷。

格林对社会分为不同的阶级和代表不同的利益这点加以充分考虑。格林指出,社会通常分为特权阶级和被压迫阶级两大阶级,这不仅是内部政治的事情,而且经常是引起国际冲突的根源。"特权阶级不情愿地相信并散布这种信念说,国家的利益存在于国家向外扩展,而不是存在于国家内部组织的改进上。"②看来格林在这里是在做着他自己都不完全理解其全部意义的预言。我们现在知道,特权阶级从民族扩张中得利。军国主义者想要征服,商人想要市场,资本家想要工业

---

① 格林:《政治义务的原则》,第170页。
② 格林:《政治义务的原则》,第171页。

不发达地区。他们受益并非国家受益。符合国家理念的国家,没有也不该有特权阶级和受苦阶级之分。这两种阶级的划分越早被消除,便对国家和国际和平越有利。

有人提出国家不是抽象的公式;它不是为了维护和协调权利而有意识地建立起来的制度复合体。一般地说,现在国家就是一个民族,它具有一个民族的全部含义。一个民族意味着彼此相同的人民,他们具有特定的制度、某些突出的情感和民族主义的心理。民族现在是处于像霍布斯认为的个人曾处于的那种自然状态中。它们是彼此独立的主权者,它们只为自己效力。由于它们的情况彼此不同,利益相互冲突,战争便不可避免。战争只能通过建立超越所有民族国家之上的世界帝国来避免,但这既不可行,也不可取。格林承认,目前的国家的确是一些民族,而目前的民族又不能摆脱唯我主义的欲望。但是他说,我们不必因此而变成悲观主义者。[①] 民族还是可以成为真正意义上的国家的。民族越真实地变成国家,就越能体现民族精神。如果民族精神用于有价值的目的,它便无可厚非;并且当国家变成理想意义上的真正的国家时,它将会用于那些目的。当国家是更符合理想而组织起来时,对其他事物也都有利。经常的通商与交往,以及更好地相互理解,可以最终在民族之间产生一种社会凝聚力的意识,以至于对正义与和平的呼声最终会压过战争的军号声。那时,这种大规模的对生命权的侵犯便会消除。

国家对自由生活进行干预的另一个方面,就是国家对公

---

① 格林:《政治义务的原则》,第 179 页。

民施行惩罚的权力。公民方面的自由生活包含这样一种假定，即每个人都可以自由地作出有利于社会的善的行为。国家方面的惩罚权包含这样一种假定，即国家以某些方式防止那些对可能有利于社会的善的自由活动进行干扰的行为。换言之，通过行使惩罚权，国家试图维持使公民可能实现他们道德能力的条件。这样地加以考虑，不对权利义务的整个体系加以研究，我们便无法详尽地阐明惩罚权，以及惩罚的性质。对我们来讲，过细地考察这些权利和义务是不必要的，因为我们只需详细地研究惩罚的大原则。人们一直经常讨论到底惩罚的本质是报复，还是预防，或是改造。按照格林的观点，惩罚的正确观念应该同时是这三者。① 下面我们就分三部分进行讨论，先从惩罚的报复性开始。

　　一开始我们就必须指出，惩罚不能带有任何私人报复的成分。② 实际上，私人报复用俗话说意味着法律掌握在某个人手里，这与赋予政治权威的惩罚权大相径庭，更不存在什么"私人报复权"。这种说法本身就是一种矛盾。私人报复暗示着彻头彻尾的个人利益，而一项权利总是社会的，在此意义上便是公共的。脱离社会确认和权利要求便不是一项权利。因此国家方面的惩罚权不允许单纯的个人利益。

　　但是有人问，国家是否能有报复意识呢？格林认为，如果能，这种意识也与个人的完全不同。法国对德国可能曾有要进行报复的意识，但法国的这种报复意识是针对一个外来民族。

① 格林：《政治义务的原则》，第 181 页。
② 格林：《政治义务的原则》，第 181 页。

一个人对另一个人的那种报复意识民族是不会有的。就惩罚而言,如果有报复存在的话,其性质便是民众的愤怒。当一个孩子被杀害,公众大概会要求罪犯受到应有的"公正的"惩罚。

这便牵涉到公正和正义的观念。格林认为,公正是指"那些能够使每个人实现其有利于社会的善的能力的必要社会条件的复合体"①。"正义是使我们在与人交往的过程中尊重那些条件的思想习惯——如果这些条件已经存在,便不要去干涉它们,如果尚未存在,便使其存在。"②"如果对一个并未侵犯权利的行为加以惩罚,或对一个行为者不履行本来是可以避免的义务加以惩罚,或者惩罚对维护权利并非必到"③,在这种情况下,惩罚便是不公正的。一个被公正地处罚的罪犯,会将惩罚看成自作自受,并且可能因此变得更能受到共同的和公共的善这一思想的影响。这样,甚至在这种关于惩罚的理论中,权利和义务也是证明惩罚合理性的真正核心。在格林谈及权利义务时,我们必须在头脑中有道德观念和共同的善的观念。我们应该懂得,在这里提出的总原则,并不能对特定案件提供实际的指导。事实上,没有一个比目前更完全、更协调的权利义务体系,特定案件中的正义性是无法确定的。蓄意侵犯权利应该受到惩罚,不管这个权利真假与否。因为这种侵犯比任何错误的处罚更严重地威胁到社会福利。

下面我们讨论惩罚的预防性。在这方面的论点是:犯罪行为已经作出,不管如何惩罚也不能使该行为带来的损失化

---

① 格林:《政治义务的原则》,第188页。
② 格林:《政治义务的原则》,第188页。
③ 格林:《政治义务的原则》,第186页。

为乌有。惩罚可以做到的是防止将来发生类似情况。对罪犯的惩罚在社会中产生一种恐惧，持这种观点的人声称，这种恐惧对持有犯同样罪行想法的那些人来说，具有一种限制作用。为了使惩罚具有恰如其分的预防性，人们一般相信，罪行越大，惩罚应该越重。如果较重的惩罚是指在民众的想象中产生较大的恐怖感，较大的罪行不是指较大程度上的道德上有罪的话，格林同意这种说法。① 他认为，将重的惩罚等同于使罪犯受巨大痛苦，这种想法是错误的；因为这使得惩罚的有效性取决于痛苦的大小，但是痛苦的大小因人而异，因而无法计算。一个惩罚可以对某人来说极度痛苦，但对另一个人来说却非如此，因为对痛苦的敏感程度是随着气质、经历和环境的不同而不同的，而这些又是国家或其代理人无法准确得知的。即使能够得知，由于它们的不同是无可否认的，惩罚便要因人而异，这使得关于惩罚的一般规则必然成为不可能。②

把较大的罪行与较大程度的道德有罪等同，其错误大概是混淆了国家的目的和作用。罪犯的道德腐败不属国家的职权范围③，与其说惩罚是想对他产生效果，不如说是想对那些可能被引诱去犯他所犯的罪的其他人产生效果。事实上，两个罪犯可以在道德上同等程度地腐败，比如就像富有的银行家进行贪污与一贫如洗的流浪汉行窃一样，但是对他们的惩罚可以不同，并且这种不同是有益的，因为不同的惩罚可以收到同样的预防效果。

---

① 格从:《政治义务的原则》，第 190 页。
② 格从:《政治义务的原则》，第 191 页。
③ 格从:《政治义务的原则》，第 191 页。

把惩罚基于道德腐败的尝试还会遇到其他困难。首先，我们无法确定道德腐败的程度。一个人对自己的行为都无法弄清，因为一个行为总是好的动机与坏的动机相混杂，你无法测量好的动机之好，就像你无法测量坏的动机之坏一样。行为者自己无法做到这一点，他的朋友也无法做到这一点，法官或国家的代理人则更不能做到这一点。其次，如此地惩罚邪恶也不属于国家的职能范围。从国家开始惩罚邪恶、不道德或罪恶的那个时刻起，它便玷污了避免邪恶、不道德或罪恶这种努力的公正无私性，并且限制了真善的发展。出于对后果的恐惧而不作恶与无私地遵守加于自身的法律全然不是一回事，只有后者才构成道德。

有人认为，在所谓的"可使罪行减轻的情况"下犯了罪，应该而且一般都是从宽惩处的。据说决定性的理由是这类犯罪包含了较少的道德上的罪恶，因此作为与罪犯道德腐败成比例的惩罚便根据这一事实而较轻了。于是，因为两天没有饭吃而偷了一瓶牛奶的人，便应与出于习惯或者出于恶意想使某些人丧失什么东西而做了同样的事的人，受到不同的惩罚。这种情况的案子是很多的，实践似乎也与这个理论相吻合。但是，按照格林的看法，尽管事实可能是真的，对事实的解释却并不正确。如果在可使罪行减轻的情况下犯的罪，比那些不在此情况下犯的罪受到较轻的惩罚，这并不是因为这些犯罪包含较少的道德腐败，而是因为它需要较小的不愉快和较少的恐惧以防止类似事件发生。[1] 在这种情况以及其他

---

[1] 格林：《政治义务的原则》，第 193 页。

情况中,道德或不如说道德腐败,既不是惩罚的尺度,也不是惩罚的根据。这并不是说惩罚毫无道德目的。它是维持使道德成为可能的条件的手段之一。它也用于保护权利这个道德目的,而对权利的维护则促进了道德幸福。

在格林看来,一般而言,公众的愤怒或不赞成,是建立在罪犯行为的外在方面之上,即它本质上来自人们对犯罪行为的外在方面引起的刺激的反应。[1] 我们甚至还可以说,如果犯罪不能也不应该根据罪犯道德腐败的程度加以惩罚,则犯罪应该(如果事实上并不是)根据犯罪行为的外部后果进行惩罚。个人犯罪的程度取决于,或应该取决于他的行为的后果,也就是说取决于他侵犯的权利的相对重要性;后果越严重,惩罚应该越严厉。[2] 操纵机器的人,由于漫不经心忽视了信号使人致死,他实际被控告,也应该被控告为误杀罪并受到相应的惩罚;尽管他在道德上可能并不比那些漫不经心却未造成事故的人差。惩罚上的不同,不能用两种情况中漫不经心的性质和程度的差别来解释,因为归根结底,惩罚上的不同最终是由后果决定的。另一个例子是醉酒。饮酒者可能并非像有意侵犯他人权利那样道德腐败,但是如果他犯了罪,其后果并不单纯地因为他是在酒精作用下所犯的而变得不那么糟糕。一个醉酒的母亲可能会毫无伤害之意地睡在孩子身上而把孩子闷死。但她同样应受到惩罚,因为尽管她无意犯罪,引起犯罪的条件却是可以避免的。在这种案件中进行惩罚会产

---

[1]　格林:《政治义务的原则》,第 196 页。
[2]　格林:《政治义务的原则》,第 197 页。

生恐惧感而使得人们对饮酒更加谨慎,并会预防一些对自由生活权的意外侵犯。正是在惩罚的预防性方面才有必要区分民事损害与犯罪。实践中也正是这样做的。按照格林的看法,关于民事损害是"在个人遭受损害的情况下的侵权行为";而犯罪是"整个社会都受其恶劣影响的侵权行为",这种看法是容易使人产生误解的。凡是侵权行为都要受到惩罚;而且因为权利是社会性的,对权利的任何侵犯都不能仅仅被看作是由个人蒙受的损害。如果对个人的损害对社会来说不是损害,那么它便不是对权利的侵犯,也就不能受惩罚。

犯罪和民事损害的真正区别,来自惩罚的预防性。民事损害一般不能通过在公众头脑中引起恐怖感而被避免。[①] 让我们以违约为例加以说明。破坏契约的一方,可能并不知道他在违反契约的规定,因此可能不对他不知道他已经侵犯了权利这件事负责。给这种侵权行为附加再大的恐惧,也不能避免在特定情况下发生类似的侵权行为。有人可以这样提出异议说,即使在民事案件中,违法的一方可能知道他的义务,但却没有现成的办法来履行这些义务,在这种案件中对他进行惩罚也是命该如此。但是即使在这种情况也必须承认,他无能力履行义务可能不是出于他本身的原因;如果是这样,惩罚带来的恐惧并不能在类似情况下使人们的能力有所改进。因此,正是从惩罚的预防性这点出发,我们有必要区分民事违法和刑事犯罪。英国法律对两者的实际的区分,多少带有偶

---

① 格林:《政治义务的原则》,第199页。

然因素。①

现在讨论惩罚的改造性。犯罪包含对权利的侵犯,也包含权利的侵犯者,即罪犯。对罪犯进行惩罚,国家可能往往会忘记他过去或者将来也享有权利。这些权利虽然被暂停,但在刑满后却是他应该享有的。应该给予他某种有助于明智地行使权利的行动自由,以便使他一次受罚而不再犯,一旦刑满而不致受社会的歧视。死刑和终身监禁除非基于下面两种理由,否则是不合理的。② 第一,如果所犯的罪行不通过惩罚产生最大的恐怖,公共秩序将会很轻易地碰到危险;第二,当罪行能够使人得出这样的假定,即罪犯永远无能力享受和尊重权利时。但这些条件本身是不会令人满意的。假设罪犯的情况是已知的,是否国家有权推定他永远没有权利能力,仍然是值得怀疑的。很可能国家无权做这种推定。在公共教育已经达到今天的标准,警察武装已经达到现在的效率,可以肯定地讲,并不需要诉诸最大的恐惧来维持公共秩序。考虑到罪犯及其他公民的权利,惩罚应该还是改造性的。如果是这样,死刑和终身监禁除了在极个别的情况下,是不合理的。

格林认为,"国家不能直接参照道德的善与恶⋯⋯进行惩罚。国家在其司法行为中并不关心受惩罚的罪犯在道德上的罪责,也不期望用惩罚的手段使他或其他人提高道德的善。它不注意美德和邪恶,只去注意是非。它追究在受惩罚的犯罪中作出的错误行为,但不是为了报复,而是为了考虑何种恐

---

① 格林:《政治义务的原则》,第 201 页。
② 格林:《政治义务的原则》,第 203 页。

惧应该加在这样的错误行为上,以便将来使权利得到保障……这样,对犯罪的惩罚便以预防为其目的……公正地防止非正义。但是为了有效地达到预防的目的,并且公正地达到这一目的,惩罚便应该是改造性的"①。

人类具有权利能力,因为他们有能力具有同一个共同的善的观念。他们不仅出于一个目的而行为,并且具有关于那个目的的观念。按照格林的看法,他们是在履行或者试图履行自加的责任;他们是道德的,为了促进道德理想的实现,应该允许他们有某种行动的自发性。国家不该实际地和积极地促进道德的发扬,而应该致力于排除障碍的任务。义务教育和禁酒都是受这一原则指导的国家干预。

不管在许多人看来格林在很多时候是多么神秘,他绝不仅仅是一个闭门造车的哲学家。他被选为牛津市议会议员,并且发表了他关于真正的自由主义纲领的想法,用以"排除所有法律能够排除的、英国公民自由发展的障碍"②。在两个他最感兴趣的问题上,也就是教育和禁酒,他经常卷入激烈的辩论。

在教育方面,他主张强制性上学,学校由公共基金维持,教育必须是无宗派的。③ 国家对教育的干预看来像是对道德责任的强制执行,因为对孩子进行教育的事是道德责任。但是格林争辩说:"在另一方面,忽视教育有这样一种倾向,即使得没有受到教育的人们无法发展有益地行使权利的能力,

① 格林:《政治义务的原则》,第 202 页。
② 《T.H.格林著作集》第 3 卷,回忆录,CXX。
③ 《T.H.格林著作集》第 3 卷,回忆录,CXXⅢ。

正因为这样,教育不是作为纯粹的家长方面的道德责任,而是作为排除孩子们权利能力的阻碍,才应该由国家强制执行。"①对义务教育,也不能以干预了个人的自发行动为由而加以反对;对于那些考虑到他们孩子权利的父母来说,强迫教育的法律并没有干预行动的自发性。一个完全出于自己的意志,不让妻子过度劳累,把孩子送进学校而不是送进工厂的人,并不因为有一项法律强迫他这样做而在道德上降格,也不因此而感到是一种限制。对那些不愿让孩子受教育的父母来说,国家是在力图排除孩子方面行使权利的障碍,而不是要给父母带来不便。

在烈性酒买卖的问题上,格林于 1872 年卷入了与威廉·哈考特(William Harcourt)爵士的政治辩论。他在一封给《牛津纪事报》的信中声称:他无法支持"一位代表要求政治家们进行表决,对酗酒的恶果全然不屑一顾,并且企图贬低一切限制酗酒的立法尝试"②。格林本来并不是一个滴酒不沾的人,他的思想大概是受了个人的和社会关系的影响。他哥哥灾难的经历使他念念不忘,而政治士气会由于酗酒变得涣散的信念后来又加深了他因为哥哥的缘故对酗酒的厌恶感。实际上,他以激烈的口吻谈论到"两边开着杜松子酒店的伦敦庭院里的那些没受过教育,营养不良的常客"③。无论如何,他成为禁酒的热衷支持者。1872 年,他加入联合王国同盟,后来又于 1875 年加入英国禁酒会教会。

---

① 格林:《政治义务的原则》,第 209 页。
② 《T.H.格林著作集》第 3 卷,回忆录,CXVII。
③ 格林:《政治义务的原则》,第 8 页。

格林在这件事上实际的方针,是对饮烈性酒加以规定和限制,而不是绝对禁止。目的在于通过颁发许可证的办法,将烈性酒的买卖限制在某个时间内。如果可能,则通过立法使居民能够把酒店从他们的地区排除。那么基于什么理由立法可以合理地干预这一特定的买卖呢?"我们基于这样的理由,就是承认社会有权阻止人们做他们想做的事,如果任其按照各自的好恶行事会带来社会弊病的话。人们没有买卖某一特定商品的自由权,如果允许这种自由的一般结果是削弱了更高意义上的自由,削弱了使人们得到一般能力……一个人饮酒过度意味着对他人健康、钱财和无可限量的能力的损害。一般来讲,家长酗酒意味着全家人的贫穷和道德降格;而街头巷尾酒店的诱惑意味着在那条街上一些家长们的酗酒。"①这种对自由生活的阻碍必须由国家出面加以排除。对任何一个特定行动自由的容忍,是指那个自由不是也不该是社会的善的阻碍。

即使在酒的买卖上,也存在着放任主义的论调,认为国家干预不会带来任何好处。让人们自己去管自己的事,一旦他们认识到酗酒的危险性,一旦他们变得更加自尊,他们就会自动忌酒。自愿忌酒要比被迫忌酒好得多;因为前者助长了行动的自发性,而后者则仅仅通过对后果的畏惧强迫服从。格林回答说,但是问题是我们不能等待。允许酗酒的时间越长,危险越大,国家干预也变得越困难。一方面,通过灌醉酒鬼养肥自己的利益集团会变得更具影响,根基越深,越难对付;另

①　《T.H.格林著作集》第 3 卷,第 383—384 页。

一方面,酗酒多少是有传染性的,除了酒鬼的朋友会自己也变成酒的牺牲品这个事实外,科学家还指出,酗酒者的后代会遗传嗜酒的习性,只要有酒,他们将肯定会成为酒的牺牲品。看来,格林头脑中是有这种思想的,这也是为什么他不仅极力主张立法,而且极力主张及时立法以限制酒的买卖。

第八章　格林的影响

　　从格林的学说转到他的追随者和批评者的观点上,我们应该记住,现代的趋势,特别是战后的趋势,是向着背离政治唯心论的方向发展的。科学的进展使得人们可以用新的研究方法研究政治。社会学揭示的前所未知的事实,在格林的时代自然不在政治思考的范围之内。将社会划分为具有冲突的利益集团的做法在 19 世纪 70 年代末仅仅是一种模糊的猜测,但现在已成为众所周知的事实了。现代工业主义产生了若干倾向,但没有一种是热衷于政治唯心论。社会主义,或者更准确地说是马克思主义,包含了经济决定论作为其哲学背景。英国的行会和法国的工团主义代表了对政治上中央权力的反叛,但在哲学上,它们更接近现实主义而不是理想主义。战争及其后果助长了激进主义,尽管激进主义仍然以自由和正义这样的名义进行论述,却从未将其视线从日常生活中的冰冷的事实上移开。

　　在那些客观地寻求知识的学者当中,政治唯心论同样在衰落。那些在气质上是现实主义者的人倾向于以它们实际的面目去观察事物,而不是以它们应该的面目去观察事物。研究总是表明,事物的实际的面目一般总是与它们应该的面目相距甚远。因此,人们认为与其建立空中楼阁,不如如实地反映客观事实并建议一些可能的补救办法更有益处。另外一些人觉得,政治唯心论仅仅研究政治中人性的意识和良知部分。集团,以及个人的微妙的心理、人类下意识的行为、遗传和环境的影响、人们生物的和社会的继承等等,都是应该加以考虑的重要因素,但是政治唯心论忽视所有这些因素,而仅仅研究那囊括一切,遍及一切的意识。

以上种种注定了格林和他的唯心论的厄运。尽管这是事实,但却并非必然如此。有两个因素需要加以考虑。第一,格林的政治哲学即使有,也是很少具有德国唯心论者的绝对主义色彩。我们希望前面的分析已经使这一点很清楚。因此把格林等同于德国式的唯心论者便不十分正确,尽管他是一个彻头彻尾的唯心论者。对政治唯心论的反叛,并不必然是对格林的反叛。第二,一些新的倾向并不必然与格林提出的大原则相矛盾。它们可以限定、补充那些大原则,但并不必然否定他哲学中的基本原理。例如,一个激进分子可以在很大程度上成为格林的追随者却又不失为一个激进分子。正像巴克先生告诫我们的那样,我们应该记住的是大原则,而不是细枝末节的应用。就像我们不应因为亚里士多德论证了奴隶制的合理性而鄙弃他一样,我们也不该因为格林对资本的仁慈态度而对他求全责备。这两种考虑说明了一个事实,即:尽管政治思想中的主要方面是向政治唯心论开火的,但格林并未被当作攻击目标;尽管新的潮流占领了一些阵地,但格林的影响并未完全消退。事实上,在那些对他发表过看法的作者当中,如果有的话,也是很少有人对他显示出敌意。① 他的弟子们

---

① H.斯宾塞除外,见《科学、政治和思想论文集》第2卷,第332页。

和批评家们都可以在对社会事实有了更好的了解之后,修正和彻底摧毁格林的学说,但他们对他能够将政治原则用唯心的哲学语汇,至少是用英语表述出来的崇拜,并不因此而减少丝毫。当代英国唯心论这一思想流派之首当数鲍桑葵(Bosanquet)和布拉德利(Bradley)。他们两人的思想都比格林更与黑格尔相近。布拉德利先生相信,社会与个人是如此相互交织在一起,以致后者的存在暗示着与前者的一个综合的关系体系。一个人之所以成为他实际的样子,是因为在他的存在中包含了他与社会和国家的关系。如果根据定义,道德由自我实现构成,那么它也存在于实现他与社会的关系之中。布拉德利相信对社会要进行某种严密组织和管理,据此,每个人在社会中都有其岗位和相应的责任,履行这些责任便构成了自我实现和社会关系的实现,也就是构成了道德。鲍桑葵博士在他的《国家的哲学理论》一书中承认他是步格林之后尘,但是他又说,如果他有不能奉陪格林之处,那是因为在他看来格林由于过分谨慎,而不是疏忽犯了一些错误。[①] 他的确在许多地方没有奉陪格林。例如,他主张社会存在于国家内部。如果国家不仅仅是指政治机制,而是囊括所有其他组织,并在其他组织之上的一个总的组织,那么国家本质上便是社团的社团。它在社会之上。这已经与格林的观点不同了,但这又导致了一个更大、更重要的不同。格林谴责战争,因为它侵犯了生命和自由权;在这种意义上,他争辩说,国家宣战的行为本身便是错误的,因此无助于国家为之存在的目的。

---

① 鲍桑葵:《国家的哲学理论》,"导论"。

但是鲍桑葵的观点不同。他认为,国家的行为与国家代理人的行为应加以区别,因而道德和不道德这类词于后者很适用,于前者却不适用。国家作为一个国家,不能在道德体系存在其中的私人生活关系内行为。它"是我们世界的卫士,而不是我们道德世界体系的一部分"①。它不能受它强制执行的权利义务体系的束缚,它也不能受它维系的社会伦理的局限。

还有两点不同是应该提及的。鲍桑葵是利用当代新的和时髦的理论这个有利条件进行写作的。现在人们比在 19 世纪 70 年代末 80 年代初更多地谈论"民族精神"、"社会心态"和"集体意识"。由这些新式武器所武装,作为有用的工具,鲍桑葵博士比格林更加自如地表述了公意和共同的善的概念。在这里,他利用了由心理学和社会学所取得的进展,在巴克教授看来,他也因此走得更靠近黑格尔。制度被看作是活的精神的体现,没有这种活的精神,制度便不能成为它们实际的样子。格林具有同样的思想,但却没有扭曲到如此程度。国家干预只能适用于外在之物;被格林称为排除障碍的,鲍桑葵称之为对阻碍的阻碍。因此,国家行为对两者来说首先都是否定的,但是在否定性的程度上却有一个可以察觉的不同贯穿于他们的著述中。我提到格林和鲍桑葵之间的这些不同,并不是想指出在唯心论者自己人当中有一个对前者的反叛;而是想说明,格林与唯心主义学派的绝对主义者很少有共同之处。我们在后面还会看到,唯心论者并不必然是绝对主义者。

---

① 鲍桑葵:《国家的哲学理论》,第 325 页。

费尔布拉泽(Fairbrother)教授是格林的一个直言不讳的弟子。他在《T.H.格林的哲学》①一书序言的附注中声称,格林的哲学"也许是唯一完全的一致的哲学,它是从一种严格科学的形而上学出发,由现今的道德责任和对未来的希望得出的,并且证明二者是合理的"。带着这一观点,他护卫格林免遭塞斯(Seth)教授、巴尔弗(Balfour)先生和塞奇威克(Sedgwick)教授等人的挞伐。但是攻击和辩护涉及的全部是哲学和形而上学问题,因此完全在我们所要探讨的领域之外。

里奇(Ritchie)教授在他的《国家干预的原则》一书中指出,我们不能从一个人的哲学思辨中找出他的政治态度。格林在哲学上是一个唯心论者,政治上是自由主义者。霍布斯在哲学上是唯物论者,政治上是绝对主义者。洛克在哲学上是经验论者,政治上是辉格党。在所有这些例子中并无神秘之处。在格林的哲学方面,里奇教授认为将其称为黑格尔式的是个错误。② 在他看来,格林是用亚里士多德纠正康德,用康德纠正亚里士多德。在自由的问题上,里奇指出格林对传统观念的离经叛道。按照一般的理解,自由是指排除或不存在障碍,因此仅仅是消极的。但格林的自由观是积极的,它是做或经历某个值得去做和经历的事的能力或力量。里奇教授强调指出,从这个自由观出发,国家干预的原则是预料之中的。国家必然要维持使人民可以做或经历那些值得去做和经历的事情的条件。也就是说,国家正是通过干预的行为维持

---

① 费尔布拉泽:《T.H.格林的哲学》。
② 里奇:《国家干预的原则》,第139页。

自由的条件。显而易见,里奇先生在他的议论中对格林深表同情,并且,在他的书的末尾,他赞扬了格林在实际工作和著作中表现的民主精神。

在麦克肯(Maccunn)先生认为的六名激进分子中,格林是其中之一。这种看法大体是一种赞扬之词,尽管这种赞美很少是对他的政治学说而发的。他对格林和边沁进行的比较,比我的任何努力都更能恰如其分地说明他的情感。"边沁的哲学是斗争哲学。当它被提出的时候,民主仍处于向往和斗争阶段。民主所需要的是号召性的呐喊,而不是理性的证明。这种需要在边沁那里被发现了……但是时光流逝,民主取得了胜利……正值民主的公民权已经实际地和潜在地变为一个被承认的头等重要的事实时,正值民主已从斗争转为成功,从向往转为实现时,格林……开始提出他的市民的理想主义,由此给公民身份带来了新的尊严和高度,并且还为信心与希望带来了新的根据。在19世纪初叶,边沁的政治哲学仅仅是一个预言。到那个世纪末,格林的市民理想主义已经是对那实现了的预言的论证了。"[1]当代许多人都不具有麦克肯教授的乐观主义,他们恐怕会否认民主作为一个理想已经成为一个实现了的事实。

缪尔海德(Muirhead)教授对格林尊崇至深。在一些情况下,他把连格林本人大概也会迟疑说成是自己的功德归于格林。很明显,格林写作时代的特点正是戴雪教授称为的集体

---

① 麦克肯:《六位激进思想家》,第215—216页。

主义的,这就是为什么当《国家的服务》(1908)①一书出版时,由国家进行控制的思想并未遭到激烈的反对并非完全由于格林的努力的原因。至于社会主义问题,缪尔海德教授指出,如果社会主义是指社会意志的实在性作为实际发挥作用的原则,格林显然是社会主义的。但是如果社会主义意味着革命的意思,那么格林与社会主义背道而驰。像我们已经看到的那样,格林反对革命;因为他主张,革命所寻求的目的与它所带来的混乱和可能的破坏相比,并不值得。格林也将毋庸置疑地反对企图推翻资本主义制度的社会主义,因为在对私有财产实行资本主义的控制方面,格林并不认为有什么固有的缺陷。在谈论格林与社会主义之间的任何可能的联系时,必须极端谨慎。我们不能脱离其经济起源和经济意义谈论社会主义,正因为如此,社会主义不能仅仅是指"作为发挥作用的原则的社会意志的实在性"。

巴克教授对格林的学说恐怕已经给出了最好的解释。②他告诫我们要对一般原则比对特定学说的分析(比如格林对待资本和自然增值的态度)给予更多的注意。他指出,格林以英国人的谨慎结合了希腊和德国的哲学。个人不再被过分夸大。不仅如此,在格林的学说中有一种对世界大国思想的确认。国家从内部和外部都受到限制。国家必须具有一个指导性原则才能正当地发挥其职能,按照巴克先生的看法,格林采用的原则比密尔的要好。与自己有关和与他人有关的行为

---

① 缪尔海德:《国家的服务》。
② 巴克:《从斯宾塞到当前的政治思想》。

之分是错误的,因为这两种行为是无法区分的,而外在行为和内在意志却是可以区分的,这种区别正是国家行为的一个好的标准。尽管国家行为本身并没有道德可言,但是它却为一个道德目的服务。它用以维系使道德成为可能的条件。"如果它不干预道德,那正是为了道德的缘故而不去干预;如果它干预外在行为,那也是为了道德的缘故而去干预。"①

H.J.拉斯基(Laski)先生允许不同意见的存在已经达到非常突出的程度。他虽然憎恶唯心论者的学说,却佩服他们的能力;虽然他竭尽全力地攻击他们,却毫不迟疑地承认格林的《政治义务的原则》和鲍桑葵的《国家的哲学理论》是自密尔时代以来英国政治学说中最为伟大的两部著作。② 在承认格林与其他唯心论者之间的区别的同时,拉斯基先生像批评其他唯心论者一样地批评格林;因为在格林的问题上,倒不是他实际的面目招来批评,而是他被人理解或误解的面目招来批评。换言之,不是格林的学说,而是这些学说的后果需要加以纠正。在拉斯基先生看来,格林比其他任何人都更该对霍布豪斯(Hobhouse)称之为莱茵河水流入泰晤士河之事负责,而这正是应该受到责备的。

但是,拉斯基先生的批评毕竟多少是围绕着"公意"的概念进行的③,而绝不是一概否定格林的学说。后者的影响是很容易在《现代国家中的权威》一书中找到的。拉斯基先生是那些正在致力于"复兴"自然权利学说的人们当中的一位。

---

① 巴克:《从斯宾塞到当前的政治思想》,第60页。
② 拉斯基:《现代国家中的权威》,第66页"附注"。
③ 拉斯基:《现代国家中的权威》,第67页"附注"。

"复兴"一词会使人产生误解;因为当今称之为自然权利的,与1776年《弗吉尼亚宪法》或《美国独立宣言》,或《法国权利宣言》中的"权利"迥然不同。正因为两者不同,也就无所谓"复兴"。拉斯基先生认为,一个权利在如下意义上可以称其为自然权利,也就是社会的特定状况在某一特定时间要求对该权利加以确认。这并不根据历史而证明其合理,也不根据任何抽象的和绝对的伦理而证明其合理,而仅仅因为在社会的一个特定状况下,如果使用权力拒绝确认那项权利的话,必然发生反抗。也就是说,权利是指在社会总的经历的重负后面的一种要求,正如拉斯基*所说,它是"一个权力,由一个人或一伙人对该权力的行使是被社会作为如下情况之一而被认可的,即,或者该权力本身对共同的善来说是直接关键的,或者是由一个权威所授权的,对该权威的维系被认为是如此关键"②。因此,这正是现实主义词汇装饰下的格林的思想。

同样,让我们举自由的概念为例。拉斯基以赞同的态度引用格林的定义③,并且声称,这个定义比消极的定义更有价值,因为它强调了在这个时代我们感到对自由来说是最基本的东西——对共同生活的质量可以增加某些东西的能力。④在这方面,我们可以看到,拉斯基对格林甚至是过于热衷了。他声称,格林在《伦理学导论》中回答了什么是值得去做和经

---

* 原文这里是格林,但按上下文该为拉斯基。似为作者笔误。——译者注

② 拉斯基:《现代国家中的权威》,第43页。

③ 拉斯基:《现代国家中的权威》,第55页。

④ 拉斯基:《现代国家中的权威》,第55页。

历的问题,也就是什么是善的问题。的确,格林将真的善定义
为可以使道德行为者感到满足的东西。① 一个道德行为者被
赋予了道德能力,该能力的实现构成道德的善。② 但是按照
格林的看法,在这些道德能力实现之前,我们并不知道我们的
道德能力,而这些道德能力没有,也不能被完全实现。因而他
承认他没有能力对什么构成真的善准确地加以定义。③ 他只
能对真善形成一些一般的思想。他的结论是:因为真善是或
者想必是道德能力的完全实现,那么一个人的善便与他对存
在这样一个真善这种思想的习惯的敏感性成正比,这个真善
以各种形式存在于被确认的义务和善行中,在这些义务和善
行中,人们对真善的想法初具规模。④ 如果说定义应当使被
定义的事物确定,那么格林得出的结论算不得定义。

里利(Lilly)先生相信自然权利学说并采用了格林的定
义。⑤ 他对格林的思想的采用并不是那么明显,但却可以看
出格林思想的实质。例如,国家的基础被宣称为正义。⑥ 正
义基于一个关于是非的绝对秩序的概念,该秩序要求一个应
该以法律加以维持的权利和义务的体系,不管这些权利义务
实际上是否是以法律加以维持的。这些权利用格林的话说,
"可以恰当地被称为自然权利"⑦。因此,里利对"自然"一词

① 格林:《伦理学导论》,第195页。
② 格林:《伦理学导论》,第196页。
③ 格林:《伦理学导论》,第18页。
④ 格林:《伦理学导论》,第207页。
⑤ 里利:《政治的第一原则》,第Ⅶ页。
⑥ 里利:《政治的第一原则》,第10页。
⑦ 里利:《政治的第一原则》,第9页。

的定义是与格林相同的。认为权利必然包含个人方面对自由行使某些能力的要求,和社会对该要求的认可的思想,本质上也是格林的思想。国家的最终基础是"人的理性本性的法则,正因为这个本性,他才成为一个享有权利,承担义务的个人"①。也就是说,是意志而不是暴力构成国家的真正基础。这样,在大的轮廓上,里利可以被看作是格林的追随者。

罗兰·威尔逊(Rolaud Wilson)爵士熟谙法律,而律师们一般来讲不善于形而上学的思辨。因此他不同意唯心论者的看法是理所当然的事。但是在对待他所不同意的那些学说时,他是十分谨慎的。他同意唯心论者关于人本质上是社会的存在,以及一个人除非在社会中不能充分实现自我的看法。② 但是他怀疑社会必然就是国家。在我看来,他的这种怀疑是有道理的。他论证说,如果国家干预的原则是维持使道德成为可能的条件,这就给各种各样属于国家职权范围的限制性措施留有充分余地。③ 罗兰·威尔逊爵士清楚地区分了道德权与法权④,但是在我看来,在批评格林的自然权利学说上他是自相矛盾的。因为在他的批评中,他混淆了原则上应该的与事实上被强制执行的。⑤ 作为一个律师,他更倾向于权利的法律概念,在这个概念中,共同的善的相互性和对共同的善的意识都不是必要成分。⑥ 但是,在他论证到"把国家

---

①　里利:《政治的第一原则》,第 9 页。
②　罗兰·威尔逊爵士:《国家的范围》,第 212 页。
③　罗兰·威尔逊爵士:《国家的范围》,第 215 页。
④　罗兰·威尔逊爵士:《国家的范围》,第 216 页。
⑤　罗兰·威尔逊爵士:《国家的范围》,第 217 页。
⑥　罗兰·威尔逊爵士:《国家的范围》,第 219 页。

延伸到囊括所有这些非官方的作用,是毫无补偿地对语言货币进行贬值"①时,我们应当指出,他的这种说法对于格林并不适用。在他说他们两人(格林和鲍桑葵)都把"国家"和"主权者"看作是可以互换的这点上,他肯定是错了,因为在格林方面,他区分了国家和主权者。②

甚至在美国也可见到格林的影响。威劳白(Willoughby)教授在他的《国家的本质》一书中只有几处提及格林,但仅这几处便足以说明格林的影响。威劳白教授同意格林关于道德是不能用法律强制实行的看法③,既然他同意格林的这个看法,他必然也接受格林对道德的定义。像格林一样,他并不满意社会契约论,他反对该学说的论点在许多方面都与格林相似。例如,他同意说自然权利是"非国家状态的自然状态下的权利的说法是一个矛盾"④,那么,他也接受了格林关于权利既包含个人方面的要求,又包含社会对该要求的确认的思想。这样认为的权利只能存在于社会中,如果这些权利存在于自然状态的话,那么那个自然状态,就像格林已经指出的那样,已经是一个政治社会了。因此,威劳白得出结论说,国家真正的起源"应该认为是全体人民的行为,而不是许多孤立的个人的行为。一个共同的意志或'公意'是肯定存在的,国家的产生应该被认为是出于公意"⑤。

————

① 罗兰·威尔逊爵士:《国家的范围》,第 223 页。
② 格林:《政治义务的原则》,第 136—137 页。
③ 威劳白:《国家的本质》,第 53 页。
④ 威劳白:《国家的本质》,第 107 页。
⑤ 威劳白:《国家的本质》,第 123 页。

我将利用本章其余部分谈谈最近出版的四本书。第一本是亨利·琼斯(Henry Jones)爵士的《公民的原则》。作者声称他所采取的观点既不是心理学的,也不是经济学的,而是伦理学的。按照他的估计,事实上"现代经济学家现在将承认他的科学是抽象的,正像现代心理学家将承认人类精神是不能与自我相分的能力"①。如果通过在政治学说中采用伦理学的观点,亨利·琼斯爵士或者提出一个新的规划,或者对旧的政治唯心论进行坚决的改进,这应当是十分鼓舞人心的。但是看来他哪个都做不到。他在许多方面追随格林,但他的哲学本质上是沿袭了布拉德利和鲍桑葵。对他来讲,国家是一个道德行为者,因此,在发挥其职能时,国家不该像格林那么谨慎地主张的那样只限于外在行为。按照亨利·琼斯的观点,外在事物与内在事物是不可分的,如果国家不得不进行干预,它就必须不仅干预外在行为,而且要干预所认为的内在动机。事实上,国家干预应该是积极的,以便保证实现期望的目的,也就是"使公民的人性得到充分发挥和发展"②。"它可以,并且应该对它的成员生活的外在条件行使权力,用以不仅改变他们外部行为和意图,而且改变他们的动机和性格。"③

亨利·琼斯爵士接受格林的自然权利学说,并且由于他这样地考虑权利和义务,也给予国家积极地行动的权利。如果国家行为不仅是消极的,而且是积极的,人们可以问,什么

---

① 亨利·琼斯爵士:《公民的原则》,第161页。
② 亨利·琼斯爵士:《公民的原则》,第132页。
③ 亨利·琼斯爵士:《公民的原则》,第132页。

是国家行为的标准呢？这个标准被断定为积极地提高善的生活。① 这个标准也适用于战争。国家有权召集公民进行一场正义战争而不是别的,在公民一方则有权利和义务不为别的,而为正义战争而战。但是,谁应该对一场战争是否正义作出判断呢？回答是,国家和公民两者。国家作为道德行为者不能将作出判断的权力授予他人。公民有权利和义务为自己作出判断,并且作出相应的行为。有时他甚至有义务与自己的国家作战。这听起来过于激烈,但是——"不能成其为他的义务的正是,当是非的问题正在通过战争的方式加以决定时,他不能对站在哪一方作出抉择。当他的国家作战时,和平主义者反对战争,正是对一个不能被适用的道德原则的肯定……好的做法是研究当前的处境,并找出自己的义务。"②

我怀疑我们是否能从此推出这样的结论:如果一个公民反对战争,为了避免随后的处境,会迫使他放弃新的义务,他必须离开他的祖国。但是这样一来,就使得只有国家实际上对战争是否正义进行判断。

在财产问题上,亨利·琼斯爵士认为国家和公民的权利以同样的方式受到限制。应该遵守的四项原则③是:1.没有食物,自由生活权便毫无意义;2.基于与生命和自由权同样的理由,财产权是神圣的;3.国家必须促进有助于行使这项权利的手段;4.财产权依对它的使用而定。

亨利·琼斯爵士的确追随格林,但是他在更大的程度上

① 亨利·琼斯爵士:《公民的原则》,第153页。
② 亨利·琼斯爵士:《公民的原则》,第158页。
③ 亨利·琼斯爵士:《公民的原则》,第165—166页。

追随布拉德利和鲍桑葵。

沃森(Watson)教授自己承认是一个唯心论者,在政治学说方面,他承认他受惠于格林和鲍桑葵两人。他当然相信国家的真正基础是意志。他也相信公意,但是他认为卢梭混淆了公意和众意。[1] 如果确实存在混淆的话,那不是卢梭而是沃森教授才真正搞糊涂了。无论如何,他相信公意对一个国家的公民来说是共同的意志,是一个理性的意志——"是个人在他神志最好的状态下认可的意志。"[2]说到底,公意是主权者,发现公意为何物正是法律主权者的义务。

公意产生权利和用以维系这些权利的规则体系。这些权利对实现善的意志来说是必需的。它们可以被称之为"自然权利",但既不属于隔绝状态中的人,像社会契约论的拥护者相信的那样;也不像边沁认为的那样是由法律产生。这些权利可以基于下面的理由证明其合理,即:如果它们得不到保障,人便不能自由地生活,也无法对共同的善贡献他的一份力量。它们包含个人方面的要求,以及社会或国家对该要求的确认。在这里,沃森教授互相交替地使用社会与国家一词。[3]这些特定的权利是生命权、自由权、平等权和财产权。最后一项权利还包括契约自由权。

国家是人们有组织的社会,并且是主权者。主权是最高的权力,但是国家的至上性是相对的而不是绝对的。[4] 也就

---

[1] 沃森:《战争与和平中的国家》,第 192 页。
[2] 沃森:《战争与和平中的国家》,第 223 页。
[3] 沃森:《战争与和平中的国家》,第 222 页。
[4] 沃森:《战争与和平中的国家》,第 198 页。

是,国家在某一特定范围内有最高权力命令或禁止他人的行为。它无权干预所有的活动。国家在一切其他的组织之上,但这并不是说它可以任意创建或解散这些组织,而是指它充当高级上诉法院,通过它,其他组织的冲突要求得到协调。① 国家干预的原则是通过调整使道德行为成为可能,而不是强制执行道德行为。② 国家的道德与个人的道德不同,这并不能使国家免于承担道德义务。像格林一样,沃森教授是反对战争的,但在谴责战争方面他不及格林走得远。他关于战争起因的思想与格林十分相近;他关于防止战争的思想也是如此。他同样相信内部政治组织得较好,可以消除外部的派系纷争。他同意鲍桑葵的看法,认为一个健康的国家不是一个好战的国家。

如上所述,沃森教授明显地紧步格林的后尘。如果在两人观点之间有所不同的话,也几乎不能察觉。大体上,沃森对格林的学说没有作出任何改进,很可能他无意作出任何改进。

但是,现代趋势是无可置疑地向着与政治唯心论相反的方向发展。周德(Joad)先生在他的《通俗哲学论文集》中发动了一场对唯心论的政治哲学考虑周密的进攻。他指出,政治唯心论把国家看成是自足的,位于道德之上的,并且相信国家与个人是如此密切地相互交织,以致国家的行为从来不会代表个人,个人的行为也不会考虑到国家。唯心论的绝对主义的缺点之一是它将国家等同于社会。但是国家和社会是两

① 沃森:《战争与和平中的国家》,第 208 页。
② 沃森:《战争与和平中的国家》,第 217 页。

个不同的实体。人类社会比国家更大,更广泛。事实上,根据过去进行判断,就像家庭结合为民族,民族结合为国家那样,将来所有国家结合为一个大社会的想法是毫不令人惊奇的。

混淆人类社会与民族国家是一个头等大错。周德先生觉得唯心论哲学家们似乎有全然无视事实地进行哲学探讨的习惯。首先,国家,即政治组织,并不是人类感兴趣的唯一组织,对很多人来讲,教会是更为密切的组织;因为国家几乎并不触及人们的日常生活,而教会至少使一些人一星期一次地想起它的存在。工会在一些重大问题上如此密切地与人们的经济生活相关,以致工会在工会成员当中比国家在公民当中引起强烈得多的兴趣。进一步讲,一个人通过选择,把自己与教会、工会或其他什么自发组织等同起来。这些自发组织的要求可以说是道德要求,而国家的要求似乎总是建立在"地形的偶然事件"上。一个人属于一个国家,"因为他恰巧出生在某个卧室里,这是他无法控制的一个现象"①。这听起来太偏激,但是周德先生既不是无政府主义者,也不是工团主义者。他相信国家的必要性,因为社会越来越工业化,因为人类越来越相互依存,并且经济上的努力一般来讲是盲目的,那么一个像国家那样的政治联合体就越来越必要了。但是他所相信的那类国家,远非政治唯心论者的乌托邦。

对周德的论点我并无异议,这些论点如果是针对政治绝对主义者的,大体上便是站得住脚的。但是,周德在他的文章伊始,几乎不加区别地把格林与黑格尔、布拉德利和鲍桑葵并

---

① 周德:《通俗哲学论文集》,第189页。

列,似乎并不完全正确。我认为有些区别是我们不该忽视的。周德先生在他的书中,似乎后来认识到了这一事实,而不再提及格林的名字了。但是,格林名字的消失是出于疏忽而被遗漏,还是出于有意将其除外,便不得而知了。

霍布豪斯先生在这方面倒是立场鲜明。他是带有重大目的加入论战的。[1] 像他儿子一样,他从事于一场使世界变得更适合于民主的战役;但是与他的儿子不同,他的努力是通过一条不同的渠道。为了达到目的,不仅要磨剑,笔也要贡献一份力量。在军国主义正在实际中被摧毁的同时,唯心论的绝对主义也应在思想领域中受到批驳。这样,霍布豪斯以黑格尔主义为其靶子。我们无须探究他对鲍桑葵的具体指责,这些指责出自像霍布豪斯这样一位作家之手,一般可以想见是具有严格推理和透彻表达的长处的。我提及他的目的是想说明,正像他已经说明的那样,格林与彻头彻尾的唯心论的绝对主义者是有天壤之别的。

霍布豪斯教授认为格林保留了他基本的人情味。[2] 在他手中,黑格尔主义被改造为社会理想主义。[3] 他指出,在与个人权利有关之处,格林总是十分谨慎的,并且他注意不使个人被国家吞没。他接受格林的自然权利学说,却排除了格林学说中的唯心主义成分。在格林看来,个人方面的要求只有在被社会,并且假定是有意识地认可时,才能成其为权利。因为在唯心主义者看来,只有思想才能使一个东西成其为这个东

---

[1] 霍布豪斯:《形而上学的国家论》。
[2] 霍布豪斯:《形而上学的国家论》,第83页。
[3] 霍布豪斯:《形而上学的国家论》,第120页。

西。霍布豪斯认为,只要能证明是必需的,不管是否被认可,权利总是权利。按照霍布豪斯的看法,在格林那里,公意的确是心理学意义上的。"它是由共同的利益和同情结合在一起的人民的难以捉摸的一些希望和恐惧。"①"它是由社会关系所决定、互相利益相关、一起为共同目的而行为的人们的共同意志和理性。"②在格林那里,公意不应压倒个人,也不应推翻道德法。当他声称,意志而非暴力是国家的基础时,正是国家依存于意志。如果国家不是如此具有依靠性的话,那么它只是一个有名无实的国家,就像格林所说的俄国那样。霍布豪斯教授可能并没有指出格林和其他唯心论者之间的全部的区别,但是他的确把格林与其他人区别对待。因此,在他为使世界变得更适合于民主而战时,他并没有像对布拉德利和鲍桑葵那样对格林作战。

---

① 格林:《政治义务的原则》,第 98 页。
② 格林:《政治义务的原则》,第 103 页。

第九章 结 论

以上我们浏览了对格林的批评和评论。这些批评及评论说明,格林尚未得到恰如其分的对待。他的追随者们过高地赞美他,并且把不属于他的功德归于他;而他的批评家们则对他有时显示了不该有的敌意。我在这一章的目的是想指出格林哲学中突出的长处和不足,但是在开始这样做之前,应该首先澄清一个错误的印象。认为政治唯心论必然是政治绝对主义的信念是毫无根据的。产生这种信念的原因恐怕是偶然因素。洛克是最有影响的民主的拥护者之一,而他恰巧是一个经验论者。黑格尔是德国绝对主义思想界领袖,而他恰恰是一个唯心论者。大概可以断言,洛克是作为实践政治家进行写作的,他之所以有影响是因为英国人崇尚实际;而黑格尔是作为哲学家进行写作的,他被人们仿效是因为德国人崇拜深刻。但是实际上,经验主义与民主的联系并不比唯心主义与绝对主义的联系来得更直接。我们只需记住,霍布斯的绝对主义是从他的唯物论中得来的,可以归功于卢梭的雄辩的 18 世纪民主倾向,可以溯源到他的唯心论学说。不管是否就像霍布森(Hobson)先生声称的那样"由进化论科学产生出的决定论"①已经向保守主义的策略投降,可以轻易指出的是:经验论有时已经落入极权政治或者富豪政治的魔爪。现代政治中由唯心论滋生出离心力也不乏其例。哲学标签没有多大意义,举足轻重的是它们的应用。

对格林写作的时代是需要略加说明的。1776 年和 1870 年标志着不同的时代。众多原因使得美国革命时期值得纪念。在日常生活方面世界开始了伟大的转变。手工业将被机械工业所取代。由我们自己创造出来的东西——引用威廉·莫里斯(William Morris)的话说——在 19 世纪初叶已经开始"迅跑"。悲惨和贫困与工人阶级结了缘。在思想领域,1776 年是值得纪念的。亚当·斯密的《国富论》和边沁的《政府论片断》于同年问世。带着重农主义倾向和 18 世纪哲学传统,可以说世界已经选择了一个极端个人主义的道路。无论思想上还是事实上,从 1776 年到 1870 年间都是一个放任主义时期。

19 世纪的后 25 年标志着一个明显的变化。从 1870 年到 1914 年是一个集体主义时期,一个被海斯(Hayes)教授称为"慈善的资产阶级时代"的时期。从政治上讲,这是一个在对外关系方面表现了强烈的民族主义的时期。竞争性的备军、资本输出和秘密外交是国际政治的突出标志。对内,这是一个实际中央集权下的经济统治的时期。从原来被称为中产阶级的那些人当中涌现出来的资产阶级的政治地位得到提高。骄傲地自称为"自我造就"的成功的企业家们,对曾经品

---

① 霍布森:《自由主义的危机》,第 187 页。

尝过的经验苦酒记忆犹新。多亏民主制他们才取得成功。成功似乎是一个魔术般的目标。一些人已经成功,一些人正在成功,所有的人都在力图成功。在他们为了成功而进行的疯狂努力中,与马克思的预言相反,各个阶级的人都为了"发展"和"进步"而共同劳作。民族意识比阶级意识在更大程度上占主导地位。为了取得内部的和平和外部的荣耀,国家必须拥有"管理"、"调整"以及最后能作出指导所必需的权力。这便是那个时代的精神,正是带着这种精神格林提出了他的学说。

很明显,格林的哲学并不乏长处。不幸的是,黑格尔的标签使人们对它的内容具有了偏见。但是,那些研究过格林的人,一般都否认他是黑格尔式的。阿尔弗雷德·威廉·本(Alfred William Benn)先生在他的《19世纪英国唯理论之历史》一书中,激烈主张格林不是黑格尔式的。巴克教授将格林的著述形容为牛津的产物,它直接受到德国哲学的影响,但最终可溯源到希腊思想。

更具体地讲,格林是亚里士多德式的,而不是柏拉图式的。在这种估计上,巴克教授并不孤立,里奇教授用不同的语言几乎得出了相同的结论。后者的观点是,格林的哲学是用亚里士多德纠正康德,用康德纠正亚里士多德。如果是这样,可以说格林既是康德式的,又是亚里士多德式的。这种说法在某种意义上对黑格尔也同样适用,但这并不等于可以把他与黑格尔看成一回事。在提到黑格尔的工作时,格林说到应该对它重新做过。这些观点表明,格林的确没有借用黑格尔的衣钵。对黑格尔的爱不应用格林来培养,同样,对黑格尔的偏见也不应迁怒于格林。

第一步应该提到的长处是格林的自然权利学说。首先，在格林方面这一学说为两个不同的目的服务。它批判了那种将权利说成是由主权者赋予的绝对主义，并且它证明了政府基于被统治者的同意这一学说的错误。如果"同意"是绝对必需的，那么投票数将是政府的必要部分。如果投票数是必要的，那么解释和证明少数人服从的合理性将永远是件困难的事。从来还没有人能证明其合理性，格林也没有证明；但是格林的自然权利学说将这种证明的必要性减少到相当的程度。格林厌恶数学式的政府。基于数鼻子的政府可能在实践中是权宜之计，但它不能成为我们民主的理想。说到底，政府是手段；如果你把手段当作目的，那么你就丧失了生活中的最终目的。

进一步讲，格林的自然权利学说与现代经济事实和社会学的理论是协调一致的。劳动分工在比以前任何时候都更大的规模上盛行，而且个人的互相依存性也越来越明显。今天在伦敦的一顿早餐可能包括南美的咖啡，美国北达科他州的小麦，锡兰的茶叶，古巴的糖，大概还有爱尔兰的土豆。不仅经济上的互相依存是不容争辩的事实，而且正如社会学家们所指出的，为社会的善而奋力的社会意识也经常表现得十分明显。我们经常听到"类的意识"、"社会心态"、"社会精神"和"社会意识"之类的议论，如果我们能够从中推导出任何值得记取的教诲，那么就应该是互相依存和合作的必要性。

现在，自然权利的传统学说与这些即使不是新的，至少也是清楚地加以界说的事实和倾向不相协调。一个人不可能生活在一个相互依存的社会中,同时又保留那种假定存在于孤立的自然状态下的自然权利。一个人不可能生活在以合作为其突出特征的社会中,同时又完全坚持那些假定是从个人彼此独立和隔绝为其主要特征的自然状态下带来的权利。18世纪的经济学被加以尝试并证明是不足取的。18世纪的政治哲学也同样如此。至于自然权利学说,格林的纠正很可能方向是对的。

格林的国家干预学说也是有价值的。我们应当还记得,密尔把人类行为分为只与自己相关的和与他人相关的两种,并认为只有后者才是国家干预的对象。这种划分并不十分稳妥,因为人类行为在绝大多数情况下既与自己有关,又与他人相关。一个本身有缺陷的原则对国家干预的实践不能提供指导。格林对外在行为和内在意志的区分尽管不是十全十美,但在复杂的人类关系中更具有指导性意义。只有外在行为才是国家干预的对象,因为内在意志不仅不该,而且不能是国家干预的对象。

许多人不能同意格林在这方面胜过密尔;因为他们会说,决定哪些行为应该是国家干预的对象,与区分只与自己有关的行为和与他人的有关的行为同样困难。格林学说的优越性就在于格林的划分至少将部分人类行为排除在政治范畴之外。进一步讲,格林的划分毕竟是一个真正的划分,而密尔的则不是。至于哪些行为应该是国家干预的对象? 格林的回答是:只有那些阻碍道德生活的可能性的外在行为才是国家干预的对象。从根本上讲,国家只是为了排除障碍才进行干预。鲍桑葵博士力图在提法上加以改进,他力主"对阻碍的阻碍"

这一用语。这是康德用过的提法①,格林对此想必是熟知的。

如上所述,密尔和格林的不同基本上是自由概念的不同。密尔的自由观是消极的,它是去除障碍的自由。格林的自由观是积极的,它是去做和经历某件值得的,并且与他人共同去做和经历的事的一个积极的力量或能力。这种不同大概是很自然的。密尔的自由观是以18世纪哲学为其背景的传统概念。自然人是好的,让人们自己管理自己的事便万事大吉。正是限制使人们变糟,由此得来消极的自由观。但是到了格林的时代,放任主义的弊端已经变得显而易见。商业方面、劳力方面、工厂条件方面和一般工业方面的契约自由已经产生童工和女工,造成悲惨、贫困和奴役,这些是具有格林这样性情和宗教热忱的人不能容忍的。对这种状态必须有所作为,那么谁又能比国家做得更好呢?18世纪哲学家主要关心的是排除来自上面的压迫。压迫就是障碍,因此自由便是去除障碍。首先是去除来自上面的障碍。到了格林的时代,问题是排除人们自愿地加于自身的障碍,这些障碍剥夺了对他们内在力量或能力的行使。问题是这些障碍主要不是来自上面,而是来自那些能够将自己的意志强加于弱者的强者。因此,如果国家进行干预,它这样做正是为了维护自由,而不是妨碍自由。

即使在国家干预原则以外诸方面,积极的自由概念本身也不无用处。消极概念的一些不足,正是积极概念的长处。消极自由观很容易堕入放任自流。这种概念经常被人认为是

①　康德:《形而上学的法学入门》,绪纶,ⅩⅩⅩⅤ,第D节。

一个人可以随意处置他自己和他自己的所有。如果是这样，就会在社会中引起极大的混乱，并很可能会招致无政府状态。积极的自由观意味着人类创造性的努力。根据定义，它是指做或经历值得去做和经历的事。如何强调人类自觉的创造性努力的重要性都不过分，因为到处充斥着认为前途必定光明的盲目自信，或者抱定前途黯淡无光的这种对宿命论的屈服。两者中无论哪一种都危害着人类的进步。通过把自由等同于人类创造性的努力，这种危险假若不能完全避免，至少也是减少了。再者，这种积极的自由概念具有优越性，是因为它意味着共同的善的思想。自由不仅是做和经历某件值得去做和经历的事的能力，而是与其他人共同去做，去经历。它不是随意处置一个人的所有，因为这样做可能并不是与其他人共同去做。

与自由观和国家干预原则密切相关的是调和个人主义和集体主义。说格林是彻头彻尾的集体主义者，并不比说他是彻底的个人主义者更正确。他两者都不是，同时两者又都是。也就是说，在他那里两者得到了令人满意的调和。格林关于理性和向善的意志的概念包含了至善的思想，或者至善是可能的这种思想。一个人决心为了尽可能地完善自己而行为，但是一个人通过什么途径追求他自己的善和提高自己，则要由他自己的能力或力量来决定。这又使我们回到自由的概念上。

如果道德意义上的理性是指意识主体和通过意识主体实现可能的尽善尽美的一种意识，政治意义上的自由是指做和经历某些值得去做和经历的事的能力；那么两者合在一起用今天的话说便是"自我表现"。它们是指一个人的一种意识，也就是满足自我而做值得去做的事的能力达到完美的可能性的意识。这是个人主义，并且是最高层次上的个人主义。它没有任何无政府主义倾向，因为这些倾向已经被排除在它的构成成分之外了。

至于集体主义，我们无须重复在讨论国家干预原则时已经做过的论述。唯一需要指出的是：在格林那里，个人主义和集体主义是互相协调一致的，而不是互相敌对的。在国家干预原则的指导和应用下的集体主义，促进和加强了个人主义。的确，巴克教授关于道德而发的议论也同样适用于个人主义。如果国家不进行干涉，那正是为了个人的缘故不去干涉；如果国家进行干涉，那也是为了个人的缘故而进行干涉。

格林的哲学中有一点与当代精神尤为合拍。他把国家与可以称为"大社会"的东西区别开来。在格林看来，国家以其他组织为先决条件。例如，国家并不产生权利，而是赋予已经存在的权利更充分的实在性。① 但是，什么权利是已经存在的呢？ 也就是说，什么权利是在国家建立之前存在的呢？

关于这个问题的答案，让我们看看格林的自然权利学说。因为人生活在社会中，那么为了使他们能够实现其道德理想，也就是为了使他们的能力能够得到充分发挥和发展，他们生活在其中的某些关系和环境便应该得到保障。这在本质上构成权利的基础。这些权利是靠国家才存在的吗？ 在格林看来，它们"从社会关系而生，这些关系可以在没有国家的地方

① 格林：《政治义务的原则》，第138页。

存在……它们的确是靠社会才存在的,但并不是靠社会采取了国家的形式而存在"①。因此,存在着独立于任何国家的权利。这些权利不仅独立于国家,并且在某种意义上它们比国家更基本。因为首先,国家存在的目的是为了赋予这些权利更充分的实在性。其次,有些权利国家是永远不该侵犯的。格林在谴责战争方面是积极的,他所提出的理由是战争既侵犯了进攻国成员的生命权,也侵犯了防卫国成员的生命权。当讨论到国家之间的冲突是否不可避免时,格林说,作为权利的维护者和调协者的国家"为了自己利益的任何行为都不会与全人类的任何真正利益或权利发生冲突"②。后来,他表达了这样的一个希望,即正义观念作为应该在全人类当中以及同一国家的成员之间维持生活的一种关系,可以像规范一个优秀公民的行为的观念那样,独立于他们各种利益的所有考虑而作用于人们的精神。③

对国家和人类社会的这种区分,以及格林关于公民反抗国家的权利的讨论,表现了他对国家行为的根本态度。国家行为不是不可反抗的,也不是不可驾驭的,而是可以正确地用是非这样的词汇加以形容的。国家对内和对外都不是高于道德的。对内,国家可能做错事,对外,对其他国家,它也可能做错事;格林的学说丝毫没有像周德先生似乎暗示的那样把国家和社会当作同义词。事实上,格林期望,当国家是根据国家的理念更好地、更完善地组织起来的时候,国家和社会两者可

---

① 格林:《政治义务的原则》,第 150 页。
② 格林:《政治义务的原则》,第 170 页。
③ 格林:《政治义务的原则》,第 178 页。

以协调一致。我们也没有任何根据设想,格林认为国家是不可能犯错误的,因为他至少已经指出在很多事例上,国家的确犯了错误。格林思想中的国家毕竟不是什么可怕的东西,就像那些不加区别的政治唯心论的批评家们所害怕的那样。

上面,我竭力说明了格林体系中的某些长处,这些长处似乎是很值得感谢的。下面,我要讨论他学说中的一些不足,这些不足是格林的崇拜者们愿意看到它们被消除的。

首先,认为制度是理性的体现的学说①肯定是危险的。它最终导致了保守主义,导致了维护现存制度,并证明其合理性。我们并不是在断言制度不代表理性,或者理性对制度的起源没有起过作用。习惯和习俗的采用都有理性在发挥作用。但是,我们确实同意社会制度是客观理性的体现的观念是危险的这种说法,因为我们推崇理性的倾向可以转变为推崇制度的倾向,而过去的制度或者现存的制度,并不总是值得我们推崇的。

对这点的解释是两方面的。第一,作用于采用某一特定制度的理性,尽管在采用那一制度时是合理的,由于环境已经变化或正在变化,可能现在就不再合理。在存在一个独特的、具有个性的地方生活的年代,地区性的代表制可能是代表制的合适方法,可是当现代工业主义将地方个性扫荡殆尽时,这种制度可能就不再适合了。

第二,一些制度可能是通过推理,但不是通过正确的推理而被采用的。结果是,这些制度在今天看来就像在过去一样

---

① 格林:《政治义务的原则》,第94页。

是存在缺陷的。恰当的精神是改进的精神。但是如果我们美化在制度背后的理性的威严，我们就要对丧失改革和进步的精神负有责任。我们越要推崇我们的过去，就越坚信过去值得我们推崇。人类是好奇的。如果他们有一个理想，并且竭尽全力地实现这个理想，他们最后可能会把他们的努力当成他们的理想。如果他们崇拜理性，并且相信制度是理性的体现，他们最后可能崇拜制度。例如，在中国，创造性的贫乏主要是由于对过去过分推崇。不断进步的人民应当向前看。在这方面，说格林面向将来，而不是面向过去去寻找灵感，是十分公平的。他自己不断地探求着人类能力更充分的实现和发展。

但是，我们不应该用个人的美德抵消理论上的缺陷。格林正是在这件事上追随黑格尔。但是黑格尔并非毫无目的地提出他的理论。他的目的是在一个开明君主下的德国统一。为了达到此目的，他必须创制一个哲学体系，用以阻止法国革命前后革命学说的发展。他必须同那些了解他们职责的知识分子作斗争。这些知识分子知道，没有其他方面的革命，政治革命不能成功。一个无神论者不能毫无目的地砍掉上帝。教会的批评家们是有确定的目的而抨击教会的。理性的崇拜者并不是为了寻欢作乐而崇拜理性。科学的鼓吹者有一把确定的斧头要磨砺。他们知道，一个特定的政治制度是由一整套社会的、伦理的和宗教的观念支持的，并与这些观念相互交织。为了推翻那个政治制度，他们必须不仅反对政治的，而且反对社会的、伦理的和宗教的偶像。为了使人民做好准备以取得预期的目的，他们必须从否定现存的一切开始。他们必须摧毁迄今为止为人们珍爱的所有生活方式、习惯和习俗。

黑格尔企图发展出一个哲学体系,用以暗中破坏革命将领的战略,这个哲学体系把制度说成是理性作用的结果,以使得理性的崇拜者崇拜制度。这种尝试就其目的而言,固然足智多谋,但却无力阻挡革新主义和激进主义的潮流。由于后者已经站住了脚,我们没有丝毫借口去复苏前者。

主权从来是政治哲学中的棘手问题。格林的讨论尽管在区分或毋宁说不区分法律上的主权和事实上的主权方面是极其中肯的,但似乎是徒劳无益地试图把奥斯丁和卢梭相结合。他同意奥斯丁的观点,认为主权是制定和执行法律的最高权力,这个权力是由确定的一个人或一些人掌握,并偶尔表现为强制力。但是他又同意卢梭的观点,认为主权基本上是意志。于是,主权只有在公意的支持下才是最高的。这种表述使主权的概念或者是一个大实话,它无须煞费苦心地进行论战;或者是一个智力上的遁词,它对我们毫无帮助。那些并没有在神秘主义中寻求避难所习惯的人们,将不问主权是意志还是权力的问题,而是更现实地问谁的权力是最高的,以及是谁的意志在支持那个权力。一个国家中享有行使最高权力的人是不易确定的,因此很难说这些人是确定的。他们形成一个阶级,并且我们知道谁的权力是最高的。但是,我们却不能那么容易地概括出是谁的意志在支持这个权力。不反对并不意味着全心全意的支持。一般的默认也够不上公意。的确,我们很想同意霍布豪斯的话。他说:"就它是意志来说,它不是公的;就它是公的来说,它不是意志。"①纯粹法学的和纯粹形而

---

① 霍布豪斯:《形而上学的国家论》,第127页。

上学的主权概念都不令人满意;因此,不必期待两者的大杂烩会使当代的政治理论家更为满意。

毫不掩饰地说意志而非暴力是国家的真正基础,会鼓舞许多人将此作为抽象的原则来想望并加以实现,但是这几乎并不是对事实的分析。在我们并不相信强力就是权利的同时,我们却太经常地看到无论在历史上还是在现今,权力或暴力是公共事务中一个强有力的决定性因素。格林在为阐明其主张提供的论据方面特别不幸。令人遗撼的是,强力,无论是体力上的还是经济上的,正像经验所说明的那样,它在指导人类事务中一直是无限制的。更令人遗憾的是,如果通过某种手段而达到目的,不管手段正当与否,正像腓特烈大帝(Frederick the Creat)断言的那样,总有某个哲学家欢呼所达到的目的,并且美化其手段。如果我们看看格林对拿破仑战争所作的事后的论证,我们便会对那位君主的挖苦表示折服。一件与坏事附带发生的好事,不应为了坏事而被"否定"。而一件与好事附带发生的坏事,也不应为了好事而被"肯定"。格林自己对其逻辑上的错误是深知的。① 在我们进行道德评价时,不那么严格也许会给人温馨的感觉,但是在指导性原则方面,出于同情感而作出宽容的道德判断则是危险的。似乎存在一种支持用目的证明手段合理的谬论的顽固倾向。应该指出的是,不是目的证明手段合理,而是如果手段与目的不一致就会毁掉目的,无论该目的可以多么令人想望。

格林关于国家的真正基础的学说,还有一点不应逃过我

① 格林:《政治义务的原则》,第168页。

们的注意。当意志被宣布为国家的真正基础时,这很容易导致我们相信,国家是由我们的自由意志有意识地建立的,因为"意志"一词通常意味着积极的努力。实际上,心理学家的论点是不容反驳的,他们认为下意识的心理现象与意识的意志一样对维护国家起到帮助。意识的意志不是国家的唯一基础,恐怕这就是为什么在若干地方格林提到赞同,而不是同意。但是,如果他对同意和赞同加以区别,他也应该对积极的或肯定的意识的意志,和被动的或否定的或习惯性的默认加以区别。当他说到罗马帝国基于意志时,我们可以假定,意志的确是指被动的默认。我们可以很容易地想象,假使允许人民自由选择的话,他们恐怕便不会选择对罗马帝国效忠。如果对意志和默认加以区分,并且把两者都作为国家的基础,格林反对暴力的论证恐怕可以更好地被人认识和更深地被人理解。

对为数众多的人来说,反对格林的主要理由在于他在经济问题上的观点。他是坚持土地改革的,但是他反对单一税制度,而这正是可以治愈邪恶制度的唯一补救方法,尽管他对这些邪恶制度如此雄辩地加以控诉。他对资本的看法是不入时的。他对资本的弊端很敏感,但同时他没有看到资本控制的集中存在着固有的危险。首先,他对这个问题的研究方法是与现代自由主义者不同的。现代自由主义者会探究财富分配的正义性,而格林却满足于对逐渐改善工人物质条件表示慈父般的兴趣。例如,现代社会主义者的基本问题是:允许一些人在现今情况下积累尽可能多的财富,而使大多数人,用格林的话说,没有实现他们道德理想的足够手段,是不是公正的。与19世纪初叶工人的状况相比,今天的激进分子并不为工人今天的相对状况而烦扰。格林的立法和契约自由的思想可能遭到个人主义者的反对,认为这是国家方面的不必要的干预;也可能遭到新型社会主义者的反对,认为是国家对专断权力的篡夺。他的经济学当然有更多的不足之处。他与任何一派都不相吻合。如果我们称他为基督教社会主义者,我们就会遭到这样的反对,说他是个基督徒,但不是社会主义者。如果我们把他归入罗斯彻(Roscher)、瓦格纳(Wagner)和施墨勒(Schmoller)之列,称他为历史的民族经济学家,我们又太清楚地知道,不管他是否有足够的民族味,他的历史味却绝对不够浓。他对无产阶级历史起源的解释,足见他是受了自己对土地恶感的影响。比较保险的结论是,他根本不是一位经济学家。他并没有很好地把握经济事实。如果我们批评他的政治学说中的经济部分,我们应当更谨慎地考虑到他缺少足够的信息,而不是归咎于他的动机。

格林的政治学说最突出的缺点,是它没有对政府的组织加以任何讨论。国家的基本问题固然重要,但在充分地讨论了这些问题之后,接下来的问题便是提出一个政治组织的纲领,用以使政治思想付诸实践。如果政治学说不仅研究原则,而且探讨这些原则的实际作用,那么它也应当指出可能有助于实现那些政治原则的政治组织形式。如果政府应当基于被统治者的同意,那么使人民能够表达在某些问题上的赞同或不赞同,当然是值得注意的。如果全体人民的政府由全体人民来治理是不可行的,那么代议制的问题便应加以考虑,以便找出最有可能的解决办法。如果政府不是基于数鼻子,那么用什么来代替？一些权宜之计将必须被采用,因为在实际事务中,对一些决定性的策略必须取得一致意见才能成事。如果不是多数票制,那么就必须是别的什么。就这个问题而言,格林没有给我们提供任何启发。在其他地方我曾说过,格林的自然权利学说减少了论证多数人对少数人统治的迫切性,但它丝毫不能消除这个问题。在没有提出任何建议性的替代物的情况下,我们可以假定,格林承认多数人统治原则不可避免地是权宜之计。如果是这样,证明少数人服从的合理性仍然是一个问题。在没有提出政府组织的纲领的情况下,我们可以下结论说,在格林那里,这个问题仍然没有得到解决。

当然,在一些地方格林提到了政府,但是必须承认,它的含义是很模糊的。国家和政府的区分并不像我们期望的那样清楚。这种含混不清,大概是由于英国的状况造成的。议会中的国王经常被形容为大不列颠的法律主权者。不管他做什么,他都不受法律的限制。如果没有混淆政府与国家的倾向的话,至少没有特别的必要对两者作严格的区分。但是,例如在像美国这样的国家中,成文宪法在某些明确定义的范围内限制政府的地方,在经过适当程序通过的法律可以被宣布违宪的地方,在宪法只能通过特定的严格程序加以修正的地方,一个人多少可以了解到国家与政府之间的不同。当一个人观察一些州内动议权和公民投票的采用,他会惊叹政府权力的萎缩和国家权力的扩张。在这种情况中,国家一般地被称为"人民"。人们可以提出疑问:这种区分对格林来说是否必要？就我个人而言,我想是必要的。例如,在政治义务原则方面,我觉得如果在头脑中想到我们的义务是由于国家而不是由于任何特定政府的缘故,我们的情况会更好。进一步讲,区分政府和国家是非常民主的,而不是反动的学说。因为这个理论在很多情况下提供了必要时用国家的名义反抗政府的机会和证明这种反抗的合理性。

最后我们可以问,归根结底,是否格林自己也重蹈了那些被他攻击为片面性的人的覆辙呢?经济学家们创造出了经济人;我们同意格林的说法,并不存在这种经济人。功利主义者把人形容为快乐的追逐者;我们知道,在太多的情况下,我们并不符合这种描述。感觉论者把我们降低为柯达胶片;但是反映在我们眼睛视网膜上的物象并不必然能印成相片。自然主义者认为我们首先是动物有机体;但是我们绝不仅仅是动物有机体。格林知道这一点,并且他努力使我们从仅仅是经济的、排他的功利主义、机械的感觉论和简单的动物性中解脱出来,他几乎使我们成为单纯的意识。难道我们不能问:这样一个意识人是否存在呢?难道这个意识人不和经济人、快乐的追逐者、仅仅是动物的有机体共命运吗?

逻辑有时使人疯狂,但是逻辑中存在美。唯心论以及唯物论哲学有其智性的魅力。人们这样谈论马克思,说马克思的体系是人类天才的产物;因此,与其把它蚕食掉,不如让它获得崇高与辉煌。对格林也是如此。研究他不仅可以享受到思想上的魅力,还可分享他的社会理想主义。他实际上承认他"期望着一个时代的到来,到那时,那句话(一个绅士的教育)将失去它的意义,因为所有人都将可以受到唯一造就在任何意义上都可称为绅士的那种教育。因为摩西的期望是上帝的所有人民都应该成为先知,因此,带着全部的严肃和崇敬,我们可以为了英国社会的那样一个状况而希冀和祈祷。在那个状况中,所有的诚实公民都将确认他们自己,并且被相互确认为绅士。"①这样的理想在今天是太经常地被置于脑后了。

---

① 《T.H.格林著作集》第3卷,第475页。

书 目 索 引

原　著

《托马斯·希尔·格林著作集》,3 卷本,R. L.内特尔西普（Nettleship）编。

T.H.格林:《政治义务的原则》,1917 年版。

T.H.格林:《伦理学导论》,A.C.布拉德利编。

参　考　书

奥斯丁:《法理学演讲集》。

欧内斯特·巴克:《从斯宾塞到当前的政治思想》。

沃尔特·白志浩（Walter Bagehot）:《物理学和政治学》、《英国宪法》。

杰里米·边沁:《政府论片断》。

布莱克斯通:《评论集》。

F.H.布拉德利:《伦理学研究》。

伯纳德·鲍桑葵:《国家的哲学理论》。

H.T.巴克尔:《英国文明史》。

邓宁:《政治思想史》。

费尔布拉泽:《T.H.格林的哲学》。

亨利·乔治:《进步与贫困》。

吉丁斯:《民主和帝国》。

霍布斯:《利维坦》、《政府与社会的哲学基本原理》。

L.T.霍布豪斯:《民主和反动》、《形而上学的国家论》。

J.A.霍布森:《自由主义的危机》。

大卫·休谟:《道德、政治与文学论文集》。

周德:《通俗哲学论文集》。

亨利·琼斯爵士:《公民的原则》。

康德:《形而上学的法学入门》。

H.J.拉斯基:《现代国家中的权威》。

约翰·洛克:《政府论两篇》、《论人类理解力》。

洛温撒尔:《李嘉图式的社会主义者》。

麦克肯:《六位激进思想家》。

亨利·梅因爵士:《人民统治》、《制度早期史》。

卡尔·马克思:《共产党宣言》。

J.S.密尔:《论自由》、《代议制政府》。

孟德斯鸠:《论法的精神》。

缪尔海德:《国家的服务》。

爱德华·皮斯:《费边社史》。

大卫·里奇:《国家干预的原则》。

J.J.卢梭:《社会契约论》,图泽(Tozer)译。

赫伯特·斯宾塞:《人与社会的对立》、《科学、政治和思想论文集》。

亚当·斯密:《国富论》。

格兰翰·华莱士:《政治学中的人性》。

伍德沃思:《英国的基督教社会主义》。

文

章

内在关系和外在关系[*]

一

很难说,关系是什么。也许它们是非常基本的,以致无法定义。无论如何,我们尚不能定义它们。然而,我们直接面临着涉及"在……左边和在……右边"、"在……前边和在……后边"等等这样的情况。关系比比皆是。没有联系的实体这种思想,尽管本身在逻辑上可能是没有矛盾的,但事实上是站不住脚的。对于有些事物,我们有时的确说,它们是完全没有联系的,但是,这样一个陈述中蕴涵的东西,仅仅是对某种特殊的关系或恰巧成为我们注意的问题的关系的否定。在任何特殊的方面是没有联系的,这本身就是一种关系,从这种观点出发,没有事物是没有联系的。

任何实体和每一个实体都可以成为一个关系者,包括逻辑命题和关系复合句。逻辑命题和关系复合句不过是词项被联系起来。但是关系本身不能成为关系者。这样,像"我比

* 本文英文稿载于《清华学报》第 6 卷第 3 期,1930 年 6 月。王路译。——编者注

你高"这样一个关系复合句,与另一个关系复合句"我比你重",可能有"因此"这种关系。但是,"比……高"这种关系与"比……重"这种关系不能有"因此"这种关系。就关系而言,布拉德利(Bradley)的无穷倒退对我们是没有意义的。

布拉德利似乎接受了另一个同样站不住脚的概念。他不仅以为关系能够被联系,而且以为关系能够进行联系。为了不纠缠文字细节,我们可以说,关系不是在通过关系活动而产生出关系复合句这种意义上进行联系的。关系不是活动的,它们仅仅存在,绝不能说关系能够或不能够相互联系。问题不在于某种关系能够还是不能够与某些实体联系在一起,而在于这些实体是不是在以那种特殊关系为特征的关系复合句中。因此,关系不是关系者,它们也不是根据自己的选择进行联系。

二

我们提出下面三个关系复合句进行考虑,它们分别叫作 a,b,c 关系复合句,表示 a,b,c 关系。

a."这本书在桌子上";

b.作为关系复合句的"H_2O";

c."他懂物理学"。

a 关系复合句中的 a 关系,与 b 关系复合句中的 b 关系是相同的吗? 如果相同,所有关系都是同一类的吗? 如果所有关系都是 b 关系,那么 c 关系复合句中的 c 关系也是一个 b 关系。如果关系是不同类的,那么 c 关系可能或是一个 a,或是一个 b,或是与 a 和 b 不同的东西,因此仍需要我们确定它是哪一个和什么样的关系。

从常识的观点出发,以上没有表现出多大问题,因为乍看上去,可以指出许多含糊的,也许是显然的差异,但是哲学诡辩利用这种情况制造了一个头等重要的问题。一直有人坚持认为,所有关系都是"内在的",很难发现一种"内在"关系是什么。但是如果以为它是任何具有 b 关系性质的东西,那么我们就面临着非常严重的问题。因为在这后一种情况下,存在于认识者和被认识者之间的 b 关系也是内在的。因而它有这样的性质,它们是 b 关系的特征。这样,认识就会影响被认识的东西,而且任何形式的认识,包括科学都不能声称客观性。尽管很难确切地说"客观性"意味什么,但是很容易看到,如果作为内在的认识修正被认识的东西,那么认识至少在下面的意义上不是客观的:

a.如果所有关系都是 b 关系,那么认识者和被认识者之间的关系就是一个 b 关系。如果是这样,那么被认识者永远是一个关系者,即一个实体,但这个实体不是它原初的自身,因为它被认识修正。由此得出,除作为关系者的实体外,我们绝不能认识任何实体。这样就出现了"本体"(Noumenon)。无论可能有什么差异,都没有丝毫关系,重要的是存在着实体本身和作为关系者的实体之间的差异,而且更重要的是,我们从不能够知道这些差异是什么。

b.但是根据上述假定,我们就不能够说,没有实体,只有关系者,因为在这种情况下,怎么能说实体与关系者是不同的呢? 如果我们承认二者之间的差异,那么它们要么存在,要么仅仅存在,而否定其一或否定二者将与前提相反,如果任何认识关系中的实体是外在对象,那么这些对象就不能被认为是它们本身的那样,而只能被认为是它们被认为的那样。

c.既然我们认识的仅仅是认识关系者,因此认识的有效性几乎不能有任何标准。我们认识的只是"我们认识的"。如果对"我们(有关某一事物)认识"的提出疑问,那么我们只能通过这样的方式来回答:可能以"我知道我知道"这种形式等等,来对认识作出进一步断定。这个问题可以无限地问下去,而且任何与第一个不同的回答,既不比第一个回答好,也不比它差。

d.上述情况同样也可以适用于认识者,他在任何与认识能力或生物体不同的能力中大概会像任何外在对象一样难以理解。

根据我们的假定,不可能知道任何事物的本来面貌,对这一点可以从另一个角度来探讨。

e.如果所有关系都是内在的,那么像"在……右边"和"在……左边"、"在……前边"和"在……后边"、"在……上边"和"在……下边"这样的关系就都是内在关系。认识者和被认识者不仅相互有一种特殊关系,即认识关系,而且包括空间关系。这里是一张桌子:如果所有关系在 b 关系的意义上是内在的,那么在我东边的这张桌子,与当把它放到我西边时就是不同的。我自己随着空间关系的变化而发生变化。这样,当我在这张桌子的东边时,我对这张桌子的认识是适合于一个特殊位置的,即这样一种认识,它不应与当我把这张桌子移到西边时我可能认识的有关这张桌子的任何东西混淆起来。

f①.根据相同的假定,时间关系也会是内在的。被认为是认识的关系复合句是一个在有限时间内发生的事件。但是在有限时间内,无论多么短暂,这张桌子和我都会改变我们的时间关系。这样,我在此时有关这张桌子的认识绝不能与我在彼时有关这同一张桌子的认识混淆起来。用诗人的话说,时间流逝,我们的时间关系随之变化,正像上一段唯一可以被说成有效的认识是适合于点的认识那样,唯一可以被说成有效的认识是适合于时刻的认识;但是,既然作为一个关系复合句和一个事件的认识在有限的时间和地点产生,那么如果所有关系在 b 关系意义上都是内在的,则任何认识都不是有效的。

g.所有实体同时都是有联系的,而且它们时刻有关系变化。根据我们现在这里提出的这种假定,如果任何东西引起任何一种关系变化,那么我们不能知道有关它的任何情况。我房间这里的这张小书桌与一万光年以外一颗亮闪闪的星星有某种关系;如果这颗星星以任何方式发生变化,即使是最小程度的变化,这张书桌也变得与它过去有所不同。这样,如果我们想知道这张小书桌,我们就必须知道那颗小星星,以及埃及金字塔和拉希拉多的树木,既然我的书桌与这个宇宙的任何事物和每一事物有关,那么根据我们的假设,为了知道这张书桌,我们必须知道宇宙。但是我们不知道宇宙,因此,我们不知道这张书桌。然而,作出一个以与我们确实接受的、含糊和无法表达的认识概念也许不太相应的合适的认识定义,

---

① 原文将"f"遗漏了。——译者注

我们就能说,我们知道这张书桌,但不知道任何类似意义上的宇宙。我们的一般信念是虔诚的迷信吗? 或者更确切地说,这里讨论的这种假定是基本站不住脚的吗?

h.逻辑没有内容,它不需要有任何内容;但是,如果它实际上确实有任何作用的话,那么它应该应用于自然事件或实体。换言之,为了逻辑可以是有用的,像"A 是 A"、"A 是非A"这样的陈述不仅必须在逻辑上有意义,还必须在实际上有意义,它们可以是真的或假的,或者它们可以既不真也不假;不过,我们必须在我们能够说之前,认识到它们的某种有效性。但是,如果开始时知道它们是无效的,那么我们就绝不能说。那些也许可以称为真的陈述,仅仅是那些在某时某点作出的陈述。在任何有限的时间和在任何有限的位置,无法提出有任何实际意义的有关事实情况的命题。眼下,不用考虑纯逻辑是不是受到影响,应用逻辑肯定变得无影无踪,这里出现具有讽刺意义的情况:那些接受这一节的假定的人不能为它辩护,而那些为它论证的人却绝不能接受它并避免矛盾。

让我们回忆一下,我们的假定首先是所有关系都是内在的,第二,内在关系是一个 b 关系。至此我们一直论证,根据这样的假定,认识在已经讨论的各种不同意义上是不可能的。为了使我们摆脱这种不理想的后果,只需要推翻这个假定的第一部分或第二部分。有相当数量的人相信,所有关系是内在的,但是如果内在关系意味的不是 b 关系,那么无论有什么其他反对意见,这里提出的这些特殊的反对意见就不是适用的。但是,如果内在关系被看作是 b 关系,我们就必须说明一些关系之所以是外在的原因,这样就要求在外在的和内在的关系之间作出清晰的区别。如果澄清外在关系意味什么,就可以建立起有外在关系这一命题。在这种情况下,我们只需要判定认识者和被认识者之间的特殊关系是外在关系,还是内在关系,还是与二者完全不同的东西。我们至此一直论证的是:不能把那种特殊关系看作是在 b 关系意义上内在的。

三

这一节,我们首先讨论布拉德利(F.H.Bradley)先生的观点。然后讨论斯堡尔丁(Spauvding)教授的观点,他们的观点可能都不幸地被歪曲了。

A.a.布拉德利先生似乎认为关系是不可能的。如果实体处于联系之中,那么它们之间的关系就不是"进行联系"。因为它们已经以某种方式联系起来;另一方面,如果它们没有联系,那么没有任何关系可以联系它们。换言之,如果实体处于联系之中,那么联系它们就是多余的;如果实体不处于联系之中,那么联系它们就是不可能的。不可能联系没有联系的实体,因为为此关系需要无穷的关系,而根据定义,无穷的关系是无法达到的。以后将提出相对详细的批评,眼下我们愿意提出以下几点:

1.关系和关系复合句不应相互混淆。关系仅仅存在,但关系复合句可以开始或结束。问题绝不在于某种关系是否存在,而总在于某些实体是否相互有这种关系。

2.关系不应被看作参与活动。关系在其进行联系的努力中能够成功或失败,这样说是没有意义的,因为显然根本不能说关系实际可以作出任何努力。

3.关系不应被看作可能的词项,所以,绝不能说两个相互联系的词项可以变成使另一个关系成为必然的三个词项。

b.布拉德利似乎接受了所有关系都修正它们的词项这种思想。如果 A 和 B 是有联系的,那么 A 就不是原初的 A,B 也不是原初的 B。它们处于相互联系之中,均以某种方式直接受到这种关系的影响并间接地受到相互影响。但是,如果 A 和 B 不是处于相互联系之中,那么刚刚提到的这种影响就不会在那里影响它们。也就是说,关系修正它们的词项。

c.既然关系修正它们的词项,那么当词项处于联系之中时,一些差异就对它们有影响。处于联系之中的词项必然与这些词项在不处于联系之中时有所区别。如果词项没有差异,那么在什么意义上我们可以说,它们被它们的关系修正呢? 因此在是关系者的词项与仅仅是词项的词项之间,必然有些差异。似乎我们很少有人清楚地知道这种差异是什么。布拉德利的思想是,性质和关系相互蕴涵,但是据我所知,他绝没有试图始终把它们看作重言表达式。以后我们要试图说明性质差异蕴涵关系差异,但是我们现在无权断定关系差异蕴涵性质差异。

d.处于相互联系的实体形成一个关系复合句,这个关系复合句无论是否可以进一步分析,与其部分之总和绝不是等价的。这样,如果我们现在探讨"日本在中国东边"这样一个关系复合句,我们绝不能说,这与"日本"、"在……东边"、"中国"是等价的;因为显然可以有几种各不相同的组合。因而关系复合句有某种独一无二的东西,而且这种独特性(它本质上是整体的独特性）已被含混地转变为构成部分的独特性。

e.由于与这里阐述的类似的原因，一些哲学家得出这样的结论：所有关系都是内在的，一个内在关系是这样的，处于联系之中的词项与那些没有联系的词项是不同的。我们暂时不检验这个推理是不是正确，我们也不关心结论是否从这个论证的不同阶段得出。但是如果我们接受这个结论并且把"修正词项"解释为指出词项的性质差异，那么上一节提出的反对意见就会适用，并因而会使认识成为瞎子用来吓唬人的东西。

B.很可能由于这个原因，少数几个学哲学的学生得出这样的结论：不能接受所有关系都是内在的这个命题。也许"心急吃不了热豆腐"（hasty hands catches frogs for fishes），由于极为渴望推翻那个命题，提出无法经受任何仔细检验的思想。可以以斯堡尔丁教授为例，说明那些其大勇不幸变为小心的人。

但是应该指出，那些与内在关系论者对立的人并不反对内在关系的思想；他们不过是反对所有关系都是内在的这种思想，因此，外在关系论者想要的不是否定有内在关系，而仅仅是肯定有些关系是外在的。

a.根据斯堡尔丁，有些关系不修正其词项，"在……上边"和"在……下边"、"在……之前"和"在……之后"是这样的关系。如果我围着桌子走，那么我得不到我在与桌子的联系中所处的各种不同位置的修正。我可能比我的朋友高些或矮些，但不能说我因此要么高、要么矮。以这样的关系相联系的词项是这样的,以致说出任何超出其关系之外的东西是没有保证的,因此词项的联系与那些譬如以有机关系相联系的东西是完全不同的。

b.如果有不修正其词项的关系,那么相信可以得出有对词项没有任何影响的关系。处于这些联系之中的关系者的实体,与那些不是处于这些联系之中的关系者的实体是相同的。人们相信(尽管我没有把握这么说),不仅词项在以外在关系联系之前和之后是相同的,而且处于这样一种联系的词项与它们没有这种联系时也是相同的。这看上去可能是一种没有差异的区别,但是确有一种差异,而且在某些情况下是非常重要的差异。

c.既然处于任何外在关系之中的词项与它们没有外在关系时是相同的,那么就得出,它们各自相互独立,而且都独立于关系。独立性的意思不过指缺乏相互修正。因此,独立性不是实体在没有相互联系时所具有的东西,而是这样的东西,它表示实体相互间有外在关系这样的事物状态。实体虽然是有联系的,但是相互独立,因此人们认为,以实体作为其组成部分的整体还不足以产生独特的思想,这样,内在关系论者似乎把整体的独特性与部分的独特性混淆起来,而外在关系论者似乎把缺少组成部分的独特性误认为缺少整体部分的独特性。

d.斯堡尔丁教授得到的结论不仅仅是有外在关系,而且认识者和被认识者之间的特殊关系就是外在关系的一个例子。就是说,认识者和被认识者尽管是有联系的,却是相互独立的。被认识者不仅仅是关系者。它是关系者,但它还是其他某种东西;它是原初的对象。这样就自动消除了本文第二节提出的反对意见。

有一些人赞同斯堡尔丁的结论,但不赞成他的推理,也许有另外一些人在某种程度上赞成斯堡尔丁的推理,但是发现取消他的结论绝非易事。如果外在关系应该被确证,那么其确证的基础和方式必须与斯堡尔丁教授采用的那些基础和方式有所不同。对这个题目,罗素有些话要说,但他的话没有太多的意义。据我所知,G.穆尔先生大概最恰如其分地评价了这个问题。至少我认为,他确实对此作出最敏锐的评论,我不装成确切理解了他的理论是什么,但是我毫不怀疑,我受到他很大影响。同时,我必须承认观点的差异,而在我看来,在这里讨论这些差异将是不适宜的。

这一节提出了两种几乎截然对立的观点。其中哪种观点应该是可取的呢? 在回答这一问题之前,应该普遍澄清"差异"、"修正"、"影响"等等这样一些用语,我希望随着我们的进程来完成这种澄清工作。

四

我们回到第二节提到的三个不同的关系复合句。我们要强调的是 a 和 b 关系之间的差异,并且判定 c 关系是否属于它们之一;如果是,那么属于哪一种。

A.所有关系的共同点。

a.必然有关系,例如 R,而且必然有一些实体,例如 A,B,等等。

b.必然有 ARB 这样一种关系复合句的可能性。给定了关系和实体,我们不需要有关系复合句。在我们生活的现实世界中,我们可能从来没有遇到不涉及关系复合句的关系。但是从分析的观点出发,关系比关系复合句更基始,而且关系的研究可以先于关系复合句的研究并且不考虑它。

c.关于 ARB 这样一个关系复合句,有某种独一无二的东西。这是某种整体,这种整体不易化归为其部分,因为这些相同的部分以不同方式联结起来,可能导致其他完全不同的整体。不是整体的独特性可以或应该被否定,而是赋予这种独特性单独一种样式的企图,我们不能遵从。

d.处于联系之中的实体受到关系的影响,用穆尔的话说,它们获得一种"关系性质",但是如果它们是没有联系的,它们就不会得到这些关系性质。

既然情况如此,就有一种确切的意义,在这种意义上可以说,处于联系之中的实体与它们在没有联系时是不同的,A 和 B 是没有联系的实体,但是在处于联系之中时,它们也是关系者。这种情况中的特殊差异是各自从对方以及双方从关系得到的关系性质。

上述被承认为是所有关系的那些共同点,似乎证实了内在关系论者的观点。如果内在关系意味的是一种可分析为这里提到的事物状态的关系,那么所有关系都是内在的。但是这种事物状态毕竟被一些人也许无意识地与 b 关系的特殊情况混淆起来,因此内在关系最终的意味大大超过前面几段对所有关系所承认的。在我们着手处理 b 关系的特殊情况之前,我们应该澄清几个眼下需要的用语。

B.正如"相等"一词有许多意义一样,"同一"一词也有许多意义。这里我们不关心这些词可以包含的可能的意义,对我们眼下的目的来说,"同一"一词可用作一种关系特征,"相等"一词可用作一种性质特征。前者用符号表示为"I",后者用符号表示为"=",因此,"I"表示关系中的差异,"≠"表示性质中的差异,关系中的差异是容易理解的,在任何有限的位置,在任何有限的时间内,我改变我的关系。关系差异可以不考虑经验证据而被断定,因为以合适的时空构造,总可以从我们的数学、物理和天文学知识推出它们。然而,性质却是完全不同的。它们的差异或相等,有时是操作的,并且总是经验的,但是,一个性质差异的判断就某种操作来说是终极的。而一个在我们的意义上的相等的判断,毕竟总是暂时的,后者不能是终极的。因为判定的相等不过是缺少某些操作方面经验的或实验的差异,这些操作可以被其他操作取代,而且当它们被这样取代时,我们可能遇到我们以前没有经验过的性质差异。

我们在这里假定有某种确切的意义,在这种意义上,性质是不同的并可以从关系分离开来。至于我们的假定是不是被证实,后面我们将予以讨论。这里我们也不关心可以假定性质和关系相互区别的这种特殊意义。我不能定义关系,也不能定义性质。但是常识认为它们不同。在没有清晰的定义和明智的区别的情况下,为了我们眼下的目的,我们可以接受常识的观点。

C.让我们首先以 a 关系复合句,即"这本书在桌子上"的 a 关系为例。

a.在这个特定的关系复合句中,这本书得到一种关系属性,即"在桌子上"。如果没有这样的关系复合句,这种特殊的属性就不会归于这本书,当然,我们不是在问是否有"种关系"在"……上";总有这种关系。相反,我们的问题在于是否有一个关系复合句,即"这本书在桌子上"。如果有,那么"这本书"就获得已提到的关系属性。

b.尽管这本书在桌子上,却不能说,因为它在桌子上,此时它改变了它的颜色或增加了它的重量。它可能改变它的颜色,它也可能增加它的重量,但是如果它造成其中一种情况或两种情况,那么这与它恰恰需要的那种关系属性是没有关系的。有一个这里涉及的推理的问题,但是这个问题将在单独一节中讨论。

c.既然情况如此,我们就完全有理由说,与桌子处于这样一种关系之中的书,与任何没有这种关系的书是不同的。断定的这种差异是关系的差异。我们还完全有理由说,处于这样一种关系中的书,与没有这种关系的这同一本书是相等的。肯定的这种相等是性质的相等。

d①."这本书在桌子上"这个关系复合句是一种整体,但是很难说它是一种什么样的整体,整体与其部分之间的关系不是对称的。整体有一种独特性,因为它在性质上不同于其他以相同的部分构成的整体,但是部分没有独特性,因为它们可以进入不同的整体而自己不变成在性质上不同的。一种东西是确定的,即这种关系复合句既不是一个有机的整体,也不

---

① 原文将"d"遗漏了。——译者注。

足以引起其部分之间的化学作用。并且,如果"X"代表任意一个这样的整体,我们就可以确切地说,"这本书在桌子上"这个关系复合句不是"X"。

e.我们将用"$\bar{R}$"这个符号表示一种关系;用"$\bar{R}P$"表示这样一种关系的关系属性;用"X"表示提到的两种整体。下述表达式将体现这里讨论的观点。

a.$A\bar{R}B$,$A\bar{R}P$,$A\bar{R}P\bar{I}A$,$A\bar{R}P=A$,$A\bar{R}B\neq X$。

D.让我们以 B 关系复合句,即"H_2O"中的 B 关系为例。

a.这是一个关系复合句,其中,处于联系之中的实体是氢和氧。它们均获得一种关系属性,但是如果它们不是这样相互联系在一起,它们各自是不会有这种关系属性的。

b.但是,在这种情况下,作为这个关系复合句中一个关系者的氢,由于是一个关系者而改变了自己的性质。当它变成一个关系者时,它作为一个实体可以谈论的东西就不适用了。

c.根据上面我们完全有理由说,在 b 关系复合句中联系着的实体,与那些没有这样的联系的相同或类似的实体在关系上是不同的,在性质上也是不相等的。

d.这个关系复合句是一种带有自然出现的性质的整体,这些性质可以以不能分别应用于其组成部分的词来描述。它是一种与"X"的某一种类或某种形式等价的整体。

e.我们将用"$\bar{R}$"这个符号表示这种关系,用"$\bar{R}P$"表示这种关系属性。下面的表达式将体现这里讨论的观点:

b.$A\bar{R}B$,$A\bar{R}P$,$A\bar{R}P\bar{I}A$,$A\bar{R}P\neq A$,$A\bar{R}B=X$。

五

这一节讨论的问题是不容易的。首先需要几句引言。a 关系和 b 关系都包括 AR̄P̄ĪA,但是 a 关系体现 ĀR̄P=A,而 b 关系恰恰包含其对立面 ĀR̄P≠A。这似乎是最重要的差异点,与此相比,提到的其他差异点可以不予考虑。问题是:什么样的关系(如果有的话)存在于 AR̄P̄ĪA 和 ĀR̄P=A 之间? 什么关系存在于 AR̄P̄ĪA 和 ĀR̄P≠A 之间? 如果在这两种情况下均可以从第一部分推出第二部分,那么一定在什么地方有矛盾。我们要指出的是:本质差异在于R̄P 和 RP 的实质,即这两种关系属性;AR̄P̄ĪA 和 AR̄P=A 均可从 RP 独立推出,并且 AR̄P̄ĪA 和 AR̄P≠A 均可从 R̄P 独立推出;但是 AR̄P=A 绝不能从 AR̄P̄ĪA 推出,AR̄P≠A 也绝不能从 AR̄P̄ĪA 推出,因此有必要就我们讨论的范围处理一下蕴涵和推论的问题。我们将处理三种不同的蕴涵,它们用符号表示为"＊"、"△"和"∴"。

A.说一说一般的命题,在这里不是不适当的。有一些命题,它们没有存在意义并可称之为纯逻辑命题。还有一些命题,它们有存在意义并且当否定主项的存在时就变得没有意义。命题间的对当关系取决于对其主项存在的解释。以 A 和 E 形式的命题为例,如果不假定它们的主项存在,那么它们就没有对当关系。如果假定或断定它们的主项存在,那么它们就是反对的。当主项存在时,它的非存在就使这个命题变得没有意义。但是当断定主项存在时,它的非存在就会意味着这个命题是假的。

通过教科书所表现出来的亚里士多德逻辑,似乎陷于自相矛盾。A,E,I,O 被说成是蕴涵了对其主项存在的断定的直言命题。如果 I 和 O 是上述意义上直言的,它们就不是下反对关系,如果它们像人们声称的那样是下反对关系,它们就不是上述意义上直言的。

以"凡人皆有死"这个大家熟悉的命题为例(词项被解释为类)。它可以被解释为一个断定"人"和"有死"之间抽象和独特关系的命题,这种关系被表述和定义得十分严格,以致这个命题可被翻译如下:"无论有没有人,如果任何事物是人,它是有死的",正如人们就一条欧几里得直线说,无论它存在或不存在,如果任何事物是一条直线,它就是两点间最短的距离。然而大家熟悉的对上面提到的命题的解释是:事实上凡人皆有死,或凡人皆有死且有人。无论以大家熟悉的还是不熟悉的解释,是人蕴涵着有死,但是此种情况含有的蕴涵与彼种情况含有的蕴涵是完全不同的。

B.这里用符号"﹡"表示的这种蕴涵,是命题的第一种非存在解释中含有的蕴涵。它无须与事实有任何关系。据说从某些可能完全任意的公设和定义可以得出一些命题,因为它们被给定的公设和定义所蕴涵。事实与这种过程毫不相干。这样,正如我们看到的那样,以对人和有死的合适定义,可以将一个具有"无论有没有人,如果任何事物是人,它是有死的"这种形式的命题解释为:是人"﹡"有死,尽管可以认为人类的存在与这些定义没有关系。"p﹡g"意味命题"p"蕴涵命题"g",无论事实可能怎样。这依然是"严格"蕴涵,但它不需要包括任何经验证据。

C.但是,如果"凡人皆有死"这个命题被解释为同时断定人的存在,那么它含有的蕴涵与上面的蕴涵完全不同。这样解释的命题变成归纳概括,因此离开经验就不能有有效性。如果首先没有人,或者如果有人并且他们全部或有些是不死的,那么这个命题就会是假的,是人就不会蕴涵有死。这样,这种情况含有的蕴涵不能脱离事实。无论如何眼下我们不能说,所有纽约的居民都是美国居民;因此,是前者居民蕴涵着是后者居民,但是这无须如此,同样,人无须有死。然而事实上,关于人的这个概括是有效的;因此事实上,是人确实蕴涵有死。"p△q"意味:事实如此,以致命题 p 蕴涵命题 g。

D.a.这两种蕴涵常常混淆。使它们的区别可以得到澄清的方式,导致我们认为,这里介绍的观点有些像穆尔先生的观点。例如,"A>B","B>C,因此 A>C",这里,">"表示"大于"。我们可以有下面的表达式:

A>B△(B>C∗A>C)

这就是说,如果事实上 A 大于 B,那么命题"B 大于 C"就蕴涵命题"A 大于 C",无论究竟有没有 C。但是我们不能有下面这个表达式:

A>B∗(B>C△A>C)

这就是说,命题"A 大于 B"不蕴涵这一事实:如果 B 大于 C,那么 A 必然一直也大于 C。

b.下面我们应考虑"∗"和"△"之间的关系。只要有"∗"的可能性,那么如果满足一定条件,就会有"△"的可能性。例如,如果我们有蕴涵式"p∗q"并且 A 在 P 的定义内,

B在g的定义内,我们就可能有蕴涵式"p△q"。因此,给定 $A\overline{p}=0$ 和 $B\overline{q}=0$,我们就完全有理由说 $(p*q)△(p△q)$。至于事实是否令人愉快,以致可为我们所用并证实我们的理论,这是无关重要的。因为首先,我们不主张 $(p*q)*(A△B)$,就是说,我们不是说总是有具有这种关系的A和B;其次,如果没有A和B,或者如果有A和B,但它们不能纳入p和g,那么就没有满足这种条件,因此不产生蕴涵的问题。

c.这样我们就看到,在某些条件下,我们可以有 $(p*q)△(A△B)$,尽管绝没有 $(p*q)*(A△B)$。我们需要看到,给定A△B,我们是否就完全有理由达到p*q,即使条件 $A\overline{p}=0$ 和 $B\overline{q}=0$ 被满足。我个人看不出会达到任何这样的结论。这很可能是经验概括被说成是或然的一种原因。据我们所知,没有可以将A△B转化为p*q的方式。我们可以主张的就是,给定A△B,就会有利于p*q的可能性。似乎不可能有 $(A△B)△(p*q)$,或 $(A△B)*(p*q)$;我们至多可以断定 $(A△B)∴(q*p)$,并且仅当满足已提到的条件时,才能断定这一点。

E.让我们现在处理"∴"。首先,我们可以指出,这不是任何严格意义上的蕴涵;它可以被称为一种实际推论,即一种最初大概仅仅是心理的,但后来通过人类文明的影响变为训练有素的推论。所有经验知识在应用于尚未体验的事物时,都含有这种推论;但是从逻辑的有效性这种观点出发,这是很成问题的。在这种情况下,没有任何严格意义上的必然性的迹象。所有由此可以说明的只是一种或高或低的概率程度,这是某种表达出人类心理愿望的东西,但无须认识到人们期待的是什么。

"∗"和"∴"一般不会混淆,但是"△"和"∴"却会混淆,这主要产生于这样的观点:就事实而言,没有必然性。"△"是一种部分逻辑的和部分事实的蕴涵,经验认识使我们能够把人归类为动物,因此人蕴涵是动物。如果我们在现实中遇到一个太空人,我们就完全有理由称他为魔鬼或神。据我们经验所知,人是动物,就像一本绿色的书是有色的一样必然,但是一个人不需要保持是一个人,一本绿色的书也不需要保持是绿色的或一本书。然而,状态将可能保持不变,这种可能性就是我们以符号"∴"表示的这种推论的根源。

六

现在我们要把上述蕴涵用于 a 和 b 关系复合句。

A.我们已经说过,处于相互联系的实体受这种关系的影响,它们得到一种关系属性,而这在它们没有联系时是不会得到的。但是,A 和 B 之间相互联系的这种关系是什么? 什么叫它们获得关系属性? 对于这个问题,我承认我不完全确信我的理由。有时我以"△"蕴涵来考虑,但是眼下我倾向于以"∗"蕴涵来考虑。可能我过去有时想的是,获得一种关系属性是一个存在实体的特征;可能我过去感到,把一种关系属性归于一个本身可能是非存在的实体,这是毫无意义的。现在我倾向于认为,无论有没有"A"和"B",断定它们之间的一种关系,蕴涵着它们获得某种关系属性。我们关于关系的概念尽管模糊,但至少包含这一点:如果一个关系确实是有意义的,那么它必然给予有联系的词项某种属性,而这是这些词项在没有这样的联系时所不具备的。这种关系概念使我们完全有理由说,凡断定或假设 A 和 B 之间一种关系的命题,都蕴涵一个命题,使得 A 和 B 获得某种关系属性。因此我们可以有下面的表达式:

a.A$\overline{\text{R}}$B * A$\overline{\text{R}}$P

b.A$\overline{\text{R}}$B * A$\overline{\text{R}}$P

B.如果 A 由于与 B 的关系而获得一种关系属性,那么它在关系上与它在没有这种属性时是不同的。这里又有一种蕴涵,它有些复杂并且像上一段讨论的蕴涵,它似乎是命题之间的蕴涵。只有在这种情况下,它似乎才更明显。有关任何具有任何一种属性的实体的断定,仅当这种属性使这个被断定为具有这种属性的实体有某种差异,才是有意义的。如果断定确实像它意味的那样是有意义的,那么就蕴涵着某种差异;唯一的问题是这种蕴涵的差异是不是关系的。人们无法论证这种蕴涵的差异不是关系的,因为这一点上的关系差异的是蕴涵的最低限度。可以论证可以蕴涵着多于最低限度,却不能论证没蕴涵着最低限度;因为当记住命题的意义时,断定这种最低限度差异的命题与原来断定 A 和 B 之间一种关系的命题是重言的。因此我们有下面的表达式:

a.A$\overline{\text{R}}$P * A$\overline{\text{R}}$P$\overline{\text{I}}$A

b.A$\overline{\text{R}}$P * A$\overline{\text{R}}$P$\overline{\text{I}}$A

C.关于性质差异,问题与上面完全不同。我们已经以 a 关系复合句表示性质相等,以 b 关系复合句表示性质差异,即前者为 A$\overline{\text{R}}$P = A,后者为 A$\overline{\text{R}}$P ≠ A。这些差异可以可靠地归为关系属性中的固有差异。但是在我们考虑蕴涵问题之前,我们不得不顺便说一说性质相等和差异,正像已经指出的那样,对性质相等的断定是暂时的;与对性质差异的断定相似,它基于经验知识,但与前者不相似,它仅在某一阶段是有效的,并且适于某类经验或实验,因而可以被随后更巧妙与更详细的实验修正、补充或推翻。如果我们把实验分粗糙和精细这样的不同程度,我们就可以说,对性质相等的断定,就所有比作为这种断定基础的实验更粗糙的实验来说,是终极的,而就所有更精细的实验来说,是暂时的。但是性质差异的判断却恰恰相反;就粗糙的实验而言,它是暂时的,而就更精细的实验而言,它是终极的。因此,严格地说,性质判断就其相等和差异而言,在经验上在相反的方面上既是终极的,又是暂时的。严格地说,我们没有任何根据可以使我们有理由偏选它们其中的一方,但是我们有偏见;不知什么原因,我们竟已相信,实验越精细,就越清楚地揭示现实。既然情况如此,我们就更信赖性质差异的判断,因为它就所有比作为其基础的实验更精细的实验而言,是终极的。

在 a 关系复合句的情况下,我们有一个性质相等的判断。考虑到上述偏见,我们就不能说我们的判断是终极的。我们只能说,有有利于这种判断的很大的可能性,特别是当重复实验证实它时。在心理上,我们期望 ARP 与 A 在性质上相同。它们可能是不同的,而且它们的差异可以并且常常不归于与它们相互联系这一事实不同的其他因素。但是,我们不能肯定这种联系不会造成某种在进一步的经验或实验中没有显示或尚未显示出来的性质差异。当然我们可以把 a 关系定义为这样一种关系,其中对联系的实体没有任何性质影响;因此,如果在进一步的实验中显示出任何性质差异,那么这里包含的关系就不是 a 关系。这样一个定义可能招致下述反对意见。首先,"没有任何性质影响"这一短语是指一具有某种特殊的精细程度的经验或实验吗? 如果是,那么一个更细致的实验可以得出一种不再是这样的 a 关系。这一短语是指任何种类或任何程度的经验或实验吗? 如果是,那么定义就是完全抽象的,因为它不指某类特殊经验,而且性质判断就会不再是经验的。在这两种情况下我们均可以说,A̅RP 和 A 应该在性质上相同,如果事实上它们不同,则我们始终可以说,这种差异的责任在于某种与关系不同的因素。在这样一种情况下,我们不过是以一种抽象的性质相等替换了一种经验的性质差异。当发现这样一种决定因素时,就证明这种替代是正确的,而如果不能确定有这样一种因素,则不能证明它是正确的。从所有上述所说似乎可以可靠地推论,A̅RP 和 A 之间的性质相等不是确定的,而只是可能的。这就是说,给定 A̅RP,则十分可能 A̅RP 和 A 相等。因此我们有下面的表达式:

a. A̅RP∴ A̅RP = A

当然,我们可以以否定方式陈述这种情况,我们可以不用相等,而用不相等来表达。我们可以不说我们期待性质相等,而说不期待性质不相等。从逻辑观点看,否定陈述比肯定陈述可能更强。我们可以说,如果 A 和 B 以一种 a 关系联系起来,则得不出 A̅RP 和 A 是性质上不同的。我们可以有下面的表达式:

a. A̅RP △ A̅RP ≠ A

在 b 关系复合句中,我们有一个不相等,即性质差异的判断。同样由于我们有偏见,我们可以说一个性质差异的判断是终极的。这并不意味着现实中的性质差异总在经验中显示出来,它仅仅意味着只要性质差异在经验中显示出来,它就也在现实之中。在 b 关系复合句中,$A\overline{R}P$ 和 A 的不相等总在经验中被发现,以致这样一种关系复合句的定义的一部分是:是其关系者的实体与不是其关系者的实体在性质上是不同的。由于 b 关系包括被看作是终极的对不相等的判断,因此它在经验上总能够被确立;但是,由于 a 关系包括暂时的对相等的判断,因此它在经验上不能被确立,尽管有利于它的可能性可能足以使它成为实际上确实的。既然情况是这样,因此能够不参照我们判断中任何暂时的因素来定义 b 关系,并且可以把 b 关系复合句中的一种蕴涵看作具有实际必然性的蕴涵。因此我们可以有下面的表达式:

b.$A\overline{R}P \triangle A\overline{R}P \neq A$

E.我们可以将以上内容概括如下:

a.$A\overline{R}B * A\overline{R}P * A\overline{R}\overline{P}IA, A\overline{R}P \therefore A\overline{R}P = A$;

b.$A\overline{R}B * A\overline{R}P * A\overline{R}\overline{P}IA, A\overline{R}P \triangle A\overline{R}P \neq A$。

至此我们基本一直在考虑个体的关系复合句,至少就 a 关系复合句来说是这样。我们可以有下述修正:

a.A 和 B 可以被看作类,在这种情况下,以它们做关系者的关系复合句就是一个类关系复合句。上述公式依然是有效的。

b.至此我们也一直在把 $A\overline{R}P$ 和 A 进行比较,要么作为一个个体的不同阶段,要么作为一个类的不同个体。我们可以

把 $A\overline{RP}$ 与任何没有 A 所具有的关系属性的东西进行比较。如果 X 代表这样一个东西或一个由这样的东西组成的类，我们就可以把上述公式变为如下：

$$a.A\overline{RP} * A\overline{RP} * A\overline{RP}\overline{I}X, A\overline{RP} \triangle A\overline{RP} \neq X;$$

$$b.A\overline{RP} * A\overline{RP} * A\overline{RP}\overline{I}X, A\overline{RP} \triangle A\overline{RP} \neq X。$$

F.是 a 的那种关系，是我们称之为外在关系的东西；是 b 的那种关系，是我们称之为内在关系的东西。它们之间清晰的区别在于关于性质相等或差异的不同的蕴涵或推论。

那些坚持认为所有关系都是上述意义上内在关系的人，似乎一直不仅混淆了关系差异和性质差异，而且混淆了蕴涵。就 a 关系而言，内在关系论者由于没有注意到 $A\overline{RP} = A$ 这一经验事实，似乎认为既然事实上是 $A\overline{RP}\overline{I}A$，因此 $A\overline{RP} \neq A$ 必然是真的。他们的混乱是双重的。首先他们可能从一种" * "蕴涵推出一种"△"蕴涵。但是我们看到，只有在特殊条件下这才是可能的，因为必须满足这种条件，推理才是有效的。其次，他们可能认为，既然" ≠ "事实上的确蕴涵"$\overline{I}$"，因此"$\overline{I}$"蕴涵" ≠ "。下一节我们将看到，尽管" ≠ "蕴涵"$\overline{I}$"，却没有其相反的蕴涵。

a.由于内在关系论者似乎犯了上述双重错误，因而他们关于内在关系（即我们的 b 关系）的观点也变为荒谬的。关系差异和性质差异包含在 b 关系之中，这是真的；它们都被内在关系属性所蕴涵，这也是真的；但是前者蕴涵后者却不是真的。$A\overline{RP}$ 和 A 之间的性质差异是一个经验事实，它不是从它们之间的关系差异推论出来的。

内在关系论者似乎对以下混乱是有责任的。

1."$\overline{I}$"和"≠"没有清晰地区别开。

2.由于"≠"蕴涵"$\overline{I}$",因而认为"$\overline{I}$"蕴涵"≠"。

3.A$\overline{R}$P ≠ A 被看作是从 A$\overline{R}$P$\overline{I}$A 推论出来的,而不是一个经验事实。

4.由于在某些条件下"△"可以从"﹡"推论出来,因而内在关系论者也许认为 A$\overline{R}$P △ A$\overline{R}$P ≠ A 总是可以从A$\overline{R}$P ﹡ A$\overline{R}$P$\overline{I}$A 推论出来。

5.由于后者对所有关系都是真的,因而前者必然也是真的;因此所有关系在上述规定的意义上都是内在的。

b.一些外在关系论者似乎犯了以下错误:

1."$\overline{I}$"和"≠"也被混淆。

2.由于"≠"蕴涵"$\overline{I}$",因而有些外在关系论者可能得出"="蕴涵"$\overline{I}$"这样的结论。

3.由于他们认识到 A$\overline{R}$P 和 A 之间的性质相等,因而他们可能认为他们不得不得出 A$\overline{R}$P 和 A 在关系上也是相同的这一结论。

4.由于情况如上,因而得出比较疏忽的结论:外在关系不产生任何影响其词项的差异。

七

从以上所说,我们可以很容易看出,混乱的两种根源是不同的蕴涵和缺少性质差异与关系差异之间清晰的区别。前者已得到某些深入的讨论,但是后者需要比前面段落中给出的更详细一些的考虑。整个问题以我们对性质和关系的观点为转移,而我们现在转而注意的正是这些性质和关系。

布拉德利在他的《现象和实在》第三章中说"没有关系就没有性质",随后又说"没有性质的关系是不存在的"。对我来说,布拉德利似乎总是文学味道多而清晰性少。我不敢说我懂得他的这些话是什么意思。似乎"关系"一词既被用作关系复合句,又被用作纯粹而简单的关系;"性质"一词既被用作实体,又被用作纯粹而简单的性质。也许没有实体就没有关系复合句;也许布拉德利认为,没有性质也就没有关系;也许,由于事实上实体在关系复合句中相互联系,因而性质总是由关系联系起来。从关系复合句对关系和实体的综合依赖性论证关系和实体之间不可能有分析的独立性,大概是很容易的;因为很容易忘记,整体与其部分相联系的方式和部分之间相互联系的方式极为不同。整体为其整体性而依赖于部分,但是部分却不为其部分性而相互依赖。

此外,即使关系和性质相互依赖,也不意味着它们因而就相互同一。无论一方对另一方由于其间存在的关系而多么依赖,丈夫也不是其妻子,结果也不是其原因,儿子也不是其父亲。正是这种同一性构成我们讨论的题目,任何缺少这样同一性的东西都不会对这里提出的论证有任何影响。如果关系和性质相互同一,那么关系相等就会意味着性质相等,关系差异就会意味着性质差异。但是如果它们相互不是如此同一,就不可能有任何这样的推论。

A.首先我们必须承认,性质差异包括关系差异。只要我们体验到性质差异,我们就总能同时体验到某种关系差异。这是显然的,因为性质差异只能在有限的时间内被体验;而在有限的时间,时间关系的变化已经发生。我们可以用文恩(Venn)符号说,$(\neq)(\bar{\mathrm{I}})=0$ 是真的。因此命题"$\neq$"△"I"也是真的。这样就得出我们的 a 关系,即外在关系在它是矛盾的意义上是不可能的吗? 对这个问题的回答取决于当我们承认性质差异蕴涵关系差异时,性质相等是不是蕴涵关系相等。如果性质相等蕴涵关系相等,那么,作为我们 a 关系复合句中一种要素的 $\overline{\mathrm{A}}\mathrm{RP}=\mathrm{A}$,就会蕴涵 $\overline{\mathrm{A}}\mathrm{R}\overline{\mathrm{P}}\overline{\mathrm{I}}\mathrm{A}$。但是 a 关系复合句也包括 $\overline{\mathrm{A}}\mathrm{R}\overline{\mathrm{P}}\mathrm{I}\mathrm{A}$;因此 a 关系会是矛盾的,因而是不可能的。这样,问题就在于"$\neq$"△"I"是不是蕴涵"="△"I"。

B.为了解决这个问题,我们(为简便起见)可以使用下述八个采用文恩符号的命题:

$$\mathrm{A},(\bar{\mathrm{I}})\overline{(\neq)}=0 \qquad \mathrm{A'}(\neq)\overline{(\bar{\mathrm{I}})}=0$$

$$\mathrm{E},(\bar{\mathrm{I}})(\neq)=0 \qquad \mathrm{E'}(\neq)(\bar{\mathrm{I}})=0$$

$$\bar{\mathrm{I}},(\bar{\mathrm{I}})(\neq)>0 \qquad \mathrm{I'}(\neq)(\bar{\mathrm{I}})>0$$

$$\mathrm{O},(\bar{\mathrm{I}})\overline{(\neq)}>0 \qquad \mathrm{O'}(\neq)\overline{(\bar{\mathrm{I}})}>0$$

a.A 和 A'都是真命题,这是可能的。如果这样,性质差异和关系差异就是同一的。不仅"$\neq$"蕴涵"$\bar{\mathrm{I}}$",而且"$\bar{\mathrm{I}}$"也蕴涵"$\neq$";不仅"="蕴涵"$\bar{\mathrm{I}}$",而且"I"也蕴涵"="。在这样规定的意义上,外在关系将是不可能的。

b.E 和 E'都是真的,这也是可能的。如果这样,就没有关系差异和性质差异之间的蕴涵,并且我们对外在关系和内在关系的定义是有效的。

C.很可能性质差异和关系差异既非相互同一,也非不相互蕴涵。如果这样,就可能有下述可能性:

a.所有关系差异都是性质差异。这样,下面的命题就会

354

是真的:1.($\overline{I}$)($\overline{\neq}$) = 0,2.($\neq$)($\overline{I}$)>0,3.($\neq$)($\overline{I}$)>0。由于 ($\overline{I}$)$\overline{(\neq)}$= 0 是真的,就得出"'$\overline{I}$'蕴涵'$\neq$'"也是真的。由于"'$\overline{I}$'蕴涵'$\neq$'"是真的,就可能出现这样的情况:满足了某些条件,我们就能从 $\overline{ARP}\overline{I}A$ 推出 $\overline{ARP}\neq A$,而且我们关于外在关系的观点是不可能的,因为它肯定前者,而否定后者。

b①.关系差异和性质差异是部分重合的,即一方的某部分与另一方的某一部分相交,但双方不是完全相交。在这种情况下,四种特称命题都是真的,而且我们对内在关系和外在关系的定义依然不受任何这些命题的影响。

c.所有性质差异都是关系差异。如果这样,下面的命题就会是真的:1.($\neq$)$\overline{(\overline{I})}$ = 0,2.($\overline{I}$)$\overline{(\neq)}$= 0,3.($\overline{I}$)$\overline{(\neq)}$>0。从($\neq$)$\overline{(\overline{I})}$= 0 我们可以推出"$\neq$"蕴涵"$\overline{I}$",但是从($\overline{I}$)$\overline{(\neq)}$>0 我们不能推出"$\overline{I}$"蕴涵"$\neq$"。如果"$\overline{I}$"蕴涵"$\neq$"是假的,那么 $\overline{ARP}\overline{I}A$ 就不蕴涵 $\overline{ARP}\neq A$,而且我们关于外在关系的观点就没有矛盾。同时,尽管"I"蕴涵"="是真的,但是"="蕴涵"I"却是假的,因此 $\overline{ARP}=A$ 不蕴涵 $\overline{ARP}\overline{I}A$,因此某些极端的外在关系论者的论点,即外在关系对其词项没有任何影响,是不能接受的。

D.所有关系差异或者是或者总是包含着性质差异,这个命题对于我们关于外在关系的观点是至关重要的。我们看到,所有性质差异在经验上都包含关系差异。因此,如果我们接受上面的断定,则我们要么认为性质与关系是同一的,要么

---

① 原文将"b"遗漏了。——译者注

断定它们总是相互包含。现在我们面临着作为内在关系论者的主张的基础的基本论点。实际上,命题$(\bar{I})(\neq)=0$与所有关系都是内在的这一主张是重言的。这样我们就有理由接受这个命题吗?

a.我们可以试图从经验证据来回答这个问题。性质相等或性质差异是一个经验问题。如果我们拒绝承认这一点,我们就可能发现科学和科学过程将面临困难。在经验中,性质差异确实包含关系差异,但是在经验中,后者不包含前者。经验可以证明的是命题$(\neq)(\bar{I})=0$,它不能证明命题$(\bar{I})$ $(\neq)=0$,如果认为经验太原始,那么我们可以扩展这个词,使之包括科学实验,而情况与以前依然一样。如果坚决认为科学实验本身在其不能揭示极其微小的差异这种意义上仍是原始的,那么可以回答说,这种建议是有效的,仅当性质相等或差异是为了逻辑构造的目的而从所有其经验关系中抽象出来的;但是如果它不是这样抽象出来的,就是说,如果性质相等或差异应该被看作任何可由经验肯定或否定的东西,那么命题$(\bar{I})(\overline{\neq})=0$绝不能要求任何经验证据。

至此我们一直在说,上述命题不能被经验证明。它能被经验反驳吗?回答这个问题,取决于关系差异是不是限于那些经验的关系差异。就我们目前的文明阶段来说,甚至我们经验的关系差异也不伴之以性质差异。因此相对我们目前的经验范围而言,命题$(\bar{I})(\overline{\neq})=0$可以被经验地反驳。但是正如我们已经指出的那样,我们现在对性质相等的判断,就比作为这些判断的基础的实验更为细致的实验而言,是暂时的。因此可以有一条划分相对粗糙和相对细致的实验的分界线,使得我们对性质相等的判断就前者来说是终极的,就后者来说是暂时的。有一天我们可能醒悟过来,发现我们的文明如此先进或实验调整得如此细致可靠,以致对每个经验的关系差异都可以体验到某种性质差异。这样,如果我们把自己限于经验的关系差异,那么我们对命题$(\overline{I})(\overline{\neq})=0$的反驳就绝不能是终极的。但是有幸或不幸的关系差异从不是这样有限制的。它们有些确实是经验的,另一些仅仅是推论的,而且就某些超出有限经验范围的关系差异来说,这样的关系差异绝不能被体验到。同时,性质差异若不是经验的,就不能存在。由于经验是一系列有穷事件,因而实验无论多么先进,必定依然是有穷的操作,不仅我们不能证明命题$(\overline{I})(\overline{\neq})=0$,而且我们最终还能从我们有穷的经验的观点来反驳它。

b.我们已经看到,就我们的经验范围而言,没有理由接受所有关系差异包含性质差异这个命题。而且不仅如此,还有理由拒斥这个命题。但是经验理由不必总是应用于逻辑构造的领域。经验拒斥的东西未必不可以作为一条基本假设而进入一个理论或系统,而且只要它起到引用它所欲达到的作用,那么可以认为事实与它毫不相关。我们希望指出,即使在这一逻辑构造领域,我们也没有理由接受命题$(\overline{I})(\overline{\neq})=0$。

1.首先,我们没有理由拒斥命题$(\neq)(\overline{I})=0$;因此,如果我们接受$(\overline{I})(\overline{\neq})=0$,那么我们或者把性质与关系同一,或者断定他们相互包含,以致一方没有另一方就不存在。

2.如果性质和关系相互同一,那么由于本文第二节阐述的缘由,我们就不能知道任何东西。自然界确实总是一个已发生的事情,但它总是这样一种事情,以致没有人会悄悄看上它一眼。因此实用地说,为了方便起见,不应该接受命题($\overline{\text{I}}$)$\overline{(\neq)} = 0$。

3.那些接受命题($\overline{\text{I}}$)$\overline{(\neq)} = 0$ 的人,几乎不能说任何有利于它的东西,除非类型论接受支持它脱离关系和性质论域的论证。这样一种辩护是可能的还是不可能的,对此我还没有想好确切的回答。如果内在关系论者考虑它,从而求助类型论,那么他们的论证可能是一致的,但他们说的绝不能是真的。另一方面,如果他们不考虑这种辩护,那么他们根本不能进行论证,因为它们的论证本身是在关系和性质论域之中,因而与引起这些论证的那个命题是矛盾的。

在逻辑上和实用上,我们看不出有任何理由接受命题($\overline{\text{I}}$)$\overline{(\neq)} = 0$。由于这个命题被拒斥,因而我们就没有"I"蕴涵"$\neq$"或"$=$"蕴涵"I"的可能性,因而我们关于内在关系和外在关系的定义可以确立。为了提醒读者,我们重复前面给出的公式:

a.$A\overline{R}B * A\overline{R}P * A\overline{R}P\overline{\text{I}}A, A\overline{R}P \therefore A\overline{R}P = A, A\overline{R}P \triangle A\overline{R}P \neq X$。

b.$A\overline{R}B * A\overline{R}P * A\overline{R}P\overline{\text{I}}A, A\overline{R}P \triangle A\overline{R}P \neq A, A\overline{R}P \triangle A\overline{R}P \neq X$。

八

现在我们要回到认识问题上来。上述讨论可能使这个问题变得较为容易。认识是一个带有词项的关系复合句,而这些词项本身是关系复合句,因而认识包括许多关系。认识论将不得不决定应该如何解释这些实体和关系;但是为了我们眼前的目的,我们要把认识者和被认识者看作由一种特殊关系,即认识关系结合起来的整体。这种特殊关系是一种什么关系,对此人们已提出各种各样的理论,而且有些理论得出以下结论:这是一种上述规定意义上的内在关系。

A.那么认识关系是内在的还是外在的呢？如果它在 a 关系的意义上是内在的,那么第二节提出的所有论证就描述了类乎我们的大脑制造的认识。不幸的是我们不能经验地证明我们的认识关系是一种什么关系;我们不能证明它要么是内在的,要么是外在的。我们至多只能把它解释为是内在的或外在的,或者是与二者完全不同的东西。本文达到的结论是,它必须被解释为外在的。

a.但是,如果所有关系都是内在的,那么认识关系必须也是内在的,因为不可能有其他选择。

b.本文研究的目的是反驳所有关系都是内在的(在 b 关系的意义上)这个命题,并且同时建立有些关系是外在的这个命题。如果我们的这种努力是成功的,我们至少有两种选择来解释认识关系。

c.我们必须强调,如果我们把认识关系解释为内在的或外在的,我们就不能证明或反驳它要么是内在的,要么是外在的。

B.我们为什么把认识关系解释为外在的？

a.如果把它看作内在的,我们就无法对付第二节中的反对意见。

b.如果把它看作外在的,人们就不能用这些反对意见来反驳我们。

c.我们不能证明认识关系是外在的,这仅仅因为我们从不能对任何作为认识关系者的实体与那作为外在对象的实体进行比较。

C.我们在外在关系中所要使用的就是 $A\bar{R}P = A$。如果 A 代表任何外在对象,R 代表认识能力,那么 $A\bar{R}A$ 就代表认识关系复合句并且 $A\bar{R}P$ 代表一个认识关系者。如果外在对象除巧是我桌子上的这本书,那么处于认识之中的这本书与脱离认识的这本书在关系上是不同的,但是这并不阻碍我们推论,这本作为一个外在对象并作为一个认识关系者的书,在性质上是相同的。总之,这本书可以被看作是一个外在对象。

归纳原则与先验性[*]

在讨论原因与结果时，休谟提出了我们对将来类似于过去有无保证的问题。也许是感觉这样做没什么意义，他随即又将此问题弃置一旁了。这个问题看起来是不可解决的。我觉得罗素先生在某个地方曾指出，归纳原则不能归纳地得出，因为任何打算通过归纳得到这个原则显然就已经假设了这个原则。对将来类似于过去的问题据信也是一样：倘若假定了这种类似，那么我们可以证明这种类似，不假设这种类似则不能证明这种类似，再多的证明也都不能给我们以任何保证。在以下的论述中，我要说明，上述这个想象中的问题其实并不成其为问题，我们乃是具有保证的；这个保证虽然不是一个重言式，其本质却是先验性的。

在论述中，我将采用罗素先生所表述的归纳原则："如果一类事物在大量的事例中以某种方式与第一类事物相联系，那么，第一类事物有可能始终以类似的方式与第二类事物相联系，并且，随着事例的增多，这种可能性几乎会趋近于确定

---

* 本文英文稿载于 *The Journal of Philosophy* 第 37 卷第 7 期，1940 年。邓生庆译。——编者注

性。"由于手头一本书都没有,①我不敢担保上述引文的正确性,也不拟评述这是否是对这条重要原则的适当表述。

同时,我也不打算涉及概率问题,尽管这个问题很重要;我准备专注于归纳原则本身以及休谟的将来是否类似于过去的问题。我们可能会说,倘若将来不类似于过去,那么,关于某种联系的事例不论有多少,都不会有它超出这些已有事例而发生的概率。这种概率并不直接涉及某种联系的普遍性,而是在有历经时空而存在的普遍联系的假设下,与已有事例所提供的普遍命题的代表性相关。在本文看来,较之于将来是否类似于过去的问题,概率问题无论如何都是较为次要的。

以"a"、"b"表示事物或特指的东西,"A"、"B"表示事物类,"——"表示经验到的联系,上述原则可表示为

如果 at_1——bt_1

            at_2——bt_2

            ⋮   ⋮

            at_n bt_n

那么   A——B

那些 a、b 作为特定的对象或事件,乃是在或发生在特定的空间和时间中的。本文不考虑空间问题。对于时间,用对 a、b 附以 t_1、t_2、t_3、…t_n 来表示。以 A、B 作为事物类,A——B 便是作为归纳目标的概括命题了。

---

①   金岳霖教授所在的大学已内迁到离北京 3000 英里的西南地区,在没有足够的图书资料的情况下开办。——*The Journal of Philosophy* 编者注

at_{n+1}是否以类似的方式与 bt_{n+1} 相联系,这种可能性据信是对将来是否类似于过去问题的决定性检验。容易想见,倘若 at_{n+1} 不以类似的方式与 bt_{n+1} 相联系,那么 A——B 不成立,将来于是不与过去相类似。不错,在这样的情况下,A——B 是不成立了,但绝不能由此而得出将来不类似于过去。尽管当一概括命题成立时,归纳原则获得了成功,当一概括命题不成立时,它却并没有不成功。将来是否类似于过去的问题,总是可分解为现在或过去与它本身一致或不一致的问题。我想通过下文的讨论来说明这一点。

首先,既然 A——B 是普遍命题,那么显然不能以某种方式把它当作特殊的。然而,我们易于采取下述方式来考虑问题:倘若如此,A——B 就被看成在 t_n 对迄至 t_n 的事例所做的总结了。

$$at_1 ——— bt_1$$
$$at_2 ——— bt_2$$
$$\vdots \qquad \vdots$$
$$at_n ——— bt_n$$

———————————

$$A ——— B$$

———————————

$$at_{n+1} ——— bt_{n+1}$$

虽然它本身并非一个事例,但却成了一个特殊的命题,被视为对 t_1 至 t_n 的那些 a、b 为真。这个命题如果为真,那么它往后始终为真,不论 at_{n+1} 与 bt_{n+1} 以何种方式相联系。不论将来怎样,甚至即令我们假定将来与过去完全不同,A——B 也不会无效。照这样的想象,将来与过去一致或不一致,纯粹就是 t_n 后的任一事例与 t_n 及 t_n 前的事例一致或不一致。倘若一致,那当然好;倘若不一致,我们甚至可能不得不说历史反正不会重演。

那种不只是历史问题的一致或不一致乃是这样的一致或不一致,其中,at_{n+1} 与 bt_{n+1} 不仅仅与过去的事例一致或不一致,而且也要证明 A——B 或使它无效。然而,仅当 A——B 不只是在 t_n 对从 t_1 到 t_n 的事例的总结,同时也是对包括 at_{n+1} 及 bt_{n+1} 在内的所有事例的概括,即当 A——B 是普遍命题时,at_{n+1} 与 bt_{n+1} 才能影响到 A——B。当 A——B 如此理解时,我们得按下述方式来考虑问题:

$$
\begin{array}{llll}
\text{或者} & at_1 \text{——} bt_1 & \qquad \text{或者} & at_1 \text{——} bt_1 \\
& at_2 \text{——} bt_2 & & at_2 \text{——} bt_2 \\
& \quad\vdots \qquad \vdots & & \quad\vdots \qquad \vdots \\
& at_n \text{——} bt_n & & at_n \text{——} bt_n \\
& at_{n+1} \text{——} bt_{n+1} & & at_{n+1} \text{——} bt_{n+1} \\
& \overline{\qquad\qquad} & & \overline{\qquad\qquad} \\
& \text{A——B} & & \text{A——B}
\end{array}
$$

这依赖于新事例是正例还是反例。新事例若与先前事例一致,则增加了概括命题的力量,若不一致,则使概括命题无效。然而,这是否意味着将来与过去一致或不一致呢? 由上表或许能明白,回答应当是否定的。不过,我们暂且不对此做任何结论,因为我们只讨论了 A——B 的普遍性,尚未涉及时间以及事例的枚举与概括命题之间的关系问题。归纳原则是以如果—则关系来表述的。且以任一"如果 p,则 q"为例。倘若 p

与 q 代表重言式,或自然律,或经验的概括命题,那么,无论是
如果—则关系的有效性或对此关系的断定都没有时间性的问
题,尽管时间自然可能会作为一个要素进入 p 或 q。倘若 p
与 q 都代表特殊的命题,时间问题可能会相当复杂,不过至少
在这里我们不考虑它。然而,倘若 p 有时间性,而 q 是无时间
限制的,"如果 p,则 q"的有效性就可以是也可以不是无时间
限制的,对它的断定把时间作为一个起作用的因素包括在内。
照罗素先生的表述,归纳原则的前件是对所有的事例的总结,
而它的后件则包括了概括命题。不论此原则是否始终有效
(我们在后文再考虑此问题),联系到任一特定的归纳来断定
这原则必须包括迄至作出断定的时刻以及在作出断定的时刻
所收集到的所有已知或经验到的事例。这就是说,在 a 和 b
作为 A——B 的事例的情况下断定这条原则,必须把相对于
作出断定时刻的最后事例包括在内。这样,在 t_n 时,我们有

如果　　at_1——bt_1

　　　　at_2——bt_2

　　　　$\vdots$　　$\vdots$

　　　　at_n——bt_n

────────────

则　　　A——B

而在 at_{n+1},我们有

如果　　at_1——bt_1

　　　　at_2——bt_2

　　　　$\vdots$　　$\vdots$

　　　　at_n——bt_n

$$at_{n+1} \text{——} bt_{n+1}$$

———————

则　　　　$A \text{——} B$

由此容易想到,在表示对迄今为止的综合的横线下再没有获得 a 和 b 的新事例。在 t_n 时,将来任一可能的 at_{n+1} 与 bt_{n+1} 确实都可能会或可能不会与先前的事例一致。尽管如此,在任何时候,将来都不会与过去一致或不一致。我们必须将现在与 t_n 区别开来,同时将将来与 t_{n+1} 区别开来。现在与将来都是变元,而 t_n 与 t_{n+1} 则是变元的特定值。现在永远不会中止不动,而 t_n 则是永远不变的。注意到这个区别,便不难看出,当 at_{n+1} 和 bt_{n+1} 与先前事例一致时,现在已从 t_n 进到了 t_{n+1},换句话说,已不再是将来的事例了,不再是将来与过去相一致,而是 at_{n+1} 和 bt_{n+1} 与先前事例相一致。

在有了像 $at_{n+1} \text{——} bt_{n+1}$ 这样的事例时,概括命题 $A \text{——} B$ 至少得到了又一个事例所增添力量的加强,但这并不意味着归纳原则也得到了加强。假如说此原则可为一正例所加强,那么它就该为反例所削弱。但事情并非如此。假设我们面临着一个反例,那么我们当有下面的情况:

因为　　　$at_1 \text{——} bt_1$

$at_2 \text{——} bt_2$

$\vdots \qquad \vdots$

$at_n \text{——} bt_n$

$at_{n+1} \text{——} bt_{n+1}$

———————

$\therefore$　　　$A \qquad B$

这是一个以上述事例的枚举为前件，以上述概括命题为后件的蕴涵式的例子。

在一反例的面前，概括命题 A——B 确实不成立了。但此时不难看出，所收集到的材料不满足归纳原则对作出一个肯定的概括所要求的条件，因此，归纳原则并未受到影响。这里，仍然不是将来与过去不一致，而是 at_{n+1} 及 bt_{n+1} 与先前事例不一致。事实上，不仅归纳原则未受影响，并且，根据这条原则及别的原则，我们还能由上述的材料得出与 A——B 的否定不同的别的某种概括命题。

现在大概清楚了，一概括命题是成功还是不成功，并不隐含着归纳原则相应的成功或不成功；一事例与先前事例一致或不一致，也并不隐含着将来与过去相应的一致或不一致。那么，归纳原则依赖于什么样的证据呢？有什么保证这条原则的有效陛呢？我们将会看到，将来与过去相类似的问题与归纳原则的有效性乃是同一个问题。为处理此问题，我们须回到与时间相关联的"如果，则"关系上来。时间是推移、流动着的，至于归纳原则中的"如果，则"关系，我们说，它乃是一个横断面。不管时间会如何流动，这种关系可以径直地穿过它。不过，在一特定的归纳中，当"如果，则"关系穿过时间时，前件的内容以及后件的真值可能会发生改变。令 p 表示任一特定的前件，q 表示后件。随时间向前推移，p 的内容改变了，同时，q 的真值也可能改变。上文所举正例与反例的例子已经显示了这一点：两个事例都改变了 p 的内容正例不改变 q 的真值，而反例则改变了 q 的真值。

由此可见，相对于任一特定的归纳来说，时间所提供的事例仅仅改变前件的内容且可能会改变后件的真值,而与此同时,归纳原则的真值并不受影响。它之所以不受影响,部分是由于任一特定的归纳只不过是归纳原则的一个真值(这意味着可以代入不同的真值而归纳原则的形式保持不变);部分还由于后件可以相应于前件而自动地调整,以使得它们之间的"如果,则"关系始终具有相同的真值。不过,具有恒定的真值与永远有效并不是一回事。假命题同样具有恒定的真值。我们还得进一步分析,以证明归纳原则始终是有效的。

且考虑概括命题 A——B,它具有如下形式:

(1)$(a,b)\varphi(a,b)$

由于不考虑空间问题,(1)按照定义等值于

(2)$\varphi(at_1,bt_1) \cdot \varphi(at_2,bt_2) \cdots \varphi(at_n,bt_n) \cdots \varphi(nt_\infty,bt_\infty)$ 归纳原则的前件是在任一时刻 t_n 对事例的一个综合,它只不过是

(3)$\varphi(at_1,bt_1) \cdot \varphi(at_2,bt_2) \cdots \varphi(at_n,bt_n)$

显然它不是完全的,永远也不等值于(2)。然而,(3)虽然不等值于(2),(1)也永远不为假。不论增添多少正例,(3)将保持相同的形式。这就是说"如果(3)为真,则(1)为真"总是可以断定的。不过,时间也可能提供出一个反例,反例的出现会把(3)改变为

(4)$\varphi(at_1,bt_1) \cdot \varphi(at_2,bt_2) \cdots \varphi(at_n,bt_n) \cdot \sim \varphi(at_{n+1},bt_{n+1})$ (4)等值于

(5)$\sim(a,b)\varphi(a,b)$

于是,"如果(4)为真,则(5)为真"始终成立;这就是所谓反例有决定性的涵义所在。(4)与(5)之间的蕴涵既是演绎的

又是归纳的。它是演绎的,因为纯逻辑保证了它的有效性;它是归纳的,因为(5)这个后件作为一个概括命题是从一个实际的事例的出现而得来的。在 t_n 时,我们确实并不知道在 t_{n+1} 的一个可能的事例究竟是正例还是反例,但我们知道它或者是正例或者是反例。并且知道,无论它事实上是正例,或事实上是反例,它总要进入前件,而后件也或者是肯定或者是否定的。不论在哪种情况下,都有(3)蕴涵(1)或(4)蕴涵(5),并且不论是哪一种情形,归纳原则都是成立的。

由此可见,归纳原则不会无效,而且,倘若说有将来的话,将来也不会推翻过去。过去与现在被分离开来,被合为一体,被编上目录。就像图书馆的书一样,可用这种或那种方式来加以标记。它们不过是许许多多零散经验的集合名称;借助于用以对付已有东西的大量概念,我们有时精确地、有时任意地对这些经验加以命名。当将来进入现在之时,它便丧失了模糊性。如果它并不属于所期望的范围,我们也许会失望。但是我们很快会发现它与别的什么相一致,或者,倘若它不与别的什么东西相一致,它只不过就以一个新的范畴来丰富了过去与现在。它所不做的一件事就是推翻过去。它不这样,因为当我们对它能确定地说些什么时,它就不再是模糊不清的,而变成了已被分离、被编目的过去与现在了。这里所采取的论证方式类似于 C.I.路易斯所持的见解。我们的概念是约定俗成的,并非在确定将来会是什么样的意义上而是在如何接收它的意义上约定俗成的。不管将来会怎么样,我们有这种或那种方式来接收它的保证。以我们在 t_{n+1} 对任一可能事例以 a、b 的态度为例来说。首先,我们说它或者是正例或者是反例。有人也许会认为这什么也没说。但是,他同时又应该承认,我们在概念上,虽然可能不是在心理上,是准备接收任何东西的。假设过去建立起来的一个概括命题被推翻了。我们只说,这个概括命题从来就不真。所提过的概括命题固然已失去,过去却并未受到破坏。对新事例的进一步考察,或者使我们受困惑,或者不这样。如果是这样,那么,它是在向我们提供新概念的过程中使我们受困惑;如果不是这样,那就等于是说我们备有的概念工具足以用来对付它。

归纳原则是先验的,它在任何时候都有效。这里的先验性概念并不具有任何使经验借助于它而成为可能的超验形式。它所具有的乃是对任何经验都有效的形式。它的来源并不涉及一个超验的心灵。并且,我们对它的意识也不先于任何经验。由以上的论述可见,归纳原则作为对任何经验都为真的原则,乃是一条先验的原则。罗素先生在某个地方说,这条原则是先验的,因为它不是通过并且不可能通过归纳得到,这仅仅是指出了,任一归纳都假设了这条原则。通过归纳得出这条原则就是要假设这条原则以便得出这条原则;他并未证明,这条原则在我们所认可的意义上是先验的。为能证明这条原则是先验的,我们得证明,它在任何时刻都有效,或者,相对于将来而言,将来并不能起推翻它的作用。我希望这一点在上文已得到了说明。

现在,让我们假设时间停顿了,而某个游离于肉体之外的理智仍在思维着。这也许难以思议,但显然又是可以想象的。我们所理解的经验停止了,但某个模糊的事物状态还继续存在。重言式仍然是有效的。它们并未把任何可能性断定为事实,只是断定所有的可能性是可能性;而任何可以想象的事物状态都在可能性的范围之内。实际上,说某个事物状态可想象就是意味着重言式对它成立。因为倘若有某个重言式对其不成立的东西,那么它自动地就不可想象了。我不打算讨论只有一个逻辑还是有多个逻辑的问题。我本人相信只有一个逻辑。且假设有多个逻辑。显然,我们不能同时使用它们;而如果我们采用其中的某一个,那么这一个就成为可想象性的范围和工具了。可见,不管是哪一种情形,我们都可以想象一个没有时间的模糊不清的事物状态,用以取代我们现在的世界。随时间的停顿,运动没有了,生命没有了,可能空间也没有了;此与彼的界限也没有了;特定的东西、个体没有了;先前所有的区别都模糊了;宇宙变成了空的可能性。在这样的事物状态下,归纳原则是否成立呢?

首先,考虑显然的东西,这条原则会毫无用处了。脱离肉体的理智会看出,它的用处依赖于将已有东西的时间分离进一些范畴,倘若时间停顿了,就再没有分离发生,从而,就没有那些 a、b 了。A——B 曾用来表示形如(2)的普遍命题,现在,再不能如此看待了;随时间的停顿,它也不再是自然律,最多只不过变成了对形如"古希腊人是体魄健壮的人"这样的历史事实的一个简略总结。对于一个作为历史学家的脱离肉体的理智来说,这也许很有意义;但若他是一个哲学家或科学家,就不这样了。归纳原则看来是毫无用处了。但承认它在这样一种事物状态下无用远非说它无效。在这种情况下,重言式同样也是无用的,但它绝非无效。如果要说归纳原则不再有效,那就还得给出别的理由。

重言式无论如何都是有效的。这部分是由于它什么也没说,它并未断定模糊不清的事物状态的存在,也没有描述这种状态是什么样;它对于这种状态有效,就像对我们现在的世界有效一样,什么承诺也没做。归纳原则不是重言式,它是说了什么的。它虽然不同于可能涉及某一特殊领域内所考察对象的任一特殊的归纳,它却是假设了特定的事例存在,假设了普遍的联系存在,假设了特称命题为全称命题所包含;它假设它所处理的全称命题不是空的可能性,而是在有顺序的事例中得以实现;这就假设了一个被分离为时间空间支架的世界。因此,所想的无时间的模糊不清的事物状态就完全否定了它的断定。因为总结事例的前件还是真的,而由于时间停顿,意想中的自然律不再存在,它的后件却是假的了。

现在需要来弄清楚为什么排除了时间便没有自然律。真正的自然律应当具有分离的物理意义。在没有时间的模糊不清的事物状态中,普遍性的关系可能兼而具有数学与形而上学的意义,但却不具有分离的物理意义。它们具有数学意义,因为其中所包括的所有概念都可以编排进一个演绎系统,在此演绎系统中,这些关系都是定理。它们可能会具有形而上学的意义,是说上述的事物状态可以视为一个整体,在其中,所有的属性都以一种布拉德利的方式而一致起来了。然而,它们不具有分离的物理意义。因为模糊不清的世界没有给我们供观察的事例或供实验的事例,而真正的自然律的物理意义必须依赖这样的事例。

但是,不论我们的假设如何能想象,对它的实现我们却提不出肯定的根据,提不出除纯逻辑以外的别的根据。时间是不会被废除的,它乃是纯逻辑所不提供,但世界却由之而造成的已有之物、难对付的东西、具体事物以及事实基础的核心。将来永远都存在。只要有变动着的将来,也就永远有变动着的现在与过去。过去不可能被推翻,因为不论什么东西出现,都将被以这种或那种方式所接收。对已有事物的概念上的接收,乃是一个认识经验;而归纳原则乃是一条接收原则。只要时间向我们提供被接收的东西,归纳原则就将有效。它是一条先验性的原则,不过是一种与重言式不同的先验性原则。

中 国 哲 学[*]

一

在三大哲学思想主流中,人们曾经认为印度哲学是"来世"的,希腊哲学是"出世"的,而中国哲学则是"入世"的。哲学从来没有干脆入世的;说它入世,不过是意图以漫画的笔法突出它的某些特点而已。在懂点中国哲学的人看来,"入世"的说法仅仅是强调中国哲学与印度、希腊的各派思想相比有某些特点;但是对于那些不懂中国哲学的人,这个词却容易引起很大的误解。它的本意大概是说,中国哲学是紧扣主题的核心的,从来不被一些思维的手段推上系统思辨的炫目云霄,或者推入精心雕琢的迷宫深处。正像工业文明以机器为动力一样,哲学是由理智推动的,这理智不管是否把我们赶进死胡同,总可以把我们引得远离阳关大道、一马平川。而在理智方面,中国哲学向来是通达的。

人们习惯于认为中国哲学包括儒、释、道三家。这三家在

---

    * 本文 1943 年写于昆明,曾油印少量分送。首次公开发表于 *Social Sciences in China* 第 1 卷第 1 期,1980 年。钱耕森译,王太庆校。——编者注

单提的时候又往往被说成宗教。在早期,儒家和道家本是地道的哲学,即先秦百家争鸣的两家,那个时期的学派纷纭是中国历史上无与伦比的。由于词语未尽恰当,我们不打算对此进行任何描述。把一些熟知的哲学用语加之于西方哲学足以引起误会,用于中国哲学则更加不妙。例如有人可以说先秦有逻辑家,这样说就会引得读者以为那时有一些人在盘算三段推论,研究思维律,甚至进行换质换位了。最近有一篇文章把阴阳家说成科学的先驱,这也不是全无道理,于是这样一来阴阳家就成了某种严格说来从未实现的事业的先驱;读者如果根据描述把阴阳家想象成古代的开普勒或伽利略,那是接受了一批思想家的歪曲观点。

儒家和道家是中国固有的,是地道的国货。释家则是从印度传入的,不知能不能算中国哲学。传入外国哲学与进口外国商品不完全一样。例如在上个世纪,英国人曾经惊呼德国唯心论侵入英国,他们说"莱茵河流进了泰晤士河"。但是英国人尽管惶恐,他们的泰晤士河并没有就此变成一条莱茵河;英国的黑格尔主义虽然承认来自外国,是外国引起的,却分明是英国哲学,尽管它的英国色彩不像洛克哲学和休谟哲学那样鲜明。释家在中国,无论如何在早期是受到中国思想影响的,实际上有一段时间披上了道家的法衣,道家可以说成了传播佛法的主要代理人。但是释家有一种倔强性格抵制了道家的操纵,因此它虽然在某种程度上变成了中国哲学,在基本特色方面却不是与固有中国哲学没有区别的。

下面几节要挑出几个特点来讨论。我们尽可能不用固有名词,不用专门术语,不谈细节。

二

中国哲学的特点之一,是那种可以称为逻辑和认识论的意识不发达。这个说法的确很常见,常见到被认为是指中国哲学不合逻辑,中国哲学不以认识为基础。显然中国哲学不是这样。我们并不需要意识到生物学才具有生物性,意识到物理学才具有物理性。中国哲学家没有发达的逻辑意识,也能轻易自如地安排得合乎逻辑;他们的哲学虽然缺少发达的逻辑意识,也能建立在已往取得的认识上。意识到逻辑和认识论,就是意识到思维的手段。中国哲学家没有一种发达的认识论意识和逻辑意识,所以在表达思想时显得芜杂不连贯,这种情况会使习惯于系统思维的人得到一种哲学上料想不到的不确定感,也可能给研究中国思想的人泼上一瓢冷水。

这种意识并不是没有。受到某种有关的刺激,就不可避免地要发生这种意识,提出一些说法很容易被没有耐性的思想家斥为诡辩。这类所谓诡辩背后的实质,其实不过是一种思想大转变,从最终实在的问题转变到语言、思想、观念的问题,大概是领悟到了不碰后者就无法解决前者。这样一种大转变发生在先秦,那时有一批思想家开始主张分别共相与殊相,认为名言有相对性,把坚与白分离开,提出有限者无限可分和飞矢不动的学说;这些思辨显然与那个动乱时代的种种问题有比较直接的关系。研究哲学的人当然会想到希腊哲学中的类似情况。从这类来自理性本身的类似学说中,可见他们已经获得了西方哲学中那种理智的精细;凭着这些学说,哲学在某种意义上变成了锻炼精神的活动。然而这种趋向在中国是短命的;一开始虽然美妙,毕竟过早地夭折了。逻辑、认识论的意识仍然不发达,几乎一直到现在。

其所以如此,可以举出一大堆原因;但是不管出于什么原因,哲学和科学受到的影响确实是深远的。科学在西方与希腊思想有紧密联系。虽然不能把前者看成后者的直接产物,却可以说前者的发达有一部分要归功于希腊思想中的某些倾向。实验技术是欧洲文化史上比较晚起的,尽管对科学极为重要,却不是产生科学的唯一必要条件。同样需要的是某些思维工具;人们实际提供的这类工具,很可以称为思维的数学模式。微积分的出现是对科学的一大促进,这表明处理数据的手段与通过观察实验收集数据同等重要。欧洲人长期用惯的那些思维模式是希腊人的。希腊文化是十足的理智文化;这种文化的理智特色表现为发展各种观念,把这些观念冷漠无情地搬到种种崇高伟大的事情上去,或者搬到荒诞不经的事情上去。归谬法本身就是一种理智手段。这条原理推动了逻辑的早期发展,一方面给早期的科学提供了工具,另一方面使希腊哲学得到了那种使后世思想家羡慕不已的惊人明确。如果说这种逻辑、认识论意识的发达是科学在欧洲出现的一部分原因,那么这种意识不发达也就该是科学在中国不出现的一部分原因。

中国哲学受到的这种影响同样是深远的。中国哲学没有打扮出理智的款式,也没有受到这种款式的累赘和闷气。这并不是说中国哲学土气。比庄子哲学更土气的哲学是几乎没有的。然而墨里(John Middleton Murray)曾说过,柏拉图是个好诗人,黑格尔则是个坏诗人。根据这个说法,也许应该把庄子看成大诗人甚于大哲学家。他的哲学用诗意盎然的散文写出,充满赏心悦目的寓言,颂扬一种崇高的人生理想,与任何西方哲学不相上下。其异想天开烘托出豪放,一语道破却不是武断,生机勃勃而又顺理成章,使人读起来既要用感情,又要用理智。可是,在惯用几何模式从事哲学思考的人看来,即便在庄子哲学里,也是既有理智的寒光,而又缺少连贯。这位思想家虽然不能不使用演绎和推理,却无意于把观念编织成严密的模式。所以,他那里并没有训练有素的心灵高度欣赏的那种系统完备性。

然而,安排得系统完备的观念,往往是我们要么加以接受,要么加以抛弃的那一类。作者不免要对这些观念考察一番。我们不能用折中的态度去看待它们,否则就要破坏它们的模式。这里也和别处一样,利和害都不是集中在哪一边。也许像常说的那样,世人永远会划分成柏拉图派和亚里士多德派,而且分法很多。可是撇开其他理由不说,单就亚里士多德条理分明这一点,尽管亚里士多德派不乐意,亚里士多德的寿命也要比柏拉图短得多,因为观念越是分明,就越不能具有暗示性。中国哲学非常简洁,很不分明,观念彼此联结,因此它的暗示性几乎无边无涯。结果是千百年来人们不断地加以注解,加以诠释。很多独创的思想,为了掩饰,披上古代哲学的外衣;这些古代哲学是从来没有被击破,由于外观奇特,也从来没有得到全盘接受的。中国历史上各个时期数不清的新儒家、新道家,不论是不是独创冲动的复萌,却绝不是那独创思想的再版。实际上并不缺乏独创精神,只是从表面看来,缺少一种可以称为思想自由冒险的活动。我们在这里谈的并不是中国哲学长期故步自封的实际原因。早在某些哲学蒙上宗教偏见之前,用现存哲学掩饰独创思想的倾向已经很显著了。不管出于什么现实的原因,这样的中国哲学是特别适宜于独创的思想家加以利用的,因为它可以毫不费力地把独创的思想纳入它的框子。

三

多数熟悉中国哲学的人大概会挑出"天人合一"作为中国哲学最突出的特点。"天"这个词是扑朔迷离的,你越是抓紧它,它越会从指缝里滑掉。这个词在日常生活中用得最多的通常意义,并不适于代表中国的"天"字。如果我们把"天"理解为"自然"和"自然神",有时强调前者,有时强调后者,那就有点抓住这个中国字了。"天人合一"说确是一种无所不包的学说;最高、最广意义的"天人合一",就是主体融入客体,或者客体融入主体,坚持根本同一,泯除一切显著差别,从而达到个人与宇宙不二的状态。恰当地表达这个观念需要用一整套专门术语,本文不打算一一介绍。我们仅限于谈谈它的现实影响。如果比较满意地达到了这个理想,那就不会把自己和别人强行分开,也不会给人的事情和天的事情划下鸿沟。中国哲学和民间思想对待通常意义的天,基本态度与西方迥然不同:天是不能抵制、不能反抗、不能征服的。

西方有一种征服自然的强烈愿望。人们尽管把人性看成"卑鄙、残忍、低贱的",或者把人看成森林中天使般的赤子,却似乎总在对自然作战,主张人有权支配整个自然界。这种态度的结果,一方面是人类中心论,另一方面是自然顺从论。这对科学的影响是巨大的。促进科学的因素之一,是获得征服自然所需要的力量。没有适当的自然知识,就不能征服自然。只有认识自然规律,从而利用自然,人才能使自然顺从。一切工程奇迹,一切医药成就,实际上,全部现代工业文明,包括功罪参半的军事装备,至少在某种意义上都可以看成用自然手段征服自然以达到人类愿望的实例。从自然与人类隔离的观点,产生的结果是清楚的——胜利终归属于人类;但是从人类有自己的自然天性因而也有随之而来的相互调节问题这个观点,产生的结果就不那么清楚——甚至可以变成胜利者也是被征服者。

自然与人分离的看法带来了西方哲学中彰明昭著的人类中心论。说人是万物的尺度,说一物的本质即是其被感知,或者说理解造成自然,人们就以为自然并非一成不变。在哲学语言中,"自然"概念包含一种可以构造的意思,心智是在其中自由驰骋的;在日常生活语言中,人类所享有或者意图享有的自然,是可以操纵的。我们在这里说的并不是唯心论或实在论,那毕竟是意识的构造物。我们是说中国和西方的态度不同,西方认为世界当然一分为二,分成自然和人,中国则力图使人摆脱物性。当然,中国的不同学派以不同的方式解释自然,给予自然不同程度的重要性;同一学派的不同思想家,同一思想家在不同时期,也可以对自然有不同的理解。可是尽管理解不同,都不把人与自然分割开来,对立起来。

到此为止,我们仅仅接触到了人性。西方对自然的片面征服似乎让人性比以往更加专断,带来更大的危险。设法使科学和工业人化,是设法调和人性,使科学和工业的成果不致成为制造残忍、屠杀和毁灭一切的工具。要保存文明,就必须设法控制个人,控制社会,而唤醒人们设法这样做的则是一些思想家。我们应当小心谨慎,不能随便提征服。在一种意义上,而且在一种重要的意义上,人的天性和非人的天性是从来没有被征服过的。自然规律从来没有为了人的利益、顺从人的意志而失效或暂停;我们所做的只是安排一个局面,让某些自然规律对另一些自然规律起抵制作用,俾使人的愿望有时得以实现。如果我们想用堵塞的办法来征服自然,自然就会重重地报复我们;不久就会在这里或那里出现裂缝,然后洪水滔天,山崩地裂。人的本性也是一样。例如原罪说就会造成颓废心理,使人们丧失尊严,或者造成愤怒的爆发,使人们成为破坏分子和反社会分子。

哲学或宗教给人一种内在的约束,法律给人一种外在的约束,这类约束是任何社会都需要的,也都为中国哲学所承认,但是这并非鼓吹取消各种原始本能的作用。这样就产生了一种情况,由于缺乏恰当的词语,可以姑且把它描述为自然的合乎自然,或者满意的心满意足。我们的意思并不是用这样的词语暗示说,残酷、野蛮的事例在中国历史上比任何其他民族少;杀人如麻、嗜血成性、为所欲为的事情在中国历史上跟别处一样俯拾皆是。我们的意思是说,王尔德(Oscar Wilde)看到的那种不合自然,在维多利亚时代合乎自然的生活里是没有的。中国人可以有些话反对不合自然,但是并不吹捧自然的生活,似乎非常满意于自己的心满意足。在现代我们大概惯于认为心满意足就是停滞不前、精神松懈、苟且偷安。这种现代观点本质上是鼓励向自己造反，其副产品是心理受折磨，再也不能保持生活上平安宁静。这个观点是与我们在这里试加描述的观点背道而驰的。中国人满意于自己的心满意足，表现出一种态度，认为对于他自己来说，每一件事都是给定的，因而都是要接受的；借用布拉德利（F. R. Bradley）一句名言来说，就是人人各有其"位分和生活"，其中有他自己的自然尊严。儒家虽然认为人人都可以成为圣贤，但是做不到也并不形成心理负担。既然见到人各有其位分和生活，一个人就不仅对自然安于一，而且对社会安于一了。

四

个人不能离开社会而生活，这是不言而喻的。希腊哲学和中国哲学都体现了这个观点。从苏格拉底到亚里士多德，无不特别强调良好政治生活的重要性。这些学者既是政治思想家，也是哲学家。他们的基本观念看来是认为个人要得到最充分即最"自然"的发展，只能以公道的政治社会为媒介。哲学涉及生活之紧密有如文学，也许比很多其他学科更为紧密。那些生来就研究哲学的人，以及那些由于自由受到政治侵犯或社会侵犯而投身于哲学的人，都不能不把上述真理当作自己的前提之一，或者积极原则之一。人们企图提供现今所谓的人生观，企图理解人生，给人生以意义，过良好的生活，这是研究哲学的动力，比大家重视的纯粹理智更原始的动因。由于人们要过良好的生活，所以生活与政治相联结这条原则把哲学直接引到政治思想,哲学家直接或间接地与政治发生联系,关心政治。

这个传统在西方没有完全贯彻,中断的原因之一将是下节讨论的主题,然而它在中国几乎一直保持到今天。中国哲学毫无例外地同时也就是政治思想。有人会说道家不是这样,可是说这话就像说鼓吹经济放任的人并非鼓吹一种经济政策,并非陈述经济思想。尽管无政府有时是指不要政府而言,无政府主义毕竟还是政治思想。在政治思想方面,可以说道家所鼓吹的同儒家相比是消极的。它认为儒家鼓吹的那类政治准则是人为的,只会制造问题而不解决问题。这种消极学说自有其积极基础。道家的政治思想是平等和自由,甚至可以说都推到了极端。它把一切皆相对的学说搬到政治领域,根本反对硬扣标准,而政治准则就是以某种方式硬扣标准。标准可以有,却不必硬扣标准,因为事物的本性中本来就有不可改变的标准,根本不必硬扣,需要硬扣的标准必定与引起硬扣的情况格格不入。道家的政治思想是政治上自由放任,它的消极意义仅仅在于谴责政治上过分硬扣的做法,并不在于不采纳任何政治目标,道家和儒家一样有自己的政治理想。我们可以把那种理想描述为可以在卢梭的自然状态中达到的自由平等境界,再加上欧洲人那种自然而然的不屈不挠的精神。

与道家相比,儒家在政治思想方面要积极得多。孔子本人就既是哲学家又是政治家。他十分明智地不当独创的思想家,宣称自己只是宪章文武,祖述先王之道。他在有意无意之间,成功地使自己的创造性思想带上了继承传统的客观意义。

他是可以把自己描述成新儒家的,因为他使自己的思想不带个人性质,也就成功地使它成为独一无二的中国思想。在政治上不出现倒退的时候,它大概能够引导中国思想沿着它的轨道前进;在政治上出现倒退的时候,它也很容易把后来的思想捏进它的模式。那模式就是哲学和政治思想交织成一个有机整体,使哲学和伦理不可分,人与他的位分和生活合而为一。"天人合一"也是伦理与政治合一,个人与社会合一。

哲学和政治思想可以有多种多样的联系。人们可建立一个形而上学体系,再从其中推出若干有关政治的原则,也可以投身政治,喜爱一种与他的哲学并无系统联系的政治思想。政治思想可以与某种哲学体系有内在联系,与这位哲学家有外在联系,或者与某位哲学家有内在联系,而与他的哲学有外在联系。这两类情况都会颠倒错乱,不是哲学在政治上失势,就是政治思想失去哲学基础。例如,英国的黑格尔主义提供了一种政治思想,与这种哲学体系有内在联系,但是与那些哲学家们的联系非常外在,以致这一体系和这些哲学家都不能说对英国政治发生了什么影响,只有格林(T.H.Green)除外。

儒家政治思想与哲学家及其哲学都有内在联系。儒家讲内圣外王,认为内在的圣智可以外在化成为开明的治国安邦之术,所以每一位哲学家都认为自己是潜在的政治家。一个人的哲学理想,是在经邦济世中得到充分实现的。由于儒家思想在中国成了不成文的宪法,国家的治理多半用柔和的社会制约,而不大用硬性的法纪;在这样的国家里,杰出的哲学家和大师的地位即便不高于在野的政治家,至少与在野的政治家相等,同法治国家的杰出律师一样。一位杰出的儒家哲人,即便不在生前,至少在他死后,是无冕之王,或者是一位无任所大臣,因为是他陶铸了时代精神,使社会生活在不同程度上得到维系。因此人们有时说中国哲学家改变了一国的风尚,因此中国哲学和政治思想意味深长地结成了一个单一的有机模式。

五

哲学和政治的统一,总是部分地体现在哲学家身上。中国哲学家到目前为止,与当代的西方哲学家大异其趣。他们属于苏格拉底、柏拉图那一类。在英国,桑塔耶那(George Santayana)在他那本《独白》里大声疾呼,而不只是发表一般声明,说他是现代苏格拉底。在当代的哲学家中,确实可以说数他发挥了超过学术意义的文化影响,他钻研了并且越出了学术性的哲学,踏进了人文学的领域。可是老实说,现代苏格拉底是再也不会有的,连现代亚里士多德都出不了。从斯宾塞(Herbert Spencer)起,我们已经意识到应该明智一点,不必野心勃勃地要求某一位学者独立统一不同的知识部门。每个知识部门都取得了很多专门成就,要我们这些庸才全部掌握是几乎不可能的。可惜苏格拉底式的人物已经一去不复返。一部现代百科全书可以使知识得到某种统一,有利于进一步提高知识。可是通过现在的分工办法,可以把知识一口一口咬下,加以改进,加以提高,丧失这样一种统一也不一定是憾事。在某种意义上,苏格拉底式人物一去不复返则是更加值得惋惜的。

现代人的求知不仅有分工,还有一种训练有素的超脱法或外化法。现代研究工作的基本信条之一,就是要研究者超脱他的研究对象。要做到这一点,只有培养他对于客观真理的感情,使这种感情盖过他可能发生的其他有关研究的感情。人显然不能摆脱自己的感情,连科学家也很难办到,但是他如果经过训练,学会让自己对于客观真理的感情盖过研究中的其他感情,那就已经获得科学研究所需要的那种超脱法了。这样做,哲学家就或多或少超脱了自己的哲学。他推理、论证,但是并不传道。除了分工以外,这种超脱的倾向使他成为超脱的逻辑家,超脱的认识论者,或者超脱的形而上学家。往日的哲学家从来不是专职的。职业哲学家的出现可以对哲学有些好处,但是对哲学家似乎也有所损伤。他懂哲学,却不用哲学。

采用这种做法之后,哲学当然也有所得。我们对每个哲学部门的问题比以前知道得多了。虽然还不能把哲学家的个性与他的哲学完全拆开,但毕竟为客观性打下了一个基础,使哲学比以前更能接受积累。其所以在这一方面有所进步,是由于表达工具有了改进,思路得以分明的技术发达了,这是不容忽视的。任何一个人,可以仍然有权采取任何适合于他的禀性的哲学,却不能随心所欲地表达他的思想。有所得的还不限于哲学,哲学家也得到了一种超脱的理想。我们可以把这超脱描述为一种美妙的怀疑主义,在这种怀疑主义里,可以说希腊的明朗渗透进了希伯来的美妙,希伯来的美妙软化了希腊的明朗。有幸接近这种理想的人会妙趣横生,怀疑主义并不使他尖酸刻薄,美妙也不使他冒冒失失地勇往直前。他不会是个好斗士,因此可以失掉人们寄望于他的社会作用;他有鉴于好斗士可以办坏事,就只好既消极又积极。理想是很难达到的。哲学一超脱,就成了一条迂回曲折的崎岖道路,布满技术性的问题,掌握它需要时间,需要训练,需要学究式的专一,在全部掌握之前往往会迷失方向,或者半途而废。一个人即便取得了某种程度的成就,也不能成其为现代苏格拉底。

中国哲学家都是不同程度的苏格拉底式人物。其所以如此,是因为伦理、政治、反思和认识集于哲学家一身,在他那里知识和美德是不可分的一体。他的哲学要求他身体力行,他本人是实行他的哲学的工具。按照自己的哲学信念生活,是他的哲学的一部分。他的事业就是继续不断地把自己修养到近于无我的纯净境界,从而与宇宙合而为一。这个修养过程显然是不能中断的,因为一中断就意味着自我抬头,失掉宇宙。因此,在认识上,他永远在探索;在意愿上,则永远在行动或者试图行动。这两方面是不能分开的,所以在他身上你可以综合起来看到那本来意义的"哲学家"。他同苏格拉底一样,跟他的哲学不讲办公时间。他也不是一个深居简出、端坐在生活以外的哲学家。在他那里,哲学从来不单是一个提供人们理解的观念模式,它同时是哲学家内心中的一个信条体系,在极端情况下,甚至可以说就是他的自传。我们说的并不是哲学家的才具——他可以是第二流哲学家,也可以具备他那种哲学的品质——,那是说不准的;我们说的是哲学家与他的哲学合一。哲学家与哲学分离已经改变了哲学的价值,使世界失去了绚丽的色彩。

译 者 附 识

本文是我的老师金岳霖先生于 1943 年用英文撰写的,首次公开发表于我国 1980 年出版的《中国社会科学》英文版创刊号。译者译自 *Social Sciences in China*, Vol.1 No.1 1980 年。当其时,仅为便于自学起见,我曾约元枚同志尝试合译了一份初稿,并呈送金先生指正。不料,于呈送过程中不慎遗失。现在,我们尊敬的金先生不幸已于 1984 年 10 月 19 日病逝。师友们震悼之余,筹备隆重纪念之。我的老师周礼全先生和我的老同学诸葛殷同同志遂与《哲学研究》编辑部共同约我把此文重译出来。这使我深感惶愧。金先生的这篇著名论文,虽难免受到时代的局限,然其思想深邃,新意迭出,英文地道,加之先生文风独特,所以我甚感难以完成重任。但纪念、学习、介绍、研究自家师长的学术思想,又责无旁贷。并且,我的老师王太庆先生欣然同意亲予校对。于是,我遂勉力重译出来,谨向金先生深表缅怀之情;谨向王、周两位先生和元枚、诸葛两位同志以及编辑部的同志深表谢忱。敬请师友和广大读者不吝批评指正。

哲学与生活[*]

一

并非只是在中国,哲学家才面临着哲学与生活脱节的问题。去年春季的哲学家大会表明,这个问题终于也在美国引起了普遍的注意,但是,似乎还没有什么解决的办法,这不仅仅是哲学家的任务。下面我们将说明,为此受谴责的不仅有哲学家,现行的知识结构和追求知识的方式也不利于形成一种有见识有辨别力的生活,而这一点对于民主的理想来说也是极其危险的。

哲学家之所以被单挑出来承受攻击,原因主要在于,哲学目前的状况与它昔日的荣耀形成了鲜明的对照。过去,哲学处理的是生活中最根本的问题,哲学家通常都是大师,不仅是知识的源泉,也是智慧的源泉,从他们那里,后知后觉者寻到了引导和启示。苏格拉底、柏拉图和亚里士多德不仅是他们时代的活的百科全书,同时也是那一时代的政治家、牧师、专

---

* 本文是作者 1943 — 1944 年访问美国期间撰写的。陈静译。——编者注

栏作家和电台评论人。在中国,哲学家在古今的差异甚至更大。中国哲学家昔日所占据的位置即使不比美国历史上和平时期的伟大律师们更有权威,也比他们更有影响力,而在紧要关头,他们会挺身而出,捍卫他们的王朝或祖国。自然有人会问,中国哲学家眼下都在做什么,去满足一个尚未摆脱中世纪状态的国家的需要?这个国家正受着凶残的外敌入侵,经过七年的现代战争,早已凋敝不堪,涣散无序。正是古今的对比使哲学成为人们宣泄不满的对象。

有两个问题需要考虑,一个是哲学的界域,一个是哲学的性质。哲学的界域已经改变了,这一事实世人皆知,然而这种改变的结果却似乎没有在思想上获得承认。哲学好像是一个破落的乡村家庭,它的财产已经被分割得七零八落,分别落入都市代理人之手,现在在大学里仍然被称为哲学而教授的,只不过是残留给这个乡村旧家的微不足道的一小部分而已。在昔日辉煌和荣耀的光芒之下,哲学在总体上仍然被安置得很好。如果人们认为哲学的财富中仍然包含着已被都市代理人拿走的部分,那么,哲学就没有丧失对当下问题的关切,也没有放弃对民族危机的回应。如果我们在最宽泛的意义上理解哲学,华盛顿地区就是哲学的最大集中地。大师确实消失了,分化成了无数的专家,他们毫无疑问应当被理解为哲学家;但是,如果我们狭义地理解哲学,那么,哲学是否有效地昭显了人的命运,就是值得怀疑的了。

更加值得注意的是,哲学的性质也已经改变了。一种客观研究的方法兴起来了,它使哲学研究更倾向于与科学而不是与宗教联盟。这种新的研究方法的核心概念是怀疑,最重要的原则是使研究者独立于研究对象之外,或者,至少使他尽可能成为研究的无关紧要的背景。不难看出,采取这种方法,哲学几乎可以无条件地接受任何原则,可以不偏不倚地与任何学说发生联系。教条消失了,随着教条的消失,哲学不再为生活提供任何动力。它不再敦促人们做任何事,它甚至不再鼓吹什么,如果它要坚持某些前提,也只是为了进行推论,而不是要断然灌输什么东西。如果一个哲学家咄咄逼人地鼓吹某种学说,推动他的绝不是哲学,而是属于牧师、政治家或者社会改良者的东西。学院派的哲学不再像中国古代的儒家学说那样是一种道德的力量,在它的各种训练中,技巧的要求越来越多,而教训的意味越来越稀薄。

现代哲学是否有用的问题有赖于我们如何看待哲学所产生的作用。在这里,值得注意的事实不是认识论主宰了哲学,而是整个哲学领域都是为了理解或者说是为了追求知识而构建起来的。伦理学不再教导学生为善,它教学生理解善为何物;美学不再教学生欣赏美,它教学生理解什么是美。格瑞翰·瓦勒斯关心思想方法的孤心独旨之所以值得赞赏,是因为近来的逻辑课程为学生提供的是知识的合法性证明,而不是训练他们如何合理地进行思考。有所失必有所得。哲学的现代研究方法使哲学比过去更加清晰明确,也更有助于知识的积累,使蕴藏在哲学中的知识能够唤起广泛的兴趣。并且,哲学的知识能够遗留给后代而哲学的经验和洞察则不能。不可否认的是,从进行理解和获得知识出发而建构起来的哲学已经取得了稳固的进步。因为知识总是有用的,无论直接还是间接,所以哲学不可能丧失其有用性;尽管它的作用已经转

393

移了领域,这个领域与我们按哲学的昔日风范所指望它发挥作用的领域不甚相同。

然而确实有些东西无可挽回地丧失了。为了知识而建构起来的哲学甚至成为可以在八小时以内从事的职业,某些人据此把生活的某一侧面哲学化了,但是这一侧面依然是与一般生活分离着的。哲学家与人的有机联系似乎已经消失了。人们得到这种印象:成堆的哲学教授中,几乎没有一个哲学家。哲学逐渐变成对几个专家位置的垄断,它不再是市井的茶楼酒肆和优雅的沙龙茶会都能够随意取用的日常用品。哲学昔日对意义的渴望已经被把握观念的技巧所取代,然而这种技术哲学满足不了人内在的哲学冲动。在一般人的眼里,哲学已经变得像科学一样云遮雾绕,无比神奇,可是又不像科学能够以有形的成就明确展示其作用。哲学有什么理由走当前的发展之路? 理由很多,但我们只谈其中的一个。

二

哲学采取当前的发展趋势,只不过是追随其他学科的榜样而已。当前,几乎所有学科都是为着效率而组织起来的,在这样的结构形式中,它们不可避免地伴随着某些特征。首先,总的趋势是分工日益细密,越来越多的学者在越来越窄的知识领域里成为专家。每一个细小的知识分支都成为一个技术园地,很难指望安居其中的专家会成为整个学科的大师。在自然科学领域,大师已经消失了,他们也正在经济学和社会学的领域里消失。在哲学的领域,也会很快出现逻辑学家、认识论专家、美学家等等,但就是出不了哲学家。其次,为了获得成果,学者们不得不尽可能使自己与研究对象分离开来。从获得确实可靠的知识或信息的观点来看,这种态度是值得赞赏的,但与此同时,它又具有使研究成果外在于研究者的倾向。毫无疑问,学者的研究是他职业生涯中的一个重要因素,但是,它是否同样是他生活中的重要因素,却在于他的职业是否融入了他的生活。如果融入了,他就是一个狭隘的人,因为他生活中的其他许多方面都被淹没了,或者是没有得到发展,或者是被弃之不顾。如果他的职业没有融入他的生活,他的研究就变得外在于他的生活了。也许还能提到另外一些特点,但仅此两点就足以显示当代学术的风貌了。更重要的是,这些特点一再发挥作用和彼此作用,促使当前的趋势加速发展。我们的知识处于此种趋势之下,研究变得越细碎,它们就越外在化,而它们越外在化,研究又变得更加细碎。

在效率的基础上组织研究,完全为推进知识而开展研究,其直接后果便是上述这些特点。曾经有一个时期,学术研究不是这种形态,在那时,有文化的几乎就是有教养的,其中的一些人甚至完全随兴所至,让各种兴趣自然地得到满足。中国过去也有一些学者根本不在乎功名,就在上一个世纪,英国也有不少学者根本不费心思去撰写学术著作。对于他们来说,只要过一种有辨别力的生活就足够了。确实,在当时社会的一般经济及社会条件下,只有极少数人能够醉心于这样的理想。但是,在目前条件已经改善的情况下,为什么不把这种理想普及到广大民众呢? 这种理想之所以不能保持,原因在于,对于现代的个人来说,它在事实上已经失去了保存的价值。在高度工业化和经济竞争的社会里,每一个人都要发挥一种作用,只有有效地发挥其作用,一个人才有可能同时也才有资格存在。悠闲的有钱人确实存在,但是这一点不应当蒙蔽我们,使我们看不到总趋势是追求越来越高的效率。正是这一趋势,应当对当前的危机承担责任。如果追求效率的趋势通行于生活的其他领域,我们怎么可能指望它在学术研究的领域里缺席呢?

不幸的是,这里还有一个原因。过去,中国的学术活动是个人的事,甚至是私人的事,醉心学术无须大量的财产来支持,学者构成了一个阶层,成为一种社会的和政治的身份,学术不是一种职业。贫穷肯定减少了学者的可能数量,但那些有幸拥有些许财产的人都有可能成为学者。更重要的是,他们自己就拥有从事学术活动的种种用具,在这一方面,他们有点像欧洲中世纪的手艺人。他们无需在社会里或者在政治上确认自己的身份。随着工业化的到来和学术在研究所里协作组织,学者从事学术研究的用具被拿走了,就像工厂把生产设备和工具从工人那里拿走一样。现在,科学家已经完全依赖科研机构,在人文研究领域,如果有钱,私人也还可以从事研究,但这样做的机会在一天天地减少。学者成为雇员,以研究换取报酬,并不断遭受质询,除非他们不断地出示理由,说明他们应当被如此雇用。学术职业化了,学者的工作就是生产知识。职业网球运动员的出现引起了报怨,同时也获得了支持,但是,职业学者的出现既没有人宣告和称颂,也没有人支持或诅咒。哲学自然也难逃职业化,哲学家现在受到的责难是,他们将为公众生产什么产品? 与其他知识领域的学者相比,哲学家可能更痛苦,但所有学者都同样在遭受被当前的趋势所支配而造成的痛苦。

希望诸位充分理解,我们在这里并没有诅咒上面所提到的学术趋势。从获取知识的观点来看,这种趋势应该受到高度赞扬。无论直接还是间接,知识总是有用的,更重要的是,它是一种力量,一种我们可以用来反抗自然或者仅仅与他人对抗的力量。它也并非与生活无关,而是可能改善我们生活条件的最强有力的因素。用一句老话来说,排除自然设置的障碍,最有效者莫如知识,知识为我们所希望的生活提供种种条件。知识有点像金钱,在不同的人那里扮演着不同的角色,这取决于它是在穷人手里还是在富人手里。在穷人手里,它可能改变某些不尽如人意的生活条件,在富人手中,它却不会使生活更尽如人意。还是像金钱,知识是一种通货,拥有它,意愿能够得到满足,但是拥有知识的财富不一定能够提高生活质量。

我们绝无小看科学的意思。普天之下,莫非科学研究之对象,这是一件好事。我们也没有说,有关的训练对于生活中的一般事务无所补益;相反,从科学态度应该被推广到生活的其他方面的观点来看,这些训练是特别有用的。问题是,无论我们如何根据科学的观点来理解生活的进程,无论这种理解达到何种程度,我们仍然不得不以个人的身份来过自己的日子,在社会中感受生活给予我们的那一份特殊的馈赠。对营养学的全面了解可以使人挑选有益于身体健康的食品,但是并不必然使他爱好那些有益健康的食品而不是符合他的口味的食品。对性科学的全面了解肯定无助于性经验,一个性学专家能否成为恋爱专家,这是大可怀疑的。一个醉鬼不知道酒精对他有害,当他死于酗酒时,他只是值得同情,而他本人不一定不幸福;但是,如果他知道酒精对他有害却依然贪杯,当他死于酒精中毒时,他就制造了一个悲剧。知识本身是否具有直接的影响,这是值得怀疑的。如果它曾经有,那么对于大多数人来说,它现在已经不再有了;在大多数人那里,知识是像牙刷一类的用具,只要不用,就被挂起来了。知识是否是某种意义上的美德?古希腊人认为是,我们无须断言它在今天已经不是了。知识是中性的,影响不了我们的爱好和口味;它的分寸感太强,使我们不能靠它来解决它的恰当范围以外的问题;它太外在,不能支持我们以信仰来行动;它太软弱,不能为我们提供帮助,它不是情感和欲望的主宰者或伙伴,相反,它成了它们的奴隶。

三

除了德国,高度工业化的国家都是民主国家。民主国家在经济上是帝国主义的,但是,它们在近年以来尚未成为叫嚣军事的侵略者。如果这个世界要保障民主国家的安全,那么,民主国家也应当保障这个世界以及本国国民的安全。因为国民是民主国家的最终主宰者,所以,他们本身应当是自由的、独立的和有分辨力的个人,这一点非常重要。为了做到这一点,他们不应当被盲目地引导,不应当仅仅充当一架燃料充足的机器的润滑剂,而应当过一种有分辨力的生活。由于是大多数人说了算,大多数人的决定就应当是经过分辨的选择而不是盲目的冲动,这一点也是很重要的。如果强权政治在国际关系中是受谴责的,那么,它在一个国家内部也应当同样被谴责。如果强权政治在国际上让弱国无助地遭受强国的欺凌,一个国家内的强权政治也会让它的国民享受不到自己的权益,不能在自己的政府里传达出自己的声音。国际政治确实更加根本,因为,如果一个国家内的政治举措是特殊利益拉锯的最终结果,谁也不能保证不会牵涉到国界之外。为了让民主国家保障世界的安全,民主国家就应当被造就得能够保障它自己的国民的安全。民主的理想只能由自由的、独立的、有分辨力的国民来实现,这些国民永远不放松自己的公共责任。民主制度要求普通人承担重要的责任,而对于那些信仰民主制度的人来说,应当由他们承担的责任却正好符合他们的愿望,因为在他们看来,这些责任与做人的尊严是一致的。

在集权国家,某些特殊的观念被强加于全体人民,以此把他们驱赶到某个单一的目标之下。这个目标产生于某种统一的行为,而这种行为正是他们的领袖或政治寡头所希望的。任何国家都需要一定程度的统一行为,大多数国家除了依靠共同的血缘纽带来实现这一点,还依靠共同的语言、共同的文化类型或遗产。现代工业为此所做的贡献是很微妙的,以至于它达到了某种统一的行为方式却不被认为是在强加于人,因为没有人感到有人或有一群人在那里强迫他们。例如,工业在美国可能是最强大的统一力量。工业的效率为政治的效验提供保障,在中国难以推行的措施在美国就可能轻而易举地实行。工业的力量还是军事的力量。就它本身而言,它也仅仅是军事力量而已,这种力量在经济上是帝国主义的,但不是军事侵略的,所以,它是防御的而不是进攻的军事力量。它拯救了民主国家,使它们不至于在战争中被击败。虽然它使民主国家可能在经济上成为帝国主义的,但与集权的力量相比,民主国家使它们的邻居感到安全。回想 1940 年,当纳粹入侵荷兰、巴尔干和法国时,中国的一些人感到民主国家是衰弱的、无效的。如此迅速地得出的结论确实脆弱,并且肯定是不恰当的。没有多少人知道民主国家的力量是潜在的,不推上火线不会发挥威力。然而,一旦作出了决定,建立起军事行动的全套设置,它的力量就顿时显现。但是,力量总是危险的,它可以用之于善,也可以用之于恶;它究竟被用于这种用途还是另一种用途,就要看操作它的人是谁了。

我们习惯于把工业化和民主化相提并论,丝毫没有想到,沿着一定的路线发展,它们将变得不再彼此协调。民主制度下的国民需要成为独立的、有辨别力的个人,而工业制度下的工人需要成为有效率的、有机械化头脑的专家。让我们使用人和机器这两个词来取代灵性和物性这两个术语,民主制要求的是人,而工业化要求的是机器。如果一切都被工业化了,或者一切事物的背后都透露着工业的精神,那么,结果很可能是极大地(如果不是全部地的话)破坏属于人的东西。如果把宗教工业化,我们可能得到庄严的教堂,甚至得到专家型牧师,但可能失去古老的谦卑精神的园地和道德感化所散发出的深切善意。把我们的创造冲动工业化,我们可能得到专家型的手艺人,却会丧失天才和艺术家。工业化的方式可能被应用到各个方面,无论什么时候,只要它一成不变地被加以应用,就会出现一些度量标准。根据这些标准,效率会上升,这一领域里活泼泼的人将越来越变成专家,并拥有机械化的头脑。工业再加上经济竞争,我们几乎难逃这种灾难性的后果。如果人在一周的每一天都高效率地工作,那么,充分利用周末时间的愿望几乎不可抑制。这种想用最大数量活动来充实空闲时间的愿望轻而易举地排除了悠闲,也很少在情感和思想方面花费时间。某一领域的专家很可能对其他领域一无所知,在面临人生新的境遇时,具有机械化头脑的人像新生的婴儿一样束手无策。很难指望这样的人能够对复杂的国内和国际政治作出警觉的和有辨别力的反应。需要做重大决定时,这些人往往从自己的职业或工业上的利益出发来考虑问题。民主的理想很可能在民主的制度下被粉碎。

有不少令人吃惊的假设被赞赏民主制度的人们不自觉地接受了。可能很少有人相信经济人的存在,很少有人无条件地相信经济决定论,但是,许多人都多少有些相信,或者他们的行为表明他们相信,经济的解放是包治一切社会和政治邪恶的灵丹妙药。对于经济人来说也许是这样,但是对于大多数有血有肉的人来说,经济问题的背后还有大量其他问题有待解决。可能很少有人会说人类是会思想、能认知的机器,然而有不少人假定,只要人们知道该做什么和怎样去做,一切问题都将迎刃而解。对于会思想或会认知的机器而言,知识问题的解决将化解其他一切问题,使之不再成其为问题。但是,对于有情感有追求、有爱有恨、有希望有畏惧、七情六欲无不具备的人类来说,知识的获得不仅不能解决问题,而且有可能使这些问题比以前更加混乱。现在,西方流行着一种民主的新观念,这种观念放弃了民主的旧名称,而称作国家社会主义,它主张政府集中很大的权力,以此改善大多数国民的生活条件;在民主制的旧框架中实施这种观念,它不失为一个美妙的民主新观念;但是,把它强加在民主制度之外的人们身上,那就很危险了。因为国家社会主义不再只是旧式的民主制,它还是极权主义的,甚至有可能转变成法西斯主义。有些西方人不满意中国的国民政府,因为它不是民主制度的政府,这些人因此把他们的同情转向共产主义制度,却没有认识到,共产主义更具有极权主义的特征。在缺乏旧式民主的地方,似乎有一种对民主新观念的偏爱。这种偏爱的态度之下,潜伏着一个假定:人性天生是善的,然而对于大多数支持民主新观念的人来说,把这个假定作为前提是不能接受的。罗素早就说过,一个富有的人完全有可能是一个道德败坏的公民,一个聪明博学的人也有可能是一个腐化堕落的畜生,因此,如果没有政治制度的制约或强制的话,新民主制度的领导者不可能成为公众的灵魂。在民主制度下,人的问题比在其他任何的政府之下更值得重视。

四

在知识的推进和应用被工业化的时候,教育却不应当走这样的路。知识已经专门化并且变得实用了,从知识的推进和应用来看,它们已经有了大量的产品。基金会、研究所和大学都可以被视为是推进知识发展的工业。总体上看,它们都十分有效率,标准还在继续探讨,真理时有发现,产品的质量也没有下降。希望从社会或政治上证明知识工业的正当性,这种愿望可能不利于知识采取恰当的标准,但这只是可能,此处无须论及。知识的工业化仅仅意味着其雇员的职业化,涉及不到知识工业的产品。知识还很容易被市场化,以便被公众使用。知识的市场化确实是教育的一个部分,但肯定不是教育的全部。目前大学和学院的一般方式是大班授课、记笔记、考试和修学分等,似乎把教育与知识的市场化混淆了。教育不仅要为青年人未来谋职做准备,更要培养他们成为独立的、有辨别力的个体。知识的市场化还能在追求利益的动机下被工业化,大学和学院可能被认为是这类工业的最佳部分。这里没有反对工业化的意思,但也不能认为这就是教育的全部,因为教育所涉及的范围远不只是专门化和实用化了的知识。后者有助于提供谋生手段,却不能帮助人们校定自己的生活方向和丰富他们的生活。教育的本质是个体的发展;它的消极作用是防止青年人反社会,积极作用是使个人的潜能得到充分的发展。教育不应当被工业化,严格地说,它也不可能被工业化,因为独立的个体是不可能批量生产的。知识已经变成了欲望和情感的奴仆,我们越是把知识的解析等同于教育,就越可能使欲望和情感停留在原始的和无知的状态,使知识变成满足欲望和情感的工具,同时使我们的欲望和情感变得比蒙昧无知的时代更难于控制。教育的主要目的是培养个性,消除野性,使人变得坚定;是在冲突的人生需求之间建立平衡,养成某种节操以便自我控制其他方面;是修养本性从而使受到滋养的本性变得有教养和有文化的内涵。价值观念必须自觉地接受,信仰必须自觉地皈依。这里的意思不是说教育应该灌输价值或观念,但是,教育肯定应当对价值和信仰加以分辨,应当鼓励青年人清醒地意识到自己的选择,使他们能够明确地说出自己的价值观念是什么,并确信自己无.隗于天地。当一个人为自己的价值观念和信仰感到愧疚时,他要么退回去,承认人是动物;要么陷溺于复杂的心境,无一刻安宁。为了求得可信的知识,怀疑是必要的,是具有引导作用的。但是应当把它局限在思想和观念的领域,如果把它推行到价值和信仰的领域,它只会使人放纵情感,或者使他的情感与理智冲突。第一次世界大战期间成长起来的一代人中有不少是情感放纵主义者,对于他们而言,生活最好只是"娱乐",一个被"娱乐者"主宰的世界难免令某些人,例如亨利·亚当斯感到可怕,转而指望从 13 世纪的大一统中获得安慰。我们不是在鼓吹任何特殊形式的大一统,我们所坚持的只是,通过教育,人们应当学会安详,能够毫无愧色地宣称自己的价值观念和信仰,因为正是他们的价值观念和信仰在推动着他们的生活。那些放纵情感的人无论在自己选定的职业中取得多大的成就,他们对于民主制度而言都或多或少是不利的因素。在他们投票的地方,重大决定要么是任意做出来的,要么根本做不出来。

一种全面的通才教育是必要的。这种教育应当包括对价值观念的辨别和对信仰的毫无愧色的宣称。对知识进行分析仍然是必要的,为了这个目的,现行的课程设置应当继续保留,但应当补充自由的、随意的却是严肃的讨论,对理想、信念、价值、欲望、爱好、隐含的假设、爱和恨、喜和怨等进行讨论;从事教育的教授应当不断地与学生接触,在实际生活中为他们作出榜样,无论是否自如,无论是否成功,教授们所讲的应当是他们自己的人生观。出于知识市场化的目的,大学的规模已经扩大了,然而大学应当建立众多的小学院,配置各自的导师,目的是引导青年人通过一个缓慢的学习过程成长为一个人。所有人文学科都应当用来丰富年轻人的性格,正如各种可靠的知识都应当用来丰富他们的头脑一样。经费的问题不是需要考虑的问题。必须强调的是,无论一个人将来想做什么,无论他想当工程师还是医生,想当银行家还是码头装卸工,想当音乐家还是物理学家,温和而庄重的仪表、严肃认真的工作态度和发自内心的愉悦都是他作为人所应当具有的,这些比其他一切都重要。人们普遍对优雅的观念感到厌烦,也许是因为以现实的标准来衡量,这个观念太苍白、太随意,不能以原则来处理它,在一个普遍务实的世界里显得太不真实。我们对优雅观念的评价是否恰当,这里无须断言;平等对于法西斯才是恶,而对于民主制度则是善。只有把平等与优雅结合起来,我们才可能成为真正的人,成为我们自己的情感和欲望的主人,这样,知识和权力才不会被用于破坏。只有到那时,人类才不会自己危害自己。

自由人的使命 *

　　在英美,有许多哲学家由于主张哲学与人生分离而发现自己处于一种进退两难的窘境之中。于是,在 1943 年,当第二次世界大战在东方已经取得胜利而在西方仍是岌岌可危之时,有些美国哲学家感到自己对之束手无策,无法影响时局,同时也提出了这样的问题:他们的哲学是否对于社会来说是多余的。他们有非常精致的理论,却没有取得任何实际的效果,他们的生命及其地位没有根基。悲观主义随之出现。我记得,我曾与 C.I.刘易斯教授谈起过此事。他的看法与我不同,虽然鼓舞人心,但却毫无说服力。

　　当然,这种悲观主义在那时并不是刚刚出现的。在六十多年前,A.J.巴尔福就说过,人类正走向地狱,行将灭亡;无生命、无潮汐的地球再也承受不了曾经扰乱过它的孤寂的竞争;那宝贵而古老的意识曾打破过令人神迷的宇宙的宁静,而最终将消失。巴尔福在气质上冷淡,几乎是冷若冰霜。有人说他只不过是孤单而超脱,但并不悲观。然而,我并不这么看。

---

　　* 本文是作者 1957 年 7 月在华沙国际哲学会议上的发言。胡军译。——编者注

从气质上说,伯特兰·罗素不是一个冷淡的人,但正是他曾经激烈地挑战太阳系的命运及假定的宇宙的专断。然而,世所公认,这种专断是无意识的。多么令人惊奇!巴尔福鄙夷地给予考虑的竟是无生命的物质?使罗素激动不已的也是物质吗?难道社会中觉悟的大众不是他们关注的对象吗?他们的世界仅仅局限于人和自然吗?难道不能扩展到阶级和群众吗?很久前,巴尔福曾经写过一本《信念的基础》这样的书。在谈到机器的时候,他说道:快,越来越快,我们的铁主人,我们制造的产品现在推动着我们。毫无疑义,机器是一件物质产品。但是我们现在确切地知道,动力的问题是一个政治经济学的问题,而不是自然的问题。然而,由于经济学经常被误认为是自然,所以人们有意无意之间认为自然包括了经济学,难道这种关于自然的悲观主义不就是关于社会和经济发展的悲观主义的伪装吗?哲学家们想规范社会和经济的发展,但是他们的哲学却没有能力做到这一点。

无疑,这种想法并没有错。与医生、律师、艺术家和工程师一样,哲学家们也生活在现实世界之中。除了日常生活中的琐事之外,他们也面临着需要解决的问题。事实上,他们都成为了政治机体中的组成部分,以不同的方式参与了政治。不管是有意识的还是无意识的,他们必然会促进或阻碍政治的和社会的发展这一总的趋势。他们可能同意或不同意这样的总的趋势,但事实是,他们以这种或那种方式促成了这样的趋势,这似乎是不能否认的。然而,在主观上,他们感觉到,他们的训练、他们的职业没有帮助他们应该参与的天下大事。作为哲学家不管他们事实上做了什么,他们却不能清晰地表达;不管他们想做什么,他们的哲学总不能使他们感到满意。他们生活在世界上,但他们的哲见却显而易见地远离这个世界。如果以不同的方式来剖析这个世界,那么他们总是使自己的生活支离破碎。

麻烦似乎在哲学自身。在西方哲学中,自笛卡尔以来或更早,就有这样的企图,即把现实塞进几何的或欧几里得的思想模式之中。然而,现实是有硬性的,迄今还没有人能成功地将现实塞进去。这一失败对于哲学家来说应该是一个教训,但是它却成了一个挑战。于是,聪明的人们为这样的挑战所吸引。哲学不再是关于自然、社会和人的思想的普遍规律的科学,而变成了这样的学科:它研究在演绎推论中的概念,和如何在它们的演绎的关系中来把握它们。随之而出现的系统在形式上可能是或不是完全演绎的,但是在这些系统背后的精神却是演绎的,所需要做的就是以概念来把握概念。哲学家们不再去追求哲学的真理,而是满足于系统内的一致或融贯。大众的哲学研究并不会因此而消失,因为它们真诚地企图回答公众利益的问题。但是它们却可能被看作是非学术的,更奇怪的是被看作"非哲学的",而受到排斥。那些有朝气、有活力、富有成效的东西被撕碎、消解为在无人垂顾的学术角落编织的乏味的概念之网,它们已不可能在像海德公园或联合广场这样的场合出现。

概念的基本功能是反映世界及其中的客观事物,反映事物的本质、事物的必然联系,一句话,反映它们的规律。正确的概念体系本身是对不同现实的真实的反映。这就是所谓的科学,这也是科学的哲学应该成为的样子。在真实地反映客观世界的基础之上,科学的哲学才能指导我们有效地改造世界。由于着重真理的一致,西方哲学在目前已丧失掉了它的力量。自休谟以来,事实和理论已经分家,事实没有必然性,理论没有实在性。事实只是材料,而由概念把握的理论却越来越空洞。为了避免与麻烦的事实相冲突,理论高飞入云霄。1932 年,在英国剑桥,我惊奇地发现,在摩尔教授的手中,哲学变成了对语言的研究。但是,即便如此,还是不能使有些人满意。因为语言毕竟是一客观的事实,它有其他的现实所具有的硬性的特点,对于有些哲学家来说,语言研究过于经验化,所以它不能成为哲学的核心。这就需要进一步的抽象,当达到了符号约定的形成和转换时,人们也就几乎完全地使哲学脱离了人生。哲学家几乎把自己完全地遗弃了。

只有极少数的例外。作为人的伯特兰·罗素使作为哲学家的伯特兰·罗素幸存下来了。他的下面的一段话确实使人耳目一新:

> 语词的目的是与物质而不是与语词打交道,可是哲学家们似乎忘记这样一个简单的事实。如果我走进一个饭店去点饭菜,我并不想使我的话语与一个系统中的其他语词相一致,而只是想使食品出现在我面前……某些现代哲学家的咬文嚼字的理论忘记了日常语词的实际目的,使自己迷失在新新柏拉图的神秘主义之中。我似乎听到他们在说"泰初有语词",而不是"泰初有语词所指涉的东西"。

语言并不是使摩尔教授感到满意的东西,但是表达出来的观念却是完全一样的。罗素这个人有着某些健康的朴实的东西,这是罗素这个哲学家所不能洗刷掉的。无疑,正是这样的东西引导他处理像战争或和平这样世界性的重大问题。

其他的人却没有这样的幸运。桑塔耶那曾经说自己是现代的苏格拉底,但事实上他不是。而且我敢说,他永远不可能是。一个人不得不感觉到自己只是无限本质的汇集,他在时空中不应有任何位置。很可能,一个简单的位置上的错误就能解释在第二次世界大战时他在罗马附近的行踪。我怀疑对罗马的猛烈的炮击并没有使他舍弃他的奥古斯丁或他的卢克莱修。除了他的惬意和光明,没有东西能使他心动。他过于惬意,没有把世界看成是白痴讲述的童话。他欣赏那些善的和美的事物,但是像他这样有着极为敏感的审美心灵的人,穿着晚礼服在海滩散步却不能使他体验到游泳的乐趣,不管他是否能欣赏更为微妙精美的落日余晖的灿烂。作为哲学家而言,他因为过度的点缀与修饰而不能融入嘈杂纷乱的生活之中;他因为过于体面而不能成为现代的苏格拉底。

实用主义又怎么样呢?这一问题本身就隐含着同义反复,但事实是实用主义对于具有社会责任感的人来说并不实用。我必须指出的是,实用主义是美国帝国主义的哲学,它是伴随19世纪七八十年代的美国垄断资本的出现而产生的。你们中的某些人在这一问题上可能会有与我截然不同的看法,但是不可否认,实用主义是帝国大厦的声音,是命定说的声音,是大棒政策的声音,是目前的"实力地位"的声音。它是历史地形成的,哲学史家们已经正确地指出了这一点。然

而,在目前的情况下,对于有社会责任感的学者来说,问题是
与其他的哲学流派相比较而言实用主义是否更有利于实践。
答案是,它的结局不会更好些。我们在这里关心的不是帝国
主义,而是哲学。当然并不是所有的哲学家都是帝国主义者。
如果实用主义在实际上对刘易斯教授是有效验的,那么在
1943 年他就会更有效地取代那些悲观主义的教授们。我个
人并不认识威廉·詹姆士。然而,我感到他有两面性:他是一
位精明的实际的人,也是一位神秘的哲学教师。我倾向于认
为,当有人告诉他,他的哲学是和墨索里尼联系在一起的时
候,这位神秘的哲学教师是会感到痛苦的。

以上所说的是非常概要的。应该说得更多些,但似乎没
有这样的必要。尽管上面提到的哲学流派是不同的,但他们
都有共同的一面:哲学家必然会对自己的哲学感到不安,因为
他的哲学不能应付生活中的各种问题。

客观地说,哲学家在社会中确实起着很重要的作用。在
维持现状或改变现状方面,在推动社会前进或阻碍社会前进
方面他们作出了贡献。哲学在现在比历史上任何时期都起着
更为重要的作用,也变得更为真实。消极的理论的后果往往
容易被人们忽略,如客观主义,尤其是千方百计回避形而上学
那种形式的客观主义,似乎就是一种消极的理论。当断定所
有的观点都是平等的时候,它什么也没有说,但是当它没有断
定任何观点时,它却使那传统的、熟悉的和流行的学术处于现
实的而不是理论的优势地位。当前某些哲学的显而易见的无
能正是某些现在的哲学家的真正的力量,这就是他们在社会
中所起的作用,即阻碍社会的进步。他们倡导的哲学,虽然是

显而易见的无能,但却与立法者制定的法律或诗人吟咏的诗歌一样重要。

然而,从主观上说,英美的一些哲学家确实有徒劳无功的感觉,半个多世纪前出现的悲观主义不同程度地依然在今天流行。哲学家的问题是,我们是继续不关心社会,盲目地为那些与人民的利益为敌的人的利益服务,还是研究社会问题,使我们的哲学明确地表达社会发展的问题,自觉而直接地为人民服务。如果是前者,那么就不可能摆脱徒劳无功的感觉,因为我们感到我们像奴隶一样地为那些我们没有真正理解的东西服务。但是如果是后者,那么我们就是自己的主人。摆脱生活中徒劳无功感觉的唯一的出路是获得自由,而获得自由的唯一出路是要知道更为普遍的规律,不仅是关于自然的规律,而且也是关于社会和人的思想的规律;用我们的知识来指导行动,亦即在我们的社会实践中用辩证唯物主义和历史唯物主义的武器来武装我们。

《自由人的礼赞》这篇文章写得非常的精彩。大约三十年前,我敬仰它。在敬仰它的时候,我想象自己自由了。从1945年起,我开始认识到我错了。就在那一年,我与我的一位搞社会学的朋友辩论了起来。我的那位朋友习惯于从社会团体的角度来考虑问题。在列举了构成我的"自由"概念的种种要素之后,我的朋友问我,在4亿人中(1945年统计)究竟有多少人能够享有自由。我们激烈地辩论着,最终认为能够享有自由的人的数目是一万或一万五千人。多么令人惊讶!这种比例是中国独有的,但是问题的本质在任何地方却都是一样的。由于我本人从不从事体力劳动,所以我的生活用品需要靠别人提供。我所说的"自由"的生活包括我在国外的14年和多次的远洋航行,根据6年后我的另一个朋友的计算,这些生活所需费用要几千个农民在约半个世纪中的不断的辛勤劳动才能提供。认为农民愿意这样做,是很幼稚的。我同其他人一样曾经批评亚里士多德为奴隶制辩护,但却不能指责他虚伪,我不能否认这一点。由于我的自由的生活只有通过迫使他人带上镣铐才能得到,所以我也不是自由的,也是带着镣铐的。离开了自由的社会是不可能有彻底的个人的自由。社会只有根据我们对于社会发展的客观的规律的知识来改变自身时,社会才能自由。

罗素大约说过,他钦佩斯宾诺莎。我怀疑,他是在孔子所谓的"敬而远之"的意义上钦佩斯宾诺莎的。不管怎么样,罗素似乎并没有从斯宾诺莎处受益,他的自由的理念似乎类似于卢梭的。这就是说,他在理智上与情感上与他自身处于对立冲突之中。他应该是自由的,但在事实上他却必定要在枷锁之中。他无法从自然得到慰藉,因为以太阳系的形式而存在的自然本身也将被撞得粉碎;同样,他也无法从社会中得到安慰,因为虽然在书本和小册子中他抽象地思考社会主义,但在实际中他却退缩了回来,因为在英国社会主义被认为是野蛮的和不文明的。总之,他的自由的思想是不可能实现的。事实上,自由只不过是已经被认识和掌握了的客观必然性。自由的发展与我们的知识的增长是同步的。我们关于自然、社会和我们自身的知识越多,我们也就越自由。我们比原始人更自由,比孔子或苏格拉底更自由,甚至连哥白尼、牛顿和达尔文都没有我们自由。罗素自己现在也比他在1903年更自由些。现在是我们停止玄奥地谈论自由或抽象地崇尚自由的时候，我们现在要做的是，考虑我们的使命是什么，并具体地行使我们的自由。

毫无疑问，我们之间会有不同的看法。来自中国的我们公开地和坚定地站在社会主义这一边。我们甚至在关于自由与民主的具体内容方面都与你们有分歧。但是只要考虑到当前我们所面临的主要问题，这样的分歧又有什么关系呢？我坚信，我们都是反对战争的。我同样坚信，所有我们的先辈，你们的苏格拉底和我们的孔子，如果还活在今天，他们就会公开地宣称支持和平并为之不息地奋斗。我们在自由的具体内容上有分歧，但是难道我们不同意，我们正在以不同的方式争取实现自由吗？我们在民主方面同样有不同看法，但是难道我们不同意，虽有分歧，但我们每一个人仍需努力实现他的思想吗？在应该为和平做什么方面，我们也会有分歧，但是，我们相互之间一致地认为，我们必须维持和平。必须使这个世界成为生命的安全的栖息地，这就是全世界每一个自由的男性和每一个自由的女性的使命。

哲学是社会实践的指南[*]

一

　　哲学总是倾向于发挥实际作用。甚至黑格尔也想把他的哲学从理论解释为实践,从而使整个世界变得符合黑格尔哲学的原理。这是一个幻觉。在马克思主义问世之前,世界从来没有按照任何哲学的面貌来展现自己。在马克思之后,又出现了一种倾向,这种倾向试图赋予哲学超然世外的面貌,在它的推动之下,实际世界似乎越来越沉沦到哲学意识的水平之下。现在,有许多哲学格外强调解释世界。这更多的是一种表面现象。但是,由于在口头上已经把重点放在了解释之上,不少哲学家因此被引向了理论与实际相分离的道路。这样的理论甚至使它们的鼓吹者人格分裂。哲学已经四分五裂,别的也很难统一。作为哲学家,一个人有自己成系统的世界观,但是他在日常生活中却总是犹豫不决,不知道该如何行事;作为社会的一员,他要进行一系列的活动,但是,他的行为

　　* 本文是作者 1958 年 5 月在英国牛津大学欢迎会上所作的讲演。程东译。——编者注

却不能用他自己的哲学来证明为合理。他嘴上说出来的哲学不能引导他的实践,引导他的是他还没有在哲学上公然宣称的某种东西,虽然也有其哲学的部分影响。以我本人为例。在解放之前,我已经从事了 30 年哲学工作,精心构建了一套客观唯心主义的理论,在这套理论中,宇宙似乎是符合逻辑的。我玩弄抽象概念,以致我在主观上不能对付我的日常事务。甚至在阴天出门是不是应该带伞这样的事情上,我都会感到困难。我推导半天也不会有结论,而最后的决定十有八九是随意的。我前 30 年的哲学生涯是在中国历史上最动荡不安的时期度过的。当时,阶级斗争达到了白热化的程度,我所存身的学术领域也难逃其外。我不得不就许多问题作出决定。这些决定当然不是随意作出来的,也没有受到我所宣称的哲学的暗示。引导我的是我思想中某些很本质的东西,但是我所宣称的哲学并没有提到它们。我孤独地蜗居于象牙塔之中,看着周围的世界风云变幻。

　　辩证唯物主义和历史唯物主义坦言既要解释世界,也要指导改造世界的社会实践。它真实地反映了客观世界最一般的各个方面,就此而言,它在最一般意义上也是一套思维的规则。因为它指出了我们努力的长远目标,帮助我们理解这个国家在任何特定时期的客观条件,所以,它使我们能够制定政策和采取措施来应付这些条件,引导我们一步一步地走向我们的目标。我们的行动纲领本身就在我们的哲学的指导之下,因此,无论我们做什么,我们总能在其中看到哲学的影子。行政工作过去被认为是傻子都能做的事,可是现在似乎成了精通哲学的人才能干的工作。我们的人格不再分裂,我们知道我们就是社会发展的理性载体。一般说来,我们知道我们在做什么,我们会坚定不移地去做。之所以能够如此,是因为我们所信奉的哲学是一套理论联系实际的哲学,这套哲学不仅要解释世界,也要引导我们改造世界的社会实践。

二

有人说,中国革命取得胜利不是因为指导革命的哲学所具有的真理属性,而是因为用高压手段所灌输的某些常识。我们并不缺乏常识,也没有过分地依赖它们,但是,否认哲学在革命中的作用显然是不真实的。下面我将表明,在民主主义和社会主义革命中,哲学一直在引导着我们。我们的民主主义革命是马克思—列宁主义的普遍原理与中国当时的具体情况相结合的实例。首先,这是一个辩证的原理:一般寓于特殊和个别之中。有的人可能会否认这个原理,我本人在1949年以前就不承认它。我的理由是,共相独立于任何特殊的(虽然不是所有的)具体之外。有的人可能会承认这个原理,但是认为它只是一个朴素的真理。它可能是朴素的,但是不乏深刻,特别是在它引导我们的思想和行动的时候。在这种时候,它不仅是哲学教科书中的一个命题,也是一条戒律:不能把一般从特殊和个别中割裂开来。割裂的结果是,过度强调一般,会导致教条主义;过度强调个别和特殊,会导致经验主义。两者都会使革命走向倒退。正是为了与哲学上的这些倾向做斗争,毛泽东主席写下了《实践论》和《矛盾论》。

没有辩证唯物主义和历史唯物主义的引导,我们的革命就不会成功。没有一种科学的哲学,我们怎么可能得出结论,说旧中国是外国帝国主义、买办资产阶级和地主阶级统治下的半封建半殖民社会呢? 没有这样一个马克思主义的结论,我们又怎么能够把这些阶级挑选出来,作为革命的对象加以推翻呢? 正是通过阶级分析,毛泽东主席早在1926年就告诉我们,谁是可能参加革命的人。没有哲学的引导,农工怎么可能像当年那样被动员起来参加革命呢?"民族资产阶级"这个词听起来有一点奇怪,但是它恰当地描述了一个阶级,这个阶级能够在一定程度上参加革命。旧中国是半殖民地社会。这意味着外国帝国主义和买办资产阶级一道欺压资产阶级中的那些拒绝走帝国主义道路的人们。这些人也属于资产阶级,但他们是爱国者。他们害怕无产阶级革命,但是也想推翻帝国主义和买办阶级。由于他们是资产阶级,他们不可能没有他们那个阶级的基本特征,但是在当时的具体条件下,他们也有革命的方面。我们对待民族资产阶级的态度是一般与个别相结合的生动例证。只有在中国,我们才看到资本家们敲锣打鼓地在街上游行,为他们的资本即将社会化而欢呼。显然,如果没有哲学的引导,这一切是不可能完成的。

也许有人会说,中国革命是20世纪的革命,是一场无产阶级领导的革命,这样的革命只能在马克思主义哲学的引导下发生。但是,不可能永远进行这样的革命。现在,我们面对建设的时代已经到来,建设碰到的是另外一些问题,这些问题的解决需要工程学、自然科学和经济学。毫无疑问,情况正是这样。但是,革命并没有随着反动政权的推翻而结束,在共产主义社会建立之前,革命是不会结束的。就是在共产主义社会,哲学的引导仍然是需要的。尽管工程学、自然科学和经济学在今天比过去任何时候都重要,但是这绝不意味着哲学的重要性有所减弱。这一点在各个领域都能看到。

以农业为例。土地改革运动几乎一解放就展开了。这是农民最积极参加的一个运动。地主被剥夺了财产,他们的土地分给了农民。随着生产力的解放,生产的增长成为普遍现象。历史唯物主义教导我们,为了解放生产力,必须打破阻碍生产力发展的生产关系。地主被推翻了,然而问题并非就此为止。如果我们停留在这个阶段,而不采取进一步的措施,我们就会犯严重的错误。农民具有双重性:一方面,他们就是劳动者;另一方面,他们又是其产品的所有者。因此,他们站在十字路口上:既可能转向社会主义,又可能转向资本主义。自由放任的政策将会鼓励他们走上灾难深重的资本主义道路。因为在那种情况下,大鱼会吃小鱼,富裕的农民有可能吞食贫困的农民。不过已经采取了措施。互助组已经建立了,在某些地方,甚至在土地改革运动之前就建立了这样的组织。初级和高级的农业合作社也组织起来了。农民是不容易被语言说服的。这些互助组和合作社就是实际的例证,展示着一条与资本主义截然相反的道路。农村的阶级斗争现在具有了不同于以往的性质,不再是地主与农民之间的斗争,但是仍然很严峻。它是走什么道路的斗争,在 1955 年,这个问题已经以有利于社会主义的方式解决了。农民认识到,只有社会主义才能解决他们的问题。现在这样说比当时实际上理解这个道理要容易得多。当时,许多人并没有把握住形势,不知道社会主义已经取得了胜利。只是在大量的农用物资被集中以后,在科学的阶级分析被采用之后,农民现在正在奔赴的那个主导方向才变得清楚和明确起来。显然,农业像其他任何领域一样,是以历史唯物主义为指南的。

合作社现在还不够稳固,但是随着时间的推移,它们会越来越巩固。合作社之所以能够站住脚,是因为它们解决了在过去的条件下不能解决的问题。

这样的问题是很多的。我举两个小例子,因为它们很简单。在河北省有一棵歪斜的果树,它的根在一个农民的地里,树阴却在另一个农民的地里。这棵树属于前一个农民,却遮挡了后一个农民的庄稼所需要的阳光。树的主人想留住这棵树,但是他的邻居却想移开它或者砍掉它。两家为此吵了 20年,问题虽然小,却一直得不到解决。然而,当两个农民都加入了合作社以后,这就不再是一个问题了。另一个例子是在江苏省,一条小溪流经一个村庄到达另一个村庄。前一个村庄用溪水浇灌庄稼,这样,当小溪流到第二个村庄时,溪水已经很少了。两个村子长年为此械斗。这个问题产生的后果比第一个问题严重得多,但是它同样不能解决。合作化以后,两个村庄加入了同一个合作社,他们的老问题从此不再烦扰他们。这样的事例还可以举出很多。

现在,农业的社会化已经是既定的事实。如果没有哲学在理论和实践方面的引导,这样的成就是难以想象的。无须引用其他领域的例证,我们的建设事业作为一个有机的整体,本身就体现了历史唯物主义所提出的社会发展的法则。

三

在改变世界的同时,我们也改变了我们自己,这是辩证法的一条法则。那些在 1949 年以前参加革命的人发现,他们在革命的过程中自身已经改变了。这些人中有不少是小资产阶级知识分子,他们最初是为了 1919 年五四运动提出的民主与科学的事业而奋斗的,但是到了 1949 年,他们已经变成了坚定不移的无产阶级知识分子。这种自我转变适用于每一个人,没有人能够例外。上面提到的农民从个体道路到合作道路的转变,同时也就是他们自身的改变。他们过去熟悉的那些观念不再能合理地引导他们的行动。拿上面所举的两个例子来说吧,表面上不能解决的问题被解决了,或者被化解了,这意味着个人主义的思想方式或本位主义的思想方式必须让位于社会主义的思想方式。随着社会主义改造在农村的推进,旧的思想方式越来越不合时宜。在改造农村的同时,农民自身也改变了。

知识分子同样面临这个问题。国外有关中国"洗脑"的报道是持反对意见的。我个人感到很难理解这种反对的态度。我们中很多人有每天洗澡的良好习惯,以清除身上的尘垢,没有人会认为自己身上的尘垢是个性的展示。如果身体的清洗是必要的,为什么精神不能清洗呢? 正如上文所说的那样,思想的重新定向不仅仅是知识分子的事,当然,对于他们来说,这个问题更严峻一些,因为他们的头脑中堆满了陈旧的思想垃圾,而这些尘垢却被认为是个性的展示。知识分子的这种情况只会使思想的重新定向变得更困难,却丝毫不会减少它的必要性。思想的重新定向不能靠闭门沉思来实现,接受他人的批评是必要的。我们从来不加怀疑的观念是不能靠我们自己从脑子里清除的,我们应该坚定信奉的观念也需要通过同事的批评才能弄清楚确实是我们实际上缺乏的。批评与自我批评最初有一点痛苦,但是习惯了就不觉得痛苦了,甚至有一点令人振奋,因为我们看到我们身上的思想尘垢被清除了。

哲学的重新定向可能是一个缓慢的过程,它不能与一般意义上的思想定向截然分开,也不能被认为与 1949 年以后的革命实践无关。社会存在决定社会意识,因为中国社会现在正经历着翻天覆地的变化,这种变化必然会在哲学上产生影响。就我自己的经验而言,立场是最基本的。1951 年 2 月,有人指出,从工人阶级的立场来看,《实践论》提出的是一种认识的理论,当时,我直言不讳地表示怀疑,不过也用了好几个月的时间尝试着从那个角度来看这本小册子。从那个角度我也看到了,毛泽东主席的学说一直是、现在仍然是认识论意义上的深邃真理。我们的立场通常隐藏在我们的基本前提之中。1949 年以前,我在认识论上的出发点,很"自然的"是把感知与社会实践分开,使个人脱离社会,把认知看作是时空变量的抽象背景中的一个剖面,脱离了人类认知的历史发展。这种态度之所以是"自然的",是因为我抱有有闲阶级的偏见,看不到社会生产实践意义上的体力劳动在认识中的作用;是因为我抱有个人主义的偏见,认为个性是自然现象,尽管它实际上是一定历史条件下的社会产物;是因为我抱有认知上的偏见,认为认知是静态的和剖面的关系,而不是动态的和发展的甚至是进步的过程。思想的重新定位对于我来说意味着调整自己的立场,这使我能够以新的眼光来看待哲学。

如果没有正确的立场,辩证唯物主义和历史唯物主义是很难理解的,也是不可能接受的。因为不解决立场问题,就有可能把它们的优点看成是"缺陷"。这是一个阶级的哲学,而不是这一个人或者那一个人的哲学。任何科学的分支都是科学的,在这个意义上,这套哲学是科学的,也就是说,它真实地反映了客观世界的法则,只不过它所处理的法则是最一般的。与其他最先进的科学一样,它也是成系统的,但是它不同于某些哲学,它不是一个封闭的系统。它坦言自身并没有完成,不过是在它永远不会终结的意义上而言的。随着我们对世界的了解越来越多,它将更加丰富,更加圆满。这些确实是它的优点。为了这样看待这套哲学,有必要放弃旧哲学的某些观点。我本人没有把它的这些优点看作是"缺陷",但是在 1949 年以后的一两年里,我认为它有一些"不足"。在我看来,辩证唯物主义似乎有些刻板和简单,还存在着某些概念盲点。我想用我那时所认为的锐利的"概念工具"为这套哲学"润色"。重新调整了我的立场之后,我开始明白了,这套哲学不仅是而且必须是改造世界的社会实践的指南。因此,它必须是严格的科学意义上的真理。任何"润色"辩证唯物主义的企图都会使本来丰富的东西变得贫乏,使生动的东西变得僵死,都会以某种方式使它封闭起来,取消它的科学性,使它不能引导我们改变世界。

没有恰当的立场,没有世界必须改造而哲学必须引导我们的信念,我们很容易沉溺在某种不负责任的形而上学的诡辩之中,通过这种诡辩,深刻而朴素的真理就可能变成"站不住脚的命题"。客观事物不依赖我们的感觉和意识而存在,这确实是一个深刻的真理,是在认识史上一再被证实的深刻真理。约翰逊博士的腿作为一个客观存在,在踢动时导致了一个客观事件的发生,他的腿与另一个客观存在,例如石头发生碰撞,结果就发生了碰撞这个客观的事件;博士脚指头的疼痛或其他感觉确实不是发生在真空之中。然而,哲学家谈论它的时候,却以为它发生在真空里。只有通过形而上学的诡辩,他们才能做到这一点。通过割裂感觉与实践(它本身也是一个客观存在)的联系,通过排除在实践中切实赋予感觉的东西,从"赋予"中不可能推导出或者推断出客观事物存在就成了"普通人"的智力所不能理解的"哲学真理"。一个朴素而深刻的真理因此变成了一个站不住脚的命题。贝克莱有他的打算。但是,就我这样的哲学家而言,在 1949 年以前,这样的思想训练必定会被当作智力游戏。随着立场的转变,我认识到,哲学思考是一项严肃的事业,容不得形而上学的诡辩。生活是热忱的和真实的,哲学也一样。

中国现在的重建是在朝着社会主义的方向改变属于我们的世界。这项任务在任何地方都不是简单的,但是在中国这样一个国家里,它只不过是一项巨大的任务罢了。每一个领域都波及了,任何事物都不可能维持原样。现在,生产力已经被大大地解放出来,每一个人和各行各业的创造性活动充分展示了这一点。劳动热情空前高涨,成千上万的人在热情洋溢地工作。过去认为不可能实现的任务现在很快变成了事实。例如,成千上万的农民近来一直忙于兴修水利,他们在前几个月里所完成的工作,相当于过去四千年水利工程的总和。社会主义社会是高度组织的社会,因此,社会主义的重建工作也是在一个很高的水平上组织进行的。它对教育、文化、工程和科学提出了既困难又紧迫的要求。哲学也不例外,特别是当它担当着指导社会实践的角色的时候。以唯物辩证的观点看待问题和处理问题是各条战线都需要的,显然,这是其他哲学所不能满足的。研究和普及必须结合起来,尽管有点奇怪,但这样的时代确实已经到来,它要求即使是哲学家,也不仅要深思,还要挽起袖子大干。

哲学领域不久将采取积极的行动。将制定计划对辩证唯物主义和历史唯物主义进行研究。很可能,我们的主要精力将用于探讨社会发展的规律,探讨各种矛盾的性质并找出解决的方法。热烈的讨论将在比以往大得多的范围里进行。中国哲学史的研究也将受到关注,这种关注将比以往任何特定的时期更深切。西方哲学史和逻辑也一样。虽然我们的指导原则是理论与实际紧密结合,但并不意味着需要研究的问题只能在一个被严格限定了的范围之内。相反,我们将面对大量的问题。旧的问题将被重新清理,其中一些问题已经解决了,另一些还需要解决。重要的是,我们以前从来没有遇到过的问题已经发生了,随着研究的深入,它们还会不断地发生。一部马克思主义的中国哲学史确实是一个新的科学领域,这一领域里已经有不少前辈专家,但是大多数从事这项研究的哲学家仍然发现他们的工作几乎是全新的,我们面前的工作显然是困难的,但是对于那些像我一样蜗居于象牙塔中从事哲学思考的哲学家来说,这项工作是令人振奋的。

关于人,J.M.巴里在《亲爱的布鲁塔斯》里这样说,他们之所以微不足道,不在于他们的命运,而在于他们自身。就单个的人来说,这是很难否定的。但是,在我们齐心协力建设一个新的社会时,无论我们的贡献是多么微不足道,都具有持久的价值。据说释迦牟尼曾经问他的弟子:"欲滴水不干,当何如?"弟子不能回答。释迦牟尼回答说:"汇入海洋。"我们的努力确实只是一滴小小的水珠,但是,当我们把它汇入千百万人民群众共同努力的汪洋大海时,它将永不枯竭。

论罗素中立一元论的本质*

　　物理学从 1913 年到 1929 年的突飞猛进给它带来了相当于一场危机的困难。科学是唯物主义的,物理学也不再充分,为了说明这一发展提出的问题不得不代之以辩证唯物论。唯心论者既不顾也不懂机械唯物论和辩证唯物论之间的差别,错认取消前者为取消唯物论。唯心论者的攻击机会似乎来了。科学发展中的困难不是什么缺点,它们总会被克服而且一旦克服它们也就把科学推向进一步的发展。可是,它们也是唯心论者的攻击的借口。怀特海、霍尔丹、布劳德以及其他人都开始把科学概念编织进他们的非唯物论哲学中,那并非只是偶然而已。罗素也是其中之一,他抓住的借口就是感官世界中物体的概念。

　　在感官世界中,物体或多或少是凝固的、真实的,它们占住空间并且是较不可入的;总而言之,它们是实体。这里是一张桌子,它的棕色和方形都是看得见的,但棕和方不能用手分开来移动。可是,如果我把桌子移到书房,棕和方也就一起被移到了那里。这桌子的属性结合成某种凝固性、某种真实性

和所体现的感觉,它们占住不为他物所占的一定的空间。这桌子被称为物体。作为体现一堆属性的物体的存在性整个世纪都在肯定。正是在这里,罗素看到他中伤唯物论的机会。他的中立一元论是由用感觉材料构造物质和心灵并把它们还原为感觉材料所组成的,并且这是可以通过取消物体的具体表现来进行的。在下面的叙述中,罗素的中立一元论和他的物体理论被当作同一个理论来处理,时而论及这个,时而又论及那个,依上下文而定。

一

对于辩证唯物论者,物体的感觉不带来什么问题。科学地和历史地设想,感觉一方面是不可分地跟社会实践联系在一起,另一方面它又不停地通过理性认识而日益深刻。以如此设想的感觉,物体是可以感觉得到的。实际上,它们总是感觉得到的而且也是每天都感觉到了的。当有人拿了一本书到书房去时,他不仅看到书的颜色,而且也感觉到手中的这一物体。

可是,有位具有休谟式心灵转变的哲学家认为不是那样的。当唯心论地和玄学地设想感觉时,它和实践割裂开来,不受历史影响,是抽象的和单纯的。例如,拿一个并不十分成熟的青苹果来说。眼睛看见绿色和圆形,但此外什么也不在它的视野中;鼻子嗅到苹果气味,但它跟颜色或形状无关;如此等等。苹果变成一堆属性或品质,带着它的真实性或物体性挥发在稀薄的空气中。对于休谟,仅仅有原因未知的印象。

1912 年,罗素在他的《哲学问题》中也承认原因,但当休谟明言不知道它们是何种实体时,罗素却又把它们当作类似于影响感觉材料的效应。与康德的物自体一样,它们不可以感觉得到或者认知得到;但与物自体不同的是,它们可以间接地知道。罗素 1959 年说,有许多问题他仍然相信。但即使在早期的那些日子里,在寻找缓解方面也有两点在必须做一些有关于它们的事情的意义上突显出来。一点是,客观事物是经验不着的,它们只可从感觉材料经由它们引起的感觉材料之间的关系而推论出来。另一点是,这推论不能成立,因而是不可靠的。对于辩证唯物论者,又一次不成问题;但对罗素来说,它仍然是一个问题。可疑的是,他是否真心实意地试图科学地解决它。要是他真想,那他就会发现他的感觉材料理论说不通,并从而放弃它。然而,在坚持这一理论的过程中,他暴露出(说得客气点)自己的不真诚。

简括地说,上述问题是物体的一个具体表现。正是事物的体使罗素经验不着它们,也正是它们的体迫使他把它们当作是推论得来的。能消除它们的体吗? 1914 年,罗素从事于消除物体的体的工作。为了达到他的目的,他使用一种已经熟悉的工具,也就是奥卡姆剃刀。通过一系列反对持久性和真实性的讨论,罗素简单地剃掉了事物的具体表现。他使用的另一种工具是逻辑构造,这是他从怀特海那里借来的。充分体现的物体对概念操作的不可展性就在于它们的客观性和真实性,但消除了体的物体就可用感觉材料逻辑地构造起来。哲学中和逻辑的神秘主义中给出的构造是荒谬的,但目的是明白的:如此构造出来的物体是经验得着的,因为它们本身仅仅是感觉材料;而且也由于同样的理由,不再需要不可靠的推论。从科学上说问题并没解决,它只是在哲学上通过。

消除了体的物体的构造是混乱的、不一致的和荒谬的。但这努力是英勇的,人们可以看到罗素因尽力而出汗。但这努力仅仅只是为了把上述问题摆在一起吗? 人们不会想到他是另有所图。严格地讲,消除了体的物体不是物体,也不用说是客观物体,更何况说是客观物质的物体。罗素想要通过构造物体来构造物质。物质如何通过无体的物体,通过本身还是感觉材料的物体构造出来呢? 那也就是罗素实际上所做的一切。不仅他构造出来的物体是没有体的,而且他构造的物质也是没有独立存在性的。物质的本质是它的存在性,独立于我们的感觉,独立于我们的思维和认知。没有这个独立性,物质就不成其为物质。罗素所构造的仅仅是某种带有欺骗性标签的东西。他曾经反对过主观唯心论,但几乎不能说他是无意识地一步步进入它的泥沼的。我们是被迫作出这样结论的:1912 年他已经转向主观唯心论,1914 年他做了一次巨大的跨越。

罗素用来构造物体和物质的素材是感觉材料。到 1914 年,他已经迈出了转向中立一元论的两个步骤中较重要的一步,也就是把物质还原为感觉材料。有相当长的一段时间,他反对威廉·詹姆士提出的那种中立一元论。据阿伦·伍德说,①罗素于 1918 年就开始考虑心的分析,以此命名的那本书于 1921 年出版。在那里,心是不太费力地构造起来的。以

---

① 阿伦·伍德:《罗素——热情的怀疑论者》,第 117 页。

前,罗素坚持了感觉和感觉材料之间的区别,承认只有前者是理性的。甚至直到 1912 年,他都用这一区别来作为反对贝克莱的讨论。1919 年,在《论命题》①那篇文章中,罗素开始放弃这一区别,到 1921 年则这一放弃就最终确定了。心被还原为感觉,而且由于感觉和感觉材料之间的区别不再有效,心也被还原为感觉材料。虽然进入构造的因果关系是不同的,但用来构造物和心的素材却是相同的。

到 1921 年,罗素的中立一元论因物和心已经构造起来而得以完成。素材(也就是感觉材料)既不是物质的也不是理性的,它比二者更根本,中立于二者之间。我们已指出过,1912 年罗素已经走上奔向主观唯心论的路,那时他还不是中立一元论者;1914 年他已经完成走向中立一元论的两个步骤中较重要的一步,较深地陷入了主观唯心论,而到 1921 年构造出了心,他也就完成了他的中立一元论。尽管罗素在他的哲学讨论中总是习惯于援引科学权威,但到 1921 年为止他的中立一元论主要还是他的哲学计划的延伸。

斯特斯在他批评罗素中立一元论的论文中并未概述物的分析。我们不赞同他这样做的理由,但我们同意他的说法,到 1921 年罗素已经完成中立一元论。那么,物的分析起了什么作用?我们又如何来评价它?

---

① 见罗素:《逻辑和知识》,第 295 页。

二

1913 年到 1929 年,物理学以非常之大的跨步前进。原子结构、广义相对论、量子力学和波动力学把它推到最惊人的进步上。发展越快,困难也就越多。永远发展着的概念在这样一个进步的科学中获得了它们最广泛、最迅速的发展。困难众多而科学家又必须解决它们时,哲学家绝不会在一边闲着。其中许多为唯心论留心机会的人开始从唯物论引出这些形成概念。正是在 1919 年用实验最终证明了广义相对论,引起了罗素的兴趣。那么它的内容是什么呢?

物体的概念不得不依据微观物理学用概念对论域的相对性必须明显地确定的结果来做某些修改。微观世界的客体不仅仅服从经典力学的规律,它们体现相对论、量子力学和波动力学的结果并且也服从若干其他规律。这并不意味着经典力学失效,它仍然适用,仍然有影响;只是其他规律同样起作用,而且它们的影响也不可忽略。在这方面,微观世界和宏观世界是不同的,因为在后者中微观影响很小,小得就某些目的说可以忽略不计。猫和戒指都是感官世界中的事物,而当猫盯着戒指时它就可能对戒指产生微观影响。但正如某些哲学家所认为的那样,在感官世界中戒指仍如真实的那样硬,也如以往那样不可入。事物的概念成为相对于论域的概念,在论题涉及一个世界的地方,除了一些很特殊的情形外,归于其他世界的事物的复杂性在整体上是无关的。

鉴于上述缘由,我们不得不承认,感官世界中僵硬、真实的物体的情况不像在微观世界中那样。微观上一个通常的苹果可以像北京站人潮涌动,或者像工作日的天安门广场方正空阔。对那些思想有点墨守世俗成规的人来说,上面的叙述似乎是完全不可信,在 1919 年的日子更何论相信。从这个哲学视点来看,为了免除讨论中的混淆,我们必须坚持论域明确、类型确定的原则。我们认可两个不同世界的区别条件,但我们不能利用一个世界的条件去否定另一个世界的条件。1919 年,有些人认为,不管波动速度的速率如何,一尺总是一尺。这是站不住脚的,因为它是在感官基础上否定相对论物理学。但是,也有另外一些人在微观物理的基础上否定感官世界中的事实。无须说这同样也是站不住脚的。

爱丁顿在介绍物理世界的本性时从两张桌子谈起,一张是常识的桌子,另一张是被他标示为科学的桌子。前者是具有通常的凝固性和真实性的、熟知的桌子,它是充分地不可入的,能在我们写书时支撑我们的双肘。另一张桌子主要是虚空,由捉摸不定的东西以巨大的速度在那里来回穿梭。我们能用支在桌子上的双肘写字是因为在肘和桌子中有大量的电子在那里往下压、向上顶。这两张桌子都存在,那么为什么爱丁顿要把第二张标为科学的呢?他不是在揭示一个偏见说第一张桌子有点不科学吗?在随后的一页左右,他作出了这样的判断:科学的桌子是唯一实际存在的桌子。过一会儿他还认为,这个结论是通过精细的检定和无情的逻辑得来的。爱丁顿是一位科学家,他在科学领域中所说的一切应当得到尊重。但在上面的叙述中,他是在讲科学吗?

罗素抱有类似的想法。人人都知道约翰逊用脚踢石头来反驳贝克莱主教的故事。约翰逊显然是从隐含在常识中的朴素唯物论开始的,对他来说石头本身存在,用脚踢它仅仅是证明它存在。这无疑是有效的,而贝克莱的答辩不过是顽固坚持主观唯心论而已。有一段时间罗素不同意贝克莱。到1930年,罗素改变了自己的想法,认为约翰逊没意识到他的脚和石头根本没有碰上,这二者只是波浪运动的复杂体系而已。我们不否认,在微观世界中,约翰逊的脚和石头都是波浪的体系。但是,说只有这样的波浪体系才是存在的,那科学吗?故事没有交代约翰逊的脚没有踢着石头,大概是踢着了的。脚和石头都是感官世界中的物体,脚踢石头这件事也在其中。跟爱丁顿一样,罗素也否定感官世界中物体的实在性。这样一种否定可能会是科学的吗?或者,可能会是科学所要求的吗?

也许可以说,罗素仅仅否定可感觉物体的实在性,而不是否定可感觉物体本身。他说脚和石头没有碰上,是他不认识它们吗?罗素不否定"脚"或"石头",因为根据他的观点,它们都是感觉材料体系的构造。作为"物体",它们是无体的,作为"物质",它们避开了独立存在性。因而,他在"脚"和"石头"中所认识的只是依附于感觉材料的名字。为什么约翰逊认为用脚踢石头就能反驳贝克莱呢?他把他的脚和石头都当作具体化了的物体,而把物质当作独立于感觉、思维和认知而存在的。贝克莱的答辩是,石头因约翰逊踢它而存在,约翰逊踢它表明他所谓的石头和脚都是感觉或观念。罗素年轻的时候也反对贝克莱的观点,要是他说到石头或脚,他也是指某个真实的东西。在上面的讨论中,被他否定了实在性的物体是约翰逊心中的物体,也就是独立于我们的思想和感觉而存在的、具体化了的石头和脚。否定这些物体的实在性是科学的或为科学所要求的吗?

我们已经指出,在哲学上我们不得不坚持论域明确、类型确定的原则,以免在讨论中发生混淆。虽然我们承认微观世界和宏观世界的区别,但我们一定不要用为一个世界特有的条件的优点去否定为另一个世界特有的条件。

而这正好是罗素所做的一切,他正是用这种方法攻击唯物论。用来说明在感官世界中得到的凝固性和真实性的概念的发展跟微观世界无关。但谅必微观物理绝不否定感官世界中凝固而真实的事物的存在性。爱丁顿的两张桌子的故事或许援引自罗素,但为什么罗素如此热衷于用微观物理的名义来破坏具体化了的物体? 这里,我们不得不返回到在前一节中已经指出过的一切。1914 年,罗素已经从事消除物体的体的工作,他取消它们的持久性、凝固性和真实性,并且用感觉材料来构造它们。于是,荒谬的东西就构造出来了。罗素曾经有借用科学中的概念来推进他的哲学讨论的习惯,但那并不广泛或系统。由于物理学巨大的进展,他看到了对此做广泛系统应用的机会。对他来说,问题就是用新瓶装旧酒,这是在《物的分析》中做的。在前一节中,我们同意于斯特斯,但现在我们的意见跟他不同。从我们的观点来看,《物的分析》为中立一元论做了一点贡献,提供了以往缺乏的一种新形式和一件科学外衣。以后,不仅仅罗素想要消除物体的体,而且认为这样的消除是为物理学所要求的看法也造成了一种不可磨灭的印象,迫使缺乏数学头脑的哲学家把它当作一个无可言说的既成事物来接受。

作为物质基础初始素材的事素概念,最初是在刚才提到的书中阐明的。大量的物体都是由事素构造起来的,例如空点、时点、电子和质子等等。这一概念似乎直接借自物理学并且被用于如此多的微观实体的构造,其所造成的直接来自物理学的印象几乎成了一个定论。但是,个中秘密直到 1930 年才泄露。罗素在《哲学》中说,事素并不是"什么奇怪的东西,看见闪电是事素,听见车胎爆炸也是,嗅着坏鸡蛋也是,感触到青蛙的冷也是"。似乎直接来自物理的东西结果都只是感觉!曾经坚持过的感觉材料和感觉之间的区别在 1921 年放弃了,从此以后感觉就是感觉材料。1930 年,物质被说成是具有极其复杂的逻辑结构的事素集团。这仅仅意味着 1914 年所做的陈述,物质是现象或侧面的某种复杂结构。无论是现象、侧面、感觉,还是事素,它们的意义都相同,也就是感觉材料。这是罗素在 1921 年后停止使用的一个名词,但显然相应的思想从来没有在他的头脑之外。《物的分析》所宣扬的本质上是 1921 年已经完成的中立一元论,唯一不同的就是他给中立一元论披上了一层科学外衣而已。

三

那件科学外衣完全合适吗?罗素 1921 年完成的中立一元论并不是从物理学得来的。可是谁都会问:任何一个与罗素有同样准备的人真的能这样从物理学引申出它来吗?要是能,那这件外衣就完全合适。中立一元论能这样从物理学引申出来,有两个意义:一个是它本身就是物理学的一部分,或许是它的定律或定理之一;另一个意义是说,罗素的结论是物理学所蕴涵的哲学方面的结论,尽管物理学并不包含它作为自己的结论。在这两者中的任何一个意义之上,有位物理学家表达的不同意见将是确证:中立一元论不是这样得来的,因为要真是这样,它就应当为所有同样的物理学家们所赞同。爱因斯坦无疑是位伟大的物理学家,让我们来听听他的意见吧。

首先,让我们援引他的下述意见。"关于独立于知觉主体的外部世界的信念是所有科学的基础。"这是伦岑在他的短论《爱因斯坦的知识论》中引用的。这一点很重要,特别鉴于下面的引文。显然,它断定有独立于感觉或知觉的客观物质世界。伦岑进一步说:时空理论的主要概念是有体的对象的概念,而且"根据爱因斯坦,对有体的对象所指定的特征性贡是独立于主观时间和感觉知觉的存在性的"。爱因斯坦在回答批评的文章中仅仅表示感谢伦岑,并没有否认他的说法。可见,这说法真实地反映了爱因斯坦的意见。这位伟大的物理学家没有从物理学得出结论说,微观世界中的物体是无体的,也没有说客观物质物体不存在。相反,他还从物理学的观点来强调客观具体物体的存在。他说:"从原则观点上看来,这种理论中不能使我满意的东西,便是它对于那在我看来是全部物理学的纲领性目的的态度,这个目标就是:对于任何(单个的)实在状况(它是不依赖于任何观察或证明行动而存在着的)的完备的描述。"爱因斯坦承认年轻时受过马赫的影响,但他不久就发觉马赫的认识论见解基本上是站不住脚的。

他明确地反对实证主义和贝克莱主教的认识论。他说:"在这种论证中,我所不喜欢的东西,是那实证主义态度。这种态度,从我的观点来看,是不能赞同的。我以为它会变成像贝克莱的原则'存在就是被感知'……一样的东西。"关于物体的实证主义解释,他说:"然而,很难有人会倾向于认真地考虑这种解释。因为,在宏观领域中,人们必须坚持空间和时间的实在的描述这个纲领……"这就是说,宏观世界(包括感官世界)事物的存在是必须坚持的。实证主义者把实在(即物质)当作形而上学来抛弃,这又是爱因斯坦所反对的。他说:"我们主张感官印象以一个主观因素和一个客观因素为条件。……但如果我们拒绝这种区别,我们就不能避免唯我主义。"他将要运用这种区别而"不管别人责难,说这样做就犯了形而上学(玄学)的'原罪'。"爱因斯坦完全知道罗素之所做,他的批评直接指向罗素的物体理论。他认为,由于过分害怕物理学,罗素把物体当作无限制的"性质",取自于感觉方面的原始材料的"性质"。在用罗素自己的话来反对罗素之后,爱因斯坦得出结论说,"把事物(物理意义上的对象)当作独立的概念,跟纯时空结构一起放进系统中",他"看不到有什么"形而上学的"危险"。由于上述一系列的引文,"独立概念"一词也许是不幸的,但它的意义是不会弄错的。

爱因斯坦的意见是一个确证,证明罗素的中立一元论或物体的理论不是物理学的一部分,也不是哲学家必须作出的结论。

我们还有一些可能性要考虑。虽然物理学并不蕴涵中立一元论,但也许将来会有某个目前还不知道的、遗漏的联系一旦发现就能使前者蕴涵后者,这难道不可能吗？回答再一次是否定的。物理学蕴涵中立一元论或它的物体理论的阐述使得物理学自相矛盾。因此,叠加是不可能的。微观物理学是反映微观现象及其规律的科学。它由我们关于微观世界的物理知识组成。无论微观世界和宏观世界之间的关系如何,我们关于前者的知识总依赖于我们关于感官世界的一部分知识。证明或证实我们的微观知识并不完全在于微观世界,必须要做实验。实验涉及烧瓶、试管、固体、液体、气体,以及从实验产生的现象。这些都是感官世界中的事和物。虽然那是在微观现象中证明或证实的,但证明或证实的过程每天都在感官世界中发生。我亲眼见过这些实验中的一个,无论它多么复杂,它显然涉及已经说到的器具。就验证所及,我们微观知识的有效性依赖于我们感官知识的有效性。对待这些感官器具我们的态度能是怎么样的呢？它们像爱丁顿的非科学"桌子"或罗素的"石头"和"脚"那样不实在吗？要是它们正是这样,那么实验就是不实在的,由此引出的结论就一定不是有效的。我们因此而面临一个悖论:如果物理学蕴涵罗素的中立一元论或物体的理论,并且要是后者真则物理学假,因而物理学真则它假。所以,它必定假,因为这个假定使得物理学自相矛盾。不管罗素多么想要利用物理学,结论一定是物理学不可能蕴涵他的中立一元论或物体的理论。后者的那件外衣只不过是一件不合身的服装而已。

四

尽管罗素年轻时曾反对过主观唯心论,但到 1912 年他自己也已转向主观唯心论。1914 年他走上中立一元论,到 1921 年他已将其完成。在物理学迅速发展的时期,罗素以及其他许许多多人看到了攻击唯物论的机会,1927 年,他给 1921 年已经完成的中立一元论或物体的理论披上了一件科学外衣。1959 年,他依旧是中立一元论者,估计他今日也仍然是中立一元论者。

罗素的哲学,或者它的专门部分,主要是认识论;他的认识论主要是中立一元论;他的中立一元论主要是他排除了体的物体的理论,而后者本质上就是他的感觉材料或感觉的理论。他的哲学主要是休谟的。虽然 1912 年他和康德擦肩而过,但他马上又经由马赫回到休谟。马赫主义是披上 19 世纪末的科学外衣的休谟哲学,而罗素哲学则是披上 20 世纪最初阶段的科学外衣的休谟哲学。休谟被英国哲学家描述为 18 世纪伟大的怀疑论者,而阿伦·伍德则把罗素描述为一位热情的怀疑论者。二者怀疑和企图中伤的都是科学的基础。

逻辑的作用[*]

    彭加勒(Henri Poincaré)说:"怀疑一切或相信一切,这是两种同样简单的解决办法,二者都使我们不用思考问题。"而且,它们均排除哲学的可能性。无论从什么观点出发,哲学都应该不仅包括彻底的和经过训练的怀疑态度,而且包括某种信念作为自己一种必要的组成部分,因为它必须有一个出发点。在政治思想中似乎一直很容易形成普遍的虚无主义,但在哲学中却不那么容易。因为不论任何否定,如果它不肯定任何东西,那么它就否定自身,因此什么也没有否定。另一方面,肯定同样是困难的。如果一个人不打算进行哲学思考,那么他就处于一种特殊地位,因为他不需要任何肯定的东西用以润滑自己思想的车轮。但是,如果当而且仅当一个人进行哲学思考——并且没有他为什么这样做的理由——他就会遇到在某处从某种东西出发的困难,无论这种东西是什么,他的怀疑态度可能使他习惯于否定它。而且,使他难于保持其地位的是,在我们日常生活中他所熟悉的大多数东西几乎从一

    * 本文是作者为自己一本书写的绪论,英文稿题目为 *Prolegomena*,载于《哲学评论》第 1 卷第 1、2 期,1927 年 4 月、6 月。王路译。中译文题目是编者拟的。——编者注

开始就超出我们肯定的能力而面临否定。甚至不用提供任何进一步论证的理由,就可以否定我们这个世界的存在。我们所得到的仅仅是无谓的安慰:被肯定的恰巧不是我们这个世界。任何逻辑或事实都不能用来弥补这种否定。列数这个世界上的事物或诉诸我们感觉的证据,我们也无所收获。

然而,我们必须从某处出发。困难在于从什么和从哪里出发。除了我们个人的偏见或我们所处时代的兴趣外,一般无法说明作出一种选择的原因。对神秘主义的偏爱也许将决定一个人赞成热烈讨论永恒的意识,而对实在的健全感觉可能引导一个人首先检验我们的感觉预料。不仅不同的人作出不同的选择,而且不同的时期提出不同的问题。今天,恶这一问题就像在柏拉图时代一样依然没有解决,但却没有什么人努力去解决它。中世纪没有解决一个针头上可以站多少个天使,然而我们知道,现代没有人致力于解决这个问题。哲学问题难得解决;经常是,它们对于某一时代来说是解决了,但更经常的是,随着使它们作为问题而出现的兴趣的消失,它们也逐渐消失。但是,如果一个人以受过训练的和彻底的怀疑态度来开始写一篇哲学论文,那么个人的偏见或时代的兴趣就需要某种证明,没有这种证明,二者都不能用作出发点。但是,证明必须基于某种自身需要证明的标准。这样就产生了一个只能有任意的出发点的无穷过程。我们的偏见最终成为我们哲学思想的基础,尽管我们应该记住,从逻辑观点看是偏见,但从人类积累的经验的观点看却可能不是偏见。

本文将探讨逻辑与哲学、生活以及对我们所处世界的认识的关系。我们将试图提出逻辑在所有上述领域中所起的作用,并且看一看根据什么标准证明我们对逻辑的信赖是正确的。我们将扼要讨论我们关于便利、节省和逻辑的看法,我们还将试图确定它们的关系。也许我们的讨论本应组织得更好一些,而实际上它可能有时似乎是无的放矢。但是,我们的讨论可以清扫许多沉积的污垢,可能从这个意义上讲,我们的讨论至少不是徒劳一场。

一

除在逻辑和数学中之外,我们也许只在哲学中探讨面临或处于某些标准之下的命题,而且有些命题长期以来一直受到批驳。如果我们能找到一个据以确定一些命题是不可否定的标准,大概我们就可以用这些命题作为我们的出发点。当一个命题的对立是不可思议的,就完全可以认为这个命题被确定。但是,不可思议是难以理解的,不能作为一条标准。对一个人来说是不可思议的,很可能对另一个人是可以思议的。历史上不乏这样的命题实例,它们在某一时期是不可思议的,在另一个时期则是完全可以思议的;它们在某一时期是可以思议的,而在另一时期则是完全不可思议的。同样,当认为命题是自明的,就完全接受它们。但是怎么样反对不可思议,就可以怎么样反对自明性,二者均不可靠。因为它们都是对奇怪和陌生的思想的心理抵触,并且被误用作逻辑有效性的标准。如果我们从自明的思想或其对立是不可思议的命题寻找出发点,则我们必然失败。

如果命题是真的,它们就被说成是有效的;如果它们与事实相符,它们就被说成是真的,因此,这种与事实相符常常被当作命题有效性的标准。然而很容易看出,这里与其他地方一样,我们几乎不能得到任何安慰。首先,如果认为"命题"和"事实"这两个词体现出其常识意义,我们就无法知道我们的命题与事实是否相符。一方面,它们相互极为不同;另一方面,我们与它们中的一方十分一致,以致我们不能够以第三者的身份来判断是否有任何相符。当有进一步的相符时,这样一种相符的断定本身就是一个只能真的命题。因此无论我们多么固执地断定一个给定命题是真的,我们都将发现它们应得到进一步的断定。第三章我们将更多地讨论这个问题,但是现在只需说明:即使这个标准成立,我们在寻找出发点时的处境也绝对好不了。如果这个标准是可接受的,则它仅帮助我们发现真命题,它不能够使我们选择其中任何一个真命题作为我们讨论的出发点。如果真命题的产生就像林肯对"美国人"那样是平等的,那么正如美国人在 1860 年不必选林肯作为他们的领袖一样,我们也没有理由选择任何一个真命题作为我们讨论的出发点。另一方面,如果真命题的产生不是平等的,那么必须选择某个特殊的真命题,并且还要发现这种选择的标准。

一般认为,有一种标准是不可反驳的,即通过否定的预先假设。无论如何,它是严格的、逻辑的和自足的。有些命题属于这一类,例如"有命题"、"有真"、"我们论证",等等。一般认为,否定任何这样的命题必然肯定它们,因此它们均坚持各自自足的立场。但是如果仔细研究这个问题,很容易导致两三种思想。首先,在这些命题中,至少有些命题不是其自身否定所严格预先假设的。以"有真"这一命题为例。表面上看，否定如果是真的，则肯定这个命题；如果是假的，则允许原初的命题成立。因此，显然"有真"这一命题被其否定预先假设。但是如果我们以这种方式推论，则我们暗含着这里没有指明的假设，例如，我们暗含着，若不考虑逻辑上优先和逻辑上在后的步骤所包含的差异，则以任何方式定义的真都可以普遍应用。这些命题的真和由它们肯定的或否定的真属于逻辑过程的不同类型；如果罗素先生的类型论（我承认对它的技术一无所知）适用于所有这样的命题，那么用通过否定的预先假设作为这里讨论的意义上的一条标准，就受到很大程度的限制。

以上推理也许可靠，也许不可靠，但是它表明一种可能性，即在被其否定预先假设的命题中，有些命题包含另一些既不在肯定中也不在否定中蕴涵的命题。

其次，还有其他一些命题，它们根据类似的理由否定自己，而我们有些人可能确信必须坚持认为它们体现了我们真诚的信念。"说谎"这一问题比起那些为了自己的哲学目的而使用爱因斯坦相对论的人的问题，是微不足道的。确实，那些断定每个事物都是相对的人，不太知道不变的光速和"间隔"的绝对性，但是，如果这个命题体现了其提出者真诚的信念，那么看到它随着有时似乎仅仅是字面的自我否定而逐渐消失，几乎令人痛心疾首。据我所知，类型论旨在消除这些命题产生的困难。它是否已经达到它所追求的技术完善，这似乎包括它的应用这一非技术问题。无论在哪里应用它，结果很可能是：通过否定的预先假设这一标准变成比我们一眼可以看出的更复杂的东西。因此我们要发现一个出发点的企图,至此没有得到确切的收获。

再次,通过否定的预先假设这一标准本身预先假设了对逻辑的相信。如果一个人拒绝相信逻辑,那么对他来说,仅仅因为他不能根据逻辑规则而否定命题,因此命题绝不能建立起来。由于大多数人都可以感到逻辑的说服力,逻辑就不必对小孩、疯子或哲学家是有效的。后者可以很容易相信有真,同时他们又相信没有真。如果一个人不相信逻辑,那么他就没有逻辑的理由改变自己的思想,尽管他可能有三种这样做的理由。还有其他理由,这将是这一章讨论的主要问题。

符号逻辑学家完全有理由祝贺他们自己发现了一些基本思想,从这些思想即使推不出全部逻辑规则,也可以推出大部分逻辑原则。这样通过数学家的技术可以形成一座逻辑的金字塔。然而,在哲学中引入在其他领域中运用得卓有成效的相同方法,是否在哲学中也将取得类似的结果,却是有问题的。因为哲学在其领域中没有逻辑严格,它探讨具有更为复杂多元性质的论题,它的各种不同的问题一直没有并且也不可能被连成一条无缝隙的链条。任何逻辑系统的出发点不必是哲学的出发点,因此,随着符号逻辑的成功,在哲学思想中迄今并未出现相应的成功。

"哲学"和"哲学家"这两个词的使用一直极为含混,有些人称歌德是一位大哲学家,另一些人称莎士比亚是一位大哲学家。这两个陈述的意思大概均是说这两个人深刻洞察人的本性和生活,但是无论这两个陈述可以有什么意思,却没有什么人反驳它。据我所知,雪莱被一位和怀特海一样的思想家看作是一位大哲学家,但是无论效果如何,从未有人梦想撰写富有争议的反驳那位天使的思想的诗篇。如果在哲学中同在法律中一样,沉默意味同意,那么可以说雪莱的哲学得到普遍的接受。同时,所有哲学家都被某些人说成诗人;默里(John Middleton Murry)先生认为柏拉图是一个优秀的诗人,黑格尔是一个低劣的诗人。无论诗人是否觉得这里表达的意思是一种侮辱,哲学家的哲学尊严似乎依然不受任何影响。这种情况的原因似乎在于:哲学与作为思想的思想无关;与科学一样,哲学的兴趣在于那些获得这些思想和使这些思想相互联系的方法。

柏格森(B.Bergson)的情况对我们讨论的这一点很有启发。这是一位先生,他的诗没有意味深长的语言和响亮的词句,却要采用哲学的形式,结果两方面都相互受到不利影响。他的"生命冲动"成功地融入社交界的高雅气氛,而他的哲学却被他的广大同行视为自我毁灭,因而毫无意义。如果他允许他的读者通过直觉从他的作品获得灵感,那么他对公众的影响可能更大;他甚至可能成为一个宗教领袖。但是这样,他就不会待在现代哲学界之中。由于他选择要积极从事哲学界的活动,他就必须以论证服人。而当他进行论证的时候,他受到逻辑的约束,必须强调理性而不要直觉,因为就其广大读者而言,正是通过理性,人们才感到直觉。人们不能充分地论证直觉的重要性,仅仅因为论证包含着这样的因素,这些因素与根据定义而不同于理性的直觉是不相容的。我们不是为理性辩护,至少现在不是;因为我们都知道,理性可能很容易附属于直觉。柏格森可能强烈地感到是这样。如果大部分人只有通过论证才能分享他的看法,那么他们自然认为理性更重要而不是直觉更重要。这样,柏格森只能在两种情况中选择一种,而不能选择两种:要么他采取系统哲学的方法,在这种情况下,他可能不得不放弃他的哲学立场;要么他放弃论证,在这种情况下,他可能不得不以雪莱或济慈的文体传播他的思想。

批评一位老哲学家只用短短的一段话是不够的,并且在这里也不能详细地展开论述。我们仅仅是想说明,哲学主要与论证有关,而不是与这里或那里任意拼凑的一些思想有关。相信上帝的人在哲学中的地位不会比不相信上帝的人好,也不会比他们坏,因为哲学不提供能够证明特殊感情依属的标准。当论证支持一种信念的时候,哲学就开始有话要说。但是论证包括分析和综合,其中前提和结论起着重大作用,而且如果哲学主要与论证有关,那么逻辑就是哲学的本质。大量的见识令人神往,健全的实在感觉在今天大概比丰富的想象更有说服力。但是无论如何,严格的推理能力是必不可少的。哲学家受到批评往往不是因为他们的思想,而是因为他们发展这些思想的方式,许多哲学体系都是由于触到逻辑这块礁石而毁灭的。

除专门定义外,哲学对大多数人来说是一种或多或少系统化的世界观。无论"世界"是什么,一般认为它对每个人是共同的,而我们对它的反应,我们关于它的思想,在不同的个体却公认是不同的。自然界有自己一贯的特有现象,它坚持有自己的方式。它可能不会对科学家的求爱表示不满,但对哲学系统几乎也没表现过兴奋,它对我们的希望和恐惧、我们的信念和怀疑无动于衷,而这些信念和怀疑毕竟是大多数哲学体系的已经表达的或未经表达的前提。自然界不会偏爱一些前提而不喜欢另一些前提。我们偏爱一些前提,这主要是由于我们自己的偏见。我们对世界的终极信念是不能证实的;这些信念不需要任何论证,因而是不可论证的。因此,正像神父试图说服我们是毫无用处的一样,我们与神父进行争论也是毫无用处的。然而,我们的信念一旦建立在理性的基础之上,正像哲学思想应该的那样,那么逻辑的有效性就成为最重要的问题。正像柏格森完全有权相信他的生命冲动一样,布拉德利(Bradley)先生也完全有权相信他的绝对。没有论证支持他们的信念,他们的观点在哲学上不比基督徒信仰上帝的观点糟,也不比一个旅行推销员信奉 13 这个数的观点好。但是如果这两位哲学家都认为他们的信念是由理性得出的,那么他们的观点站得住还是站不住,必定由他们推理的可靠性来决定,就是说由逻辑来决定。

但是,逻辑比我们的信念更幸运吗? 它是不太难以理解的吗? 显然,布拉德利的逻辑与罗素先生的逻辑不同。而二者的逻辑又与 J.S.密尔的逻辑不同。在德国人手中,由于他们的无与伦比的学术工具和他们的多音节语言的丰富的可能性,这个课题逐渐被赋予丰富的形式、色彩、光泽和形状。相比之下,甚至现代绘画几乎也不能斗胆宣称丰富性和多样性。逻辑不仅在不同的逻辑学家那里是不同的,而且在不同的时期也是不同的。直到最近,它才表现出某种累积成就的能力。它似乎与哲学本身一样混乱,很难看出如何能够使它成为进行哲学批评的一条标准。

　　实际上有不同的逻辑系统,但是理论上只有一种暗含的逻辑。这个问题显然不是逻辑学家的问题。作为一个人而言,一个逻辑学家可以与任何其他逻辑学家尽可能的不同,但是对于他研究的课题,他必须与他的逻辑同仁达到某种一致。只要他提倡他的逻辑系统,他就必须证明它是正确的,但是他只能在逻辑领域证明它是正确的,因为其他领域完全无关。然而,他不能根据他自己的逻辑原则证明他自己的逻辑系统是正确的,因为他的问题是也要证明这些逻辑原则是正确的。如果他不能声称他的逻辑证明自身是正确的,他就必须以其他某种逻辑证明他的逻辑是正确的;但是如果他的逻辑证明自身是正确的,那么他就不能证明他提倡它是正确的,因为从逻辑看,在这种情况下他没有理由提倡它。如果、当、并且只要他提倡一个逻辑系统,他就必然假定有某种逻辑,它不完全是他自己的,而且他有理由选择自己的逻辑而不用它。无论实际上他有没有意图,理论上必须认为他有说服他的对手或使他的读者能够作出有利于他的选择的意图。如果要实现他的愿望,他必须以一个推理过程进行论证,而这个推理过程不专门是他自己的逻辑的,也不是他的对手的逻辑的,否则理论上他就不能是公正的。因此,只要两个逻辑系统竞争让我们选择,就暗含一个逻辑系统,根据它,我们作出取舍。如果没有这个暗含的系统,不仅双方均不能胜过对方,而且也将没有论证的基础。如果各自以自己的逻辑所暗含的推理进行论证,则不仅对自己的对手是不公正的,而且双方借以进行论证的东西从一开始就是对立的。如果没有一种暗含的逻辑系统,逻辑学家的论证与一位英国女士说法国人叫作"pain"而德国人叫作"Brot"的东西实际上就是面包，是完全一样的。

　　实际上，逻辑从来就不是自我解释的。它一般是由完全不同于逻辑的东西解释的。一个逻辑系统可以构造成一个连接的链条。如果这样，则可以用这个链条解释其每一个链环，但是如果没有外来因素，以这些链环就不能解释这个链条，否则每次它需要解释时都必须重复自己，因而绝不能解释自己。事实上，我们的逻辑比这松散得多。它一般包括不能由它自己的原则所解释的因素，然而，它必须是逻辑的，但是它不能根据自己的逻辑是逻辑的。它的终极逻辑性的问题必然将任何给定的逻辑分解为更大的逻辑的一部分，但是无论这种逻辑是什么，如果又提出其终极逻辑性的问题，则它的处境依然好不了。这样就形成了一个逻辑上不允许有结果的无穷倒退的过程。因此，如果询问一给定系统的逻辑性，则要求一种暗含的逻辑系统，而这样暗含的系统是无法得到的。唯一的选择是根本不问这个问题，把它看作是无意义的或无法回答的。后一种选择不过是承认我们的无能，但我们有些人是不愿这样做的；而前一种选择最终使我们将逻辑基于我们的信念。这等于说，除了那些相信逻辑的人将实际发现他们的信念产生一个推理链条，而这个推理的每一步本身却不是信念的问题外，为什么应该有逻辑，这是没有逻辑理由的。

　　可以用另一种方式阐述上段后一部分的意思。对于那些不相信逻辑的人来说，作为逻辑本质的严格的推理绝不是必须接受的。众所周知，在宗教狂和激情满怀的恋人那里，无论多么严格地建立起来的论证都是无效的。论证并非总是因为不合逻辑而是无效的；相反，它们是无效的，常常因为它们所施用的那些人在应用时不相信任何严格的推理过程。据说，马丁·路德相信他生气时比不生气时讲道更好。对目前这一点上可以发表一些看法，但是与我们的讨论相关的一个看法是，生气的时候是丧失推理能力的时候，因为对逻辑的相信与必然伴之以生气这样的情感激动的急躁是无法相容的。历史上，对逻辑的相信可能是懂逻辑而产生的结果，但是逻辑上却不能这样得出，因为对逻辑的相信本身是逻辑推理的有效性的一个必要条件。

现在我们似乎陷于一种困境，它把我们恰恰带到我们开始的地方。一方面，为了逻辑可以是可行的，必须相信逻辑；另一方面，我们的信念与逻辑的有效性无关，因为有效性依赖于逻辑的严格性，而不依赖于我们的信念。但是这种困境只是表面的，而不是实在的。一个小孩必须是父母所生，但是他一旦出生，就可以没有父母而生活。因而可以看出，这种困境根本不是困境，因为"有效性"一词是在两种不同的意义上使用的。逻辑严格性的有效性对于一个相信逻辑的人来说，与逻辑可能带有的使人确信的有效性对一个不相信逻辑的人来说是不同的。在一种情况下，有效性是在逻辑的框架之内；而在另一种情况下，有效性完全是在逻辑的框架之外，因此各种情况所指的系统是不同的。但是，尽管困境消除了，困难却依然存在，正像上帝的存在对于一个不可知论者来说是没有说服力的一样，逻辑对于不相信逻辑的人也是没有说服力的。

二

应该承认,到目前为止我们寻找出发点没有成功。如果我们从一个不同的观点出发,也许我们可以比我们迄今所能得到的结果更进一步。至此我们试图在我们确切知道我们的命题是什么之前,证明它是正确的。我们对我们采取的任何一种观点寻找在先的证实,我们发现不会有任何在先的证实。然而假定我们以另一种方式出发,暂时假设有一个世界,我们可以越来越多地认识它,无论我们能不能证实它,我们必须接触它并且达到某种与它一致的工作安排。如果我们从这样一种观点出发,世界是混乱的还是有秩序的这个问题就毫无意义。我们可以随鲍尔弗(Balfour)先生探测未来并得知:"我们这个宇宙的能量将衰灭,太阳的光辉将暗淡,没有潮汐、没有生气的地球将不再忍受目前搅扰它寂寥的日月运转";或者我们可以随罗素先生预言并同意:"任何激情,任何英雄行为,任何强烈的感情都不能保持一个个体生命不进坟墓;所有时代的劳作,所有忠诚,所有灵感,所有如日中天的人类才华,注定要随太阳系的毁灭而消亡,整座人类成就大厦必然埋葬在毁灭的宇宙废墟之下";我们可以随亚当斯(Henry Adams)预言,太阳能的消耗肯定将为我们带来灭亡,然而我们却不预先有意识地自杀。我们可能会毫无意识地这样做,当然这是可行的,但是我们大体上不会以我们吃西瓜或打乒乓球所具有的那种勤奋、刻苦并有目标地故意加快我们通往我们最终归宿的旅行。

只要我们活着,我们就必须达到某种与这个世界一致的工作安排。如果世界是混乱的,我们就必须制造某种秩序,以此我们可以生活得和谐。如果世界是和谐的,我们就必须发现这种和谐是什么。在各种情况下,问题可能相互不同,但是实际结果大致相同。这里我们不是在讨论实践理性或纯粹理性,我们不过是坚持认为必须作出某种安排,以此也许使我们能够为我们的生活尽最大努力。因此问题是,世界是帮助我们的生活还是阻碍我们的生活。我们追求便利,避免障碍。换言之,我们遵循阻力最小的方向,然而这种方向是历史确定的。人们发现,在我们与世界打交道时,无论我们考虑什么,遵循阻力最小的方向只能是遵循自然界或人类思想中蕴涵的某种确切的关系,就是说,遵循逻辑。我们这里不是考虑逻辑是自然界规律还是人类思维规律的问题,逻辑可以二者都不是,也可以二者都是;我们要指出的是,没有逻辑,我们的生活十分沉重,以致几乎是不可能的。

但是,正像人们一般认为的那样,生活与逻辑没有关系。生活据说是没有逻辑的,理性很少在生活中起任何重要作用。我们未经我们的同意而来到世间,我们违反我们的意愿离世而去;我们活着,一方面我们是我们的感情、我们的欲望、我们的希望和我们的恐惧的奴隶;另一方面我们现在并将永远处于自然界,即奥斯本(H.F.Osborn)先生称之为四重原生质环境的神秘力量的统治之下。我们有时由于爱而恨,我们常常由于难过而笑;我们为高兴而落泪,我们随哀乐而起舞;有时痛苦对我们是欢乐,有时欢乐表达我们的精神痛苦;我们为我们知道不可及的东西而努力,我们活着并允许活着,无论我们

选择的道路是宽广、容易,还是狭窄、平直,我们都看不清我们
的目的地。

北京的毛驴过去曾以它们的灵性而闻名;据猜测,它们认
识到飞快地奔跑是没用的;鞭子的恐吓,驭手的命令都不能使
它们从广阔牧场的绿草边移动一步。但是后来发现它们非常
喜欢吃胡萝卜,有时看见它们为了胡萝卜而在驭手的大棒下
飞快地奔跑。也许这些毛驴还不够机灵,但是它们不如我们
机灵吗? 看见毛驴的缺点要比看见我们自己的缺点容易得
多。有一次某位美国教授在一个湖里看见一只水獭,于是划
起自己的皮舟紧追不舍,双方的速度飞快,这位教授想:"水
獭不过是只水獭,它甚至不知道怎么逃跑。"人的优越性这种
思想令这位教授同普通人一样欢欣鼓舞。但是,他还没有来
得及高兴,他的皮舟就撞上一块碎礁石,他被一下子掀入水
中。我们的生活是为胡萝卜而飞快奔跑,还是追逐一只水獭
而撞上礁石呢? 这是合乎理性的吗?

但是生活是合乎理性的或不合理性的,是合逻辑的或不
合逻辑的,这种说法大概是思想混乱的结果。带大写字母 L
的生活(Life)是一个不可能的概念。它十分含混,对它不能
作出任何断定。在诗中,用它可能是有利的,但是在系统的哲
学中,与其说它表明难以理解的看法,不如说它表明思想的贫
乏。坦白地说,它对我们有些人是无意义的。如果它确实有
什么意义,那么它一定意味我们所过的生活,而我们所过的生
活相互性质极为不同,以致几乎任何关于它们的一段陈述都
不能是哲学上有效的。如果实际上断定有关生活的某些一般
陈述,那么它必定是一个含混的概念,而作为这样的概念,正

像我们已经指出的那样,它不能得到任何有效的表述。

　　然而,假定我们放弃这种观点,并把生活看作一个可以表述的概念。问题是它是不是得到正确的表述。这里断定了生活是不合逻辑的。现在,逻辑几乎与事物、概念或个别命题没有任何关系。事物和概念不能以任何方式与逻辑联系起来,因为严格地说,逻辑是命题之间的一种特殊关系。因此,没有联系的思想、概念、信念或命题既不是合逻辑的,也不是不合逻辑的。因此,从逻辑的观点看,信恶和信上帝是同等的。因此哲学不考虑随意的思想。生活不是一组得到清楚陈述的其间存在某些关系的命题。根据我们的假设,生活是一个概念,作为这样一个概念,不能用逻辑对它做任何表述。它既不是合逻辑的,也不是不合逻辑的。

　　生活是不合逻辑的这个陈述大概意味着生活中没有什么逻辑。以这种表达,这个命题极端含混。这允许有许多不同的解释。这里为我们的讨论可以列举其中两种解释。一方面它可意味着:一个共同体的人一般没有一个目的;或者有一个目的,但他们没有采取共同的步骤来实现它;或者他们采取共同的步骤来实现它,但没有达到相同的结局;或者他们达到相同的结局,但没有从相同的目的出发。换言之,既没有共同的目标,也没有共同的努力。另一方面,这个陈述可以意味着:我们的个体生活充满矛盾。一个思想上轻松自在的人可能感到自己与自然界和谐一致,但是一个敏感而奋发的人很可能不断地与自己做斗争。由于只有思想活跃的人才能在某种程度上进行反思,因此很可能是他们最敏锐地感到生活的矛盾。但是,无论是许多人还是只有少数几个人敏锐地感到它们,似乎所有人都承认它们。

为了判定以上讨论是否切题，我们必须清除上一段开始提到的那个陈述所包含的一种歧义。我们必须指出，无论生活中是没有什么逻辑，还是有许多逻辑，我们都没有理由根据那种描述说，生活要么是不合逻辑的，要么是合逻辑的。"生活"这个词的含混和逻辑这个词的明确不允许这样的推论。如果一间屋子有许多灰尘，可能就可以断定"它"是布满灰尘的，因为有许多灰尘的东西大概就是断定为布满灰尘的东西，并且一间屋子布满灰尘的程度与它具有的灰尘的量有某种关系。但是在生活和逻辑的情况下，这样的设想是根本不可能的。没有什么逻辑的"生活"不能是被断定为不合逻辑的生活；因为严格地说，"逻辑"这个词不允许有程度，因此"或多或少逻辑的"这个表达式是无意义的，并且对我们考虑的任何主体的逻辑性的表述，与这个主体中具有的逻辑的量没有关系。如果生活没有什么逻辑，则这不过意味生活没有什么合逻辑的方面，而有许多不合逻辑的方面。被说成没有什么逻辑的"生活"是一个属词，它包括一切是生活的东西，而被断定为不合逻辑的"生活"则限于没有逻辑的那些生活方面。

现在需要考虑生活中是没有什么逻辑还是有许多逻辑。绝不能以统计学的方式回答这个问题。我们的回答必然是思辨或信念的问题，而且正像大多数信念一样，它很可能带有我们个人气质的色彩。但是尽管几乎不能作出统计学的回答，仍必须清除一般为这两种可能的回答之一列举例子而引起的任何思想混乱。一般认为，生活中冲突的愿望是逻辑矛盾，然而情况并非必然如此。在那种情况下，期望"同时在欧洲和在美洲"被说成是自相矛盾的,因为一个人总不能同时在两个地方。这样一种愿望可以一分为二,例如这可以用陈述的形式表达如下:"我期望在 T 在 A","我期望在 T 在 B",这里 B 和 A 表示不同的地点,T 表示相同的时间。仅仅由于假定任何人都不可能期望同时在两个不同的地点,这些陈述才是矛盾的。但是,这样一个假定与一个人不能同时在两个不同的地点这一或多或少公认的事实是完全不同的。事实的限制无须与我们的愿望有任何关系。我们不能参观月亮,这一事实不能解释为什么逻辑上我们不能期望参观它。

满足一种愿望有时确实排除满足另一种愿望的可能性。但是一般人相信,满足愿望与满怀愿望是不同的;它可以在感情或情绪的范围内实现,或者它可能产生某些来自外界的反应。期望得到维纳斯雕像与期望得到一位有血有肉的太太截然不同。在前一种情况,不指望得到行为的反应;而在后一种情况,则渴望得到行为的反应。因此,不同愿望的满足可以是不同的。如果满足一种愿望在愿望、感情或情绪的范围内发生,那么它不必导致与满足另一种愿望的逻辑矛盾或逻辑一致。如果它在外界引起某种反应,则它不证实愿望范围的逻辑矛盾,即使假定这些愿望在这里是冲突的;它仅仅证实逻辑在外界的一席位置。我想"同时在欧洲和在美洲",作为愿望这是相互没有逻辑矛盾的;如果我们假定我们不能同时在不同的地方,那么分别满足这些愿望确实就是相互矛盾的。但是一个外界的逻辑矛盾并不意味一个愿望范围内的逻辑矛盾。

因此,我们的讨论至此只得出如下结果:我们不能说生活是合逻辑的或不合逻辑的,不能以统计学的方式确定生活是没有什么逻辑还是有许多逻辑,我们关于生活的看法是信念的问题,至少生活中有些所谓逻辑矛盾不是严格意义的逻辑矛盾。然而,以上任何结论与争论的重点都没有任何直接的关系。争论的重点是,没有逻辑,生活就会十分沉重,以致几乎是不可能的。逻辑在生活中仅以一例职能就充分建立起它的重要性。"如果——那么"这一关系归根结底乃是一种逻辑关系;因此它是这样一种关系,如果我们要满足我们的自我保护的愿望,就必须认真考虑它。如果我们的生活观恰巧不是唯物主义的或唯心主义的,那么我们很可能把我们的生活看作某种我们自己和自然界之间的判断。我们可以是自然界的一部分,或者自然界可以是我们自己的一部分,二者也许不能相互分离;但是当我们讨论它们的关系时,我们必定把它们看作是两个实体,至少是我们的讨论过程中的两个实体。我们的理想,我们的目的,我们的意志和我们的本能,必须区别于对它们的满足,必须把后者看作是超出马克·吐温称之为我们人的最边远区域的范围。

我们似乎又转向那个许多哲学家从未走出来的自由意志和必然的泥潭。幸亏我们在这里不能详细讨论这个问题。只需要提一点:在自然界若没有某种相对严格的关系,就不能自由地满足我们的意志,不论是确定的还是不确定的。如果在北京的严冬,我们要在屋里感到暖和,那么一个很普通的人显然也知道,我们最好在屋里生炉子。只有傻瓜和哲学家才会对我们要在屋里找到暖和和生炉子之间的关系困惑不解。无论哲学家在对这种关系的讨论中会得到什么结论,普通人都认识到如果我们要如此如此一个东西,那么我们必须做这般这般另一事情。普通人和哲学家同样懂得"如果——那么"这个关系,只不过哲学家能够比普通人更详细地描述其中所包含的步骤。无论如何,这是一种方便我们生活的关系,我们大多数人都能亲身看到,当我们恰巧有了某种愿望,而与这种愿望有关的关系一旦被发现就会指明我们行为的方向时,发现这样的关系,就解除了我们身上的负担。

但是,这样一种关系是逻辑关系吗? 无论 A 和 B 可能恰巧是什么,"如果 A,那么 B"这一逻辑关系都不使我们知道,"如果如此如此一个事实,那么这般这般另一个事实或另一些事实"。后者限于事实或事件的范围。这是原因和结果的关系。作为这样一种关系,它本身有许多逻辑困难。无论因果律可以是什么,可以如何陈述,它必须是严格的,这样,从我们日常生活的观点看,它才可以是有效的。而从逻辑的观点看,它不能是完全严格的。自然界创造它大概不仅是为了让它为人类服务,但是如果它可以为人类服务,那么不仅对过去的事实,而且对还将出现的可能类似的情况,它都必须是有效的。换言之,它必须为我们提供某种预见根据。但是,关系的这种严格性不能存在于事实和出现的然而还不是事实的情况之间。关于未来不能说出任何确实的东西,所以如果把因果律用于未来,它就不能是严格的;如果它不是严格的,那么在这种程度上就削弱了它作为一个工具的有用性。

此外,还有一个更根本的困难。"如果 A,那么 B"这种抽象关系绝不能引导我们认识事实范围的任何特殊因果关系,而且,这种被发现存在于一定事实之间的因果关系绝不能引导我们抽象地概括出"如果 A，那么 B"这种性质。这个困难是历史的，无论它在科学家和逻辑学家那里已经解决还是没有解决，它在哲学家那里仍然没有解决。这是关于先验和后验推理之间基本关系问题的困难。归纳概括总是包含不是归纳的东西，而且先验的思想，正像我们已指出的那样，归根到底不能得到先验的证实。它们似乎有些相互依赖，而且虽然我们这里不考虑解决它们的一段相互关系问题，但是我们依然对它感兴趣，因为它产生下面的问题：事实范围中的"如果，那么"这种关系是不是逻辑领域中的这样一种关系。

回答这个问题，在很大程度上取决于调解"如果，那么"的松散的事实关系和严格的逻辑关系。如果二者可以调解，那么几乎没有任何理由不能把它们一方（至少为了我们的目的）看作另一方。只有使逻辑关系在逻辑上不太严格，这种调解才是可能的。事实关系可以随认识的深入变得越来越不松散，但是它们绝对达不到传统意义上的逻辑严格性。但是由于逻辑中引入概率演算，因而大大修正了逻辑严格性的传统意义。发展这一比较新的认识分支，实际上是认识到事实范围中似乎到处可见的不确定性。同时，一旦认识到这些不确定性，就可以使我们把我们对事实或事实关系的认识看作是统计的，而不是绝对的。因此，我们一方面发展了概率逻辑，另一方面认识到我们对事实的认识的统计性质。

这两种倾向，或一种倾向的两个方面，造成事实关系和逻辑关系之间理想的调解。一方面，我们越改进我们的统计方法，事实关系就变得越接近确定（我们这里探讨已知的事实并且假定我们对未来的计算基于我们对过去的认识）。另一方面,概率逻辑正在变得越来越严格,尽管它不能达到形式逻辑的严格性,但是概率演算已成为一个逻辑过程。当然,我们不是说演绎和归纳推理之间的一般关系问题得到解决;它可能并也许依然像以前那样极有争议。我们仅仅指出,通过统计学方法的改进,"如果,那么"这种事实关系,包括相应的原因和结果这样的变化,可以变得很接近确定,并且必须承认,在逻辑中引入概率演算,某些"如果,那么"这样的逻辑关系却不是非常确定的。因此我们可以说,为了特殊的目的,可以把"如果,那么"这种事实关系看作一种逻辑关系,如果这样的关系解除我们的某些生活负担,那么我们很乐意懂得其中逻辑所起的作用。

于是我们看到,无论生活是没有什么逻辑还是有许多逻辑,正是逻辑能够使我们最容易地生活。后面我们也许能够说明,随着我们探讨未知的未来,逻辑将在生活中起越来越大的作用。但是在这一段我们仍需要指出,逻辑为生活提供便利,仅仅在于满足我们既定的愿望,它与作为愿望的愿望的价值、性质和数量没有任何关系,与探讨它们的相互关系的心理学也没有任何关系。生活无论意味什么,正像它可能是浪漫的、诗一般的或令人神往的,或者是枯燥的、无聊的或平凡的那样,它可能有越来越多的逻辑意义,或者根本不会有逻辑的发展。精神上的痛苦或斗争,超出人的能力的雄心,围绕自我的情绪激动,或不受时空限制的想象,或者宗教感情或弗洛伊德的情绪,根据其构成部分来看,都是生活中逻辑所不考虑的那些方面。

三

　　大多数人批评逻辑与生活毫不相干,而哲学家却抨击逻辑不适于并且不能用于认识问题。这些抨击有种种来源,这里将讨论其中三种。首先有来自科学观点的抨击。科学成就辉煌,这是不容否认的,甚至哲学家要无视这一点,其代价只能是毁灭自己的哲学。在科学史上,科学一直与传统发生冲突,在其生存斗争中,它没有得到三段论逻辑的帮助。科学包含不用经验得出的原则,而科学的进步却主要是实验和经验观察的结果。由于科学的论据十分复杂,以致以应用范围十分有限的三段论逻辑不能组织它们并使它们系统化,因此比较容易得出逻辑对科学没有用处的结论。对于那些把科学看作不仅是通往认识的最佳途径而且是唯一途径的实证主义者来说,由于逻辑对于科学是不适宜的,因此逻辑被断定对于认识同样是不适宜的。

　　第二种批评来自怀疑论。一些古希腊哲学家反对认识的可能性的论证,实质上是反对逻辑的论证,因为认识论那时比今天大概更紧密地与逻辑交织在一起。但是历史上,与亚里士多德和柏拉图的绚丽多彩相比,古希腊怀疑论者毕竟黯然失色。此外,欧洲哲学后来受到希伯来人的唯情论和教会的统治,只要违背教会,就可能招致非哲学的待遇,而怀疑论不是一种鼓动其信徒乐于献身的学说。因此古希腊的怀疑论即使有影响,也只是间接地影响我们。倒是休谟的怀疑论引导许多人重新攻击逻辑。这位对传统观念进行攻击的伟人的哲学意味着逻辑极为无能,因为它不仅从哲学领域排除形而上学和神学,而且使科学本身成为非理性的。以后哲学的发展可看作是对休谟的回答,但是尽管今天的反唯理智论可看作是休谟思想的残存,但它却有自己不同的、主要得自达尔文进化论的要素。

对逻辑的第三种攻击来自实用主义和生机论的反唯理智主义。由于世界是进化的,实用主义者很快推论逻辑和真也是进化的。这样一举取消了任何特定的逻辑系统的永恒的有效性,任何永久的系统不过是一种用语矛盾。它像任何其他事物一样,产生并且消亡;它是仅在某一时间,大概也仅在某一地方适合生活目的的工具。不仅逻辑被看作是永远不断进化的,而且逻辑的进化也被断定是一个弥补逻辑缺点的优点,否则它就不会有能力处理变化着的世界中的事件。柏格森的直觉主义特别强调这一点,他大概像他以前的 Lipo 一样觉得世界是一个旅馆,时间仅是一位过客,看到逻辑学家通过处理静止的概念、词项和关系,声称认识世界,大概伤害了他敏感的心灵。因为在他看来,由于一切事物都是流动的,我们自己是这长河中的一部分,因此熟悉我们周围环境和认识其实在性的唯一途径是随其前进而运动。

这些批评可能遇到三种论证。首先,三段论逻辑不应与逻辑混为一谈;第二,逻辑可以说明这里认为无法说明的某些事实或问题的原因;第三,逻辑的静态性质不能反驳逻辑。

据说,科学大大超出逻辑的局限性。如果"逻辑"这个词意味三段论逻辑,那么这个陈述几乎是令人无法反对的。逻辑和三段论逻辑没有理由混为一谈。三段论逻辑过于狭窄,不能满足科学的要求，这是真的。但科学本身是合逻辑的，这也是真的。几乎不需要证实，科学不仅仅是知识的化身。它也不像人们常常声称的那样，仅仅是经验知识。如果科学确实有别于古代巫医的实践或没有文化的农民所做的天气预报，那么它一定有某种专属于自己的性质。它似乎暗含着秩序、组织和系统化。它不仅是它所包含的东西，还包括使它的内容相互联系起来的方法。事实上，科学成功的荣誉主要应归于它的方法论。但是科学方法意味十分严格的程序，而这个程序仍然是逻辑的，尽管它不仅仅是三段论。

对逻辑的许多类似批评都是围绕这种用语的混乱而产生的。它的另一例情况是声称逻辑不能处理一些非常基础的概念。芝诺的问题，康德的二律背反，以及无穷和连续概念被认为是逻辑没有能力解决的问题。这里逻辑的意思又是三段论逻辑，它的局限性，无论真假，都不是专门的逻辑局限性。那些所谓在逻辑上不可解决的问题，有些毕竟在逻辑上已经解决了。现在通过逻辑分析确切地构造了无穷和连续的概念，并且我们很可能依然使用它们，除非在哲学中发生一场像数学、物理学中的相对论一样的革命，使之必然彻底清理我们的基础概念。我们关于时间和空间、变化和运动的概念尚未得到任何广泛接受的表述，但是今天比以往任何时候都更加可能提出这样的批评或接受的表述。

似乎学哲学的学生一般忽视了一个问题，即逻辑已发展得远远超出原来的范围。今天逻辑体现了大量的纯科学方法。不仅科学认识，而且科学程序都能够以数学方式表达。由于数学与逻辑的结合，许多过去一度专门是科学的东西或专门是逻辑的东西,今天已无法用一条清晰和鲜明的分界线分开。通过使用符号达到了更高的综合,因此正像罗素告诉我们的那样,很难说数学在哪里开始,或逻辑在哪里结束。不同的人根据不同理由一直批评符号逻辑,但是无论这些批评可能会怎样,至少可以声称符号逻辑有一种优越性:它能够比传统逻辑的范围更大。一方面它允许更大的概括,另一方面,它可以化简到很少几个初始思想。它是前所未有的封闭系统,也许它十分深奥、技术性很强,以致问津者极少,但是由于它不再是一些肤浅的哲学家手中简单的玩物,它成为严肃的哲学批评和构造的空前可靠的工具。

以上几段旨在说明,对逻辑的一些批评是基于思想混乱,今天的逻辑与三段论不同,逻辑以其最发达的形式能够处理棘手的认识问题。我们依然要遇到实用主义和生机论的论证。前面有一节讨论已遇到这样的论证:逻辑是进化的,因而不存在某种逻辑。存在的不同的逻辑系统实际上暗含着一种可能存在也可能不存在的系统。存在的系统可以消亡,但是暗含的系统在逻辑上适合于一切时间和一切可能世界。我相信如果一个人论证逻辑,那么他一定达到上述结论,无论他信不信它。避免这一结论的唯一方式是完全废除对逻辑的论证。

逻辑是静止的,因而不能处理不断变化的世界的事实,这一论证值得讨论几句,因为有人极其坚持主张这种论证。

彭加勒曾指出,如果我们关于进化的思想随着生物进化而进化,那么我们实际上对它不能发表任何看法。概念的恒定性,命题系列的必然性,是科学的进步必不可少的。世界可以变化,但是我们关于这个变化世界的概括却不能随它而变化;因为如果这些概括随着变化的世界而变化,它们就不会有赋予它们的超出某一确定时刻的有效性。当然这并不意味着我们关于变化的世界的思想不变化,这只不过意味着它们的变化与变化的世界没有一一对应的比例。对于某一给定时期,必须假定有些概括至少对这一时期是有效的,否则就不能有任何可用以粗略地描述过去和评价未来的参照系。

不仅过去和未来表现出具有上述性质的困难;而且如果描述中的用语随着不断变化的世界而变化,那么自然的描述和评价过程本身将是完全不可能的。科学现在被看作是对自然的系统而详细的描述,而不是对自然的解释。我们这些仅仅学习哲学的学生没有能力怀疑这样一种科学观点的有效性,我们仅接受提供给我们的东西,并且如果许多科学家坚持认为科学是对自然的描述,那么就可能要求我们证实他们的观点。

根据这种观点,公式就是描述。因此,用词必须是具有一般性的统计概括或所有特殊的个体对象的严格等价物。后者既不可能,也无用处;其不可能性以后将讨论,其无用性已经提到,或者说,它不能使我们对世界发表任何看法。

剩下的唯一选择是把公式用词看作统计概括。如果这样看,则"人类"这个词包括这样的概念:人活到一分钟至一百岁这一时期的任何时候。尽管有些人一生下来就死了,也有些人活到 110 岁,但是这个词包含的概念并不因而无效。但是如果我们根据这种观点看这个问题,那么描述中使用的词、名字或符号仅仅不如概念持久,但绝不是所有特殊对象的等价物,它们不会随着它们描述的对象而不断变化,因为统计的平均数不会以与统计研究的类中包含的特殊个体的变化相同的比例而变化。因此,统计描述不能随描述的对象变化,它们是相对持久的。统计描述这个概念包含着共用词的相对持久性。

也许正是不能随变化的世界而变化的这种思想倾向引导有些人强调直觉而放弃理性。让我们现在不考虑是否我们的思想最好应该像变化的世界那样变化这个问题。让我们仅仅对直觉发表一两点意见。对我们来说,宗教信仰是凭空掉下来的,还是可以分析因而可以理性证实的? 如果是前者,我们对它就不必再说什么,因为这不再是一个论证和说服的问题。如果是后者,则它失去其特有的性质,因为将发现它与理性仅是程度上不同而不是类的不同。很可能正像我们有些人主张的那样,直觉仅是一个迅速的推理过程,在这个过程中,前提和命题序列并入几乎一下子得到的结论之中。如果有直觉认识,那么凭直觉认识的人也许不能分析他们获得认识的过程,但是他们认为那些不太喜欢神秘主义的人可以分析这个过程。直觉和理性之间的本质差别大概是速度问题。如果我们的推理迅速,则很可能包含含混的步骤,而如果推理等同于我们的直觉,则我们绝不能十分公正地认出并分析这些步骤。这些步骤可能不是十分严格的逻辑顺序排列,而且一些选择也可能被忽略。这就是直觉常常不可靠的地方。因此推理过程最好是缓慢而稳健,而不要快得令人瞠目。

相信直觉的人很少愿意接受论证。根据把恶归于恶魔,把善归于上帝这样一种心理,他们把成功归于直觉,把规则仅归于"感觉"。如果他们感到一小时后要下雨并发现一小时后没有下雨，则他们仅仅"感到"，但是如果实际上一小时内下雨了，则他们欢呼雀跃，对他们的直觉的深奥心醉神迷。算命在北京依然很普遍，算命先生仍然是旅游者好奇的对象。在短短的六个月时间里，我自己就听说好几起算命的显著成功，但是使我饶有兴趣的是没听说算命的失败。成功似乎莫过于做生意、算命或直觉上的成功。强调结果是偶然的，这是毫无用处的，因为据我们所知，由于仅仅成功的感觉才配直觉的见识这一名称，所以在未来事件和直觉之间没有逻辑或统计关系。

但是，使一些人强调直觉的原因之一毕竟在于理性不能跟上变化的世界，而且他们把这种无能看作是我们对这个世界的认识的一种局限性，因而是一种缺陷。这是不是我们的认识的一种局限性，现在不需要我们考虑，但是，这是否因而是一种缺陷却值得说几句。无论我怎样努力，我自己也看不出一种与变化的世界并驾齐驱的认识的优点。如果我们对一棵树的认识能够并且确实从某一精确时刻到另一精确时刻随着那棵树的每一细小变化而变化，那么我们就会像做噩梦一样，比《项狄传》中的项狄更加困惑不解并且更陷于我们的日常生活。如果生活包括这样的认识，那么生活不但十分沉重，甚至还是不可能的。我们不能生活，因为我们甚至不能开始生活。如果我们的生命是无限延续的，我们也许可以生活，但是无论我们的精神在我们的肉体化为灰烬后可能做什么，任何人都认为我们的生命总是有限的。

因此，我们的认识若要对我们的生命是有用的，那么与已知的世界相比,它就必须是更静止的。它的名字、符号或用词必然至少暂时具体地形成统计概括或严格的概念,它们的关系必然是具有相对持久性质的一般概括,因此它们可用作进一步的更复杂的推论的数据。如果我们的认识是绝对的和抽象的,则它包含概念和命题系列的关系,如果它是统计的和描述的,则它包含概率计算。无论哪种方式,认识都不能逃避逻辑;它可能包含不同的逻辑种类或不同的逻辑系统,但是没有某种逻辑或某个逻辑系统,认识就不能发展。

四

这样就可以看出,逻辑对生活、认识和哲学是必不可少的,大概对其他一些这里无须列举的事物也是必不可少的。然而,这不是说,逻辑能够得到逻辑的证实。就逻辑存在的任何先验原因而言,我们还未前进一步。然而正如我们已看到的那样,如果我们要最容易地生活,如果我们要进行哲学研究,如果我们要认识我们所在的世界,我们就必须有逻辑。这样,我们的讨论清楚地说明或至少似乎清楚地说明我们企图采取的观点。如果我们不能在逻辑上证明逻辑是正确的,我们就必须用它取得的成果证明它是正确的。在形而上学上,我们必须是实用主义的,否则我们就不能开始任何讨论。没有理由说明我们为什么应该认识世界,承认世界的存在,或有愿望并努力满足我们的愿望,同样也没有理由说明我们为什么应该合逻辑。也许"我思故我在"似乎对笛卡尔是确定的,但它对其他许多人绝不是确定的。

但是结果怎样？显然可以有许多种结果,而且任何一种结果的选择又包含其有所有上述讨论困难的标准这一概念。我们多次相当直率地宣布,任何出发点都是任意的。从逻辑的观点看,这基本是一种偏见。一些偏见比另一些偏见更适合我们过的生活和我们所在的世界,但是它们仍然是偏见。我们的特殊偏见是便利。我们的基本概念是相信逻辑是很便利的,至少比不相信逻辑更便利。有时人们说逻辑使人发疯,因为它包括各种各样错综复杂的情况,而这些情况被认为是超出常人的天真的理性行为的。很少有人承认,逻辑大概比我们生活中任何其他要素为我们提供了更大的便利。它为我们提供便利,因为它大概是最节省的力量。正是这种力量,节省了我们的生活、我们的思想和我们对我们生活的世界的认识。

我们这种看法与其他看法一样困难重重。首先,如果用便利作为出发点,那么几乎到讨论结束时才能证明它是正确的。一个先验的过程要求结论在某种程度上依赖于出发点。然而,便利作为标准,则要求以结论解释出发点。它的本质性质似乎主要体现在作出选择后,选择所导致的结果。但在这里我们会遇到困难,我们不知道结果将会怎样。我们不能预先说,哪个是便利的,哪个不是便利的。我们必须试验。但是试验意味着即使我们不知道哪个是便利的,我们也知道什么是便利的。我们被迫定义便利,正像我们后面将看到的那样,如果要这种定义是最基本、可理解的,则是完全不可能的。如果我们的定义不能是完全可理解的,我们就不得不承认,尽管我们选择便利作为出发点,我们仍不确切知道我们的出发点是什么。

但是大体上说,我们假定,便利的意思类似遵循阻力最小的方向,或沿着最节省的方向。阻力或节省的概念有待说几句。然而二者均不易把握。可以用数学方法将节省的概念设计成某种从更基础、更初始的思想得出的公式。但它不是一个可以证实自身的概念,因为毕竟不能有节省的节省这样的东西。一般认为,节省是相对的,即应该有节省与之相联系的东西。我们可能有思想的节省,或者我们可能有行为的节省,但是如果穷究底蕴,则我们必须得出这样的结论:最大的节省是一方面没有思想,另一方面没有行为。如果这样,就根本不需要节省。因此,节省这个概念包含需要节省的东西。

这里我们又陷入困境。不能逻辑地得出那些我们需要节省的东西。只是为了便利的缘故而形而上学地假定它们。因此我们在循环推理。这可能真是困难,但是这可能就是说,我们迄今尚未承认逻辑,逻辑的反对无论是否有效,至此都是不适宜的。即使逻辑的反对是适宜的,通过把用词看作基于这样一种基础的关系,以致相互既不是逻辑居先的,也不是逻辑在后的,就可以排除它们。一方面节省的概念即使不暗含也包含譬如行为和思想这样一些东西,对这样的东西,节省是一种便利;另一方面没有节省,思想将是不可能的,而且没有节省,行为就会是一种像彻底的自我毁灭一样的能力浪费;对我们大多数人来说,看到前者也许比认识到后者更容易。

我们想与上述绝非清晰明确的思想尽快告别,任其"清晰的含混"。但是我们尚未放弃作为一个工具的节省的概念。皮尔逊(Pearson)教授大概是科学不过是思想的节省这

474

种观点的最新倡议者。无论这种观点是否得到广泛接受,它像任何观点一样有道理。在后面一章我们希望讨论科学和哲学的关系,其中我们将更详细地提出与皮尔逊教授相似的观点。但是现在我们仅想指出,不仅科学是思想的节省,而且思想是生活的节省,并且,认识和事实不过是自然的节省。

几乎从远古以来就认识到思想是生活的节省。"三思而后行"这句老话大概是指避免犯错误,尽管根据我们的道德观念和风俗习惯,错误是十分复杂的,但是从我们的行为观点出发,错误主要是那些由于失算而未实现目的的结果。这就是说,错误是白费努力。因此长期以来,思考被看作是行动的节省。困难不在于猎人和流浪汉的起码常识,也不在于旅行推销员的常识。人们早就承认它们节省了我们的努力。相反,正由于很难推论什么可以称为脱离外界的更高的理性区域,因此常常很难看出理性在生活中所起的节省作用。就其表面价值而言,持怀疑态度的哲学比教条主义的信念似乎更不节省,我们的信念是安逸的根源。如果它们是教条的,就排除紧张思考的必要性。它们甚至节省了我们的活动,然而不幸的是,它们不节省而且在历史上没有节省我们实现我们的目的的努力,而认识的发展却为此提供了统计上更为可靠的指南。与教条主义的信念相对照,持怀疑态度的哲学提供了一种尽管也许不太明显,然而却更为深远和更为广泛的节省。无论哲学怎样深奥,它节省了我们的活动。现在我们不必考虑哲学的详细步骤,我们只需要说,哲学与科学有十分密切的关系,以致如果科学节省了思想,并且思想节省了生活,那么哲学实际上获得相同的成果。

下一章将看到事实是自然的节省,因此这里不必考虑它。这一章的其余部分主要是讨论逻辑作为一种节省因素所起的作用和形而上学假设的实质。我们再次声明我们的任务不是判定逻辑是自然规律还是思维规律。它是自然还是思维,这是认识论中的问题,我们在这里不予考虑。逻辑的方式是从逻辑的定义出发,但是如果我们诉诸这样一种过程,我们从一开始就必须承认我们的无知。逻辑有各种方式的定义,定义一般受到、也许无意识地受到有关逻辑学家的形而上学观点的影响。坦白地说,除了任何定义中包含的困难外,我们并不确切地知道逻辑是什么,我们不能在任何严格程度上定义它。但是,也许我们大多数人都对逻辑教科书的主要内容留下深刻的印象。我们应该称命题为判断,还是应该称判断为命题,这一事实使我们深思,但我们却不这样探讨它们。我们探讨它们,仅是要确定它们的关系,看是不是一个从另一个得出,并且建立起它们的序列。

逻辑是自然还是思想,这对我们的观点没有多大区别。这两个词都是十分含混的。约翰斯·霍普金斯大学某位教授收集了自亚里士多德以来"自然"一词在欧洲流行的四十八九种不同的意义。汉语中的"自然"一词也许会对我们上述逻辑观点有所启示。严格地解释,它意味"本身——如此"(itself—so)。这样一个词意味着这样一种客观性,如果一事物本身如此,则无论它愿意如此,还是不愿意如此,它都不依赖于任何外在因素。它还意味着关系的不变性和它的过程的严格性,即任何其他关系或任何其他过程与其前例是不相容的。换言之,它意味着预先决定。但是预先决定不是一个自然事件,严格地说它是一种逻辑关系。一事件从不在结论被其前提预先决定这种严格的意义上被预先决定。由于"本身——如此"这个词意味着自然的,所以它意味着合逻辑的东西。自然和逻辑是仅仅由思想而必然分开的同一种东西,这绝不是不可能的。

无论逻辑是不是自然的东西,它毕竟是本身如此这样的东西。得出的东西是合逻辑的。因此,逻辑是一个命题或判断序列,或可任意命名的从一个得出另一个的序列。但是它不是任意一个序列或具有许多可选序列的序列,它是一个序列并且只是这个序列。它是一个必然序列。众所周知,"必然"这一概念很难下定义,我们就不在这里下定义了。有些定义,譬如罗素的定义包含关于真的意义,即使接受这一定义,也要等到说明真这一概念之后。根据我们的设想,"必然"这一概念甚至比"真"这一概念更基本,因此不能用"真"定义"必然"。但是最好说明我们的态度,否则当我们说逻辑是一个必然序列时,我们几乎不能说明任何意思。如果经过对给定前提的最后分析,一个并且仅有一个能从这些前提得出的结论保留下来,那么一个序列就是必然的。

但是,我们说结论从前提"得出"是什么意思? 显然,"得出"一词没有时间或空间序列的意思。就像一条河有自己的流向,它大概说明阻力最小的方向,但是思维中阻力最小的方向是遇到最小反驳的方向,这是使原初思想的意义得以继续的方向。这是前面常说的结论蕴涵在前提之中的另一种说法。如果情况是这样,那么提不出对前提的反驳,就提不出对结论的反驳。思想中遇到最小反驳的方向就是使前提的意义得以继续的方向。使前提的意义得以继续就是"得出"。思想中"得出"的意思是指,如果一旦以前提的形式给出意义,则它是继续的。如果前提的意义是简明精确的,那么只能找到一个继续的方向,在这种情况下,就包含"必然"这一概念。

现在,逻辑的本质有些清楚了。当然这绝不是严格的。逻辑本质的严格表述大概需要数学技术,而大多数人,包括学哲学的学生恰好没有这种能力。我们将不得不满足于一个相当含混的概念,并且看看逻辑实际上如何用作一种节省的因素。但是这一章已经说明这一点。我们已经看到逻辑是哲学的本质,逻辑是科学的结构,正是通过逻辑将感觉数据组成事实,而且逻辑是生活寻求满足其愿望的实际工具。

前面还非常扼要地提到一种节省,由于它十分重要,应该再强调一下。这就是信念的节省,相信一个神并不包括相信一个女神,或甚至相信英国的外交政策。这些东西均要求独立的信念,因为相信某一东西并不导致相信其他任何东西。但是,相信逻辑包含相信整个逻辑过程。如果一个人相信导致一个结论的一组前提,那么他就相信作为过程的结论。任何推理过程包含的步骤不要求独立的信念,在这种意义上,逻辑节省了信念。

这是科学比宗教优越的原因之一。科学节省我们的信念。一旦相信科学,科学就是自己的原因;可以怀疑科学家个人的理论,但是公认的真理形成一个自身一致的整体,这个整体一度是可以相信的,而且作为一个整体,在任何特定时期都是可以相信的。科学采用的过程尤其是这样。相反,宗教不包含其独立的特殊信条之间的不变的关系。信仰基督教包含一整套逻辑不同的信念,例如相信创世和基督的神圣,二者均不能相互推出并且逻辑上均要求独立的信念。换言之,宗教信仰基于情感,而科学的信念是由理性支持的,不同之处就在于前者要求独立的情感,而后者只需要少数几条基本信念。因为一种宗教包含独立的信念,它就不是能够进行论证的题目。一个人只要论证一种宗教,他就摧毁了这种宗教。当泽勒(Ednard Zeller)到他的教室构造有关上帝的思想时,他比异教徒的宝剑更有效地摧毁了这位造物主。

五

现在必须对我们基本的形而上学假设说几句话。如果我们说,为了便利的缘故,我们相信逻辑,那么我们并不意味逻辑能够由意志创造。坦白地说,我们不知道由意志创造是什么意思。如果这意味无中生有,那么这似乎是不可能的。如果上帝在一个瑞士人创造一块手表的意义上创造世界,那么正像白哲特(Walter Bagehot)早就指出的那样,上帝从他没有创造的某种东西创造了世界。如果创造意味着从某种基质造出某种东西,那么原料一定早就在那里并因而在我们的创造努力之外。在这种意义上,创造与发现实际是一样的。如果我们为了便利的缘故而相信逻辑,那么我们就是相信某种已经在那里让我们相信的东西,而且相信它比不相信它更便利。这意味着形而上学的实用主义。

一个形而上学的实用主义者不必是哲学任何其他分支的实用主义者。他可以在任何其他领域都是一个实在论者。除了当不断的询问将他逼入思想既不可证也不可反驳而且证明或反驳的方法本身也令人怀疑的领域时,他看不出他为什么应该这样。他的观点根本没有诗意,而且在那些迂腐的院士看来,甚至有失大雅;他几乎就像美国基督教青年会的秘书,后者相信诚实才是上策,因为诚实不会吃亏。在形而上学上,除了他的本身不可证明的信念,即是一个实在论者结果会比不是一个实在论者更为便利,他看不出他为什么应该是一个实在论者。

但是,如果一个人是一个实在论者,那么他到底应不应该参与形而上学呢? 形而上学在现代实在论思想家那里不是受到各种各样的嘲笑吗? 我们必须记住,"形而上学"一词完全是个好词,意味着高于或超出物理事物或自然事物之外。但是在近代,它被等同于康德的先验论和黑格尔的唯心主义以及近代唯心论者和神学家的理论,作为这样一种理论,它似乎在某种程度上被罗素先生和其他一些人描述成进入学术界的伦敦的大雾,这里,理性之光十分昏暗,以致使我们怀疑远处隐隐出现的空中楼阁。但是对"形而上学"一词的这样一种限制是对一个有用的好词的浪费。这里用这个词表示哲学的一个分支,这个分支探讨那些非常基本以致既不能证明也不能反驳的思想或概念。它是一种领域,在这个领域中,对假设、公设、假说、基础前提,或我们可随意命名的这些东西进行检验和分析,以便作出一种选择,以此作为任何一种哲学讨论的出发点。

但是,选择包括关于标准的看法,如果需要进行逻辑的证实,则这种标准困难重重。剩下的唯一办法是作出一种不要任何证实的选择。在这种情况下，一种选择就像任何选择一样是哲学上有效的。因此，我们的根本信念，或那些不是从其他信念推出的信念，基本是偏见。我们自己选择便利作为标准，这本身就是一种偏见。它可能正像我们将试图说明的那样，有超过其他选择的优点，但是这些优点不是它的先验的证实。它们与我们选择它没有逻辑关系。这就是说，只有当它成为我们的选择之后，才看到它的优点。实际上，这些优点可能导致我们采取我们的选择，但是它们并不证明它逻辑上正确。此外，我们相信逻辑，这本身是一个便利的问题。

正像我们已经说过的那样，我们相信逻辑，这并不必然创造逻辑。某处可能有逻辑，就好像某处可能存在着一种以世界或宇宙著称的事物的状态。世界和宇宙就其自己的存在而言，均不必然依赖于我们的信念。但是对我们任何人来说，逻辑的存在却依赖于我们的信念，而且我们的信念是个选择的问题。如果一个人拒绝相信逻辑，那么多少逻辑论证也不会说服他，如果一个人拒绝相信世界的存在，那么多少经验论证也绝不会转变他的看法。对于那些不相信便利的人，大概没有有利于便利的论证，但是对于那些相信便利的人，却有优点。

至少有一种形而上学的优点。我们的便利概念带有节省的概念。它不容忍大量的假设。它与时代精神或世界意志、生命力量或生命冲动、斯宾塞的不可知论或康德的固有或先验的自身事物，不必有任何关系。它利用奥卡姆剃刀清除所有我们不需要的基本思想。它满足于在任何给定时间所要求的最低限度，它可能根据我们在任何一个时间的实证认识加

481

或减,但是它不增加概念以适合宗教偏见或情感的怪癖。它旨在哲学的节省,尽管它可能并且正像我们将看到的那样,它大概最终将使实证认识领域变得更为复杂。而且,为了我们生活的便利,它使我们的认识变得复杂。

另一个优点是我们的标准促进实证认识。它认识到一个有实在问题的实在的世界,而这些问题需要实在的解决。换言之,它促进科学,唯物论和唯心论都不促进实证认识,因为它们均试图根据自己的偏见说明世界的原因,而这种偏见正像它在历史上发展并且今天正在发展一样,恰巧与我们的实证认识是不相容的。实在论与科学更一致,这个问题将在以后的章节提出。这里只需要说,我们的观点对科学提供的支持一旦得到承认,就是一个有利于科学的重要论证。

还有另一个优点,正像我们已看到的那样,我们相信便利包含我们相信逻辑。逻辑一旦被相信,就是哲学中最强有力的工具之一。逻辑是证明一些正确的基本命题的工具,通过采用逻辑规则,这些命题可以成为不容置疑的。这样的命题是这一章开始时提到的命题。我们提到一两个,其他的可能有待于发现。可能会遇到一些技术困难,但是通过技术手段也可以清除它们。随着逻辑技术的改进,可能会发现越来越多不可反驳的和自身一致的命题。在不远的将来可能会出现一种基于这些命题的彻底的、坚固可靠的而又持怀疑态度的哲学。对哲学寄予希望大概同对其他生活领域寄予希望是同样没有用处的。但是,既然学哲学的学生毕竟是人,因此他们与所谓普通人一样需要得到安慰。

无论这种希望是不是没有用处,在哲学的进步本身几乎被当作哲学思辨的进步这种意义上，上面一段容易使人误解。逻辑是一种结构，是一种联系，但它本身不是一个哲学链条。它可能帮助我们判定哪些思想与一组给定的思想是一致的，但它不帮助我们选择我们每个人所欢迎的思想。关于基本思想，我们遵循自己的偏见，如果它们是相互分离的，它们就没有逻辑有效性的问题。逻辑并不发明思想，它不会从水中救出我们喜欢的小姐，也不会向我们说明我们关于世界应该形成什么样的思想。如果逻辑对我们所在的世界作出某种反应，那它仅仅表明那种能够使我们关于世界的思想联系起来形成一个可理解的整体的方式。它与我们的思想方向几乎没有任何联系。迄今它没有为我们提供选择前提的标准。随着逻辑的发展，不同的哲学体系可能变得与不同的几何学有些相似了；推理可能是相同的，而思想却是不同的。

逻辑怎么帮助哲学呢？逻辑技术的完善是对哲学批评的帮助。通过严格的逻辑分析，可以彻底澄清或清除含混、模糊或无意义的思想。随着逻辑的改进，可能不会把含含糊糊的意见当作哲学的深奥见解而忽略。首先将一个命题分为几个词项，看它们是不是清晰明确，就是说，看它们是否有确切的意义。然后再把它们重新组成原来的命题，看它是否有意义。它可能有意义，却不是真的，这就是说，与其他命题不一致。"人在自己的脑袋上走路"这个命题似乎是完全有意义的，但是它与其他一些表述"人"的命题是不一致的，在这种意义上，它不是真的。逻辑帮助批判的哲学，它几乎在相同的程度上帮助实证哲学，因为只要哲学是批判的，它也就是实证的。

我们不是逻辑学家，这一点几乎是不必指出的。至此提出的论证说明我们对我们苦心费力强调的问题只有肤浅的理解，或更宽容地说，只有不太在行的理解。但是我们强调逻辑，而不是在试图制造逻辑原理，甚至也不是在创作一部提出逻辑原则和方法的适宜的教科书。我们的问题主要是对基本的哲学思想进行逻辑分析，而不是对逻辑概念进行哲学探讨。换言之，我们在试图用逻辑方法分析哲学思想，而不是用哲学方法分析逻辑思想。

后面的章节想探讨一些思想，承认这些思想似乎为我们提供我们在这一章所讨论的这种基本意义上的便利。首先我们将探讨我们关于事实的看法，然后探讨关于真的看法。我们将假定世界或至少世界的一部分是不断持续变化的。我们将分析我们关于变化的看法。由此我们进而讨论时间、空间和运动，最后将以对形而上学和科学的研究来终结这本书。

然而，我们必定会说，这种企图总归要失败。这不是虚伪的谦虚，这不过是承认达到目的的方法很不胜任。这本书如果确有关键性的部分，则主要是逻辑分析的问题；如果确有积极的部分，则主要是逻辑构造的问题。整个企图的成功依赖于逻辑的严格性。但是逻辑的严格性很可能是在这寥寥数页达不到的理想，因为我们从一开始既没有关于逻辑本质的清晰概念，也没有明确定义了的逻辑过程的方法，如果我们的逻辑缺乏严格性和明确性，那么我们的分析就不能非常清晰确切，结果就可能证明这里提出的思想系统与它所要批判的那些思想系统同样混乱不堪。

但是，如果从一开始就怀疑这种企图要失败，那么究竟为什么还要一味地尝试它呢？这是一个非常根本的问题，它深及生活的本质。这几页已经暗含着回答。我们不做能够得到任何抽象证明的事情,我们一般不为一个目的而活着,所谓我们为之而活着的目的本身是不能证明的。当我正在思考的时候,我正在连续抽第三支烟,这不是因为我仍不满意香味的刺激,而是因为只要我没有挥笔疾书,我的手就要拿点东西,这可能正好是支香烟。我们有些人进行哲学研究,是因为对真感兴趣,也有一些人进行哲学研究,是因为想得到安慰。许多人涉足哲学,是因为没有其他事情可干。如果我们不期待哲学最终得到相同的结论,那么我们就几乎不能期待哲学家从相同的动机出发。

坦白地讲,哲学对我们来说是一种游戏。我们可能天真地做哲学游戏,这立即使专瘰感到可笑和气愤,但是我们尽可能努力根据哲学规则来做哲学游戏。我们不考虑成功或失败,因为我们并不把结果看作过程的一半。正是在这里,游戏是生活中最严肃的活动之一。其他活动常常有其他打算。政治是人们追求权力的领域,财政和工业是人们追求财富的领域。爱国主义有时是经济的问题,慈善事业是某些人成名的唯一途径。科学和艺术、文学和哲学可能有混杂的背后动机。但是一个人在肮脏的小阁楼上做游戏,这十足地表达了一颗被抛入生活之流的心灵。

简论不相容的逻辑系统 *

"不相容"（alternatives）这个概念，似乎包含这样的意思：x，y，z 等同地是 F 但并非等同地是 P，或 S，或 T。F 是 x，y，z 在其中成为不相容者的限定概念，如果我们采取 P 作为选择的标准，那么"最 P 的"x 将被选出。x 的选择并不使得 y 和 z 更不 F 一些。

我们可以引入 L 并把它定义成"选出的 P"，或简单地记成 PF。既然 y 和 z 显然不是 L，则我们就可正当地把 x 称作这个（the）L。既然它们从来也不是 L，那么 x 的选择就没有而且也不能"拒斥"它们的"L"性。

假设如下事实：在 x，y，z 都是或等同地是 F 的意义上，F 恰好意味着 L。在此种情形里，我们就得到从路易斯（Lewis）教授的文章①里可以探查出来的那种混乱。在那里他告诉我们他所列出的那些不同的系统（他的意思是指系统，虽然他可能列出系统形式）都是真的，但是依据某种为这一类或那一类目的实行的标准，这些系统中的一个将被选出，而选出的

---

* 本文英文稿载于 *The Monist* 第 44 卷，1934 年。邢滔滔译。——编者注

① 见 *The Monist* 杂志，1932 年 10 月号。

这一个正是逻辑,因为其他系统的逻辑性被这个选择拒斥了。说实行的目的决定"逻辑性"的意思,因而使概念实用主义得以加强,此一点大可争辩。

说这些系统都是"真的"是什么意思呢?我们说相对论是真的,或者说"巴黎是法国的首都"这个命题是真的,但这些系统没有一个在这样的意义下为真。假设有一本关于美国政府的写得很理想的书,其中所有的陈述都是真的,而且经过系统的安排,使得整本书是一个真理系统,那么我要怀疑是否路易斯教授甚至也要把这本书包括在他的不相容系统里。如此看来,"真的"这个词并不是在它任何通常的意义下使用的;它只简单地意味着"逻辑地真的"。因此前面的声称不外是,所有列出的系统都是重言式的系统。

因而,虽然路易斯教授用"真的"这个词,但他意指他所列出的系统全都是逻辑的。如果这样,很多人就不能看出任何基于实行目的的选择对未被采纳的系统所变的魔术,即是说,对它们的逻辑性的拒斥。必须记住,逻辑性在这里并不是意味着被采纳的,或被选出的,或实用的逻辑性,而是意味着真的逻辑性,其严格的意义是,那些被提到的系统全都是真地逻辑的或逻辑地真的。如果在选择作出之前它们是真地逻辑的或逻辑地真的,那么在选择作出之后,它们也同样如此,这就是为什么它们能被称作不相容的逻辑系统的理由。果然如此,选择就不能决定逻辑性的意思。

但是路易斯教授同时在心中自有一种逻辑性的概念,它的意义即是被采纳者、被选出者、实用者,这使他认为一个系统的选择"拒斥"了剩下的那些系统的逻辑性。然而,在逻辑性等同于被采纳者、被选出者或实用者的意义上,他枚举出的这些系统并不全是逻辑的,因而它们不是不相容的。在"逻辑的"一词的前一种意义上,我们对一个系统的选择并不决定逻辑性的意思;而在后一种意义上,我们的选择确实决定了某种东西,但被决定的不是逻辑性的意思,而是实行的——或有用的——逻辑性的意思。两种意义都无助于概念实用主义。

　　但是二者的混淆确会给人造成这样的印象:概念实用主义已然得到新的佐证。如果你在使用"真的"一词时,拿它同时指真的和逻辑的,又在使用"逻辑的"一词时,兼指有用的和逻辑的,那么"逻辑的"一词就有了两种意思,以至于对于路易斯教授所举出的系统,随便谁都可以自圆其说地做如下论证:在任何选择作出之前,它们之中的任一个都与任另一个同样地"好"或"真"(兼指"真的"和"逻辑的"),但是在某种选择作出后,选出的系统就唯一地是"逻辑的"(兼指"有用的"和"逻辑的"),因而实用的选择决定"逻辑性"的意思。但让我们紧守逻辑性的一种意义,则上述混淆也就不会出现。

　　既然这种论证不会作为概念实用主义的进一步的佐证,那么它就排除了任何人宣称某一个逻辑系统是这个(the)逻辑的可能性。至此,本文可以结束,内容已完备,且颇具学理。但是同一种观念可以用简单得多的方式表达。一个逻辑系统是一个重言式的系统。重言性是某种方式的关系的性质,系统中的元素以这种方式相关联。重言性并不是系统作为整体或统一体的特质;这就是说,没有什么系统能够穷尽系统可能性。换句话说,存在着不相容的逻辑系统。但这并不意味着存在不相容的逻辑。

州长的财政权 *

　　本题目既广阔又狭窄。广阔,是因为州长被授予了许多各式各样的约束立法机关的权力,这些权力多少有些财政性质。狭窄,是因为严格地讲,州长并不享有任何明确规定的财政权力。着重地讲一讲前者,就是论及问题的广阔方面,有必要把不同的州长在各自的州中所享有的全部各种各类的、彼此极不相关的职责汇集起来。而要把自己的论述局限在后者,那么能够写出的东西实在很少。所幸的是,公共消费及其滥用所激起的舆论足以构成美国州立法的决定性的转变,尽管遗憾的是并入到法规全书中多数是"所谓"的预算制度,少数是名副其实的预算制度。各州的立法机关似乎在审慎地彼此模仿,这样一种制度,除了极微小的修改外,往往能代表许多其他制度。然而差别是很容易发现的。有些差别值得特别强调,另一些则可顺便一提而过。我把自己所讨论的局限在宪法上有关财权的条款及法规上有关预算的规定的范围内,因为这是最主要的东西。根据这些规定才可以说州长享有一

_____

　　* 本文系作者作为完成哥伦比亚大学政治学系硕士学位部分要求而提交的论文。1918 年完稿。张琳甲译。——编者注

些法律上授予的财政权力。

对这类宪法问题的讨论当然就是起点。但如果适当地考虑到它的制定者的话,它却是一个贫瘠的寻求信息的地方,因为它没有多少需要信息的东西。老的州宪法很短。几乎千篇一律地包含着序言、权利法案、立法、行政和司法部门,常常还有一个财政及税收部分,一个教育及市政部分以及选举法规。它们体现了旧的政府体系。"序言"把政府说成是一个具有神圣目的的政府,即使不是神圣地创始的话。"权利法案"一般列举出政府所不能做的事情,因此它没有告诉我们政府及州长能做什么。"立法"章节包括少许几项有关拨款的规定。在拨款方面,或是在公款花费方面,或是在制定明确的财务政策方面,没有授予首席行政官(州长)任何实际权力。"财政及税收"章没有告诉我们多少东西,而其余部分则文不对题。新宪法则冗长得多,但主要内容与旧宪法只有微小的区别。它们的新只不过在制定的日期上而不是在宗旨上。

拨款是有关公款开支的第一步。这一权力毫无例外地属于立法机构。很明显它来源于历史悠久的财力控制学说。这是到处都实践的学说。它与公众信念十分紧密地交织在一起,以至到了几乎难以改变的程度。在立法机构中,宪法也同样得不到充分的信任。它甚至不反对对群众集会拟订限制条款,举例说,就像对拨款法案规定区分条款一样。这类法案通常区分为一般与特殊两类。前者由三部的支出组成,即:立法、行政及司法机关与学校及债款利息。它们是相当持久的,而且几乎是固定的。对于宪法制定者来说,最少特殊的保护似乎是不必要的。各类特殊法案是立法的条例;每项条例体現一项寻求拨款的特定议题。他们必须用明确的题目标明，目的是防止企图在这类法案中添入"附加条款"。然而已经指出：对宪法中立法条款的违反是难以通过法律弥补的，因为法庭对这类案件中任何疑问的解释一般都是有利于立法机构的。不论司法方面如何解释，这样说是不会有错的，即任何一个州无论怎样也不会把拨款权赋予州长，尽管他的来历比议员们更具有人民代表性。

在看到了州长对公款没有正式挪用的权力后，我们应当专心去对他在这类法案通过以前的影响以及他在以后的控制上进行一次检查。我们应当详细研讨的是他能做什么而不是他不能做什么，因为他在事后的控制权大于他在拨款前的影响。我们最好从前者（控制权）开始。这样就导致我们探讨否决权。这是一项严格的否定权力。它事实上能够在所有美国宪法中找到。否决权分为两类，一类叫综合否决权。根据这种否决权，只要州长进行否决，他就否决了这项法案中的一切。另一类叫单项否决权。它使州长有权否决一项法案中的个别项目或部分而不致使整个法案无效。全美国有 31 个州制定了单项否决权。下表为各州名及有关宪法的制定日期。1908 年以后制定的宪法未列入表内。

阿拉巴马	1900
阿肯色	1874
加利福尼亚	1879
特拉华	
佛罗里达	1885
乔治亚	1877

阿拉巴马	1900
伊利诺	1870
堪萨斯	1859
路易斯安那	1892
肯塔基	1890
马里兰	1867
明尼苏达	1857
密西西比	1890
密苏里	1875
俄勒冈	
蒙大拿	1889
内布拉斯加	1875
新泽西	1844
纽约	1894
北达科他	1889
俄亥俄	1857
宾夕法尼亚	1873
南卡罗莱纳	1895
南达科他	1889
得克萨斯	1876
犹他	1895
弗吉尼亚	1902
华盛顿	
西弗吉尼亚	1872
怀俄明	1889
俄克拉荷马	

其中大多数州,确切地说有 16 个州是南部的。其余各

州,即名单中未提到的那些州制定有一揽子否决权。

有些规定可能给了州长一些在拨款前的影响力量,如提交预算的权力。确实,在州长的权力上应当包含建议的措施。然而在宪法中有时表示得很明确,而有时却仅在成文法中有所规定。州长既然应当执行全州的所有法律因而才称为一名行政官,就理所当然地对其政府的需要有充分的了解,以便提出在一年或两年的时期内所需要的款项的详细报告。阿拉巴马、科罗拉多、佛罗里达、爱达荷、伊利诺、马里兰、密苏里、蒙大拿、内布拉斯加和得克萨斯等州在它们的宪法中都有这一项规定。

但是,州长与老资格的参议员和众议员比较起来,他完全是一个新手。他不是本州五花八门的需要的指针,不是如宪法希望我们所想象的那样的一切行政权力的接受者;而宪法制定者们了解这一点。因此,他们授予州长在必要时有强迫其他官员及从属人员提供必要信息的权力。这一规定在多数州里都能找到,措辞也极为相似。显然都是彼此抄袭,就如现在各州立法机关情况一样。

提交预算的权力附带着准备预算的责任。由于州长对各部门的需要没有十分充分的了解,有时为他制定出要求各部门首先向他提出各自的预算的规定。他应当审阅并于必要时进行修改,然后把它们送交立法机关。立法机关应当把它们制定成一项具体的综合财政政策,而不是许多彼此不相关的项目的结合。

其次,还有一些杂项规定。它们的数目庞大,一一详细列举太冗长了。它们完全是彼此互不相干;全部放在一起不但对州长没有什么帮助,一般反倒会使他担负起过重的日常工作的负担。他承受着许多小组成员的职责;有时宪法还赋予他暂停财务官员或其他官员的职务一直到议会再次开会时为止的权力。这一权力看起来或许相当大,但是行使这一权力的条件却使他相当软弱无力。有时他受到委托保管一项一般数目很小的应急资金;他常常要签署没有他的签字就无效的付款凭单。其他还可罗列许多。

我已经列举了一些宪法授予州长的权力。它们在财政事务上对州长有什么帮助吗?最高行政官的否决权大概是唯一算数的权力,但是它又单纯是否定的。但其有效性不能估计得过低。赫尔克姆教授所做的估计可能是有益的。"1915 年一千余项单项法案或部分法案由于行政官不同意而未能构成法律。在 39 个州中,提交州长批准的法案总数的 7%遭到否决。有些州的否定权比其他州大得多。加利福尼亚州州长对议会通过的总数 996 项法案否定了 225 项;纽约州否决了或部分否决了 980 项中的 223 项;宾夕法尼亚州 1003 项法案中的 211 项被州长批驳。"这仅仅表明行使否决权到什么程度。

必须重视单项否决权与其他种否决权之间的区别。根据后者,州长只能反对整个法案,即使其中只有几个项目他不同意。危险是:如果他真的行使了这一权力的话,他的薪金以及其他行政官员的薪金,如果没有宪法规定的话,就可能被停发。因此在行使这一特权上他确实没有充分的自由。他不如美国总统幸运,因为他缺乏后者有势力的地位。当塔夫托先生想在纽黑文港建立一个邮政局时,他仅仅放弃否决这项拨款的意图,如果宪法没有为这一所希望的建筑规定拨款的话。

而国会就为邮局的修建忙了起来。州议会不是这样顺服的。

所幸的是,许多州已经通过了单项否决权。据此州长有权否决他不愿见到在成文法规中出现使人不悦的项目。他不会危害他自己的钱包,也不会危害其他人的钱包。这一否决权甚至更为有效。整个来说,它激起比较少的反对,因此轻视否决权的机会当然较小。此外,拨款法案都是经大量的互相吹捧和暗中操纵的结果,因此一般都是在接近议会闭幕时才最后通过,而通过前就要浪费许多时间。议员们很难对否决权进行抗衡,因为他们都在忙于其他紧迫的问题。那些熟悉州议会在会议最后几天活动情况的议员们了解那种急速草率的忙碌及急于获得结果的愿望,这就促使在会议结束前重新考虑州长的反对。这里可以再一次引证教授的话:"……许许多多因素影响着州长们对否决权的使用,但是最重要的是这一权力本身。在那些州长能够否决拨款法案中个别项目的州比州长不具有这一权力的州的否决权几乎要多十倍。在后一类州里,州长在 70 个项目中平均只否决一项;在前一类州中,他们要么全部否决,要么在 7 个项目中平均约否决一项。这样否决权一般是有效的。1915 年在 39 个州中,只有 5 个州越过了州长的否决使法案获得通过或部分通过。在总数1066 个否决案件中只有 21 件被立法机构挫败。换言之,全部行政首长否决的案件的 98%是有效的。"

此外还有不给议会留有通过机会的所谓"搁置否决权"。这在各州都不一样。有些州法律规定允许州长在一定日期内考虑一项立法,但是如果议会在这一期限内休会而州长未能批准这项法案时,这项法案就算被否决。这一规定容易招致攻击,正在修改中。当否决权应用在财政案件时就构成了宪法赋予州长的主要财政权力。它具有最重大的意义,尽管它不是明确的财权。

在有关拨款问题上,提交预算的权力表面上把州长置于主动地位上,从这一点看,这一权力似乎很了不起。州长并不像常常想象的那样执行法律,但他却被理所当然地认为有能力为立法机构制定一项综合政策;而立法机关就被认为应当交出它拨款的主动权而只满足于瞧着实现充裕的拨款的消极权力。然而这不过是推测而已,与事实相差甚远。州长可以随心所欲地提交他的预算,但是执行拨款的终归是立法机构。此外,在美国政治中还贯穿着一种特殊现象。联邦政府、州政府和市政府一般都是从它们自己阶层以外补充它们的首席行政官。我相信成为美利坚合众国总统的人,州长比美国参议员或众议员多。各城市也是如此。费城选举了一位公用事务官员、前邮政局长作为它的市长,而他的对手——熟悉该市市政的前警察局长却落选了。这位中选者为了使自己在公众心目中具有候选人资格,仅仅从事公用事务两个月。一位地方检察官、一位教育督察,或者在罕见的情况下一位棒球运动员,都比一位州参议员或众议员更有在州长选举中中选的机会,所以州长没有议员那样多的知识。对他的推荐常常是以一知半解的事实为根据的不成熟的判断。不管他们怎样私下空谈,如何保守,他们都不能对那些老练的参议员和众议员们有什么影响。在法律上,州长有提交预算的权力,而事实上除了拟订预算和提交预算以外他没有多少权力。

让我们转到在需要时迫使官员们提供材料的宪法权力问

题。这当然运用于财政事项。宣布州长是手中掌握着首席行
政官大权的人物,而实际上却明明晓得他不是,这实在是一种
政治笑柄。由于他们有了得意的检查核对及权衡比较制度,
宪法制定者们似乎已经理解这一复杂局势。他们似乎已经意
识到州长的软弱无能,如果他的部下过分守口如瓶的话。规
定这一条款的目的显然是为了建立首席行政官对其从属的权
威。后者负有提供信息的法律责任。但是法律责任并不能产
生工作热情和完美。审阅、修改及合并从属向他呈交的所有
预算的权力,事实上并不能帮助他为政府制定出一项全面的
财务政策。它的有效性在很大程度上受到政治结构和时间因
素的阻碍。一位州长被选就任一年、二年、三年、四年不等,有
时不合格还须重选。即将下台的政府对于最后为即将就任
的、常常怀有敌意的新政府所使用的预算,不会给予很大的重
视。新州长不十分熟悉他的工作;到他熟悉的时候,新的选举
又到期了。为州长行使他的判断所保留的时间是短暂的,加
上五花八门的职责、圣诞节、新年等假日,不管州长多么能干,
可能都不能期待他提出一项极为精明的预算来。那些混杂的
职责可以免除,因为它们无助于州长的财权。

　　根据上述分析,我们能够可靠地得出结论:州长缺乏财权
的程度是惊人的。此外,在"财政及税收"章节中还规定了对
政府活动起限制作用的条款。这又是 18 世纪宣扬自由、放任
自由主义以及其他冠冕堂皇的学说的残余,认为最好的政府
就是管理得最少的政府。用尽全部力量以构成一个无能的政
府,而最明显的办法就是限制税收和负债。一般有三种办法。
第一,就是对可能挪用额外税收或造成负债的目的加以限制。

我不能妄言一个州就有一种限制,而且只有这一种。有些州所有三种都有;另一些州却只有其中一种。使用额外拨款的目的之一就是宪法中所通常规定的防卫拨款,至于什么构成共和国防务应留给法院决定。法院可能伸长它的长臂,使宪法制定者们从未有意包括在内的许多东西包括进去。在这种情况下,限制的目的可能很容易被挫败。这时,为了偿还旧债,而可能重新募集贷款在有些事例中这是事实,但是正如税制学者们所指出的,它并不能对政府有多少妨碍,因为政府永远可以重新募集贷款以还清旧债,并保留税收收据为建设工作使用,如果有什么建设工作的话。

第二种限制税收或负债的办法是对管辖权内财产估价制定出明确比率。这就是:征税或负债不能超过一定的比率,例如,对本州全部估价的财产一美元征税四米尔(一米尔为千分之一美元)。这比例是硬性规定的,不过确定比例的前提是灵活的。财产没有固定价值,因为财产价值增加也增加从那财产所能获得的税收总额。在美国关于确定税款还有一件有趣的事实。财产从来不被百分之百地估价而总是大为降低,这是众所公认的。估价因估价人和地区而不同,因之所估之价很难代表该州财产的真实价值。如果政府对确定税额进行改革,公共税收又将增加。第二类限制又同样不是硬性的规定。

但是,许多州制定有第三类型的限制,一种在宪法中明确规定的数量上的限制。许多州禁止税收或负债超过 20万美元。在这种情况下,许多建设工作不能采纳或着手进行。仅仅在立法上授予州长的额外权力不能克服宪法上的困难。

这样，我们看到宪法无助于州长们的财权。事实上，对许多州长来说，很少有称得上财权的东西。老宪法当然没有规定或是规定不明确，主要着重于防止暴政或魔王或其他现代永远不会发生的什么紧急条款。新宪法在篇幅上大大地扩展了，但内容上很少有什么增加。类似的条款有了更多的细节，而州长却得不到任何好处。

现在让我们着手读读法规。在论述法律时，司法上的解释是有益的，而且常常是必要的。但是我没有费神去寻找案例，因为那是徒劳无功的负担。我浏览了一下近期的法律以及各州修改过的法规、法典。其中很多除了宪法规定授予的权力外，没有讲述多少。预算制度是仅有的增添条款。由于我们的主要兴趣是预算的制定，似乎没有人反对把重点放在这一问题上。

制度不同是没有必要提及的，但有必要指出：它们或它们中的大多数只不过在细节上有所区别。由州立法机关拟订并合并入法规全书中的计划一般可以分为几组处理。主要区别是立法机关的预算与行政机关的预算之间的区别。前者是由立法机关与行政官员合作拟订的，与现行制度只有微不足道的差异；后者是由行政官员制定的，这样就授予了州长在拨款方面较大的发言权。然而事实上，在欧洲和在美国一样，一般都是由行政官员拟订预算。只有一个或两个州规定由立法机关拟订预算。例如，阿肯色州为了防治仅由议会拨款而无预算所产生的弊病，采用了议会预算。因此 1913 年的法律规定：

1.各部门首长应向州审计员提交支出报告。

2.各部门应接受各自管辖的单位的预算。

3.审计员应根据过去年份的收据提出本州税收报告。

4.立法机关应任命五名参议院成员及七名众议院成员组成预算委员会以拟订预算。

据我看,这一项立法似乎绝对不必要。它几乎可以称得上一项立法上的伪装。首先,没有收集可靠材料的办法。审计员简直不是担负此项工作的人员,因为他不是协调全部行政官员的首长。其次,即使各项预算可靠,有任何办法保证它们将被议员们使用吗? 如果后者采取"政治分肥"(从州的赋税中拨出用于地方福利的款项)时,法律规定了保证条款吗? 一句话,有什么预算呢?

纽约州在法规大全中有许多关于预算拟订方面的修改。1913 年著名的效能与节约制度被宣扬得十分突出。专门成立了一个小组,组长由州长任命。他的任务是研究本州不同部门的职责以及它们工作上所需的费用。建立了一个以州长为主席的预算委员会,以组长任委员会秘书。委员会负责拟订预算。然而这一安排未持续多久,1915 年即被撤销。撤销的原因我不清楚。但是在 1916 年又采用了一项新的制度。规定州长拟订大预算方案并向立法机关提出。议会应立即将它们提交给参议院的财政委员会及众议院的赋税委员会。这两个委员会应任命负责制定正式预算工作的人员。这两个委员会应在议会休会期间继续开会。它们应制定出一项财务政策并把它体现在预算中,在议会再次开会时将预算提出。这是一项立法与行政在预算方面的特殊结合。这也就是为什么这一制度并不确切适合第二类型的原因。这一计划能否成功要由州长及各委员会中的议员们的素质决定。如果州长只不过是一名平庸的人物而立法人员对预算又不过分挑剔的话，他们就会摆回到原来的作风上去，仿佛根本就没有这样一项法律似的。一个政府绝不能仅仅依赖个人素质来决定它的成败。

一般认为行政部门制定的预算是相对更为令人满意的。按常例这可能是事实，但是实施到美国制度上时，就得考虑到例外。美国各州的预算制度在性质上有很大的差别，最少可举出三类。第一类是由行政官员而不是州长拟订的；第二类是由州长与其他行政官员共同拟订的；第三类则是由州长单独拟订的。有些需要行政官员们与议会财政委员会主席之间的密切合作，但是它们不能引起人们足够的注意，不能构成单独一类。第一类有几个例证；第三类的例证多一些；属于第二类的例证数目最多。

第一类包括亚利桑那州和康涅狄格州。前者由审计员使用通常需要各部门提供的材料制定预算。法律上在对什么应该包括在预算中的问题规定了详尽的条款，同时却未能触及准备可靠的科学的预算数字问题。它规定了由审计员提交预算，但是没有规定提交的预算与立法机关最后拨款之间的密切关系。在康涅狄格州，1907年财务主管是向财政联合委员会汇报预算的官员，但是在1910年又成立了一个以财务主管、审计员和税务专员为成员的财政委员会。他们举行会议，会上可能听取群众意见。他们拟订预算。他们还与议会各委员会举行联席会议。关于亚利桑那州所提到的制度也可能适用于康涅狄格州。像其他许多规定一样,它们都不是彻底的措施,不能满足改革者们的期望。

第二类为数最多。其中有加利福尼亚、科罗拉多、特拉华、衣阿华、缅因、密执安、新墨西哥、北达科他、俄亥俄、南达科他、田纳西、佛蒙特和华盛顿。加州的预算制度已在课堂内得到描述。从法律观点讲,审计员是名副其实的预算官员,尽管有人声称这种制度不具有法律地位。州长起有显著的作用,因而容易把他看成是负责预算工作的人。这个制度本身并没有什么可取之处,它之所以奏效多半是由于过去几年中州长的非凡品格而不是任何其他原因。是他支配了其他行政官员以及立法机关,而且他能指使后者去做他需要做的事。一个禀赋较差的人就是另一回事了。

和加州一样,科罗拉多也不具有一个令人十分满意的制度,尽管它通常被誉为一个先进的州。法律规定成立一委员会以制定预算,委员会成员包括州长、审计员、财务主管、州务秘书和州检察长。委员会对州政府的临时和杂项开支拥有控制权。州政府的各个部门应提出预算,但它们只有得到委员会的批准后才能动用款项。这使委员会对各个部门的主管人拥有至高无上的权力。委员会对上级的预算进行修订并提交立法机关。人们很容易看出科罗拉多州并没有走得很远,须待改进的是应赋予委员会更大的权力。

特拉华州满足于要求州长向州议会提供一项财政预算以及最近四年的收支决算表,而与此同时该州承认州长对其下属应拥有更大的控制权,因此如果立法机关以 2/3 多数表示同意的话,州长可以免去下属的职务。衣阿华州也注意不使其州长负担过重,仅限于按法律规定要求他提交一份包括收支预算的详细报表,并将报表推荐给立法机关作为他的咨文的一个部分。

缅因州规定州的各部门负责人和各机关的主管人向预算审计员提交:1.固定开支;2.其他开支;3.在各自管辖范围内的非经常开支。审计员将预算造表,然后提交立法机关,并同时在 11 月 15 日或此之前也将造表提交州长,以便后者能有充分时间考虑此事。州长在立法机关与会的第一天提交最终预算表。然后将有一个迂回的过程,这是许多民主机构的特征。

具有高度智力的马萨诸塞州似乎并未具备良好的剑桥气氛。尽管它在许多方面表示出智能和进步,但在编制预算方面并未取得多大成就。州的审计员在 11 月 15 日或此之前审阅来自各方面的预算。他将预算再提交州长,由州长与委员会一起审议。州长可笼统地对预算进行增减或修订。他的活动到此为止。他对立法机关如果说有什么影响的话,也全然是个人方面的。密执安州试图建立一个预算体制。任命了一个委员会,由州长和审计员作为职外委员以研究和制定一项预算,委员会设置一专门调查员从事往后的预算工作。该州尚缺乏一个体系。

新墨西哥州寻求把主要责任集中于行政官身上。州长要求州的官员和各机构主管提供预算,他对这些预算进行修订,如果可能的话,就预算事宜举行公众听证会。州长、审计员和司法主管制定预算,由州长在立法机关与会的 30 天内提交给后者。这里有一件在其他体制内不应略去的东西,关于立法委员不得在预算内增添项目,但可以削减项目,这个规定是应受到高度赞扬的。他们对拨款的关注主要是为了改进地方的工作。它至少是制止浪费的一种途径。

北达科他州也力图通过由州长、立法机构内的两个财政委员会的主任委员、司法总监和审计员组成的一个委员会的方法，来协调州政府的立法与行政部门的关系。州长是委员会主席，审计员是该会的秘书。审计员在 10 月初收集各项资料并提交给 11 月第三个星期二召开的委员会议，在会上从事预算的编制工作。对预算的听证会是向公众开放的。委员会成员被授权对各部门的预算表册以及其他文件进行审查。同样，这里的缺陷也在于没能规定与立法机构的适当联系，以使该机构作出的最后的拨款不至于和提交的预算大相径庭。俄亥俄州进行同样的尝试，取得了同样的结果。州长应从各部门主管那里接到预算并从州审计员那里收到合理的财政收入报表。他编制预算，然后在立法机关的会议开始时提交给他们。南达科他州的体制和北达科他州的十分相似。它也有一个委员会，由州长、审计员、税务委员会主任以及两个立法委员会的两主席组成。这里所看到的人事安排仅稍有不同，关于期望得到的拨款的报表在 8 月 1 日或此以前呈交审计员。为了制定预算，预算委员会可下令进行专门调查并举行公众听证会。佛蒙特州设有一预算委员会，由州长、审计员、财务主管以及两个立法委员会的两主席组成，其机制和两个达科他州的机制非常相似。委员会举行公众以及私下听证会并编制预算。但是还有一项规定，即任何一部门的主管在事先没有向委员会提出要求前不得直接向立法机关提出拨款的要求。这个规定看起来许多州的法令内没有列入。华盛顿州具有同样的规定,我认为这些规定要更加完善。

在谈及马里兰和田纳西两州时,还是先看一看第三类的。这包括明尼苏达、内布拉斯加、堪萨斯、新泽西和犹他等州。明尼苏达明确规定州长是预算官员。他编制多项数据,包括:1.当年的支出;2.可以获得的收入;3.两年期间第二年的支出;4.为此目的的预期资金;5.一切必要的信息。法律规定,各部门主管人应在12月1日或此之前提交预算。州长在必要时对预算进行修订在12月31日或此之前将各项预算备齐。他将此项材料印制出来并广为散发,然后至迟不晚于2月1日前提交立法机关。内布拉斯加也使它的州长担任预算官员,并且也有同样的规定。

堪萨斯州在1917年规定州长是预算官员,还规定要各部门主管人提交各自的预算。州长还可以要求预算内在其他方面没有规定的拨款,立法机关不得进行法令性的拨款。新泽西没有确切地授予州长这种荣誉,但是州长事实上享有这种荣誉。他得到审计员和财务主管的帮助,他们向他提供一份财务报表。犹他州在1917年也使州长担任预算官员。他可迫使官员们参与活动并在他们帮助下向立法机关送交一份预算,为了制定此预算可以听取公众的意见。此外,还有一项十分令人注目的规定,即立法机关不得增添但可以削减预算内的项目,而且与此同时不得通过其他的拨款法。这个方案如果不是由于下文将见到的马里兰州在这方面超过它的话,本来是会受到广泛的重视的。

现在我们已进行到我认为是美国当今很盛行的最好的体制,这就是马里兰和田纳西两州的体制。这两州并非以先进而著称,但它们在预算制定方面比多数其他的州更走在前头。这并不是指它们完美无缺,但是我列举的那些州所采取的方针是如此的不可靠,致使这两个州在每一方面都凌驾于它们之上。让我们考察一下这些体制。

田纳西州设置一个预算委员会,由州长、主计员、州务秘书和审计员组成,此其一。

其二,它规定由各部门主管人、预算委员会下的各小组委员会的主管人以及从州政府接受拨款的各机关的主管人于12月1日或此以前向委员会提交预算,并随附各个机关的收入报表一份以及按照委员会规定的格式而制作的上两年期间的收支报表一份。

其三,它规定委员会应向州长提交一份报表,其中包括:

a.上一财政年度末拨款的存款余额;

b.上一财政年度的12个月每一项拨款和所有拨款的每月收支账目;

c.上两个财政年度每年的每项拨款的年度收支概况;

d.上两个财政年度每月账目的月平均数以及上两年所有月份的整个月平均数。

其四,它规定在偶数年的10月1日或此之前由委员会对州的各部门、各委员会和各机关进行实地调查。预算须在10月1日至1月1日这期间内制定出来。

其五,它规定举行公众听证会,各部门主管人和预算委员会,各小组委员会以及各机关的成员可以参加并为他们的预算进行辩护,而且当选的州长和立法机关委员们也应邀参加,提交委员会的所有报表递交当选州长。

其六,预算包括:

a.为各部门、各委员会和各机关编制的预算;

b.应急资金;

c.各部门、各委员会和各机关提交的预算以及审计员根据第三节所制作的一份报表。

应急资金可由预算委员会在紧急情况下动用。

其七,法令禁止州的官员造成任何赤字。

其八,它还规定,经委员会同意可将资金从一方转移另一方。这种同意必须见诸文字。

其九,它规定对州的所有机关进行视察,州长可以迫使见证人出席以及在宣誓下出示所需的账册和文件。

其十,负责拨款的立法委员会将举行公众听证会,所有对此感兴趣者均可参加。预算委员会有权参加并可发表意见。

其十一,州的官员应将在他们各自管辖下的前一个月的所有收入上交财务主管并向审计员提交账目。

最后,在两院或其中之一提出的所有法案必须按照预算委员会规定的形式。

我已详细地叙述了这个体制,因为我认为它比其他体制要优越。它至少具有三个方面的价值,而使未来的工作可以奏效。1.这里叙述的体制使当选州长有机会把他的政策体现在预算中,这样终于可为接替的政府提供指引。许多体制的缺陷在于允许引退的行政长官制定那种对通常怀有敌意的接替的行政长官所不能接受的预算。2.似乎存在着一个一贯的企图,即要把权力集中在委员会手中,这对于任何一项完整的工作都是必不可少的。举例说,未经委员会的许可不得产生亏空或将资金转移。一个部门的收入必须上交财务主管,并将收入账交给审计员,这两人均是委员会的委员。这种权力和职责的集中多半能说明所提出的预算的质量是好的。3.一部分但并非完全奏效的尝试就是将立法机关置于公众的监督之下,因而使它和体现于预算中的政策取得一致。这个尝试并未完全奏效,但有助于介绍马里兰州的体制。由此可见,一个州所短缺的东西可能是另一个州的占有优势的特色。田纳西州的体制是成是败不可预测,有关法令在1917年才通过。但是可以这么说,相比之下,该州的一些规章会让其他州的州长感到羡慕。

马里兰州从一开始就在此问题上采取了一个与其他州迥然不同的做法。其他各州企图通过折中的法规来与人民取得妥协,但这不能触及事情的根源。马里兰州也认识到它的法规在实施伊始就不适当,因此,它明智地对法规做了修正。这并非意味着通过此举该州已经完成了它所意想达到的一切。对我来说,它仅仅是找到了正确的方法。尽管它是变革的,它仍然不够彻底。

修正情况基本如下:除非符合下列规定,否则州议会不得拨出任何款项。

A.每一项拨款法案必须是一项预算法案或一项辅助拨款法案。

B.在立法机关开会的20天内或在当选州长就职后的30天内,州长应提交两份预算,即下两年内每一年各一份。

1.这种预算应主要包括建议的开支和估计的税收以及一份可能的盈余或赤字的报表,还应附一份有关下述情况的报表：

（a）两个财政年度内每年的收入和支出概况,后者居先；

（b）州的目前资产、负债、储备金以及盈余或赤字；

（c）州的债务和资金；

（d）在所提供的两份预算内的州的财务情况的估计；

（e）州长想作出的任何解释。

2.每份预算应分成两个部分,"政府拨款"部分应为下述各项：

（a）州议会；

（b）行政部门；

（c）经财务主管证明的司法部门；

（d）利息和债务的偿付；

（e）由州支付的薪金；

（f）学校费用；

（g）其他费用。

3.总拨款应包括所有其他拨款以及它们各自的预算。州长将提出预算,叫作预算法案,此法案在立法机关作出最后裁决前可由州长任意修正。立法机关不得对此法案进行修正以致影响到债务的履行,或根据州法规所要求的对教育体制的建立和维护,或薪金的支付。立法机关可以增加或减少有关本单位的项目。它可以增加司法部门下的项目。除这些规定外,它不可以任何其他方式对法案进行更改,而只能删去或减少其中的项目,只要州官员在其任职期内的薪金不会被削减即可。

4.州长和其他行政人员有发言权。在立法机关提出要求时,他们应回答问题。

C.追加项目只有在预算法案最后制定时才能提出,而且必须按照如下的规定:

1.每一个此类法案应局限于法案内包括的一个单一目的;

2.每一个此类法案应通过税收提供本身的收入;

3.除非全体委员中的绝对多数赞同此结果,否则不得予以通过;

4.如果此类预算法案未获通过,州长可延长与会时间,在此期间不得提出任何其他事项。然后,按通常规定,州长可要求各部门主管、委员会和小组委员会委员以及其他官员提出预算并就这些预算举行公众听证会。

这基本上是1916年建立的马里兰州的体制。很明显,这是迄今为止最完整的体制。它看起来几乎是最合乎理想的体制,因为它至少包括了六点值得推崇的特色。1.此体制体现在宪法中,而宪法要比一般立法几乎总是更为久长的。前者不能轻易变动,因此不会受到经常更动的立法委员们的影响。2.立法委员的修正权几乎全然受到遏制。这一点相当重要。你可看到州议会可为其本身增加或减少项目权。它仅能增添有关司法部门的项目,至于其他部门,州议会仅有权减少项目。根据此安排,立法机关将不能通过猪肉法案。它不得对预算置之不理而自行拨款。预算如果不包括在拨款法内,那么不论该预算如何令人满意也无济于事。这一点马里兰州看得很清楚,它一直尽力避免它。3.通过一项追加法案的机会是微乎其微的。立法委员必须在自己的法案内为他们提供本身的税收。较高税收的负担会落在他们自己的肩上。法案必须得到绝对多数的通过,这很不易做到。即使这些法案获得绝对多数通过,它们仍会遭到州长的否决,如果他不同意的话。可以设想,州长通常不会通过一项预算,如果所提交的预算是一个全面性的。因而,要避免州长的否决,其机会当然是太小了。正如本文其他地方所指出的,这些追加法案只有在对预算法案最后采取裁决时才能提出,人们不难看出,到了那个时候立法会议已经近于尾声。因此,要抗衡州长的否决为时已晚。4.此外,法案未予通过对立法机关造成的困难要大于对行政机关造成的困难,后者中有许多已在宪法中列出,其薪酬是由宪法规定的,因此不会受到任何立法操纵的影响。另一方面,立法机关也许不可能获得每一个人所需要的东西。5.规定预算的内容要明确,以便容易领会。6.州长总是可以参加立法机关的会议以便在对法案进行最后裁决之前能提出修正,这样州长就有机会将由于疏忽大意而被遗漏的事项补充到法案里。再者,修正案很明智地规定,大体上由州长汇集数据,而其细节则由法令来决定。这些细节不应包括在宪法内,它们的可行性在通过实验和试行后才能予以确定。这些细节应具有充分的灵活性,以便易于改动。这些基本上代表了这个体制的资产,这说明马里兰州很在行。

　　关于体制问题已讲了很多,提几句评语也许是合适的。关于预算,通常有五个步骤,即制作、提出、表决、执行和控制。美国的制度多半涉及制作,涉及提出的次之,对其他几项更少关注。关于预算的制作,它是一个技术上的问题。其过程首先是从可靠方面获取科学性的资料,其次是将资料加以整理以使公众明白易懂,并使这些资料合乎科学性和准确无误,作为立法者的引导。编制预算所取得的技术上的进步已获得成功。在许多州和城市中,预算达到高度的条理化,而一次总付的拨款正逐渐得到纠正。但即使是高度条理化的账目除了显露一些空洞的数字外也说明不了什么。它并没有表明政府为了进行工作而必需的实际金额。技术上的改进其本身就应能带来政治上的乐观。当我们想当然地看待人性,这种改进才是可靠的。相反,如果人性玷污了政治问题上特别是有关财务方面的丑陋的东西时,光靠技术手段是不能产生期望的结果的。

这结果必然是政治改革或变革成为争论的问题。预算须由某人来制作和提出,那么此人该是谁呢?立法机关可以接受或拒绝接受预算。如被拒绝,政府方面会发生什么事情?如被接受,谁能保证预算能严格按照规定予以执行?谁来监督预算的执行?首先,预算官员不易寻觅。审计员、财务主管、查账员、税务专员或他们的联合体,不论是个别地或联合在一起,均不能很好地成为预算官员。有时,他们在不同时期内当选。一个审计员可在这一年当选上,一财务主管可在另一年当选,其他官员可在其他年内被选。第一个人也许当选任职一年,第二个人任职期两年,第三个人三年或四年,视情况而定。很显然,在他们之间进行协作的机会是微乎其微的。他们彼此互不相识,因为他们是在不同时期当选的,而当他们彼此相当熟悉的时候,某人又得离职由另一人替代。他们并不总是熟悉州内的事务,因他们被选任期相当短,待到他们熟悉自己的业务时,他们的任期已经届满。

再者,他们彼此都是同事,谁也不是上司,谁也不是下属。一个审计员不能仅凭他作为一个预算官员的职权迫使各部门的其他主管制定使他和他们满意的预算。他不具有法律上的补救手段,如果需要此种补救的话。即使他具备,他也没有办法激起其他行政官员的热情,以使他们将时间和精力投入到编制真正科学性的预算中去。他缺乏一个州长拥有的社会威望,因而也就缺少那种使州长处于有利地位的心理因素。如果要求其他官员履行同样的职务,情况也是一样。

他们也不能担任预算官员。委员会意味着折中,折中从来不解决问题,它只能拖延问题的解决。再者,美国的政治制度增加了这种委员市政制的难以实行的分量。官员们互相敌视这种情况全然不使人感到惊奇。他们常常来自各个党派,这也就使他们在信念上产生了分歧。他们常代表着同一政党的不同派别。从后者来说,他们依附着有差异的和互相敌对的人物。不可能期望他们摆脱政治斗争而进行合作,在形形色色的不合乎科学的政治花招中,要从事科学性的工作几乎是不可能的。

对各部门的主管不能担任预算官员的问题既然已经清楚,那么我们求谁去承担这个重要的工作呢?州长看来是能接受我们请求的合理的人物。哈佛大学霍尔库姆教授(Prof. Holcombe)似乎认为每当市长被任命为预算官员时,预算的效率就显得特别高,而职责也极其有效地得到落实。按通常尺度或相对而言,此种情况也许是真实的,但当它被应用在特殊的情况或者从绝对角度来讲,它当然是不真实的。事实上,霍尔库姆教授本人也承认说,州长没有时间审阅呈交给他的各项预算和亲自制定政策。州长陷于烦琐的事务之中,而这些事务由秘书或办事员也是可以处理的。他简直成了个事务主义者。

然而,政治倾向似乎受到行政领导的影响,这在联邦政府内是很清楚的。罗斯福先生和处于较低地位的塔夫托先生均是执政领导人的榜样。最显著的战士是威尔逊总统,他对国会拥有完全的控制权,他驱使国会议员采取行动。同样的趋势也在各州表现出来。州长在公众心目中显得突出起来。他比前辈做得要多,而且人们也期待他做更多的事。他享有更大的社会威望而且比他的前人享有更重要的政治地位。对州长事业不利的那些早期的情况已被排除或已不存在。先前,州长在美国参议员的影响下显得相形见绌。这在工业发达的那些州里特别真实。纽约州有罗斯科·康克林和托马斯·C.普拉特,宾夕法尼亚有马修·斯坦利·奎伊,还有博伊斯·彭罗斯。这些先生是他们各自所属州的实际上的州长。但是这种事态已在一些地方消失,在其他地方也正在消失。州长正在成为名副其实的州长。他借助于自己的地位容易向公众发表意见。立法委员现在已对公众没有吸引力。如果他在某一方面具有个人的魅力,他全然可以效法罗斯福先生的榜样。当立法委员变得难以驾驭的时候,他总是能向人民大声疾呼。这说明某些体制是成功的,尽管在和其他体制比较时,这些体制的科学价值就不值一提了。

上面所说的不应理解为只要一个人谋求政治上的利益,法制的改革就没有必要。把政务的完成托付给某一个人是很危险的,这是违背依法治理的法制精神的。在没有一个更健全的替代物之前,法制必须受到维护。在一个比较完善的制度尚未到来之前,对现有的制度加以攻击是无济于事的。唯一的要点是,如果法律要使人们全然感到满意,那么这种法律就必须十分严厉以能够止政治弊病,而且还要具有充分的灵活性以便树立政治良风。换言之,它不应为了防止弊病而竟然扼杀了为了谋求公益的一切积极性。它不该用许许多多"你不应该"作为开端,从而使你有必要应该并且正确地应该的领域受到局限。小心翼翼地防止不该做的事,不应该沦为对必须做的事的阻碍。看起来公法往往对否定面过于强调。

就法律方面说,美国的州长几乎不能成为优秀的预算官员。宪法和法规没有赋予他们必要的财权来制定一项财政方针。事实上,制定宪法所依据的早期政治哲理和现代的政治理论是互相冲突的。一个行政官员是执法人,执法是他的首要职责。他只是以否定的方式注意使有效的法律得以制定,而从未被赋予在制定政策上的政治领导权,他不领导法律的制定,立法机关也有其局限性。一个独立的司法机构于是被创立起来。这整个的体制就是一个制衡的问题。早期的杰斐逊式的民主政治尽管略带法国激进主义的色彩,它也只是英国自由主义的一种美国版本。统治得越少的政府是越好的政府。这个概念贯穿在美国的所有的政府机构中。一个欧洲的观察家甚至把美国国会描绘成防止立法的一个机智手段。产生于一个古老体制的政府按我们的理解是不可能的。这种制约和均势的制度必须完全废除。进行任何事都必须彻底,政治改革当然也不例外,即便舆论通常对激烈的改变颇为厌恶,也不能认为它总是坚持保留现状的愿望。随着时间的推移,一些根本性的改变是必需的而且也是可能的。将来应当有一个所有三个部门进行合作而不是互相制约的政府。总统制已经建立,应当赋予它法律的地位。这对于各州来说也是适用的。

州长应有权任命所有其他的执政者或行政官员。就这一点来说,州长的处境比美国总统更糟。他的下属往往对他怀有敌意。一个派别的审计员也许被选借以约束另一个派别的州长,联邦政府显然比州政府的效率要高而且更关心公众舆论。理由之一在于总统比各州州长拥有更大的任命权力,内阁阁员都是他的幕僚。当布赖恩先生和加里森先生与威尔逊先生发生分歧时,他们知道辞去职务对他们自己也对威尔逊先生有利。不能期望有选举权的官员也这样做。简短的投票运动在于消除同样的弊病。这个运动的成功将有助于州长,至少他作为一个预算官员是不适合的。

看起来立法机关有必要放弃甚至在财务上拥有的多半权力。原先,议会有必要对国库进行把关以便迫使国王让步。各殖民地政府如此效法是合情合理的,因为各地总督往往都是地方上的暴君,而今天,州长不再是年代相隔久远的暴君的代理人,而是人民的公仆。如果再把这种古老的方法应用于现代这种迥然不同的政体,当然就会比形势实际要求或可能的要求走得更远。因此,立法机关似乎总会要交出它在立法和拨款上的主动权并且满足于监督制度有效的立法和拨款。在他多多少少也参与制定的一项预算的人们当中,除了马里兰州以外没有一个人能给予他对立法机关的任何控制权。

因此,州长就完全失去了财权。仅就预算而论,技术的发展将不能克服由于累赘的政治结构而造成的种种困难。

论政治思想[*]

一

本文中使用"政治体"（body politic）一词是有几分希腊语
polis（城邦）一词的意义的，不过不包含一座城市的概念罢
了。它表示这样一个有机整体：有着一政府作为核心，而其非
核心部分所包括的成分或者趋向于、或者背离于、或者更一般
地通过政府的中间作用，依据整体的行为方式而活动。所以，
它在社会中没有固定的机构，因为它有些成分或许在一个时
间、一个地点与整体无关地活动着，而在别的时间和地点又与
之相当有关地活动着。因而，虽然从目前的思想意识角度看，
某一政治体可能是资本主义的或无产阶级的，但富人与穷人
并不总是，也无须总是一个政治体的必要组成部分。政治体
的实质是它的最高权力；正是通过行使这种权力，某一部分或
某些部分才成为整体中指导性的影响力量，而在极端的例子
中则与整体合一。

———————

　＊　本文英文稿载于 *T'ien Hsia Monthly* 第 9 卷第 3 期，1939 年。赵文洪
译，何兆武校。——编者注

"政治"一词是指整体的不同部分对于行使最高权力的某些方式或模式的相互影响。因此它不同于行政,行政只不过是政治体机器的运行活动。凡从属于政治的,就被称作是政治性的。本文中的政治思想是指对政治的思想,应该有别于对政治思想的思想。无论研究政治的路数是经济的(马克思)、历史的(斯塔布斯、梅因)、法律的(奥斯丁)、心理的(华莱士)或哲学的(黑格尔、格林),这一区别都是根本性的。这些方法中的任一种都可以或者是对政治的思想、或者是对政治思想的思想。本文是要探讨前者。因此,邓宁、巴克尔的著作,拉斯基的部分著作,以及政治科学家的大部分著作都不算是这种意义上的政治思想。例如邓宁肯定曾以其一生主要时间来研究政治思想,但他已出版的著作并没有表明他对政治做过任何积极的思考。在别人的,例如拉斯基的著作中,上述的区别也许看上去有些模糊,但它依然存在着,而且为了本文的目的,还必须承认它的存在。

政治思想还必须首先区别于政治思考,再区别于政治观念,再区别于政治理论或政治哲学。思考可能仅仅与发生于时空中的实际事件过程有关,因此可能不形成一个观念的结构或体系,即本文所指的思想。无论哪一个因任何政治思想而出名的人一定都进行过政治的思考,但进行了政治思考的人并非根据这一事实就获得了政治思想。这很容易地从中国官吏、英国政治家或美国政治领袖们的例子中看出来。观念和思想当然是紧密联系的,不过当此处把思想当成一个体系或结构时,观念却是成为这种体系或结构的要素的实体。政治思想是一个政治观念的体系,这些观念不限于一个体系之内,而能组成不同的体系。既然政治思想是一个体系或结构,所以它就不仅是对行使政治权力的方式而更是对于它的模式的思想。政治理论或政治哲学可能是也可能不是政治思想,虽然这方面已经给出的例子大多数也是政治思想的例子。如果我们认为政治哲学是指整个哲学的或形而上学的体系中的那一部分,它以政治观念为其演绎出的成分,那么,政治哲学可能不是政治思想。因为既然是纯粹演绎的,它就可能没有本文中政治思想所指的那种与实际政治的关系。因此,虽然柏拉图的政治哲学是此处所指的这种意义上的政治思想,而布拉德利和鲍桑葵的却不是。

政治思想必须总是趋向于要求它为之服务的那些目的。它可以用形式的或抽象的语词表达,但在其历史联系之中却总能看到,它是为一定的利益而发言的。柏拉图代表知识分子的利益说话,黑格尔企图阻止可能动摇日耳曼政治体基础的反偶像崇拜的理性主义思潮,因此可以说他以维护现状为其利益。正如圣徒和魔鬼都能同样便利地引用《圣经》一样,相同或相近的观念也可以代表不同的利益。在霍布斯那里,社会契约观念是对君主专制主义的捍卫,而在卢梭那里,它却用于论证全然不同的另一种专制政治。辩证法在黑格尔那里是为既存的现状而说话的,但根据今天的唯物主义,它却成了维护无产阶级利益的工具。

既然政治思想在心目之中必须有一特定的目的,所以它就是某种显然是实际性的事物在理论上的翻版。我们可以说虽然它形式上是一个思想体系,然而它却充满了情感,这种情感总伴随着要看到它付诸实践的欲望。这里的意思可以由认识性的和意动性的之间的区别来表达。这两个词涉及人类的行为。例如,在数学和物理学背后的活动可能是纯粹认识性的,而在政治思想背后的活动却还有意动性的。政治思想体现出某种意志,不管它是全体的或集团的意志,或公认的政治领袖们的意志。它或者传达意志,或者能被转化为一个纲领;当这个纲领被实施时将部分地实现某些原则。因此它一方面完全不同于纯粹的哲学或数学或逻辑,另一方面又完全不同于自然科学。

本文所探讨的政治思想可以大致分为两个主要类别:一类是寻求维护现状的,一类是企图推翻现状的。用更一般性的语词来表达这个观念,则政治思想或者拥护某种东西,或者反对某种东西。对于它,总是有拥护或反对。因为政治思想背后的活动部分是意动性的,所以,各敌对学派之间的对立在一方面就不同于——让我们说——欧几里得几何和黎曼几何之间或牛顿力学和波动力学之间的对立,因为在这些例子中分歧可以说总是由于不同的应用领域所致;另一方面,这种对立也不是逻辑上的矛盾,因为一派政治思想的实现并不使其对立派政治思想成为虚妄,至多仅意味着它们的失败而已。上述对立既非实质上的差异,也非形式上的矛盾,它总是可以归结为一种意志的对抗和利益的冲突。

以下几节目的在于表明,按上文所大致规定的意义来看,政治思想就是一种特殊的外观,在它的掩盖下,积极的、强干的而又无情的人们领导着人民去完成他们的个人或集团所意欲完成的事业。

二

当一个政治体在外部条件变得使其政治重心不再振动于其传统路径之内这种意义上出了故障时,就出现政治思想了。所谓外部条件是指任何一种事态增长到了不是由于任何明显的政治思想所致的一个时期。从事件上讲,这些条件必定既多且杂。也许真的是,经济因素始终是主要的;甚至也许真的是,从此以后经济正变为唯一的决定因素。如果是这样的话,我们可以说每一种政治变革总有其底层的经济原因。不过经济决定论如果正确的话,也只是解释政治变革,它并不在任何意义上蕴涵着经济因素构成了政治变革。换言之,经济决定论可以是一种政治思想的形式。然而经济运动却可以不是政治活动。政治体可能被包括在经济体内,但它们并不吻合:政治可以是经济,但不必定反之亦然。政治体有其自己的存在理由,政治思想也有其自己存在的理由。

对于那些不是经济决定论者的政治学研究者,也许有必要研究历史才能确定导致某一政治体兴衰的特定因素。他们可以从故纸堆中挖掘出有趣的事实,然后得出可行的概括,但这些都不是本文所要提供的。如同经济一样,历史涉及但不等于政治。此处我们对于导致某些政治体兴衰的特定因素并无兴趣。本节只拟表明一个政治体绝非永恒的,如同任何其他个体一样,它有其生长、成熟、衰亡的周期。如果我们从政治角度分析它,而不试图从经济或历史角度解释它,那么我们将发现它的这些时期中的每一个都等于可以用政治上积极的、强干的和无情的政治家的行为加以描述的政治体的某些状态。

政治体的生长时期是政治创造性的时期。这是一个以破坏为其前奏的时期。通过这一时期,政治统一或者行将达到,或者已成为现实。新秩序在形成的过程中需要创造性天才,于是政治上富于开创性的、强干的、无情的人被吸引来接受它,作为他们精力的一条出路,并且把它当作实现他们野心的手段。换言之,这些人凭借正在形成的秩序而行动着。不过他们的作用有积极的与消极的两个方面。因为有创造性而又强干,他们向着所要求于他们的政治创新而活动;但如果他们或他们中的一些人,尤其是他们的领袖们,还是无情的话,则他们不会容许任何来自多情或灵心善感的其他形式方面的障碍来阻止已经开始了的政治势头。因此,在积极的意义上,通过正在形成的秩序而活动时,这些人便会取得政治上的建树。但无情的人在建设方面和破坏方面,在创新方面和守旧方面都是同样无情的。把这些人吸引到建设性的工作中来就减少了从事破坏的顽固敌人的数量。所以,在消极意义上,通过新秩序而活动时,这些人就不再可能是旧秩序的捍卫者。

成熟时期一般不是政治的开创时期,而是政治保守或守成时期。开创事业已经完成,留待政治体去做的便是保守它已经取得的成就,这是一种已成了现状的秩序,它逐渐变得或多或少地精致而又动人,并且充满了制约与平衡以及这种或那种巧妙的调节,以至于通过它而起作用就要求有一批具有可以称为有法律的头脑和明断的性格的人。这些人也许强干而无情,但他们不大可能具有政治开创性,因为他们对现存制度有着强烈的依附感。不管其天性如何,制度和操纵这个制度的人都趋向于保守。从他们自身的制度来讲,甚至进行革命的组织也是保守的。若掌权者强干、公正和灵活,则保守主义在政治上并非有害。如果情况如此,并且客观事态又未逼迫着进行剧烈变革,这些潜在的革命者即使被拒于政府之外也总能将其精力花费于别处,并寻找其他可征服的领域。当人类的创造性力量不被垄断,并且政治体处于其成熟阶段的稳定平衡的状态时,文明一般都是兴旺发达的。

然而一个政治体并不会永远稳定,总有一个时候,权力和制度都变得不能吸引无论是创造型还是保守型的灵活而强干的人了。一个衰颓着的政治体并不意味着一个腐朽或无能的政府。政府可能腐朽或无能,或二者兼而有之,但政治体却可能在另一方面强健到足以吸引强干的人来发动改革。改革意味着一方面现存政治制度的一部分可以用来作为表明一个强健的政治体的各种政治变革的工具;另一方面,强干的人仍愿接受现存政治制度作为自己精力的发泄口并作为实现自己野心的舞台。只有政治重心不再储存于正式的政治制度之中,因而政治制度已成空壳,不能作为积极、强干而无情的人们借以实现其野心的工具时,改革才会变成不可能。当情况如此时,我们就看到了衰亡时期。

无疑地我们能够作出更为充分的分析,不过即使是如上文这样简要并且可能不适当的分析,也足以表明这些时期意味着什么了。在生长时期,斗争主要关系着旨在实现某些或多或少已为人们接受了的原则的实践措施或纲领。这些原则也许或多或少能在感情上打动群众,但一般都不再在思想上引起社会精英们的兴趣。在成熟时期,通常并没有很多活跃的政治思想,虽然可能有学术性的阐释。它会是这样一个时期,在这个时期,有关政治的教科书会流行,任何不是维护现状的东西可能要么被忽略,要么仁慈地被宽容,要么就成为政治荒野里单纯的回声。但是在衰亡时期,政治思想更可能是——而不是不可能是——对基本原则的思想。开始的步骤是以富于魅力通俗易懂的形式打扮出来,继而则把它们作为思想流通的条文而加以推广,直至这些观念中的一部分通过斗争取得优势地位——部分是由于它们模式的说服力,不过主要地却是由于受到已在政治上成为强有力的人民的支持。当政治竞争中不再存在着与占统治地位的政治思想不同的政治思想时,另一个政治体的生长时期就开始了。

在一个例如中国这样历史悠久的社会或国度里,可以有不同的政治体的连续相继,因此也就有着不同的生长、成熟和衰亡时期的循环。前面已经提到过,我们无意于探讨导致政治体兴衰的原因。我们仅仅说明有这样的时期,并且通过对于它们的分析可以发现它们对政治思想有一定的关系。大体说来,本文那种意义上的政治思想繁盛于政治体的生长和衰亡时期,而在成熟时期则是沉寂的,这不是在缺乏政治理论的意义上的沉寂,而是在这些理论——如果有的话——并未从事于主宰实际政治斗争那种意义上的沉寂。

三

但是,到底为什么要政治思想呢?也许可以论证说,在动物中间有数不清的出自本能的领袖这类例子,它们无须任何联合的思想就可成群结队达成集体的行动。当学童们成群游戏时,他们也提供了这同一现象的例证。历史上充满了无需以任何一种政治观念结构的形式作为其思想联合的政治权力的转移这类证据。那么,我们又一次问,到底为什么要政治思想呢?下几节将试图说明对于像人类这样的动物来说,政治思想是需要的,尽管有着认为无需联合的思想就能取得集体行动的论证。

首先,在人类中间,对于同情与理解的渴望不可避免地要产生对获得正当理由的愿望。正当理由并非只是对某人的行为给出一个理由,而必须包括诉诸共通的或别的什么原则。根据它们,才可能获得同情、理解,甚至赞同。存在着这样一种对正当理由的愿望,这是毫无疑义的,虽然关于这一事实的理论的论述可能在不同人的不同研究中有所不同。有些人可能用同类的观念进行论述,另一些人则可能把它归因于所谓的本能,还有人则可能声称它是由于条件反射。无论是什么解释,事实依然是,人类希望和需要有正当理由。既然正当理由在如此众多的人类活动中被需要着,它在成其为政治性的活动中就更加需要了。政治思想就是对政治活动给出的正当理由,并且它自身间接地就是乔装着的政治活动。

除了渴望正当理由之外,政治思想被人需要也还有别的原因。先说最明显的原因。政治活动是在人民中的集体活动,这些人民在他们生活的其他方面有着不一致的利益,要获得他们的支持只能通过某种共同的纲领。一个行动想要取得的东西必须传达给并且部分地——如果不是整个地——为所有有关的人所理解,如果这一行动想获得动力的话。但是这种对那些将接受某一纲领的人的传达就要求在提出纲领的人这方面有起联合作用的思想,而对知识精英的传达则尤其要求以非个人的语句表明所提出的纲领迫切的需要性及其合理性和说服力。如果事先没有原则或一套政治观念结构,这一点就不可能做到。因而,就有了政治思想。

一个更为敏感的理由是,政治活动的开始必须从一定群体利益出发,而又不必一定等同于这一利益。也许群体利益一词正会导致错误。有人现在也许易于把群体利益认作本质上是资产阶级或无产阶级或工会的经济利益。这可能对,也可能不对。重要的是,人民能够结合,形成群体,增进他们自己的利益,而无须从严格的政治利益之外的任何利益出发。换言之,政治团体可以用纯粹政治的理由而集合起陌生的伙伴来。如果不是基于政治集团的利益之上的话,一项政治活动将仅成抽象的渴望。不过却不能将政治活动等同于任何特定集团,因为它可以不再成为政治性的。问题在于政治行为之所以不应在理论上限于集团利益——虽然实践上总是如此,这仅仅因为政治行为被设想为无论如何都是为着整个政治体而进行的。如果理论上它们只限于某一特定集团,它们在该集团之外也许会找不到支持。但是如果它们一点也不基于任何集团利益之上的话,它们就只不过是现实政治家(real politiker)所诬蔑的人民在玩走马灯似的游戏罢了。政治思想——无论它也可能是别的什么——就是政治活动的背后的理论。

需要有政治思想还有另一个理由。如果政治活动当真必须是认识性的,那么它也绝非纯粹认识性的。无论如何,它是意动性的。如果它终究是无所不包的,它就包括有一种意志的强迫来改造或再改造政治环境的某一方面或某些方面。为了使这个意志可以在任何可观的程度上为大家所分担——不说它的充分实现,群众的情绪就必须被鼓动起来。但因为这类情绪不能凭这种或那种专门的方式鼓动起来,所以就要诉之于一般的原则,以便能使人民在感情上依附它们并准备把它们当作我们惯称的"原因"而加以接受。这些原因之不同于其他原则在于它们具有情感的价值,使得依附它们的人们难于接受或甚至是考虑任何别的替代物。在这个特殊的意义上,它们是基本性的。目前辩证唯物主义原则,虽或远远有别于实践的措施,却激动了千百万追随者们的热血;而根据其他理由也是重要的相对论原则却让人们处于一种正常的精神状态。包罗万象或影响深远的政治活动不可能让人民处于正常精神状态,尽管事实是在成为该活动的正当理由的思想体系之内可能有着持久不息的对理性的要求。我们不应忘记,18世纪理性主义是突出地富于感情的。人类大体上比起接受有利于理性的理智论证来,总是更易于接受感情上对理性的要求,这也许是他们的命运。既然不能没有感情因素,政治活动就不得不伴随着政治思想,它那原则通常也就是原因。

政治中所需要的既不是纯行为,也不是纯纲领。包括了政治家在内的人类,其天真和世故都没有达到这种程度,这是因为极端的天真和极端的世故在赤裸裸的现实主义中有一个共同的会合点,而人类则从未达到过头脑顽强到彻底的现实主义的地步。是人,就要与感情和理智的复杂结构不可摆脱地交织在一起,要沉浸于一堆希望、恐惧、疑虑、信念、热望和禁忌之中,对于这一切,时代精神(Zeitgeist)就以思想意识和价值观念的形式指引着主要的行为动力。既然在生活中纯粹冲动性的行为和彻底的受控行为之间要维持某种平衡,政治思想就必须依据这种平衡而得出。一方面,政治行为必定伴随着思想;另一方面,政治思想又必须鼓动人民去从事政治活动。

四

尽管有着关于永恒概念或永恒原则的观念,政治思想却必须是合时代的。合时代性在这里涉及某些概念或原则或体系借以在一定的时代为人们承认的那种便利。这种承认不是承认其有效性,也不仅仅是承认其存在。从存在的角度看,观念在它们是在时间之外的这一意义上,是永恒的;但这种永恒的意义无关乎我们目前的论题,因为在这种意义上一切观念都是同样永恒的。从有效性角度看,某些原则可以说是永恒有效的。但是,在政治思想领域里找出任何这类例子,如果不是不可能的话,也是困难的。即使能找到,我们也不能下结论说它就总是合时代的。

在理论的一面之外,政治思想还有其实践的一面。某一政治思想的实践的方面就把我们引向事实和观念的历史。对当代事实的检验说明了某些已发生的问题、某些提出的措施;对当代观念的检验则说明了为人们使用的某些词句、在某一政治思想中被强调的某些原则。没有这种历史背景,就没有什么政治思想是可以完全理解的。这是明白的。不过不大明白的是政治思想与时代精神之间的关系。上节业已指出,从一堆希望、恐惧、信念、疑虑及其他之中产生的人类行为的主要动力,是由某一时代的思想意识和价值观念所指引的。从思想意识的角度看,所谓某一时代的时代精神不过是它对各种复杂的问题的占主导地位的过分简单的概括。因此,有了它,懒人、蠢人就免得做任何积极的思考。一个依附于任何一种流行的"主义"的人就像戴上了有色眼镜,他可以如别人一样看到很多东西,但总是在一种特定的光线中看到的。凡是实际上为自己的需要而进行的任何思考,他都容许。从价值角度看,某一时代的时代精神就反映于该时代人民在错综复杂的生活中的行为方式上。因此,有了它,懒人或冥顽不灵的人就可以免得要有时代精神的永恒形式之外的任何积极而真实的感觉了。一个按当代价值观念而行动的人本质上是个墨守成规的人,虽然他可能是合时代的;因为对于他来说,他应有的和实有的感觉方式都是社会规定了的。因此,时代精神是某种联结思想和行为的东西,它是一根指挥棒,通过它集合起群众去行动。既然政治行动需有群众参加,政治思想就必须与时代精神共鸣,才能有鼓动性。特别是在这一意义上,政治思想才必须是合时代的。

因为时代有不同,所以不同时代的思想意识和价值观念有时也不同。举一个思想方面较简单的例子。在 18 世纪,"理性"的口号激动人心,19 世纪后叶进化的观念也是动人的,而目前经济决定论或辩证唯物论的观念对千百万青年政治热情分子就像是钧天音乐。这些观念也许有效、也许无效,但在它们流行期间它们全都是简单化的信条。根据它们,思考活动被压缩到最小范围,而与之共鸣的政治思想也就在不同时代是及时的。这显然并不意味着与时代精神不合拍的思想就必定失败。一些占主导地位的观念延续于不同时代这一事实本身就表明一度是不流行的东西可以衍变为合时代的。但是不流行的政治思想要获得统治地位就得有一场殊死搏斗。在获得一定程度的合时代性之前,它没有任何政治功效。虽然它也许是某种政治观念的模型,然而却还不是本文强调的意义上的政治思想。虽然抽象的和基本的政治原则可以有长期的合时代性,但此处强调的这种政治思想却一般地随时代的变迁而变迁。

政治思想的合时代性表现为它的结构的合时代性与表现为它的观念的合时代性是一样的。后者很容易看出。以政治思想的历史学派为例,它可能没有进化观念也进行过奋斗,但有了它,则在一段时间内就俘虏了知识界的想象。大约二十年前,当西方人民有些厌倦于近代机器时代时,基尔特社会主义就流行过一个短暂的时期。作为一个体系,它对早已流行的各种社会主义思想形式补充得很少,但它因与中世纪行会联系起来而在当时具有了浪漫的吸引力。虽则托马斯·霍布斯的说服力很投合知识上过分讲究的人们,尤其是有着抽象倾向的人们,但它从不是合时代的,也从没有鼓动起群众的心。也许社会契约的观念为观念的合时代性以及结构的合时代性两者提供了一个范例。在它盛行的时代,它一定有巨大的吸引力,不过,在有说服力而不合时代的霍布斯体系里,其吸引力却远远小于合时代的卢梭的体系。

合时代性是一个方便的名词,掩盖了极难分析的复杂情况。也许我们能说,某一政治思想赖以在一定时期内为人接受的那种便利性,是指该政治思想结构之中、观念之中或者两者之中的,或关于它们的,某种会吸引人的东西,因为政治思想并不就是串在一起的任何流行观念,所以它背后的思想家必须也是一位艺术家。这一点对于其他思想体系当然也是真实的。欧几里得既是一位艺术家又是一位思想家,卢梭与马克思也都如此,只不过他们是在不同的领域里罢了。作为一件艺术品,政治思想一方面在它有意号召大批的人并在他们中间唤起纷纭复杂、有时甚至是互相冲突的感情的意义上区别于其他的思想体系;另一方面,它又在它同时是一种思想体系因而具有逻辑的严格性这一点上区别于通常所称的艺术品。它是从历史与当代所给定的材料中创造出来的观念模式,不过经过了精细的调节,可以诉之少数人的知识,满足某些人的兴趣,激发大多数人的感情。它纯粹是政治思想,不是别的;它不是纯粹的思想或纯粹的历史、纯粹的科学或纯粹的艺术,而是这一切结合成一个整体,编织成一个模式,对于它的欣赏不是在画廊里的沉醉,而是趋向于运用或多或少按照这个创造出来的模式的政治权力的政治行动。虽然难于分析,但政治思想却必定有其自身的技巧。如果赛耶斯(I' Abbé Sieyès)能够在过去发展出编写宪法的艺术,那么某些有才能的人也许会在未来发展出一种能创造政治思想以适应不同时代的不同条件的艺术来。

五

然而,谁需要政治思想呢？如果提供了政治思想,它必定是提供给某些人的。我们必须记住,政治中基本的东西就是对于政治权力的控制,以及对这一权力加以运用的模式。如果从任何时代获得的客观环境的角度来看,该模式已不能满足使政治网球赛能开场得利的话,那么,控制权将必须易手。如果这种易手能不经革命取得,则万事大吉;如果必须经革命取得,那么革命就会来临。在任何情况下,不同集团的强干、活跃而无情的人们,都将会互相争斗。这些人都是政治舞台上的明星演员,没有他们,将不可能有激动人心的政治戏剧。

这些人的活动是无法阻止的。这些人构成任何社会的天然贵族。到处都可以发现他们,在银行和工会,在资产阶级也在无产阶级之中。如果对于任何规模广大的政治行动,客观条件还未成熟的话,他们就寻找别的领域去征服。但如果客观条件允许发动一场政治意义深远的运动,他们就成为了政治领袖。无情具有着头等重要性。柔和者可能以别的方式继承一个世界,但绝非政治的方式。那些不愿把自己的意志强加于人的人绝不能成为政治家,那些由于任何形式的心灵稚弱而可能被妨碍做到这一点的人,也不能成为成功的政治领袖。坚定地献身于事业是可钦佩的,并且往往是真诚的表现,不过在它背后的心理学现实则总是一种把自己的意志强加给他的同胞们的坚定不移的决心。对于这些人类领袖,政治思想一方面是一种华丽的外观、一种尊严的姿态,从而能把追随者吸引过来;另一方面也是一种有效的掩盖,使他们的精力得以发泄,野心得以实现,而最后把他们的意志强加给他们的同胞。

正是对于这些人,政治思想才作为他们的行动的一种外观而被提供出来。为了避免一个很可能会有的误解,应该说明,本文并不是支持伟人理论的一种论据。伟大这一概念包括各种不同的评价,一个人可以因其人品、行为或二者兼之而被人尊重。一个人被尊重的原因可能完全不同于另一个人被尊重的原因。无论如何,人的伟大关系着规定性的价值标准,而非描述性的品质。伟人可能存在,但伟人理论是否有效则完全是另一个问题。我们在本文中不涉及它或他们。本文描述那种强干、活跃而无情的人们是为了表明他们在政治体中的职能,而非社会给他们规定的并堆砌在他们身上的那些价值。他们可能是恶棍、无耻之徒、无赖、讨厌鬼,或伟大的人。单是中国历史上就充满了恶棍和伟人变成有力的政治领袖甚至于王朝建立者的例证。他们怎样根据不同的价值标准而被评价,这对于本文的目的无关紧要,起作用的是他们的功能。

也许如果我们从另一个角度出发,上述这一点可能带来一种甚至更惊人的安慰。毕竟尚有其重要意义的那种伟人理论不仅肯定伟人的存在,而且也肯定他们不顾客观条件而实现他们的意愿。换言之,领袖们只是领导,而在任何意义上都不是被领导的。现在,虽然本文主张强干、活跃而无情的人是政治领袖,但并不断言他们永远不被领导。只有理论家们才坚持领袖们只是领导,而领袖们本身却足够现实得不管他们实际上是领导还是有时候也被领导。他们的要务是当事情成熟时抓住机会,或是像古代的费边那样等待时机。他们可能是也可能不是机会主义者。他们要么获得机会要么就等待机会,但他们不能无视机会。他们所代表的观念可能是他们自己创造的,或是从不事实践的思想家们那里借来的,或仅仅是俯拾皆是的思想潮流中的一些条目,但是,一旦他们拥护这些观念,他们也就成了实现这些观念的工具了。如果在政治思想中,他们究竟是师傅还是徒弟毫无不同的话,那么他们究竟是强加于他们同胞们的那个意志的创造者还是它的单纯的工具就更无关紧要了。这里无须讨论究竟是时势造人还是人造时势。在任一方面,正是仅仅有些具有某种重要性的人,正是政治中强干、活跃而无情的那种类型的人才起作用,不管他们究竟是圣徒或魔鬼、徒弟或师傅。

不过,实际政治中的领袖照例很少同时又是政治理论家的。擅长理论的人做实际工作一般都不能干,反之亦然。马克思无疑的是共产主义思想的伟大宣传者,然而他却不是它的政治家,如果给他以斯大林的地位,他也许不会有后者的成功,而极可能的是他会作为一位哲学家而痛苦。如果墨索里尼和希特勒满足于作为从群众的压抑之中爆发出来的盲目冲动的工具,他们可能是悲剧性的,从而在某种意义上是伟大的。但是当他们企图同时进行理论化时,他们就只能变成为滑稽可笑的了。把这两种任务结合起来,就会在整体上贬低了这一方或另一方。在较早的时代有些例外,但在近代,当分工已发生在人类努力的几乎每一个方面时,做一个统治者是很难同时与做一个理论家相适应的。政治理论工作将比以往更加落入知识分子手中。他们对鼓动人心的政治观念推波助澜,并企图通过强干、活跃而无情的人在政治上继承这个世界。

描述性地当作一种外观来看待政治思想并不意味着贬低理论家或政治家;他们在政治体中各有其职能和存在的理由。指出他们的不同是本文的部分目的。附带也提到,本文仅仅是对政治思想的思想,而并不是政治思想本身的主题。

真小说的真实性*

一

　　评价小说可以有多种方式。可用于评价小说的标准之一是小说所包含的真。但这并不是小说中最重要的因素,某些读者可能对此并不关心;但另一方面,这也未必就是最不重要的,因为小说批评家在评价小说时,有时的确考虑到用真来作为标准。大概是由于"虚构"这个词经常作为"小说"这个词的代用语,以致使我们习惯成自然,在绝大多数情况下忽视了小说中关于真的问题。可以肯定至今人们还没有认识到这个问题的重要性,或者给予应有的注意。对于某些小说,当我们说它们是真的或假的时,我们所说的"真"究竟是什么意思?在着手处理这个问题时,我们遇到了一些困难,下面的讨论就是力图揭示这些困难所引起的某些困惑。

　　关于真的一般性问题不是这篇文章的主题。但是为了比较,我们要列举不同种类的、我们多少熟悉的"真",并且尽可

　　* 本文英文稿载于 *T'ien Hsia Monthly* 第 4 卷第 4 期,1937 年。罗筠筠、李小五译。——编者注

能地弄清小说的"真"是属于哪种真。我们可以从逻辑或严格形式化的数学的真开始讨论。人们常说:自然界厌恶真空。但人们至少简略地宣称逻辑喜爱真空。逻辑的这种空洞性,即无具体内容性,正是它的普遍有效性的源泉之一。逻辑命题不把可能性断定为事实,而仅把任何可能性断定为一种可能性。举一个最简单的例子:"这是一顶帽子或这不是一顶帽子。"显而易见,对于任何事物,人们都能够作出这样一个陈述句而没有任何犯错误的危险。人们之所以不会犯错误,是因为在这样的陈述句中,他什么也没有说。但正因为没有说什么,所以每种可能性都被考虑到了,这就是为什么这种类型的陈述句不同于仅仅是符号或杂音的聚合。因而逻辑中的真被描述为永恒不变的。这种真既存在于悲观主义者的最坏的可能世界,也存在于乐观主义者的最好的可能世界,甚至存在于一个根本没有"世界"的事态中,不管这种事态是好是坏还是中性的。如果一个人企图回避逻辑的有效性,逻辑的确会使他发疯,甚至比孙悟空一个筋斗翻了十万八千里,却发现自己还是落在心慈面善的如来佛掌心中还要疯得厉害。

科学中的真与逻辑中的真大不相同。这里"科学"这个词仅仅指自然科学。法国科学家彭加勒在他的《科学与假说》中,简洁明了地论述了历史与科学之间的差异:

　　……历史学家卡莱尔在某处曾说过这样的话:"只有事实才是重要的。国王约翰·拉克兰曾经经过这里。这里,是某种令人钦佩的东西,是一种我能对它给出世界上所有理论的真实性。"卡莱尔是培根的同胞，但培根却不曾说过这样的话。因为这是历史学家的语言。这位物理学家更可能说："国王约翰·拉克兰经过了这里"；但这对我完全一样，因为国王不会再经过这条路了。

这里对物理学家的评论也同样适用于任何别的科学家。科学家所追求的是一般的真。这些真可以称为自然规律，但我们要留神不把令人敬畏的情感赋予它们，而欧洲人却一度习惯于把这种情感赋予自然法。然而对我们中绝大多数人来说，科学中的真比逻辑学家喜爱的重言式更为重要。

在某种程度上，逻辑学就像英国维多利亚时期的评论家马修·阿诺德笔下中看不中用的天使。他们似乎在无的放矢，使我们绝大多数人感到有些不耐烦，甚至偶尔还嘲笑他们。另一方面，科学家则倾心于严肃的事业。他们是这个社会中诚实可敬、行为高尚的公民，从事于发现不容轻率怀疑的科学真的事业。与逻辑命题不同的是，科学真一方面描述某些东西，另一方面却不接受任意的和一切的可能的东西。科学是受到外在自然界限制的，并且它所描述的自然界是着眼于一般性。当然在广博的范围内，存在着不同程度的一般性和差异性。但不管怎么说，有一点是肯定的：科学真是一个真的一般命题。当我们谈论万有引力定律、热力学第二定律或孟德尔遗传学定律时，我们谈论的正是一些一般的命题，其中每个命题断定某些一般关系。

于是科学中的真就是真的一般命题的真。正是这种真的一般命题的本性，使得它们总是可证实的。在实验科学中，这些命题在任何时候只要给定适当的背景,都能被证实;在观察性科学中,由于受它们支配的现象重复出现,它们也能被证实。之所以能得到证实,是因为它们所断定的关系能够自身重复。这大概就是历史与科学之间最重要的差别。英国作家马克斯·比尔博姆曾经说过:历史自身从不重复,只有历史学家才相互重复。探究历史学家可能毫无必要,这完全不是在探究历史。没有一个一般命题能够陈述不可重复事件。在历史书中出现一般命题时,就像通常那样,它们不是历史中事实的断定。当然,使历史成为一门科学是值得称赞的尝试,然而这是徒劳无益的,因为就像科学的历史不是科学一样,历史的科学也不是历史。

历史中的真就是真的单称或特称命题的真。这种真或者是关于某些具体事件,例如 732 年法兰克王国和西班牙的摩尔人之间的图尔战役,622 年穆罕默德从麦加逃亡麦地那事件,基督教的尼西亚会议等;或者是涉及历史上一度存在过的人,如孔夫子、唐太宗、莎士比亚等。历史不仅涉及具体事件,还涉及历史上的时代。不可能有将来的历史,也没有严格现在的历史。所谓"正在孕育的历史"大概只是指关于未来研究的论题,而不是指现在研究一个正在孕育的论题。历史具有描述具体事件和过去时代的特性,这导致我们把历史学家看成戴着睡帽、拖着松软温暖的拖鞋的老古董,坐在惯常的壁炉边的扶手椅上,对人们咕哝着陈芝麻烂谷子。与科学中的真的无情感性和外在性相比,与逻辑命题的严格精确性和优美空洞性相比,历史学家发现的真相应地渗透着一种类似家庭的气氛。

不同种类的真相互间的差异不仅在于它们是什么,而且在于要求我们用不同的情感对它们作出反应。然而,它们之间也有一些共同的东西,即它们全都包含命题的真。至于是否存在单独命题(individual proposition)只是一个逻辑学家可能担心会搞得晕头转向的问题,就目前而论,我们无须涉及它。我们可以充分地说,命题能够单独加以研究。事实上,我们也是这样做的。当我们声称我们说出了某些在逻辑中、在历史中或在科学中真的东西,我们的意思是我们不仅断定了一个真命题,而且断定了一个单独的命题。这就是与我们说某些小说是真的含义有关的困难的出发点。什么使小说可能真或可能假? 当我们说到关于一件真正的切宾代尔式英国家具,或一幅宋代绘画原作,或一个真正的亚当斯式的壁炉时,我们很容易把这种陈述句变成一个命题。为了做这种改变,我们也许不得不曲解和引申原来的陈述句,但我们绝对不能把它肢解或颠倒它的真假。对小说我们也能这样做吗? 在回答这个问题之前,我们不得不分析当我们说小说是真的时,这种真的含义是什么?

二

当一篇小说被说成是真的时,并不是说组成小说的语句是真的。小说中绝大多数语句不是命题;而且即使断定了某些真命题,这些语句的真也与这篇小说的真不相干。随便举一个语句:

　　伊莎贝尔婚后很少看到梅尔勒太太,因为这位太太经常不在罗马。①

　　这不是一个命题。但我们无须讨论它为什么不是一个命题,因为这些理由与我们现在的讨论不相干。在一篇小说中存在一些假命题时,这篇小说可以被说成是真的;而在它中存在一些真命题时,它也可以被说成是假的。我们的课题看来与这些单独语句几乎不相干。这并不是因为它们没有必要的真假,而是因为即使我们承认它们有真假,也和包含这些单独语句的小说的真假不相干。

　　下一步要做的就是讨论小说的段落。这里我们似乎处于相当安全的地位。小说的段落的确给我们一种真实性的意义,而这是单一语句无法达到的。作品的有机联系似乎来自语句的聚合。这种联系或者给出我们曾经到过的一个地方的写照,或者给出我们曾经经历过的一个场面,或者对一个我们直接或间接认识的人作出描述。下面是《黛洛维夫人》②的几段话:

　　　　她身材修长、挺直,轻松愉快地走进来,立即受到小脸庞像纽扣的皮姆小姐问候。皮姆小姐两手总是红彤彤的,好像是曾经跟那些花一起插在冷水里。

　　　　花店里有各色各样的花:飞燕草、香豌豆花、紫丁香

---

① 引自美国小说家亨利·詹姆斯《贵妇的肖像》。
② 英国意识流小说家沃尔夫所作。——译者注

花束和许多石竹花,此外还有玫瑰和鸢尾。是啊,她在这尘世的花园里站着和皮姆小姐聊天时,闻到芳香的气息。皮姆小姐要报答她给的好处,认为她心肠好。许多年前,她的确心地善良,但今年她看起来比较老了。她在鸢尾花、玫瑰花和点头示意的紫丁香花簇中把头摆来摆去,眼睛半开半合。尽管街上一阵喧闹声,她仍然使劲地吸着芬芳的花香,感到沁人心脾的凉爽。她睁开眼睛,哦,摆在柳条盘中的玫瑰是多么新鲜,就像刚从洗衣房出来的洗净的饰有花边的亚麻布。石竹花那样深红,那样整齐,亭亭玉立。芬芳的香豌豆花覆盖了盆面,舒展着淡紫色、雪白色的花瓣,仿佛夜幕降临,身穿薄纱上衣的少女出来采撷香豌豆花和玫瑰花。而深蓝色的天空,飞燕草、石竹花和百合花竞相开放的夏季绚丽的白天已经过去了。在这时候,六点到七点,百花争艳——玫瑰花、石竹花、蝴蝶花、丁香花,粉白、淡紫、鲜红、深黄。每一朵花都像着了火似的,柔和地、纯洁地在薄雾弥漫的花坛上燃烧。她多么喜爱那些灰白的飞蛾,飞进飞出,飞过香水草,飞过傍晚的樱草花!

她开始随着皮姆小姐去看盆花,挨盆地看,边挑边拣。这时她自言自语:无聊,真无聊。她的话语越来越温和。仿佛这里的美,这里的芳香,这里的色彩和喜欢信赖她的皮姆小姐,都成了她让自己漂浮起来的波涛。她让它淹没自己,克服心头之恨,克服那个怪物,克服一切。这时候,啊!外面街上一阵手枪似的声音。

"唉,那些汽车。"皮姆小姐说,走到窗前去看看又回转来,表示道歉地微笑,两手拿满了芬芳的香豌豆花。仿佛这些汽车,汽车轮胎都是她的过错。

一个访问过伦敦,在那里住过一段时间,去过英国花店,和英国人接触过的人,在阅读了上面引用的段落后,可能会回忆起他所经历的场面。至于他是否曾去过马尔贝丽花店,在伦敦逗留期间是否看到过任何紫丁香和飞燕草,是否曾遇到过皮姆小姐,这并没有什么关系。他所需要关心的一切只是他曾经经历过薄雾弥漫、清新爽人和姹紫嫣红的英国花店,曾经看到像皮姆小姐那样的年轻女士正在来回奔忙,曾经看到像黛洛维夫人那样的太太,穿着柏帛丽雨衣和棕黄色皮鞋,尾随皮姆小姐那样的女士。总而言之,视觉上看到的花较之气味上闻到的花香更形象。从上面摘引的段落,就能给有上述经历的人一种真实性的意义。如果他停下来想要打听"存在蝴蝶花"这样的陈述句是否是一个基于历史研究的真命题,那么他很容易受人嘲笑。

再举几段刻画单个人物的段落:

当我回忆起那个亲爱的怪老头先生,我对他充满柔情的荒唐行为产生了好感。他的确是一个最没有领导才能的人。人们能从他那里升入王子学院,也能从那些老教师和他同一类型的人那里升入这所学院。除了教学,他就像一个善良又无主见的人,举止古怪而又可敬可亲。直到最近,他才成了剑桥大学举足轻重的权威人士,在某种程度上,他在我心目中已成为剑桥的典范。

　　我经常在他上午去讲课的途中看到他。他满脸孩子气，直率坦诚，有一双圆圆的、天真无邪的眼睛，用可笑的、不能握紧的胖手抓着他的帽子，他的灰裤子吊得太高，他的脚有点往里翻。我常看到他用一种古怪而又轻快的步伐穿过学校大院。这种步伐对我这个幼稚朴实的大学生来说，甚至显得很优雅。有时我还看到他在讲课。他一边讲，一边在课桌之间来来回回踱着，用一种长笛般既尖又快的嗓门说话，讲课非常清晰。如果他不能走来走去，那他就讲不了课。他的思想和声音仿佛是某种清澈精妙的流动液体，使人感到它能从任何东西四周流过而不损坏它，这股流液形成的旋涡简直妙不可言！有时我还能回忆他饮酒时的举止，脖子、面颊和下巴上的肌肉几乎不动，眉头紧皱，全神贯注，仿佛说聪明人正是如此。他一生最不愿意干的事就是到处撒谎。

　　当我想起怪老头先生时，我总想起我有时在伦敦里真茨公园某高处看到的一句铭文："生于动物园。"这句铭文比他更天真可笑。自从他八岁多开始显露一个学者的早慧以来，他从未一帆风顺。他最远的旅行一直就是这里讲讲课，那里讲讲课。他的学生时代因为卓越才华的论文而达到登峰造极。此后他继续把才智和风度巧妙结合起来，在讲课时使人赏心悦目，这种讲课技巧一开始就使他大获成功。从那时起他就一直在讲课，直到如今。年复一年，他越来越发福了，气色也越来越好，越来越成为知识界中拜访他的人谈论的新闻材料。甚至在我上学时，他已经被人看成是我们无数宝贵财富中的一部分。

很明显,他也知道这一点。他现在几乎成了过于认真评论的小小的大学教师界的头面人物。①

人们说的怪老头就是麦克塔格特。这可能是也可能不是什么新鲜事。如果是,这可能会增加读者有关麦克塔格特的一些知识,例如他在剑桥的举止打扮,他给学生的印象,等等。但这并不会增加读者对怪老头有关的评价。在《新马基雅维里》中,怪老头是一种类型的轮廓稍有变化的白描人物。这种人物非常具体,足以用单独的方式加以描述。他也是威尔斯关于婆婆妈妈的老男人的大学教师概念的一个特例。一个从未听说过麦克塔格特的人,也能看到怪老头先生,戴着帽子,身穿礼服在讲课和聊天,看到他饮酒的举止,或者在剑桥迂回曲折的街道上到处溜达。读者对真实性的感受,不是来自麦克塔格特这样单个的人,而是来自一群使人感到像怪老头那样的大学教师。

但是上述段落是真的吗?从《黛洛维夫人》中把第一段独立出来,我们能发现一个非常特别的语句的聚合。这里没有提到黛洛维夫人,我们根本没有想到那个正在买花,同时发出赞美的人是谁;我们也没有看到小说中提到的马尔贝丽花店,而且即使提到了,我们也不知与它有何关系。有皮姆小姐是肯定的。但一位读者可以把她看作是一位衰老的碧眼白肤的金发女人,而另一个读者可以把她看成有几分干瘪的、皮肤

---

① 上面这几段引文自英国小说家威尔斯的《新马基雅维里》。——译者注

浅黑的女人。但这都没有关系,除非我们想要完全了解整个事情的详情。千真万确的是,如果把任何东西从它的上下文中独立出来,那么必定失去了一些东西,但是失去东西的数量或程度是随着这个上下文的本性而变化的。就小说来说,可理解性的失去是那么完全,以致从总体上说,这篇小说关于真的问题几乎根本不会出现。

我们再来讨论第二部分引文。从《新马基雅维里》把这部分引文独立出来,用麦克塔格特来代替那个怪老头,某些读者的态度就和以前的态度大不相同。对于那些不知麦克塔格特存在的人,这种替换并没有造成什么不同,而且他们还是同样不理解,不知道和自己有什么关系。但是对于了解麦克塔格特的人,就出现了某些有关替换的问题。例如,关于怪老头举止的知识,既是以上提到的别的事物的一部分,也是怪老头本人的一部分。塑造一个人要同时塑造出他的美德和恶习。但做了这种替换,这些美德和恶习不再是小说家所创造的。麦克塔格特是否清楚自己的举止或者仅仅是伪装的,在剑桥他是否曾是一个有权势的人,他的脸是否能描述为孩子般的,他的眼睛是否是天真无邪的,或者他是否经常在课桌之间踱来踱去地讲课,以上这些都产生了问题。这些问题的产生是因为这些语句原先是用于描绘怪老头的,这里的怪老头可以是真实的,也可以是纯粹虚构的,我们没有一个标准把他看成是这个人或那个人。对于那些了解麦克塔格特的人,上面那些原先用于怪老头的语句变成了命题,这些命题断定了有关这位哲学家的事实,从而可能是真的或者是假的。

像上面表明的那样,如果做了某些替换,把引文变成一组命题,但没有进行这样的替换或某些相似的处理,使得与第一部分引文相比,它自身同样不可理解,那么第二段引文可以单独站得住脚。作为小说的组成部分,第二段引文也不能从自己的上下文中独立出去,况且,无论它给我们真的含义是什么,它能做到这点也是由于总体上这篇小说的帮助。但是在整篇小说中,什么导致我们说这篇小说是真的或假的? 因为既不是语句本身,也不是段落本身能做到这点,所以一定还存在一些别的东西,而这些东西我们至今还没有发现。

三

小说批评家过去的惯常做法是把一篇小说分析为下列要素:背景、人物、情节。如果我们把它们当成相互独立的因素,那么我们势必不能公正地对待任何小说;但如果我们把它们作为分析术语,那么当小说可以分析时,这些术语就是有用的。但是在现代小说中,还存在某种东西,因为缺乏更好的术语,我们只好把它描述为样式(pattern)。也许在现代旋风般的生活中,看小说总是匆匆忙忙的,也许多卷集地照搬生活,实际上已不再是现代小说的目标,所以大部头巨著都让位于小巧玲珑、携带方便的小册子。短篇小说比以往更加繁荣兴旺。无论造成这种情况的原因是什么,与过去的小说相比,在现代小说中,不得不存在更为经济、更为有效的编排和组织。其结果就是,现代小说以编排紧凑为样式。例如在样式中,原先被看成是背景的东西,现在让位于某些不再被唯一地看成一个东西,而是任何别的东西。情节变得越来越不重要了,在某些场合,我们还能看到它的被高度浓缩了的内容,而在别的场合,它也被减少到几乎没有的程度。

于是我们有了一种关系的样式。在这种样式中,一定的人物被置于一定的条件下。这些条件部分是这些人物的原因,部分是他们的结果,而且这些条件还可以被描述成小说的背景或情节,尽管在关系的样式的结构中,无论背景还是情节都几乎是不能和人物分开的。在理想的形式中,小说中这种样式是简洁明了、编排紧凑和经济合理的。我们对经历过的生活不再是一种多卷集的赘述,而是简洁的节本;不再是翔实的摹写,而是有时出于某种选择来修正自己的观点。在简洁的地方也许意味着要忽视不相干的细节,而在细节丰富的地方,很有可能提出事先设想好的规划。语句和段落本身交织成一个包含这种规划的复杂整体,并据此把规划传达给读者。从小说家的观点看,在这类样式的构造中,存在着程度不同的成功,但这种样式的存在似乎是完全不容置疑的。当我们考察任意一篇给定的小说的某种东西时,我们就是在考察这种关系的样式。

样式应该与规划不同。规划这个词是含混不清的。它可以指样式的计划,或者指内在于样式中的人的本性的概念。正是后者将引起我们的注意。每一篇小说都有一种样式,但并不是每一种样式都包含人的本性的概念。在存在人的本性的概念的地方,正是这个概念归根结底确定样式的形态或形式,有时还表示作者条理清楚的哲学和他的性格或个性。在我这篇文章中,这种性格或个性是与后面称之为小说家的特殊感觉能力相连的。在极少的场合,作者的哲学和性格及个性是结合在一起的,但通常它们并非如此。因为它们可能不是结合在一起,所以值得我们分别讨论。

当人的本性的概念表示的仅仅是作者条理清楚的哲学观点时,它应该是一个用抽象、孤立,从而是非单一品质表示的人的本性的概念。关系的样式也应该就是适应生活的某些特定方面,而不是适应它的综合具体性。因此,对于特定的科学或流行的哲学,关系的样式就可以转变成一个假设集。例如,社会问题的小说家,总是根据他们的社会哲学或政治哲学,把人的本性的某些方面编织进他们的小说。这种企图通常是失败的,因为这里包含的两个概念(一个涉及政治哲学或社会哲学,另一个涉及人的本性)容易互相矛盾。因为这样的小说家一般对前一个概念感兴趣得多,所以后一个概念或者受到歪曲,或者受到损害,或者被抛弃,这样的不相干使得展示出来的关系的样式成为社会哲学假说性和分析性的样式。例如,乔治·萧伯纳所创造的人物,具有卡尔·马克思笔下资本家或无产者的倾向,或者具有尼采的超人的倾向,或者具有亚当·斯密的经济人的倾向。这些抽象的人通常遭到错误的批评,根据是他们不真实。但恰恰是由于他们的非现实性,使得他们在社会科学中大起作用。没有一门科学能够涉及具体的人。

正是在小说中,社会科学中那些抽象的人变得完全不恰当了。因为没有性格,没有个性,甚至没有起码的七情六欲,所以他们不能是小说家编织他生活的样式的要素。如果在一篇形象化的小说中,作者仅仅局限于涉及亚当·斯密笔下的经济人,那么他可能是一个好的、坏的或不好不坏的经济学家;如果作者仅仅在癔病的场合谈论男人和女人,那么他变成了一个伪精神分析学家;如果作者论述资本家和无产者,仅仅论述他们定义中的性质,那么他就成为一种只会夸夸其谈的共产主义者。总而言之,他几乎不能算是一位小说家。幸运的是,物理学家的物理上的人或化学家的化学上的人还一直没有被硬扯进小说,否则我们就要有一大群既非物理学家、化学家,也非小说家的作者了。现在问题一定非常清楚了。正像物理上的人不是人的本性的概念,充其量也至多是物理学中的概念一样,经济人也只是经济学上的概念,而不是人的本性的概念。

这里我们自己必须避免出现一种可能的误解。我们并不反对抽象,事实上,任何一种概念都是抽象的,而且人的本性的概念几乎不比别的任何概念更少抽象。相反这里我们一直坚持的是,在小说中,成为规划的一部分的这类概念必定是人的本性的概念,而不是在任何特定的活动领域中,人类起作用的任何单一方面的概念。千真万确的是,要达到前者的概念,可能要借助于后者。D.H.劳伦斯似乎有一个强调生物学意义的人的本性的概念。亨利·詹姆斯则具有偏好生理学的人的本性的概念,而从哈代的生活观看,原因和结果的概念也许是不可分的,在当代从绝大多数小说的规划中,经济几乎从不缺少。然而,在被认为是真小说中,无论有什么概念,它必定是人的本性的概念,即是作为综合整体的人的概念,而不是作为任何特定方面的人的观念;是单一名词的概念,而不是分离孤立的形容词的概念;是由于人类彼此依赖、相互依存,或彼此独立所造成的一致或冲突中的人类品质的概念,而不是仅仅具有对无羽毛的两足动物或理性动物下定义的性质的概念。

以上最后一点也是极其重要的一点。正是由于它,小说中我们人的本性的概念才具有特殊性。作为概念,它可以是抽象的,但它所包含的素材必须用具体性来限制。在命题中,不能只断定概念,因为如果不考虑具体性和个性,那么普遍性仍未被阐明,因而可能是空洞的。另一方面,也不能只描述概念,因为如果过分强调了特殊方面,那么就有可能失去普遍性,这样特殊性和具体性也似乎变成无源之水,无本之木。如果人的本性的概念能够成功地传达给读者,那么它必定是一幅概念的图像和一个概念的系统。如果它只是一幅图像,那么对小说来说就没有存在的理由,我们中一些人宁要生活也不要通过别人对生活的描述而产生的共鸣般的愉悦。如果它只是一个概念系统,那么从它那里只能产生科学或哲学,而不是小说。这大概就是当人们说小说不应该只是生活的摹本,也不应该只是生活的抽象时所强调的含义。

但是更经常的是,人性的概念不是条理清楚的哲学的产物,而是小说家个性或性格的表现。这里的个性或性格是与小说写作所必需的一定类型的感觉能力相连的。每当出现这种感觉能力,小说家就是他小说中样式的关键。总的看来,这比具有一种条理清楚的哲学更加令人满意。对于这种哲学的不足之处,我们已在以上段落加以讨论。虽然绝不是必然的,但不足之处还是非常可能,以致没有人希望哲学家或科学家会写出好小说。因为绝大多数令人满意的小说出自具有一种特殊类型的感觉能力的人之手,所以在我们展开我们讨论的主要思路之前,下一步必须研究这种感受能力。

四

创造人际关系样式的特殊的感觉能力,似乎由下列要素组成:概念上的清晰、知觉上的敏捷、情感上的强烈、进入角色的能力和毫无保留地表达感情起伏的才能。

一个小说家必须才思敏捷。通常人们想当然地认为艺术家是傻里傻气的,科学家是呆板迟钝的,而哲学家则二者兼有之。这里似乎产生了某种混淆,但详尽地论述这个问题并不是本文的目的。这里所引起的麻烦似乎在于人们通常把笨拙错认为傻里傻气或呆板迟钝。我们所有的人都能笨拙;在某种意义上说,文明依赖于笨拙。但我们中没有人可以不犯傻,可能最不犯傻的是艺术家。只是我们要求的才思敏捷因职业不同而不同。在才思敏捷中至少存在两种要素,当它们用不同的方式结合在一起的时候,就可以使具有它们的人在任何情况下保持敏捷的头脑,适于完全不同的目的。首先存在概念上的清晰,这意味着在思想观念中条理清楚。我们有些人具有一种原始纯朴的阐明思想观点的能力,能够互相定义这些观点而不依赖任何由它们指称的可能事物。但是我们要求的概念清晰的程度随着职业的不同而不同。仅仅这一点就足以使一个具有上述能力的人成为一个逻辑学家或数学家,但不足以把一个逻辑学家或数学家转变成这样一个人。对逻辑学家或数学家,是一个有血有肉的人在理论上不是基本的,而对小说家却是必要的。一个小说家必须具有智力上的敏捷,因为没有它,他甚至不能有区别地使用语言,但是如果万一一个人过多地具有这种能力,那么概念上的清晰就既不是充分的,也不是非常有益的。

小说家必须能够通过我们所谓的知觉敏捷,来调节或调和他概念上的清晰。这就是说,他必须能够明晰地感知对象。他必须能够看到、听到和品尝别人看不到、听不到和品尝不到的东西。可感知的东西可能是也可能不是人们共有的,但被感知的东西却不是所有感知者共有的。这种超常的能力可以分成不同种类,只不过数量不予考虑,而对某些质上的差异也无需完全引起我们的注意。一个化学家在他的实验室能够从一个给定的数据中,看到外行人不能感受到的性质。而一个小说家所需要的这种知觉的敏捷,就人的价值而言,基本上是一种感知大多数人所不能感知的东西——颜色、形状、构图、能够唤起别人,也能够唤起小说家本人的样式、快乐、悲哀、愿望、回忆、希望和恐惧——的能力。但是知觉的敏捷是不充分的,一个人可以感知能够唤起情感或感受的东西,也能感知不能唤起它们的东西。仅有概念上的清晰,或仅有知觉上的敏捷,抑或两者的结合都不能使一个人成为一个成功的小说家,也就是说,除了具有理智,还需要某些别的东西。

似乎很明显,为了唤起他人的某种感受或情感,小说家必须直接或间接地经历或能够经历某种感受或情感。但仅仅经历是不够的,因为我们大家都能够经历这种那种的情感。如果打算把这些情感传达给读者,那么它们必须用非常强烈的情感去经受。这里我们就叫情感上的强烈。如果一个人意识到情感并能够区别它们,同时又没有失去情感上的尖锐或健全,我们就称他情感强烈。的确,对我们这些普通人来说,这是很难得的品质。这意味在此过程,不失任何东西就有一种行走自如的能力。在任何特定时刻,我们绝大多数人或者有这种情感,或者有那一种,抑或这两种都没有。我们在要一份酒之前,先品尝一下,这并不等于说我们非常喜爱这种酒,我们只是想了解这种酒的品质;而当后来我们真的喜欢这种酒时,我们总是相当了解它的品质。格雷厄姆·华莱士过去经常说,当一条狗发怒时,整条狗都在发怒,而当一个人发怒时,他并不是完全陷入无意识状态。对于我们大多数人来说,我们越意识到自己在生气,我们就越少生气。兴高采烈会伴随某种程度的放肆,而有意识地抑制它时,这种极度兴奋就会被大大地冲淡。强烈的痛苦或不可避免的悲哀部分是一种缺乏理解的结果,而如果理解了,那么这痛苦就可能不那么尖锐,悲哀也可能减轻。但是,我们有些人无需用任何方式来冲淡情感,就具有特殊的能力来区别它们,甚至可能通过这种区别获得生动性。这种强烈的情感正是小说家必须具备的,以便把他感知或感受到的一切传达给读者。

但是这种传达可以采取各种形式。如果一位作家的目的是通过关于文学批评的随笔来传达知识,那么至今所讨论的一切品质都可以使他成为一个随笔作者,使他具有运用辛辣讽刺的笔调的本领。这种本领是在人世间通过不属于这种讽刺的对生活的体验得到的。这样他也许就不会成为一位小说家。为了使他有可能成为一位成功的小说家,他必须具备使他笔下的人物栩栩如生的能力,就像演员必须具备使他扮演的角色栩栩如生的能力一样。正是具备这种能力,小说家才能得到读者主动积极的共鸣。正是通过这种能力,由小说家感知或想象的品质才能得到综合,赋予生命力,成为活生生的具体的单个的人。正是通过这种能力,小说家根据亲身经历,或从别处用别的方法积累起来的情景,才能转变成他所创造的人物生活的问题,才能把他虚构的关系交织成读者能够理解或亲临其境的样式。举《水浒》中的鲁达、林冲或武松等人物为例。他们中每一个都可以用一串形容词来描述。如果《水浒》的作者未曾把这样一串形容词生命化,把它们变成有血有肉、活生生的人,那么这样一串形容词本身是不会奔跑腾跃、呐喊厮杀、吃肉饮酒的。如果作家不能暂时地把自己变成他们中的一个,把每串这样的形容词糅合起来,注入自己凝聚着的感情、愿望、爱好、冲动、希望和恐惧之中,并把所有这一切交融在一起,塑造成他所创造的人物,那么他就不能使这些人物栩栩如生、呼之欲出。在理想的情况下,小说家必须能够经历他创造的人物所经历的一切。这就是说,他必须过他的人物的生活。

但是演员是在舞台上,通过他的表演过他的角色的生活,而小说家则必须通过写作来做到这点。他必须具有通过语言的媒介表达自己观点的能力。很明显,掌握语言是基本的,因为如果没有它,小说家就不能恰当地表现所要表现的东西,更不用谈到美。但是这一点无须详细论述。应该注意的是,不管怎样,通过语言的这种表现在一定程度上是理智上的条理性,而理智上的条理性会造成一种常常过分忽略或没注意到的危险。无论人们如何使感情消减或平静,它们总是有一个进行的过程,或活动、或起伏,甚至思维活动本身也属于这样的范畴;而另一方面,观念和思想总是感情起伏的静态的横截面,就像组成活动的电影的一幅幅个别的静止的画面一样。根据足够长的时间,把它们剪断分离,这种活动性或流动性也就停止了。因此理智的条理性造成了一定程度的破坏。对于某些人,这种条理性仅仅抑制了思考,或者抑制了感情,或者抑制了感知活动,而对另一些人,它甚至毁坏了这一切。情感强烈的人更可能具有毫无破坏的有条理性的能力,但他们可能并不精通语言。语言运用的技巧正是在强烈的情感和条理化的理智的结合之中,如果过去这有过的话,那也一直没有得到充分地强调。小说家必须具有毫无修饰地表达所要表现的东西的才能;在所要表现的东西碰巧就是起伏的感情时,小说家必须能够表现它们,而不把它们变成一张张毫无生气的发票、提货单、固定财产清单之类的东西。这也许就是"活的语言"的意思。因为没有一个语词自身是活的,"活的语言"仅仅指能够用下列方式使用的语言:在这种方式中,"活的语言"提出、传达或唤起我们某些反映生活跳动的脉搏的东西。

上述品质和能力,如果说不是小说家能创造第一流小说所需的特殊感觉能力充分的组成部分,那也是其必要的组成部分。形成小说家个性的其他品质,造成了所写的小说的多样性或小说的类型。在此我们不讨论小说的多样性或类型,而是要论及我们所设想的样式的一般性质。这里,对给出的这种特殊类型的感觉能力的分析不是直接的,某种程度上也是一种人际关系的样式的分析。如果任何这样的样式为具有这节所讨论的那些能力的人所构造,那么你就容易看出它将是易于理解和具体实在的,因为它包含根据情感或感受产生的活动和反

559

应,而且用一种好像为读者所亲身经历的方式提出。

五

在真小说中,我们有了一种包含在人际关系样式中的人的本性的概念。我们已经详细论述了,较之于任何一种条理清楚的哲学(这种哲学可通过一位著作家对生活分离的或改造的兴趣而被接受),为什么人的本性的概念能更好地交织成一种样式,而这种样式正是小说家通过他的特殊的感觉能力从已有的经历中产生。当一篇给定的小说被称为真的时,这种断定逻辑上的主词似乎就是包含在给定关系样式中的人的本性的概念。这就是在小说中被称为真或假的东西。假定这种结论是正确的,我们就可以着手处理小说中被称为真的含义是什么,和在什么意义上它被称为真的问题。我们首先讨论第一个问题。

一篇小说被称为对生活是真的。由于没有一种样式临摹现实生活(否则它就是历史而不是小说),所以对一篇被称为真的小说而言的生活必定是一种人们可以在其中生活的生活。通过生活,我们将指称那些凝聚在一起的事件、活动、反应、思想、感情、爱好、冲动、祝愿、希望和恐惧,这一切都是构成我们日常经历的总和的东西。我们大多数人不难发现它还限制在相当乏味的意义上,还需要我们进一步的阐释。要进一步分析的就是"可能性"这个概念。它不能是纯粹逻辑的可能性,所以它必须受到某些限制,而不是一种纯粹的、绝对自由的概念。

首先,很明显的是,生活受支配它的自然环境的规律的限制,也受到这种环境中一些不以人的意志为转移的事实的限制。但是我们不希望人们反对万有引力定律,不管他们是出于头脑发热,还是出于富有灵感,尽管由于引力作用,他们被禁锢在地球上多么不便。我们也不希望他们以光速运动,尽管实际上在一篇小说中,至少可以使其中的人物用远远大于光的速度遨游太空。自然界不以人的意志为转移的事实,对我们的限制几乎和自然规律一样多。我们可以憎恨太阳,但一般说,我们并不希望用任何满腔热血的方式去谋杀它;我们可以爱月亮,但我不能用我们爱一个异性那种炽热的情感去爱它。我们对我们周围自然环境中不以人的意志为转移的事实的态度,不同于我们对社会环境中同样事实的态度。如果一个人被他的妻子阻拦而没有离开家或者被他朋友阻碍而没有回到自己的家,他会感到他的自由受到侵害;但如果他由于下雨或暴风雨而没有达到上述目的,他可能非常恼火,但他一般不会感到他的自由受到压制。

当我们谈论的是祝愿或想象时,自然环境对它们并不限制,但另一方面,作出这种祝愿或想象的人却很可能受到某种限制。健全的或迟钝的人都不应该祝愿现实世界变成柏拉图式的理想国,也不能把自己想象为长着翅膀,在某个遥远的星云的稀薄大气中飞翔的人。当生活不受自然限制时,它却受到人物和性格的限制。当然,它也受到历史和人类文明的限制。就后者而言,已经说得很多,尽管很有可能需要再说一些。但这里我们对此不感兴趣。相反应该指出的是,无论存在什么限制,这种生活是通过我们亲身经历直接或间接地了解或感受到的。在最广泛的意义上说,可能的生活就是任何可想象的生活,只要不违反人类积累起来的经验。

尽管有这样那样的限制,这种可能的生活是极其广泛的,远比我们现实的生活要广泛得多。因此,人的本性可以用许许多多不同种类的方式来表达,只要这些方式对应于可以表达任意多的不同样式。根据精神价值来设想人的本性,人际关系的样式从现实的或普通的观点看可能不得不提高或升华。根据某种特定的观点来表达人的本性,样式可能不得不被歪曲,而用讽刺的术语来表达人的本性,样式可能不得不被夸张。甚至当根据"现实主义"来表达人的本性的时候,样式无须是现实生活详细和自然主义的抄写。例如,林徽因的《九十九度中》就是近几年北平生活的最现实主义的表现之一,但这篇小说也没有塞满对古都北平面面俱到而又丝毫不差的描述。因为对我们中的某些人,《尤里西斯》可能没有给出像《黛洛维夫人》那样强烈的真实性,所以甚至当包含在样式中的人的本性的概念的意义是指"现实主义的",这样的样式也可能不是生活的原封不动、照搬照抄的摹本。

尽管各种样式之间可能有多方面的不同,但是有两种属性或性质却是它们不能缺少的,这就是一致性和现实性。在样式中它们几乎以不可分的方式出现。经历到的真实性提出一致性,而感受到真实性是因为它为经历到的一致性所引导。就像与生活相连的可能性不是纯粹逻辑上的可能性那样,这里的一致性也不仅仅指没有矛盾。如果对于包含在样式中的要素,我们能感受到真实性,那么这个样式就是一致的,而与之相对的或鲜明对照的样式很可能包含不一致的要素。如果我们把自己只限于样式中的人物,而不是在总体上把握此样式,那样可能会更容易些。一个人物是一致的,如果恰当地描述他,在这样的样式中,经验丰富、敏感的读者不仅能够而且总能理解和赞同小说人物的行为。显而易见,这种一致性与纯粹的逻辑一致性大不相同。你可以设想林黛玉嫁给他人而不是贾宝玉。严格说,你的设想并无矛盾。从纯粹的一致性看,林黛玉可以嫁给他人;如果有人在大观园安装了电话,置办弥车,翻修了柏油马路,夏天修建了游泳池,冬天修建了溜冰场,林黛玉也可以享用这些东西。但是从某些有意义的方面来说,她就不是林黛玉,而是另一个不同的人,并且对她的描述事实上就是不恰当的。因为对林黛玉的描述被看作恰当的,所以我们大多数人在某种程度上认识的林黛玉,在婚姻问题上是非贾宝玉不嫁的。

一个人际关系的样式必须是真实的,即使它可能不是现实的。真实的意义可以从样式中的许多东西中获得。例如,对我们熟悉的地方的描述,符合我们曾遇到过的人物的刻画,对我们自己生活中所认识的情景的安排,等等。以这种方式所获的真实性的含义,总的来说无须是这种样式的真实性含义的一个组成部分。后者并不依赖我们亲身经历中要求的现实性,而是一种可想象的或可经历的真实性,这种真实性是可以根据关系的样式所经历到的某种东西,是一种指示或引导的一致性。这种样式的真实性虽然不是现实的,但是小说中的人物可以变成真实的人物,如果给定他所处的上下文的恰当的理解。就敏感的读者而言,这种那种越来越丰富的经验,不仅能而且总能使他们知道,小说中的人物是如何描述的。

这样人物的真实性就要转化为人物的一致性。

但是当真实性和一致性不可分的时候,它们还是有区别的,正因为有区别,所以它们之间才是可分辨的。一致性多指关系,而真实性多指一个给定样式中有关系的对象。当在一个给定的样式中可能没有什么东西是现实的时,这个样式本身就是现实的。它是具体的,而且正像对于具体的方桌,有一些比另一些更"方"一样,在关系的样式中,有一些东西要比其他的东西更一致、更真实。因为对于一致性和真实性,有一个程度的问题,因而有可能存在两个极端:在一个极端中,那些品质可能存在,使得这样的样式对于生活肯定为真;而在另一个极端中,它们可能整个不存在,使得样式表示一种不可能性。在这两个极端之间,连同似真性的不相等的分布,存在着各种不同的似真性的程度,使得样式的某些部分被说成比其他部分更似真。但是,我们将完全忽略似真性的不相等的分布问题,因为这将使我们远离我们的主要任务。这一节的目的就是要指出一篇小说被说成真时,它的含义是什么,而且因为在我们讨论的范围内,关系的样式导致了一种可能的生活,所以这种样式就必须既是一致的又是真实的,以便小说指明的生活可以为人感到是可能的。

六

但是在什么意义上,小说被称为真的呢? 在逻辑和历史的意义上,小说都不能被称为真的,就算是小说中包含了一般关系,它也不是用在科学中所断定的方式来判定的。一篇小说可能包含这样的一般陈述句:"如果一个人在恋爱,他就会忘却自身",或者"如果一个人年岁大了,那他就比年轻时要吃得少",等等。但小说并不等同于任何一般的陈述句,也不等同于这些陈述句的全部组合。当这些命题是假时,小说可以是真的;当这些命题是真的时,小说却可以是假的。小说只用下列方式涉及一般关系:虽然小说断定一般关系的命题可能是缺乏说服力和不完整的,但用全部具体性来描绘它们的样式还可以是一致的和真实的。

关于这种样式的一致性和真实性的考虑,能使我们导致一种观点,一篇小说正是在这种观点的意义上可能被称为真的。因此本文最后一节我们就准备回答这个问题。从理论上说,我们可以从样式的一致性开始,使我们的生活经验引导我们获得样式中有关系的对象的真实性的感受,或者我们可以从有关实体的被感受到的真实性开始,并通过我们的生活经验,使我们感受到样式中给定的关系的不可避免性。实际上,除非要求我们条理清楚地阐述我们对一篇小说的评价,上述两个过程从未分开进行。我们通常不知不觉地从一个过程过渡到另一个过程,继而又返回。如果我们能够随着展示关系的样式的步骤来进行这种过渡,那么我们就走进了这篇小说,不管我们是否把自己想象成其中任一个人物。这种进入小说中的生活的能力部分依赖于读者,部分依赖于小说中给出的样式。如果通过第四节我们分析的那种特殊的感受能力,从小说家已表达的实在的或想象的经历,创造了这种样式,那么很有可能把一致性和真实性编织进样式,我们也随着不同的成功程度进入小说。

但是进入小说的能力也部分依赖读者。只要这些读者具有能使小说家创作小说的感觉能力的一部分,那么他们就能用任一相干的方式,进入小说所创造的生活。一位小说家可以在任何地方搜集素材,只要这素材为他所表达;但是为了把素材编进样式,他需要依靠自己的感觉能力的引导。这种感觉能力一半也是他的有感受能力的读者的感觉能力。小说家必须用使他的有感觉能力的读者能够为他所吸引的方式来进行创作。他完全有可能成功地做到这一点,只要有选择地使自己有时成为作者,有时成为读者。无论如何,这是一种联系小说家和他的读者群的完全同类的感受能力。

因为每个有东西要述说,并且述说成功的小说家都有一群评价他的小说的读者,所以关于不同思想流派、不同写作流派或不同评价流派的问题就完全无须触及。因为无论存在什么流派,每种流派都有各自的小说家和读者,并且在一个流派中,作者和读者的关系也基本上就是任何别的流派中作者和读者的关系。此外,我们本文的论题是论述在真小说中的真概念,而对于某些流派来说,小说中关于真的问题也许永远不会产生。显然在这种情况下,我们不打算涉及各种流派。每当小说中出现了关于真的问题,我们坚持认为总存在一个人的本性的概念的问题,一个关系的样式的问题,一个可能的生活的问题。我们没有必要探究不同的思想流派在关于人的本性的真的问题上是否一致,我们并不期望它们能够一致,况且即使它们不一致也没有什么关系。在关于人的本性的真是什么的问题上,各流派愿意如何不同都可以,但是对于一种流派,一篇小说被称为真的含义与对另一种流派,小说被称为真的含义却是相同的:在一篇给定的小说中,对人的本性的概念来说,包含这个概念的样式代表的是一种可能的生活。

有关样式是否代表可能生活的标准依赖于它是否能客观地与一致性和真实性交织在一起,那些具有别处显示出的适当类型的感觉能力的人能够进入这种样式,而且这样的标准不仅仅是主观地依赖于是否进入这种样式的那部分读者。这里有两种不同的情况。第一种情况在下述意义上是客观的:读者可以进入样式的生活,并且依据他为何进入样式的理由,再从这种生活中走出来。第二种情况在下述意义上是主观的:一位读者通过可能与这篇小说全然无关的原因,偶尔闯进这种样式。但是,当第一种情况出现时,总存在的确进入了这种样式的生活的人,尽管较之那些通过自己的原因或者甚至是意外偶尔闯入的人来说,前一种人的数目可能要更少。

读者可以根据两种不同的方式进入一篇小说的生活,即或者是作为演员,或者是作为旁观者。作为演员,他们必须使自己等同于小说中某些人物,这只有在对那些人物完全熟悉的情况下才能做到这一点。英国人可能暂时成为波伊斯笔下的斯夸尔·韦斯顿,菲尔丁笔下的弃婴汤姆·琼斯,或狄更斯笔下的匹克威克先生,而中国的男孩通常的行为举止,好像他们是张飞、武松或贾宝玉。这种等同化具有各种不同的后果。有的后果太微不足道,而另一些后果,从具有小说样式指导的现实生活的可能性的观点看,却令人大吃一惊,因为这些后果甚至要比任何正规教育更有效。

当一篇小说并不为人熟悉,而且有位读者已经有了把小说只看成小说的习惯,上述等同化的做法就并不容易。因此对于他来说,更经常的做法是成为一位旁观者。如果读者已被这篇小说给迷住,那么他总是隐藏在小说描述的背景后面的某个地方,甚至可能进入小说的环境,在它中间生活,脉搏随它一起跳动,感知那里所能感知的一切。更有甚者,下意识地补充小说中缺少的东西。一篇好的、成功的小说,从来不仅仅是被人阅读的,因为在阅读的同时,我们还看到一幅幅画面,听到一阵阵喧闹,人物在进进出出,人物形象化的活动和反应产生的不安的感情起伏,思想的波动和脉搏的跳动。而这一切都发生在读者的四周。人际关系的一致性和真实性的样式,在创造它的小说家那里,或在评价它的读者那里,从未缺少过具体的生活的焦点。

因此,读者可以根据以上提到的两种方式中的一种进入小说,并且如果他全力以赴进入小说,善于全面了解小说中包含的普遍东西,然后又从中出来,那么他必然感到包含于小说的人际关系的样式中的人的本性的概念对于可能的生活是真的。这就是一篇小说被称为真的含义。对于既没有看到一篇小说,也没有进入其中的人来说,这篇小说不能被宣称为真的。而只有那些阅读了小说,的确进入了它的生活的样式,又从中出来的人,只有那些表达了某些东西,但不是表达了具体的支离破碎的经历的人,才能说出关于一篇小说真的东西。通过这样的理解,我们就不可能把一篇小说的真和组成小说的小事件或情景的真实性相混淆,也不可能把它和写小说必备的严肃认真、真挚诚实相混淆。看来,很明显的是,并不是每位认真诚实的作家,都能通过小说作为媒介,说出某些关于真的东西。

当代中国的教育

——在美国芝加哥大学"中国问题座谈会"上的讲演 *

我觉得自己处于一种很为难的窘境。我是某些方面的百事通而又什么都不精。与会的我的同事们都是专家,而我则在哪一方面都不是专家。多年来我的研究领域一直是逻辑和认识论,但我认为我同样可以说这方面也并没有什么专家。即使有,他们大概也不会是哲学家。

碰巧教育又是一个很特殊的题目,因此当我面对大家试图讨论它时感到胆怯。我由衷地恳求你们谅解。

坦白地讲,我并不精确地知道教育是什么。数理逻辑(我一度曾经感兴趣的一个学科)被罗素定义为我们不知道在讲什么,也不知道讲得是否对的一个学科。因此很显然,依据清楚明白的概念来说,我的确不知道什么是教育。我认为它就是中学、小学和大学中所从事的那类,并且我也将仅在此意义上来考虑它。

这里有一些统计数字。它们也许还未得到妥当的解释,

---

* 本文发表于 1943 年 8 月。后收入 Harley Farnsworth 编的 *Voices from Unoccupied China*,芝加哥大学出版社 1944 年版,第 81 — 99 页。张清宇译。——编者注

因为我还没有充分理解它们。我们可以把教育划分成通常的初等教育、中等教育和高等教育。我先从数量上讲起。教育方面的专家们听到数量这个词也许会笑。但我想不起别的什么词，只好用数量这个词来讲。

有可能令你们吃惊的一件事是：中国的学生人数在增加。在你们的战争岁月中，你们的学院和学校都多多少少地空了，而中国的学生人数在中学和大学两方面居然都增长了。我不知道小学方面的学生人数是否增长，但我相信一定也有增长。

中国的大学和学院 1936 年至 1937 年共有 36 所；1937 年至 1938 年是 29 所；1938 年至 1939 年是 32 所；1939 年至 1940 年是 36 所；1940 年至 1941 年是 41 所；最后，1941 年至 1942 年是 45 所。可见高等院校的数量确有增长。这些数字都是就公立大学而言的。在有名的私立大学方面学校数量确有下降，从 1936 年的 42 所下降到 1941 年的 38 所。

1936 年，在学院、大学和工业专科学校中的学生人数是 41922 位。1941 年共有 59000 位学生。即粗略地讲，大学生的在校人数 5 年间从 41000 位增长到了 59000 位，这是一个相当大的增长。下面，我将用"大学"一词兼指学院和工业专科学校。

就中学而言，也有同样的增长。1936 年至 1937 年有 627000 位中学生；而在 1940 年至 1941 年共有 768000 位。

1941 年至 1942 年小学的学生人数大约是 2200 万人。以前的数字我们一点儿都没有，所以最后这个数字无法做比较，不知道是否增长。但是，今年 5 月下半月我和我的同事们离开重庆时，教育部长告诉我们说小学生人数也有相当的增长。

总之,我们在初等、中等和高等教育三个方面学生人数都有增长。

现在来讲教育质量问题。所谓"质量"我也许指许多事情,但我将要说的是水准。就此而论,战前教育确有一个比较优良的水准。与那时的水准相比,现在降了很多,相信下降的趋势还会更大,结果质量上会有明显的恶化。

我们可以从小学讲起。在战前,小学都配有行政人员和教师,现在他们中许多人都转去做其他工作了。留下的这部分教师的质量大概也不能与战前的相比。我个人不知道小学的状况。由于没有小孩,我想我会偷一点懒,而且也绝不会为朋友们关心的那些小学劳神。

拿我和我的一位朋友一起居住的那个村庄中的学校来说吧。我老是听到我的朋友诉说那所学校。我认为,即使按照健康教育的标准,那所学校也完全落后于那位朋友所习惯的其他一些学校。我的这位朋友有两个孩子都在那个村庄里的学校上学,上学几周以后他们俩就老是流清鼻涕,这在进那所学校以前从未有过。此外,他们还经常不断地伤风。除了偶尔听到朋友们说的那些事情外,我没有任何第一手知识。

对于中学我也没有什么诸如此类的知识。我认为战前我们很少有什么好的中学。我相信我的同行们将支持我的这一判断。就我在入学考试以及那类事情方面的经验所及,北平的师大附中、天津的南开中学以及扬州中学都是很好的中学,至少对大学教育而言是好的预备学校。我不知道它们现在在哪里。也许听众中有人能告诉我扬州中学是否还存在,要是

571

在,又在哪里。南开中学还在重庆。对于这所中学我有个疑问,稍后讲到高等教育时再说。

在这些中学中,我们也存在师资问题。那里的教师一般都是年轻人,他们志向多,可能不像一些大学教员们那样依恋他们的学校。同时他们的薪水又很低,因此中学教师完全有可能用生活标准和生活费用的话题来代替数学、物理等类的话题。于是出现了教员离职的问题。他们中的许多人进了政府机构,如国家资源委员会或军械部办的工厂、其他工厂、铁路,或者政府机构的其他部门。因此,除了去年那段时间以外,很难留住中学教师。我认为去年也有一些困难,只是在那以前要留住教师尤其困难。仅就这一点就可很容易地明白,中等教育的质量会有下降。

关于高等教育,我有较多的直接经验。大体上,我应当说,假定战争再持续五年,战后大概将再需要五年才能恢复。这也就是说,一共要十年才能恢复到战前的水准。要是战争再持续十年,那我们大概将需要又一个十年光景才能恢复。总之,在我看来,以战前的水准为出发点,战争阻碍教育的进程达两倍于战争时间之久。

战争造成大学的图书和实验设备的匮乏。这对某些大学是相当突出的,而对另一些大学的影响可能不是那么大,不过从新书的角度来看对他们也还是有影响。有些大学带着他们的图书和一些实验设备从原来的位置移到远方。当然,他们一定会丢失某些东西。要移动由大而笨重的机械组成的工程实验设备那是很难办的。关于图书,有些大学很幸运,将数目巨大的图书移到了内地。但另外有些大学,像清华大学、北京大学和南开大学,就不那么幸运了。在大部分东西能搬出来以前,北平就于 1937 年 7 月 29 日失陷了。实际上,我们的同事们只好潜逃出来,大部分东西都留在北平。尤其严重的是,南开可以说就是一个战场,南开大学的损失要比其他大学大得多。

就这些大学而言,损失了几乎 90% 的财产——从实验设备和图书方面来说大概要达到 85%,而且我认为在有些情形中你也可以说是 100%。即使对那些比较幸运的大学来说,新书和新设备的问题也还是跟其他大学一样艰难。

在联大(这是指西南联合大学,也就是由国立北京大学、国立清华大学和南开大学组合起来的大学),目前图书很少,而且为了那些书也常有战斗——为它们而争。傍晚,学生们匆忙用过晚餐,围在图书馆大门外,努力挤到别人前面,尽可能地靠近大门,以便门一开立即冲向书桌占有他们的图书;那场面看起来真是令人感动。

由于不是科学家,我不能讨论实验设备的问题。不过,大家完全能明白,那些大学损失的实验设备无法弥补,因此普遍缺乏实验设备。就联大这样一个特殊的大学来说,根本没有什么实验能做。我想其他一些大学的条件也许还稍好一点儿。这是高等教育质量恶化的一个因素。

另一个因素也有点儿像上面这个因素。战前,清华大学每年要在中国各地举办招生考试,例如在北平、上海、广州和汉口,一般有三千多学生参加。我相信其中只有三百零一点能被接纳为新生,大约也就是十个中有一个能为大学所接纳。因此,对报名者中间较聪明的学生有挑选的余地。同样的比例大概也适用于北京大学,我不知道其他大学的比例数。

但在战争开始以后我们达不到那个比例,其原因在某种程度上是明白的。有许多年轻人沦落在敌占区。或许,本来他们还未到上大学的年龄,假定某人在战争开始时是十四五岁,几年以后,他也就达到了上大学的年龄。顺理成章他应当进大学。于是,他要到未被占领区进入自由中国的一所大学。

现在假定他要接受一个很严格的入学考试,这些人中有一些不会被承认,他们也无法使自己得到承认。因为他们将被困在某个地方,并且非常失望。因此,从许多观点来说(当然有政治的以及其他的观点),都应当降低录取标准,使大多数来自敌占区的年轻人都能在自由中国学习。

最初交通还相当便利,学生们可以从上海乘船,或者从北平,或者绕道香港,来到内地。后来旅行就不那么方便了,近来我听到了年轻人在奔赴自由中国的大学时的悲壮故事。其中我认识的两位从北平一直步行到成都,我相信他们最后一定是搭卡车到的昆明。他们从中国的东北角到遥远的西南,从北平到洛阳只能完全靠步行,这两位当然也走完了全程,在那以后他们又步行了相当一段路程,大概也搭公共汽车、卡车,或火车走了一部分路程。

你们大家都会同意,这样的人必须予以一定的照顾,办法之一就是满足他们的要求。如果他们想在大学学习,那么大学就录取他们。因此,尽管由于实验设备和图书等东西的缺乏,他们在敌占区没有做好充分的准备(并且来到大学以后他们也没有希望能得到良好的训练),他们也还是进了自由中国的大学。

在有些地方(并非到处如此)还有空袭问题,以及其他种种可能与大学教育并存的问题,如生活困难,等等。这些问题往往造成高等教育质量的恶化。因此大体上可以说,尽管大学数量上有增长,但在教育质量上却有所恶化。

大学的数量肯定有增长。尽管我给你们读了那些数字,但我实在不知道它会增长到什么程度(增长多少)。我想要说的是,这些统计数字或多或少是精确的,但也或多或少是不精确的。我弄不清说哪一个好。我想究竟如何取决于你的态度。不过无论如何,那些数字的趋向确实说明数量上有增长。

对于质量上的恶化,我较为相信。这也就是说,我的确认为质量上有所恶化。

接下去我讲一点儿跟质量或数量无关的事情。噢,它也许跟质量还有点儿关系,即教育的方向和目的。除了在讨论中出现数量和质量以外,我将不再论述它们。仅就方向和目的所及,我将还说几句。

我认为教育的目的(中学、小学和大学要培养的那个东西)就是要造就学生性格上的某种发展,个性发展的某种完成。这里确实有某些内在的目的。我个人比较感兴趣于教育的这些内在目的。

例如,我相信有人昨晚讲的意见,受过教育的人就是存有以往所得的知识而又一头扎向未来改进这些知识的人。从人类文化的观点来看,教育确有那种目的,确有那种或多或少内在的目的。我不知道你们中有哪位想到过这样一个假定:假定人类停止教育50年,我是指完全停止,不是指偷偷摸摸地继续进行,而是完全停止——停止学习,停止学如何写,停止学如何读书。如果你想要做得彻底,还可以假定所有的书都已被烧毁。实际上,你当然明白,我是不赞成这样做的!但是假定那是真的。我只说50年是因为我是中国人;或许最好是把它说成100年,因为我意识到英国人和美国人现在活到90岁或100岁相当容易。我想我们中国人现在还活不到很长。

假定你考虑教育完全停止100年。那么,我想我们将会返回到被人们称作亚当和夏娃的极乐时代。关于历史我们将什么也不会知道。停止教育100年后诞生的孩子们将不会知道任何历史,不会知道任何科学,不会知道祖先传给我们的任何累积的知识。他们大概会开始他们自己的探索。但要是教育完全停止100年,那总该再花上三四千年才能达到人类知识的现在阶段。由此可以明白,从知识的观点来说教育有它内在的价值。于是,从人类性格造就的观点、人类理解的观点、社会中的行为的观点以及精神上的或道德上的发展的观点来说,教育有它自己内在的价值。

但是,除此之外,我们不能完全忽略教育还有另一种价值:那就是教育要跟某种国家目的相一致。我认为我们不能消除这个因素。教育毕竟要为某种国家目的服务。或许,对我们中某些人来说,这不是有价值的。但是,对我们许多人,尤其对我们在中国的那些人来说,你很容易就能明白那是有价值的。这也就是说,除了内在的目的以外教育还必须为国家目的服务。这也就是我接下去想要讲的那个因素。

国防涉及工业化和机械化。我的大多数同胞和政府都想要加速祖国的工业化和机械化,对此我有同感。我们的政府强烈地感觉到,它的责任就在于使中国有一个能较容易地免受侵略危险的基础。

当战争最终于1937年来临的时候,我们在北平的一些人确实在某些感受方面得到了暂时缓解。我将向你们传达我们当时的感受以及为什么会有那样的感受。从1931年起到1937年以前(整个那长长的时期),北平的人民都有这样的心情:日本下一步要干什么?日本明天会干什么?老是忧虑不安,老是那么紧张,使人非常恼火,非常不自在。它使生活紧张不安,以致当战争最终降临时倒成了一种调剂。我们都感觉到最终我们总要摊牌。政府人员自然也有那样的感受。十分明白,中国不能始终这样下去。为了获得随时免受侵略危险的某种最低限度的保障,中国必须达到某种程度的工业化和机械化。我赞同政府和我为人民企求保证,企求那种只有通过机械化、工业化和现代化才能得到的保证。

因此,教育也必须沿着那一方向来做帮助。旧教育在20世纪当然不起作用。我想我的同行中没有哪一位经历过真正的老式教育。我受过一段时期的老式教育(经典教育)。先生教我背诵四本书:《礼记》、《易经》、《诗经》等。我不得不毫无理解地背诵那些东西。我读它们,然后再背它们。到年末的时候,我还必须接受差不多十卷书的考查,十卷书码在教书先生的书桌上差不多有一英尺高。我必须转过身去,从一本书的第一行一直背到那本书的最后一行。我背《易经》时是相当调皮的,我干了不诚实的事,还为此重重地挨了罚。要不,我想我是会顺顺利利地通过的!

但是,长期实行的那种老式教育当然不会使中国变得摩登。1905年清朝正式废除老式教育,但代之而起的那种教育也不是合适的教育。我们有分成系科的大学,例如,或多或少依据美国计划,大学里划分哲学系或历史系,等等。从迅速工业化和现代化的观点来看,似乎需要有学生进工业专科学校去学习经济学,但更主要学习工程学和与之有关的科目。

有一种想法,要在下一个十年内产生上百万工程师。我很理解这种想法(不过,我不知道究竟要多少年)。为此,我们必须修改目前的教育系统,使它适合国防、工业化和现代化的目的。在大学里,我想也包括在中学里,现时的效果都是相当显著的。这也就是说,学生成群地进修工程学,其中有一些进修经济学,但对纯科学感兴趣的比较少,对文科感兴趣的也很少。所以,不仅文科(不仅文学、哲学和历史)受影响,我们过去的清华大学有很强的物理系,一般是最好的学生才被接纳进那个大学,目前很难吸引学生学习物理。我想在某种程度上,对化学和其他纯科学也都可以这么说。

为了国家迅速工业化和机械化,中国进入实用研究的趋势已经形成。这个趋势既是有计划的,也是为情势所迫的。即使没有政策鼓励,这一趋势大概无论如何也会出现。现在一代的年轻人大概都意识到,在工程学和经济学方面要比其他方面更加有前途。如果一个年轻人心中既有个人打算又有国家利益,那他就很可能进入那些分支之一,而不进入其他分支。

我说过,我对为国防而加速机械化和工业化的要求跟政府有同感。我认为我自己在某种程度上相信并且理解,如果没有别的办法,我们真是只好工业化并尽快着力机械化。我不想留下一个我反对工业化的印象。我认为那是不可避免的,并且为了民族能自立我们真是只好工业化。

我不希望看到的是我们在着手进行工业化时的匆忙草率。如果我们想要在一定时期(比方说,10 年、20 年或者 30 年)内加速这一过程,那我能看到结果。不过,客气地讲,它将使我很不舒服,并且我认为它大概不仅对中国而且对其他国家都会有相当不好的影响。

我后面再说那些结果中的一些情形。此刻,我将考虑鼓励那种倾向于尽快加速工业化的教育的政策。

我认为,我们的工业化并不是给我们以指望通过它的加速来达到的那种保证。我发觉我不知道如何表达才充分。我心中有这样的想法:为了工业化,我们不仅需要工程师,也需要经济学家,我们同样需要纯科学家。我认为,我们也需要文科以及纯科学。这也就是说,我觉得发展工业化的整个尝试应该是综合的。

为了工业化或者机械化,需要的不只是工程学和所有"实用的材料",而且也需要别的东西。我认为,我们很容易确证我们需要纯科学。如果缺乏纯科学,我们将不会有很好的工程学。物理和化学跟任何别的学科一样为工业化所需要。

拿目前的战争来说,在战争开始以前,我们训练了一点儿空军。我们买到相当多的飞机,其中有一些我想是来自意大利,也有一些飞机是来自美国。战争一开始这些飞机就投入了战斗。飞行员的训练还在继续。我在昆明的那五年间,在那里见到了许多空军学员,而且熟悉了许多飞机的名字,夏威克,道格拉斯 E-15 和 E-16(学员们称之为"布法罗斯"),以及众多的其他名字,但这些名字中的大多数现在已不再能听到了。它们能力不足,不能应付敌机的变化。一开始中国空军还能上去打一下,但逐渐就不行了。我个人认得的那些空军学员,除了两位外其余的都已战死。这两位中的一位有点儿伤残,另一位还在干。我想他一定有世界上最好的运气。

当然,有个情况是我们不制造飞机,我们依赖于来自国外的飞机。问题是,我们能制造吗?我们不妨试它一下。但是,如果我们想要造出能对付敌国制造的最新式飞机,那我们就必须有航空工程学,而且大家也很容易明白它涉及物理、化学(以及其他一些事情)。没有好的航空工程师,我们造不出自己的飞机。

因此你们可以看到,就在这么一个单独的方向,一个建立一支空军或一个飞机工业的问题上,我们也需要纯科学家。我们同样必须鼓励纯科学。我们很容易就能明白,其他事情也都是密切相关的。所以我倾向于认为,如果我们想要迅速地(或者完全)工业化,那不仅工程学需要研究,而且大量其他学科也需要研究。况且,如果我们过多(或者只)强调工程学,那我们将不会达到机械化和工业化。

为国家安全而加快工程教育的尝试不会成功。急匆匆试办此事,使教育适应加速工业化和机械化,这样做的结果将得不到我们设想的工业化或机械化会带给我们的那种保证。

以牺牲其他学科为代价鼓励工程学和经济学的政策,不足以给我们一个迅速的工业化和机械化来达到我们需要的那种保证的目的。从个人来说,我倾向于认为,就教育而论我们只好慢慢试着办。

这是从充分性的角度来讲的（我认为这件事并不充分）。但还有另一个角度，也就是它是否可取。如果我们过分强调教育中的某些因素、某些知识分支，那它就不是可取的。如果我们回到教育的某些内在目的，例如知识的保存、知识的增长以及人性的造就，我是说，如果我们回到教育的某些内在价值方面看，那我们很容易就能明白，过多强调或者过多地把年轻人转入一两个公认的很有用的方向，将不会给我们有些人想要的那种文化。

大体上，我相信教育中的新趋势对期望于它的目的而言是不充分的。而且从另一个角度来看，我认为它也是不可取的。

在引起工业化和现代化并迅速取得效果的尝试中，我担心全体人民将逐渐地成为组织化的：以教育变成单纯训练的方式而组织起来，而且具有自由个性的人也许就变成了社会结构中的原子——而不是自由的原子。整个中国社会组织也许会被拼凑成类似于一个有机体的某种东西，很少有什么个体的创造性。我不愿意这样讲，但又不得不说。我想，在迅速达到工业化的过程中，有使我们可能成为结构中的极权主义者的危险。这正是我担心的那种事，也是我认为美国人应当担心的那种事。

从我的观点来说，为了我们可以预防它，我们必须有一个战后的世界计划（事实上，我不知道那个计划应该什么样，我对这话题也没有任何明确的想法），以便从世界作为一个整体的角度来给各个国家以安全保证，而不是从各个国家自己的努力得到它的充分保证。

我心中对这个题目的考虑要多于对任何其他题目的考虑。我讲教育仅仅只是作为导向这个话题的一个通道、一种途径。

有人说过,"有些人生来伟大,有些人达到伟大,而有些人则把伟大强加给他们"。关于国家,我们有类似的情形。我不知道美国是否生来就是一个伟大的领袖,也不知道美国是否已成就为领导者。但无论如何,领袖地位是强加给美国了。因此在我看来,在美国,为了避免将来的战争,以及避免到处都组织成保障安全的武器,我们不得不考虑世界计划。

我确信我没有把自己的意思表达清楚。我的英语很荒疏,难以表达清楚自己的意思,但我想要把这个题目作为问题提供给所有出席者考虑。我感谢你们使我有机会吐露我对这个话题的一部分想法。

责任编辑:方国根　李之美　夏　青　钟金铃
　　　　　段海宝　武丛伟　崔秀军　郭彦辰
装帧设计:汪　莹

图书在版编目(CIP)数据

金岳霖全集:全6卷/金岳霖学术基金会 编.
　-北京:人民出版社,2013.12(2020.9 重印)
ISBN 978－7－01－012733－0

Ⅰ.①金… Ⅱ.①金… Ⅲ.①金岳霖(1895~1984)-文集
Ⅳ.①D260.5－53

中国版本图书馆 CIP 数据核字(2013)第 252447 号

金 岳 霖 全 集
JINYUELIN QUANJI
(全六卷)

金岳霖学术基金会　编

人 民 出 版 社 出版发行
(100706　北京市东城区隆福寺街 99 号)

北京华联印刷有限公司印刷

2013 年 12 月第 1 版　2020 年 9 月北京第 2 次印刷
开本:880 毫米×1230 毫米 1/32　印张:149
字数:3200 千字　印数:2,001-3,500 册

ISBN 978－7－01－012733－0　定价:798.00 元

邮购地址 100706　北京市东城区隆福寺街 99 号
人民东方图书销售中心　电话 (010)65250042　84095083